BRILL

The Chinese Cornerstone of Modern Banking
The Canton Guaranty System and the Origins of Bank Deposit Insurance 1780—1933

现代银行业的中国基石

广州十三行担保制度与银行存款保险的起源

1780—1933

［美］葛富锐（Frederic Delano Grant, Jr.）◎著

何 平 于焘华 李纯元◎译

中国金融出版社

责任编辑：陈　翎
责任校对：潘　洁
责任印制：张也男

Original English version of "The Chinese Cornerstone of Modern Banking" by Frederic Delano Grant, Jr. © (2014) by Koninklijke Brill NV, Leiden, The Netherlands. Koninklijke Brill NV incorporates the imprints Brill | Nijhoff, Hotei and Global Oriental. The Chinese version of 《现代银行业的中国基石　广州十三行担保制度与银行存款保险的起源 1780—1933》 is published with the arrangement of Brill.

英文原版：博睿学术出版社 (BRILL)　地址：荷兰莱顿　网址：http://www.brillchina.cn
北京版权合同登记图字01-2018-9024

图书在版编目(CIP)数据

现代银行业的中国基石　广州十三行担保制度与银行存款保险的起源：1780—1933 / （美）葛富锐著；何平，于燕华，李纯元译. —北京：中国金融出版社，2020.12
　ISBN 978-7-5220-0784-7

Ⅰ.①现… Ⅱ.①葛… ②何… ③于… ④李… Ⅲ.①银行业—研究—广州—1780-1933 Ⅳ.① F832.765.1

中国版本图书馆CIP数据核字 (2020) 第178613号

现代银行业的中国基石
广州十三行担保制度与银行存款保险的起源1780—1933
XIANDAI YINHANGYE DE ZHONGGUO JISHI
GUANGZHOU SHISANHANG DANBAO ZHIDU YU YINHANG CUNKUAN BAOXIAN DE
QIYUAN 1780—1933

出版
发行　**中国金融出版社**

社址　北京市丰台区益泽路2号
市场开发部　(010) 66024766，63805472，63439533 (传真)
网上书店　http://www.chinafph.com
　　　　　(010) 66024766，63372837 (传真)
读者服务部　(010) 66070833，62568380
邮编　100071
经销　新华书店
印刷　北京侨友印刷有限公司
尺寸　169毫米×239毫米
印张　24.25
字数　320千
版次　2020年12月第1版
印次　2020年12月第1次印刷
定价　98.00元
ISBN　978-7-5220-0784-7
如出现印装错误本社负责调换　联系电话 (010) 63263947

译者前言

　　本书译自美国波士顿律师、学者小弗雷德里克·德拉诺·格兰特（中文名：葛富锐）先生2014年出版的英文专著，该专著在他2012年通过的博士论文基础上进一步完成。广州贸易从来是近代中西关系以及中美关系研究的核心主题。人类历史上迄今篇幅最长的博士论文，1964年60多岁的法国学者路易·德尔米尼（Louis Dermigny）用毕生精力完成的《中国与西方：18世纪广州的对外贸易（1719-1833 年）》，长达400余万字，便聚焦于18世纪广州的对外贸易，这足见该主题的魅力。格兰特先生的这本专著与此前的著作不同，他以现今各国广泛实施的存款保险制度的思想和制度溯源为出发点，从制度移植的视角系统地探讨了作为1933年美国创立的现代存款保险制度渊源的广州十三行担保制度，并明晰地论述了美国的制度重塑和存款保险制度在世界的传播。本书英文版面世之际，我国尚未建立存款保险制度（见本书272页）。2015年5月1日我国开始实施《存款保险条例》，正式建立存款保险制度。2019年5月24日启动对包商银行的处置，表明我国存款保险制度进入实质性实施阶段。在国内外形势日显复杂，金融风险日益凸显的情况下，必须不断完善我国存款保险制度，真正让它成为银行监管和银行风险管理的重要机制，发挥其优化和健全我国市场化银行体系的功能。本书的主题，无疑对我们认识存款保险的制度内涵和制度改进，具有重要的助益。

2008年9月18日，受哈佛大学文理研究生院院长玛格特·N.吉尔（Margot N. Gill）博士的邀请，我负笈美国，在哈佛大学文理研究生院（GSAS）与哈佛商学院（HBS）合作设立的商学与经济学（Business and Economics）项目从事一学年的博士后研究，研究主题正是美国联邦存款保险制度。在这一学年里，我参与了一系列的课堂见习和学术研讨。2009年5月1—3日，柯伟林任主任的哈佛大学费正清中国研究中心组织召开了中华人民共和国成立60周年学术研讨会，美国的中国问题专家和中国的学者代表济济一堂，参与研讨。在5月2日的会议间歇，我与坐在我身旁的波士顿律师格兰特先生结识。他称正在从事美国联邦存款保险制度与中国历史上广州十三行担保制度关系的研究，实际上那是他进入荷兰莱顿大学博士项目的第二年。由于我们有共同的研究志趣，自此我们一直保持着友好的沟通和联系。他在莱顿大学参加博士学位授予仪式，携全家访问牛津大学，博士论文修改正式出版，都及时与我共享信息。

格兰特先生是职业律师，发表过许多有关中美贸易的文章，我曾问起他为何不专门从事学术研究，他称他的律师工作一小时收入300美元。他对于中美贸易及存款保险制度渊源及演进的学术关注，实际上还与他的家族情结有关。格兰特先生曾在《美国遗产》杂志1986年第37卷第5期上发表题为《公平、光彩、合法的贸易》专文，而他自己便是文章主人公之一沃伦·德拉诺（Warren Delano，1809—1898）的五世孙。24岁时沃伦来到中国广州，1834年在旗昌洋行工作，数年后成为旗昌洋行在中国的头号人物。旗昌洋行在中国大量从事鸦片贸易。沃伦·德拉诺因此积攒了巨额财富。他的女儿萨拉·德拉诺（Sara Delano）是美国原总统富兰克林·德拉诺·罗斯福（Franklin Delano Roosevelt）的母亲。他的儿子弗里德雷克·A. 德拉诺（Frederic A. Delano, 1863—1953），是本书作者格兰特先生的曾祖父、罗斯福总统的舅舅，是第一届美国联邦储备委员会的委员和副主席（参见本书第250页注释①）。

格兰特先生在这篇文章里，根据书信资料，详细描述了德拉诺家族沃伦·德拉诺和爱德华·德拉诺（Edward Delano, 1818—1881，沃伦·德拉诺的弟弟，奈德[Ned]为其昵称）两位鸦片商人鸦片战争前后在广州的生活。沃伦在广州从普通雇员，到鸦片战争前夕跃升为旗昌洋行的首领，并与行商建立了友好的社会关系①。1833年，沃伦第一次结识著名行商总商怡和行浩官伍秉鉴（Howqua II），他和合伙人对这位行商非常敬重。伍秉鉴与旗昌洋行开展了大量交易，被认为是世界上最富有的人之一，威廉·亨特（William Hunter）称，他当时的身价为2600万元。沃伦与伍秉鉴的交谊很深，甚至在沃伦年老的时候，伍的肖像也挂在他的书房里。沃伦在广州期间，借助旗昌洋行作为代理商的优势地位，从事鸦片贸易，获利甚丰。沃伦48岁就成了百万富翁，然而1857年的大恐慌让他陷入一无所有。1860年，沃伦又被迫回到中国，这次是到香港。在香港，他用5年多的时间，正是通过当年让他迅速变得如此富有的两宗生意——茶叶和鸦片，填平了他的损失，重新积累起财富，为他晚年的富足生活做好了储备。本书作者的曾祖父，正是在沃伦这次回到中国重振家业期间诞生于香港。

1839年3月，在广州，清政府派钦差大臣林则徐执行严厉的禁烟措施，永远停止鸦片贸易。沃伦和其他鸦片贩子在商馆里被关了几个星期，直到英国贸易主管查理·义律（Charles Elliot）交出了所有的鸦片箱子，才获得自由。沃伦和其他参与鸦片贸易的美国商

① 沃伦在旗昌洋行的活动，参见[美]雅克·当斯著，周湘、江滢河译：《黄金圈住地——广州的美国商人群体与美国对华政策的形成，1784—1844》，广东人民出版社2015年8月第1版，第253-268页。

人一样，为自己的鸦片贸易行为辩护，他在家书中称，"从道德和仁爱的角度来看，我并不自命去为对鸦片贸易的控诉辩护，但作为一名商人，我坚持认为这是一种公平、光彩、合法的贸易。即使说到最坏，它也不应该遭到比向美国、英格兰等地输入葡萄酒、白兰地和烈酒更多更大的反对。"在当时的美国商人看来，他们并不需要关心中国人用鸦片做了什么。鸦片是英国人和土耳其人生产的，而鸦片在中国大肆流通则是中国自身的腐败所致。沃伦在家书中写道，"政府的高级官员不仅纵容鸦片交易，抚台和省里的其他官员也购买鸦片，并从他们自己政府驻扎在那里的船只上获取鸦片"。而在他们的晚年却都尽力回避从事鸦片贸易的经历。①

　　德拉诺的经历及其对自身参与对华贸易的认识，引发我们一系列与本书主题相关的设问。第一，中西贸易往来乃至鸦片战争清朝政府的失败，先进的资本主义英国与专制集权的清代中国之间的制度优劣之争，是先天制度禀赋的必然结果吗？第二，在整体国家制度的框架下，服务于行商的广州担保制度何以无效？第三，美国移植广州十三行担保制度，并进行制度重塑建立起现代存款保险制度，他们进行了怎样的扬弃？这些问题既关乎对本书内容的深入理解，也对我国切实推进和完善存款保险制度具有启迪意义。

一、西方国家在中西交往中怎样进行了制度塑造？

　　广州体制下的广州十三行担保制度成为美国现代存款保险制度的渊源，而它本身在清代中国的实施却直接导致了行商制度乃至广州体制的崩溃，在鸦片战争后退出历史舞台。那么，是什么因素导致了它的思想理念在中美古今之间实践应用的不同，这就必须深刻地认识这些部门制度镶嵌所在的整体国家制度的中西分野。而以英国为首的西方国家对华政策和相关制度设施，是从自身的利益出发，在与中国进行贸易等活动中逐渐塑造成型。

---

① 以上均参考："A Fair, Honorable, and Legitimate Trade", American Heritage, 1986, Vol.37, 5。

　　1648年，西班牙、联合省（尼德兰）、法国、神圣罗马及瑞典签订《威斯特伐利亚和约》，确定了以平等、主权为基础的国际关系的准则，标志着民族国家时代的到来，国家利益成为各国对外政策出发点。自此，近现代新型国际关系建立。然而，近代西方国家却是打着先进文明对专制集权的清朝这个落后国家进行文明改造的旗号，实际是进行侵华活动。著名的中国问题专家费正清便认为，鸦片战争和不平等条约是扩张中的近代西方国家与停滞的传统中华帝国间文化冲突的结果和出路，也是英国以及其他西方势力借以实现他们所谓正义、自由贸易和近代外交的"理想"的手段。这样，体现为炮舰外交、治外法权或非法鸦片贸易形式的"西方冲击"就成为西方列强让中国在国际国内近代化的"文明化使命"。①

　　长期以来，学术界常常以马戛尔尼使华时乾隆皇帝的两道敕书构建出一种停滞的传统中华帝国统治者不谙世事、缺乏对国际关系合理认识并需进行文明改造的流行观点。人们经常引用分属两道敕书的两段话作为佐证。乾隆皇帝在第一道敕书中称：

　　"天朝抚有四海，惟励精图治，办理政务，奇珍异宝，并不贵重。尔国王此次赍进各物，念其诚心远献，特谕该管衙门收纳。其实天朝德威远被，万国来王，种种贵重之物，梯航毕集，无所不有。尔之正使等所亲见。然从不贵奇巧，并无更需尔国制办物件。"②

　　在第二道敕书中称：

　　"天朝物产丰盈，无所不有，原不藉外夷货物以通有无。特因天朝所产茶叶、瓷器、丝巾为西洋各国及尔国必需之物，是以加恩

---

① 关于费正清的评论和类似评论，参见Joseph Esherick（周锡瑞），"Harvard on China: The Apologetics of Imperialism," Bulletin of Concerned Asian Scholars 4, No. 4 (1972): 9-17。

② 中国第一历史档案馆编：《英使马戛尔尼访华档案史料汇编》，北京：国际文化出版公司出版，1996年，第84页。乾隆给英王的第一份敕谕，见中国第一历史档案馆编：《英使马戛尔尼访华档案史料汇编》，第83-85页。

体恤，在澳门开设洋行，俾得日用有资，并沾余润。"①

有人以此敕书和乾隆皇帝对马戛尔尼使华的处理，认为乾隆拒绝使团合理贸易要求，为后来鸦片战争埋下了祸根。赵刚从历史情景的同情之理解出发，对此观点进行了有力的驳斥。他认为用自由贸易和平等相待的标准来批评乾隆皇帝对待马戛尔尼使团的态度及拒绝其扩大贸易的要求，有失公允。不仅康乾时代的中国没有这种语境，西方更是没有。"相反，那是一个充斥排他性的贸易垄断和没有真正游戏规则可言的血腥竞争的时代"，在海外扩张中，排他的、垄断的、军事暴力的竞争是欧洲国家的主要表现。"康乾时代中国所处的国际环境中并没有后世所说的那种平等处理国家间关系的观念，因此也谈不上中国是否平等对待洋人"。关于西方贸易自由的旗号，"对于18世纪的西方而言，贸易自由只不过是一种挑战他国贸易垄断的话语，以贸易独占和殖民征服为基础的重商主义才是通行的游戏规则"。这是西方自制的服务于自身扩张利益的在对象国实施的单方面要求。"在这种环境中，善意的开放并非如20世纪后半期史家所预期的那样，带来的可能不是文明和进步，而是引狼入室。印度即是一个例证"。结合历史的具体环境，乾隆从国家安全的角度断然拒绝马戛尔尼的通商要求，具有合理性。如果我们抛开当时的国际历史背景，"从所谓的贸易自由和相互平等交往的原则评判清朝贸易体制的得失，至少是一种时空错位的非历史主义的诠释"。②当时马戛尔尼使团所要求的，并非20世纪许多史学家所谓的正常贸易和外交关系，而是割让土地和治外法权。使团的最终目的，是要把远东的中国纳入英国的霸权体系，强加给中国一系列不平等的英国对

---

① 中国第一历史档案馆编：《英使马戛尔尼访华档案史料汇编》，第85页。乾隆给英王的第二份敕谕，见中国第一历史档案馆编：《英使马戛尔尼访华档案史料汇编》，第85-87页。

② 赵刚：《是什么遮蔽了史家的眼睛？——18世纪世界视野中的马戛尔尼使团来华事件》，载李陀、陈燕谷主编：《视界》，第9辑，第11-14页。

华贸易特权。

最近张丽教授等结合历史背景和近年国内外史学界的历史复原工作，对敕书中貌似炫耀自身和低视英国的言语表达进行了全新解读，认为这只是乾隆的外交辞令。[①]乾隆对马戛尔尼使团殖民要求的拒绝，并非源于无知和盲目自大，而是出于明晰洞察英国欲求垄断对华贸易的企图和可能发动海上军事攻击的忧虑。

18世纪中叶起，以英国为首的西方国家，开始构建中国落后性的话语表达，作为他们在中国进行利益诉求的理据。马戛尔尼来访后，也对乾隆治下的帝国进行了指责。关于当时中国的前景，他称：

"事实上帝国已发展到不堪重负，失去平衡，不管它多么强大有力，单靠一只手已不易掌控局势。尽管当今皇帝以他的精力和智慧可以长时期内维持国家机器平稳运行，但如果在我本人去世之前它已崩溃瓦解，那么我将不感到意外。"[②]

关于中国司法行政及政治中存在的弊端，他称：

"通过外表庄重严肃的审判，法官戴上双重面具，哪怕收受了贿赂，照样全称本人廉洁。……而及时送礼行贿在其他各部也奏效。没有钱就得不到接待，就办不成事。拒绝接受被诉讼人认为是明显的敌对表示。东方人的这个恶习带有普遍性，我以为，这是他们腐败和衰亡的主要原因。"[③]

马戛尔尼的论述虽然可以在一定程度上反映乾隆时期存在的各种问题，但其动机是在为西方文明医治落后的中国进行政治经济渗透乃至战争行动寻找理据。意味深长的是，曾在12岁时跟随父亲老斯当东参与马戛尔尼来华活动并得到乾隆嘉许的小斯当东（George Thomas Staunton）1816年在阿美士德来华使团充当副使，在觐见

---

① 张丽、李坤：《乾隆皇帝致英王乔治三世敕书》的另类解读，《广义虚拟经济研究》2019年第10卷第4期。

② [英]乔治·马戛尔尼、约翰·巴罗著，何高济、何毓宁译：《马戛尔尼使团使华观感》，商务印书馆2019年2月第1版，第29页。

③ 同上，第31页。

嘉庆皇帝的礼仪问题上，他违背英国统治者的训令意图，自行坚决反对行三跪九叩之礼，使得使团使华失败。在小斯当东看来，"中国人的性格不会诉诸暴力手段，或者把事情推向不必要的极端，特别是当他们看到做这些事（我敢肯定地说）没有效果和没有基础时。还有，至于在广东的贸易，由于皇帝、高官、普通大臣的个人利益与之相关，我们冷静地判断，很难会有很大的损失或减少的痛苦"。① 中英双方特别是嘉庆皇帝，本来想利用他的来华经验和会讲汉语熟稔中国文化的"中国通"特殊角色，来促成这次觐见。恰恰相反，小斯当东用行动解读了他对清朝政府的消极评价，并促成和强化了英国朝野将中国置于对立面的路线。他本人也永远丧失了再次踏上中国土地的机会。

实际上，以重商主义指导对外政策的英国，其以贸易立国的对外贸易政策必然具有侵略性。经济学家托马斯·孟指出，"对外贸易是增加我们的财富和现金的通常手段，在这一点上我们必须时时谨守这一原则：在价值上，给外国人的货物，必须比我们消费他们的为多。"② 其核心理念在于通过获取外国价值来实现自身的获利目的。在这样的政策目标和理念下，通过发动战争（16—17世纪英国先后与西班牙、荷兰开战）、实施经济垄断扶植国内商业组织海外拓展（1651年颁布《航海条例》，禁止外国商人染指英国与其殖民地之间的贸易）、以金融手段控制贸易流通（1663年不再限制金银和外国货币的进出口），英国实现了海外贸易的快速发展。

在推进海外贸易政策的过程中，16世纪伊丽莎白女王通过授予商人冒险家公司特许状，开启英国海外贸易的特许制度。在广州贸易中占据垄断地位的英国东印度公司，成立于1600年，其目的就

---

① 参见侯毅著：《小斯当东与中英早期关系史研究》，中国社会科学出版社2020年3月第1版，第206页。
② [英]托马斯·孟著，袁南宇译：《英国得自对外贸易的财富》，商务印书馆1965年版，第13页。

是打破葡萄牙、荷兰等国对东方贸易的垄断。17世纪中期以后，东印度公司获得建立军队、实施司法裁判等多种政治权力，逐渐成为英国殖民主义代理机构。在拓展中国贸易方面，它不遗余力。1709年，东印度公司改组，英国政府与它合作加快了向东方扩张的步伐。英国政府授予东印度公司的特权不断增加，它逐渐由一个单纯的商业组织发展为一个集商业、政治、司法与军事为一体的殖民扩张工具。18世纪中期以后，英国成为世界海外殖民霸主。与此同时，它几乎垄断了西方对华海上贸易。英国在对亚洲贸易的过程中，建立了一套"亚洲三角贸易"的新型贸易模式，也就是英国东印度公司与散商相配合，利用英国信用制度和银行资本，通过英、印、中之间的三角汇兑，将中国和印度的财富输入英国。英国东印度公司及港脚商人和私商在对华贸易中，不仅违背了西方实行的商业规则（如"商欠"中对行商的高利贷滚放），而且大力倾销伤害中国国民体质的鸦片。从英商贸易的行为来看，就难以简单地得出"鸦片战争是英国资本主义先进文明国家对广州一口通商封闭落后的专制集权清朝国家进行文明开化的必要选择"这样的判断。

我们知道，在康乾时期的欧洲，兴起了一股称为"汉风"（Chinoiserie）的"中国热"。中国器物、中国园林建筑艺术、中国历史文献、中国语言文学、中国科学技术的西传广泛进行。社会生活中以使用中国器物、喝中国茶、用中国瓷器、贴中国墙纸、使用中国家具为荣耀。法国王宫以中国的方式庆祝18世纪的第一个新年，从而拉开了18世纪上半叶"中国热"的高潮。1756年，在重农学派核心成员魁奈的建议下，路易十五模仿中国皇帝举行"祭天大礼"，以示对农业的重视。①

---

① 参见张西平著：《跟着利玛窦来中国——1500—1800年中西文化交流史》第10章《欧洲十八世纪的"中国热"》，中国社会科学出版社2020年5月第1版，第215-243页。

　　然而，从18世纪中叶起，西方国家对中国从"向往"转向指斥，突出地表现在上述商业贸易原则和法律制度上。在法律制度方面，近年法律史学者对英国人及其关于1700年至1840年间发生于广州的中英、中西法律纠纷的表述进行了重新审视，指出它意在构建此后西方关于中国法律野蛮性的话语。

　　在1784年"休斯女士号"案中，一位辩称是在鸣放礼炮的英国炮手，将两名广州船民炮击身亡。广州地方当局和驻广州的西方代表们之间就这位炮手是否应接受中国法庭的审判发生了激烈争执，而英国炮手最终被中国皇帝判处绞刑。陈利通过对"休斯女士号"事件的个案考察，[①]指出英国人借此塑造中国法制不公、武断和野蛮的印象，以至西方列强被迫保护他们的公民免受中国司法管辖之累，由此构成塑造治外法权制度的理由。

　　第一次鸦片战争后清政府被迫签署《南京条约》（1842）和《虎门条约》（1843），英国借此在东亚首创制度性的治外法权，成为国际法和国际关系上的一座里程碑，并对近代中国历史发展产生深远影响。1843年到1943年，在中国实行的治外法权制度使西方列强的外交人员和其他公民免受中国法律和司法管辖，然而在西方的中国人却未被赋予相同的特权。美国和法国通过1844年签署的一系列条约，在中国也获得了此种特权，建立起它们在亚太地区的帝国声威。这些制度的塑造，为此后一个世纪西方列强与亚洲国家的交往设定了模式。

　　广州十三行担保制度作为广州体制的一环，它的功能极限受制于其镶嵌所在的国家制度和外部世界的约束。所以，在分析这个专注于财务问题的制度时，不仅要了解清朝的国家整体制度安排和国内经济环境及相关经济制度的特质，还需要对西方对外政策和制度

---

① 陈利：《法律、帝国与近代中西关系的历史学》，《北大法律评论》第12卷第2辑，北京大学出版社2011年版。

塑造中的单边利益指向有清晰的认识。

二、广州担保制度何以失效？

诚如1829年纽约州议员福尔曼所称，广州担保制度建立了行商在世界范围内的信用。他的意思是，在广州一口通商的中外贸易活动中，凭借广州行商之间的担保制度，与行商进行国际贸易的任何外国商人均没有遭受损失的忧虑。然而，对行商群体本身来说，从结果看，这是一个失败的制度，它不仅不能发挥防范个别行商风险的初始目标，而且成为引发行商群体整体经营失败的系统性风险的重要因素。在分析广州担保制度技术性设计的缺陷之前，我们从行商面临的国内环境和国外环境（从贸易对手看）两个方面来尝试就它的失效进行解读。

在清朝制度方面，本书作者格兰特先生从清朝人参、食盐的专卖制度出发，解读了广州十三行担保制度的渊源。制度的用意似乎是在经济和财务不良后果出现时的连坐制度。在保障清朝官方单方面利益的前提下，对清朝官方负有经济责任的参与人出现个别风险时，由参与群体的其他成员互保和联保。其设计是一种消极被动的应对路线，不是从保护个体参与人的利益出发，更不是从保护行业群体利益出发，人参专卖行业在嘉庆、道光之后的败落就是明证。在广州十三行的案例中，我们要问，是什么因素阻碍了广州担保制度的功能发挥？

对广州行商有精深研究的陈国栋先生，透彻地解读了行商陷入财务困境的根源和债务处置中的制度缺失，让我们得以对广州担保制度的失效获得明晰的理解。[①]行商作为中间商和贸易商，在广州贸易中具有可期的利润前景。其利润在维持费、有限的炫富、提升社会地位和满足官员的榨取这些利润的耗散活动之外，仍应付有

---

① 陈国栋著，杨永炎译：《经营管理与财务困境——清中期广州行商周转不灵问题研究》，花城出版社2019年12月第1版。

余，不足以解释行商普遍性和常年性的倒闭现象。那么，行商的财务困境是怎样形成的呢？实际上，自有运营资本的不足和廉价资金借入的缺乏是根本原因。在自有资本不足方面，一是自有开办资金本身的不足，二是资本积累难以形成。在第一方面，全体行商每年的进出口交易额大约在1000万两以上，也就是平均每名行商每年交易商品的价值在100万两左右。这需要大量的资金，但事实上，除了极少数的行商资金充足外，其他行商处于经常性的资金短缺状态。在资本积累方面，运营过程中给政府的支出（进出口关税、强制性捐输、榨取和销售内务府货物上缴收入）、清偿行商所欠外国债务支出、给茶商的预付款、给港脚船船长付款、商号的支出（雇工工钱及维持营业设施的其他开支等），给行商的流动资金带来巨大的压力。前两项非业务支出和后三项营业支出相互作用，使得行商的财务困境呈现出极度的复杂性，政治外交与经济财务问题混杂在一起。

外部资金的合理有效提供是现代企业经营的重要条件之一，但是，广州行商面对的广州金融市场处于钱荒状态。整个18世纪，英国东印度公司将白银从欧洲或印度运到广州。但从19世纪初期起，持续增长的港脚贸易已经能够付清该公司的余款，甚至反过来1801年首次从中国出口白银。由于清朝法律制度对出借人的权利没有切实的保护，国内没有形成有效的资金融通市场。行商就只能转向外国商人借款。行商通常支付很高的利息，诸如支付1.5%的月息，1803年甚至出现过40%的年息。行商的对外借款，经常出现不能按时偿还的现象，形成影响深远的"商欠"问题。两广总督李侍尧指出，"近年狡黠夷商，多有将所余资本盈千累万，雇请内地熟谙经营之人，立约承领，出省贩货，冀获重利。即本地开张行店之人，亦有向夷商借领本银纳息生理者。……嗣后，内地民人概不许与夷商领本经营，往来借贷。倘敢故违，将借领之人照交接外国借贷诓骗财物例问拟。所借之银，查追入官。"①但禁而不止。行商在从事对外贸易的过程中，不断积累对外商的债务。首先，与当时的经营活动方式有关。行商作为中国市场和外商交易的中间人，从外商获得的货物是以约定的固定价格一次买断交易，属于货物包销的性质。如果国内市场价格下跌，行商就必须承担市场风险。其次，令人惊异的是，外商的放款并非如今天银行事前签订贷款协议，有期限和约定利息。与货款拖欠相联系的，是外商的不公平高利放贷，成为商欠重上加重的主要诱因。乾隆四十九年（1784年），舒玺向清廷报告商欠的原因，在于外商于"回国时，将售卖未尽物件作价留与洋商代售。售出银两，言明年月几分起息……往往有言定一年，托故不来，迟至二三年后始来者。其本银既按年起利，利银又复作本起利，以致本利辗转积算，愈积愈多"。②这俨然是一种荒诞的威逼性放款，对行商来说是被动负债，对西方商人而言违背了他们正在其国内践行的契约精神。尽管西方国家已是股份制发达的资本积累制度，但面对清朝行商封建官商传统的家族资本积累模式，外国商人进行在西方已经消失的高利贷掠夺，放大商欠的数额。这是导致行商经营困境的重要原因，同时，也是广州担保制度行业保护失效的重要根源。起初因个别行商的经营失败和违规行为，按照担保制度由全体行商摊赔，最终导致整体行商的经营困境，形成系统性风险。

　　广州担保制度行业保护失效的第二个根源，是清朝政府的风险处置政策和外债处理方式。③1759年资元行黎光华商欠案，是清朝政府首次介入"商欠"的处理。由此形成两条原则，第一，预期未

① 《两广总督李侍尧为陈粤东防范洋人规条事奏折》，乾隆二十四年十月二十五日，中国第一历史档案馆《清代广东"十三行"档案选编》，《历史档案》2002年第2期。
② 梁廷枏：《粤海关志》，卷25。
③ 参见何平：《美国存款保险制度的中国渊源——广东十三行联保制度风险管理机制研究》，载王元林主编《广州十三行与海上丝绸之路研究》，社会科学文献出版社2019年11月第1版，第18-35页。

缴关税必须由全体行商承担。第二，从全体行商的贸易中征收一笔额外费用偿还黎光华的债务。而且，禁止向外商借款，行商与外商之间的所有账目必须在贸易季结束前结清，未结清的余款政府视为非法。1776—1777年的丰进行倪宏文案，则开启了在债务处置的同时，对债务人进行刑事处罚的先例。1777年5月22日，乾隆皇帝下令立即将倪宏文流放伊犁。尽管因倪宏文6月病故，流放未及实行，但从此倒闭陷入债务绝境的行商被流放成了普遍的一途。政府对于外债的处理，从外交基调出发，强调清政府的体面、尊严和怀柔远人的原则，所有对外债务以本金加一倍利息的数额为限。清朝政府以这种强制处置措施，保证了外商的债务回收。然而，在外国人对行商的欠债中，却得不到对方政府的对等回应。本书所述的潘长耀在美国追讨债务、申诉无门的经历，就是一个很好的例证（参见本书第181-192页）。这种中西在债务处置上的不对称，是广州担保制度在对内方面使得行商整体陷入困境的重要制度性因素。清朝政府负责外国商人债务的清收，美国政府对潘长耀要求还债置之不理，清朝政府对美国人欠潘长耀的债务无能为力，英国政府在英商的怂恿下发动侵华鸦片战争，同是债务处置，中西方国家不同处置方式形成鲜明的对照。正是在这种中西制度和行为差异的作用之下，广州担保制度连同广州体制在英国发动鸦片战争订立不平等条约之时，退出历史舞台。

三、存款保险制度如何扬弃了广州担保制度？

意味深长的是，正如格兰特先生书中所说，1829年当广州行商陷入商欠危机之时，在美国的纽约，州议会通过了参议员福尔曼提出的以广州十三行担保制度为蓝本的"稳定基金"制度立法，成为稳定银行和货币的重要制度安排。那么，诚如福尔曼所说，他们是在改进广州十三行担保制度的基础上，来进行存款保险制度的最早实验——"稳定基金"制度的建立。那么，思想来源于广州担保制度的"稳定基金"制度对前者进行了怎样的扬弃？[①]格兰特先生在本书进行了简明的概括（参见本书第229页）。但是，我们如果考察1933年美国《银行法》创立存款保险制度以来世界范围的实践经验，下述方面就必须列入优先考虑的范围。

第一，从国家制度层面而言，必须建立合理的政府与市场主体的关系。现代银行体系是完全的市场主体，它除了合理税收的缴纳之外，对政府并不负担额外责任。而在这方面，近200年前的广州行商却承担了政治、经济和外交责任，他根本不是一个完全的市场主体。他会因为外国人的犯罪受罚毁掉自己的营生，也会因为行贿不到位而受到地方官员的欺压，更因捐输的不力而失去前途。

第二，作为一个经济组织的监管制度，现代存款保险制度有合理的风险分散、风险转移和风险减除的安排。而这些安排，是在事前的银行监管和事后的银行保险有效运行的情况下进行的，其中要求按市场的办法秉承风险最小化收益最大化原则，监管者富有高超的法律的金融的处置能力。与此对照，广州担保制度丝毫没有事前的监管行为，而作为事后赔偿的无限责任，对于完好行商而言无异于飞来横祸。在政府强制处置的情况下，经济风险变成了刑事处罚，从结果来看就不可能从经济理性的角度改进广州担保制度的监管功能。另外，经营没有陷入风险的行商不得退出休业，这就注定了行商只有倒闭歇业一途。

第三，社会共识和国民风险意识的提高是现代存款保险制度生效的必要条件。行商制度下是什么因素促使一开业就负债累累的人勇于加入行商行列，令人深思。如果是为了炫耀性消费和奢华的生活方式抱有一种不顾风险的亡命之徒心态，就注定了行商必然倒闭的命运。如果是官方制度的败坏、执照费勒索导致的开业即负债，

---

① 参见何平：《广州十三行担保制度与美国存款保险制度的建立》，《学术研究》2020年第7期。

则是一个制度构建的缺失问题。诚如前述小斯当东所言，如果皇帝、高官、普通大臣都从自身个人利益出发，被动处置个别行商债务损失的担保制度的安排，就只会让行商全体任何时候都处于系统性风险之中。当今存款保险制度的用意，在于整体金融体系运行良好的情况下，通过日常监管和处置个别银行风险来消除银行系统性风险的可能性。它并非服务于系统性风险的处置。这种制度设定上的差异直接关乎各自制度作用发挥的程度和质量。在清朝，如果以倒闭行商充军但仍有官商的气派和姿态而自得，那就是不仅关乎行商个人的人格问题，而且关乎行商的整体命运。

总之，广州十三行担保制度的失效，与其镶嵌所在的那个时代的整体社会制度、行商角色的定位和各方博弈的性质直接相关。

最后，对本书翻译相关的问题做一简要说明。（1）关于文字。本书使用的货币单位，白银使用"两"，换算的"元"指西班牙银元（参见本书第8页，并参考第29页注释③）。作者作为律师，对"破产"一词使用谨慎，鉴于行商的实际情况，他更愿意使用"资不抵债（insolvency）"和"欠债（debt）"的表达（参见本书第104页）。相应地，凡是表述为"fail"的地方，我们都翻译为"倒闭"。（2）关于图片。封面图片中，十三行商馆区的图片与本书第118页的插图相同，为格兰特先生提供。商馆图右上侧圆形图为美国联邦存款保险公司（FDIC）的办公主楼，是我于2018年8月在MIT参加学术会议期间顺访华盛顿时所摄。封面内侧作者简介上的照片，是2018年10月13日在广州大学参加"广州十三行与海上丝绸之路学术研讨会"时的合影。（3）关于附录。附录原来的英文系翻译中文官方档案而来，仍任其旧，未加翻译。同时，找出了相应的中文原始文档，录入放在原书英文之后，有的或许不是最佳版本，但可供读者参考，以体会当时英语世界对中国官方意图的理解。

本书的翻译是我主持的国家自然科学基金面上项目《人民币

国际使用的最佳边界与金融风险管理》（项目批准号：71573268）的成果之一。在翻译过程中，我指导的两位金融学博士生参与了翻译和互校。于焘华提供了第5—9章的初稿，李纯元提供了第3—4章的初稿。我对全书进行了通读和多次对校，在人们看来是常识性的东西，有些仍有可能失之准确，特别是行商名和数字，错谬之处希望读者不吝指正。

　　本书翻译定稿期间，正值新冠肺炎肆虐之时，许多工作都难以正常开展。本书插图原计划以英文书扫描应对，但仍觉效果不理想。我发电子邮件向格兰特先生请求支援，他称因容量太大，通过电子邮件难以实施。在国际航路因新冠肺炎受限的情况下，他仍尝试以邮政快件发来，路途花了15天。另外，我在向他索要作者简介时，他还专门为自己取了中文姓名"葛富锐"，而且对中文名字的意义做了解释，"Ge" is the family name usually used to transliterate "Grant." "Furui" sounds a bit like "Fred." "Fu" being "wealth, prosperous" and "rui" meaning "sharp, keen." 在本书出版过程中，中国金融出版社的编辑室主任陈翎女士给予了极大的帮助。她的认真精神和耐心，保证了本书的质量和及时出版，特致谢意！

何平

2020年11月22日

于中国人民大学财政金融学院

前　言

　　对于我在这个研究计划上获得的所有帮助，要给予感激需回溯很多年。当我还是一名波士顿学院法学院的学生时，播下了研究这个问题的种子。1983年我从那里毕业。我的法学院同学，马克斯·库明（Max Kumin），当时他与卡特·戈伦比（Carter Golembe）一起工作，我们在学院时，他带来戈伦比先生关于美国银行存款保险的中国渊源的著作，引起了我的注意。在这方面，我十分感激马克斯。我本科时代的教授杰弗里·苏斯·劳（Geoffrey Seuss Law, 1944—1980），一位睿智的老师，激发我直到今天对中国经济和制度史保持兴趣。当我终于腾出时间来时，他教给我分析这些资料所必要的技能。我将永远感激杰弗里·苏斯·劳。

　　没有个人旅行的话，也不会有这本记述思想旅行的著作。2006年早些时候我遇到了包乐史（Johan Leonard Blussé van Oud-Alblas）博士，那时他是哈佛大学的访问教授，他正在准备2006年4月他将主讲的赖肖尔讲座。那之后不久我到荷兰旅行，在包乐史博士的指导下这本著作开始逐渐成形。

　　这本书起步于我2007年2月在哈佛大学费正清中国研究中心中国商业研讨会上发表的一篇论文。那时大家对论文所给予的评论促使我想花更多精力完成我的著作。我对广州担保程序的首次研究成果发表于2008年12月澳门大学主题为"美国人、澳门与中国（1784—1950）：历史关系、互动与关联"的学术会议。而对广州债务合法免除的专门研究是2009年10月在哈佛法学院东亚法律研究项目的一个小型研讨会上发表的。我从现在和过去在费正清中心和东亚法律研究项目工作的高级职员、普通员工和其他人身上获得了多方面的帮助和支持。在此，我特别感谢：柯伟林（William C. Kirby）、安守廉（William P. Alford）、瑞吉娜·阿布里米（Regina Abrimi）、包弼德(Peter K. Bol)、陈蒙惠（Lydia Chen）、杰罗姆·柯文（Jarome Alan Cohen）、殴立德（Mark Elliott）、詹姆斯·费希尔（James R. Fichter）、乔纳森·高德斯坦（Jonathan Goldstein）、白莎（Elisbeth Kaske）、江渊声（Nelson Y.S.Kiang）、林达·科鲁兹（Linda Kluz）、柯丽莎（Elisabeth Koll）、孔飞力（Philip A. Kuhn）、林希文（Raymond Lum）、石约翰（John Schrecker）、冼玉仪(Elizabeth Sinn)、韩德林（Joanna F. Handlin Smith）、薛龙（Ronald Suleski）、宋怡明（Michael Szonyi）、罗斯·特里尔（Ross Terrill）、田文浩（Wen-hao Tien）、鲁道夫·瓦格纳（Rudolph Wagner）、韦杰夫（Jeffrey R. Williams）、黄韵然（Winnie Wong）和吴秀良（Silas Wu）。

　　这个著作计划随着我在2007年进入莱顿大学的博士项目得以推进。在包乐史教授总是有问必答、有求必应的热情帮助下，数易其稿。有他作为我在莱顿的导师，并且指导我在1644—1842年动荡时期的中国沿海的历史丛林中穿梭，是无与伦比的福气。在埃格伯特·库普斯（Egbert Koops）博士同意作为合作导师加入包乐史的指导团队时，使得这一美好的幸运又锦上添花。在我的著作慢慢改进时，这位法律、法律史和比较法方面的专家——库普斯博士以极强的法律专业素养对它进行了审阅。埃格伯特·库普斯博士和包乐史教授为这个课题花费了大量的时间，且常常是在他们不便的时候。我从他们身上获得的恩惠是丰厚的。这本书在它博士论文版本基础上已经得到极大改进，我希望人们看到它与库普斯博士与包乐史博士各自作为学者所处的高水准是相匹配的。

　　我还获得了更多的帮助。我深深地感激我的朋友和导师雅克·当斯（Jacques M.Downs, 1925—2006），一位研究早期美国对华贸易的学者，在与我和其他许多人分享他的知识方面，难以置信地慷慨。特别的感谢还应献给罗伯特·A. 福克（Robert A. Falk）、戴维·莫斯（David A.Moss）、林肯·佩恩（Licoln P. Paine）、温顿·罗西特（Winton Rossiter）、詹姆斯·斯通（James Stone）、凯瑟琳·道格拉斯·斯通（Cathleen Douglas Stone）、范·斯塔登（Marijke van Wissen-van Staden）和保罗·范岱克（Paul A. Van Dyke），他们每一位都在关键时刻给我提供了帮助。由于他们的协助，我也受益于韦恩·阿尔特里（Wayne Altree）、迪力普·巴苏（Dilip-Kumar Basu）、罗伯特·布林克（Robert A. Brink）、理查德·卡普尔索（Richard Capurso）、陈国栋（Kuo-tung Ch'en）、孔佩特（Patrick Conner）、卡尔·克罗斯曼（Carl Crossman）、彼得·德鲁米（Peter Drummey）、科大卫（David Faure）、克罗斯比·福布斯（H.A.Crosby Forbes）、罗伯特·加特拉（Robert Gardella）、马丁·格雷戈里（Martyn Gregory）、布莱恩·哈金斯（Brian Harkins）、高柏（Koos Kuiper），理查德·米尔亨德尔（Richard Milhender）、狄安娜·沙里帕尔（Diane Charipar Milhender）、斯蒂芬·Z. 诺纳克（Stephen Z. Nonack）、文森·史密斯（Vincent Smith）、克里斯汀·沙利文（Christine Sullivan）、卜永坚（Puk Wing-kin）和康拉德·赖特（Conrad E. Wright）。感谢杰森·布鲁克斯（Jayson

Brooks）、詹姆斯·卡德里克（James Kadlick）、杰夫·拉乔伊
（Jeff Lajoie）、玛丽·麦克雷（Mary McClay）、列奥尼德·
莫尼索夫（Leonid Monisov）、彼得（Peter）和伊丽莎白·沙
塔克（Elizabeth Shattuck），以及肖恩·史密斯（Shawn J.
Smith），他们每一位都促成了这本著作的完成。

　　我对家庭的感激简直难以言表，在准备这项研究的这些年
里他们给予我信任和支持。我的妻子芭芭拉·莱姆佩里·格兰
特（Barbara Lemperly Grant）和我的女儿伊娃·泰勒·格兰特
（Eva Taylor Grant）在整个过程中，承受我研究带来的压力并
予以帮助。我的岳母伯莎·莱姆佩里（Bertha Lemperly）在许
多方面也给予我帮助，我也很感谢她。我的母亲梅德琳·格兰特
（Madeleine Grant）和我的兄弟姊妹，也为这项工作结出果实给
予了很多帮助。我相信我已故的父亲弗雷德里克·德拉诺·格兰
特（Frederic D. Grant）也会为这项研究感到高兴。就我将过去
纳入生活的任何能力而言，我都要很好地感激他。

　　当我从事这项研究时，许多有趣的人让我印象深刻。我欣赏
那位不知名的和尚，在1650年11月满族占领广州之后的混乱中，
尚可喜嘲笑这个和尚妄想凭一己之力掩埋不计其数的死者。“这
位和尚回答称，他并不在乎任务的繁重程度或者努力去计算它的
可能性；他只做他力所能及的事情，而余下的留给上天。”

　　需要强调的是，这本著作如有错误，都是我一个人的。我希
望，我所造成的任何错误不会被复制。

葛富锐，马萨诸塞

2014年6月9日

目　录

第一章　导　　言

日益快速的商品流转和思想传播是近代经济全球化的标志。在人们的相互交往中，商品交易也带来文化交融。经由陆运和海运，凭借有序的交易，或借助欺骗和暴力，商品在世界上流动。这一过程将前近代东西方社会连接起来。人们逐渐意识到全球各地存在着不同的物质文化、饮食文化和传统。商品的流动及商品交易者，影响着人们的想象力，并且改变了社会。初始如同涓涓细流，交易的范围多种多样，从来自殖民地秘鲁的小小马铃薯到中国出口的精致瓷器。经过数个世纪，现代国际贸易的大潮已然形成。商品流动的跨文化效应，已广为人知，并已受到学术界的广泛关注。[①]

然而，思想的传播却较少受到关注。随着通信速度、旅游以及货物装运的改进，现代世界变得更小了，思想观念在经济上的重要意义，已经得到充分的认识。思想观念上的权利，在市场定价中正在挑战实物商品的主导地位。今天，在许多国家的大公司，知识产权构成企业价值的巨大部分。在诸如医疗、通信、娱乐、制造业，计算机、法律和银行业，这些完

---

① 可参照，例如，Alfred Crosby, *The Columbian Exchange: Biological and Cultural Consequences of 1492* (Westport, Conn.: Praeger, 2003); Stewart Gordon, *When Asia was the World* (Philadelphia: Da Capo Press, 2008); John Keay, *The Spice Route: A History* (Berkeley: Univ. of California Press, 2006); Donald F. Lach and Edwin J. Van Kley, *Asia in the Making of Europe*，出版了三卷共九本书 (Chicago: Univ. of Chicago Press, 1965—1993); and Michael Pollan, *The Botany of Desire: A Plant's Eye View of the World* (New York: Random House, 2001).

全不同的各个领域，其在某地方产生的思想和观念，很快影响至世界范围。思想的传播，其重要性现在可与商品流通比肩。

　　关于创新和思想的传播，特别是从西方向东方的传播方面，已经引起巨大争论。15世纪及其后期西方有益于科学和技术发展的特殊条件，已经受到关注，[1] 而东方的科学未能继续其在14世纪到15世纪展现出来的强劲创新步伐。[2] 这些争论中指出的一些事实，为19世纪的帝国主义提供了知识储备上的保证，而这些主题素材本身是感性的。特别是在工商业和金融领域，西方自视的创新优势，明显是富有争议的。在1997年亚洲金融危机中，西方债权人对亚洲国家的严厉处理激起了愤怒。而开始于2007年的国际经济危机周期中西方金融模式组成部件的明显瓦解，使得这一模式在东方大受质疑。[3]

　　在思想观念的传播和影响上，这种尖锐对比和简单表达的某些观点，可能正反映了当前对这一主题研究的不足。较之对实用和具有艺术特性的有形商品所给予的充分关注，对东方和西方之间在思想观念上的传播，我

---

[1] Daniel Chirot, "The Rise of the West," American Sociological Review, Vol. 50, pp. 181—195 (1985), p. 192.

[2] Kent G. Deng, "Development and Its Deadlock in Imperial China, 221 b.c.–1840 a.d.," Economic Development and Cultural Change, Vol. 51, pp. 479-522 (2003); David S. Landes, "Why Europe and the West? Why Not China?," The Journal of Economic Perspectives, Vol. 20, pp. 3-22 (2006), p. 21; Justin Yifu Lin, "The Needham Puzzle: Why the Industrial Revolution Did Not Originate in China," Economic Development and Cultural Change, Vol. 43, pp. 269-292 (1995), p. 282.

[3] 可参照，例如，Reg Little, "Confucian Reconstruction of Global Economics and Finance," Culture Mandala: Bulletin of the Centre for East-West Cultural & Economic Studies, Vol. 8, pp. 62-73 (2009)（"美国金融创新的高风险特征"）。

们的理解是有限的。[①]就其性质而言，可触摸的物品比起无形的东西更加不言自明，而在过去流动的却不单单是有形商品。

1. 主题和框架

本项研究考察的是思想国际传播的一个例子。将要讨论一个中国人的思想，它在19世纪早期来到处于银行业和货币危机中的纽约州。清朝政府一个用来监管专卖行业的措施，激发美国人首次进行银行存款保险立法，亦即1829年稳定基金条例（*the Safety Fund Act of 1829*）。约书亚·福尔曼（Joshua Forman），一个受人尊敬的前律师和议员，告诉纽约州议会：

> 让银行相互负责的合理性，是受广州行商监管的启发，在那里，每一个分散行动的行商，获得政府批准拥有与外国人经商的特权，而一旦一家行商出现破产，所有的行商都要为其债务负责。我们银行的情形是非常类似的，它们共同享有为本州人民发行纸币的特权，而基于同样的规条，应当共同负责纸币的兑现。正是这个总体原则，已经历了70年历史的检验，遵照这个原则，行商的债务在全世界获得了信用，没有被其他任何一个保障措施的信用超越。在结合我们合众国机构的温和特征将

---

① 思想的传播得到了发展，表现如Lach and Van Kley's *Asia in the Making of Europe*, Gordon's *When Asia was the World*, A. Owen Aldridge, *The Dragon and the Eagle*: The Presence of *China in the American Enlightenment* (Detroit: Wayne State University Press, 1993) and Joanna Waley-Cohen, *The Sextants of Beijing: Global Currents in Chinese History* (New York: W. W. Norton & Co., 1999). 还有一些关于具体转变的研究，如十三世纪蒙古人向俄罗斯传递中国的集体责任概念，Horace W. Dewey, "Russia's Debt to the Mongols in Suretyship and Collective Responsibility," *Comparative Studies in Society and History*, Vol. 30, pp. 249-270 (1988), 20世纪30年代中国传统农业盈余入库计划对美国农业改革的影响。Derk Bodde, "Henry A. Wallace and the Ever-Normal Granary," Far Eastern Quarterly, Vol. 5, pp. 411-426 (1946), p. 422 (因此，可以合理认为美国常平仓不仅在取名和实践中取材于中国古代原型，基本思想也与中国原型相类似)。Bodde, 于1938年获得莱顿大学的博士学位，是研究中国法学的著名学者，他在这篇文章的结尾加上了一个附加说明，这是关于18世纪初在普鲁士建立的类似盈余计划，他认为这可能反映了当时某些德国思想家对中国的狂热产生的影响。作者感谢Jonathan Goldstein使其注意到Bodde博士的文章。

它改进和调适后，构成这项制度的基础。①

　　这个纽约州立法，此后又成为1933年美国在全国范围实施银行存款保险的基础。自那时起，银行存款保险已经向世界范围传播，而现在大约在100个国家被建立起来。这个由"美国人"创新的推进，在亚洲明显发展缓慢，比如中国台湾，直至最近这些年才采用，而中国大陆尚未被采纳②。

　　而同时，中国思想向美国的这一早期移植，仅得到些微的关注，它的全部历史，以前从未得到检视。这本专著首次探讨有关广州集体财务担保责任的中国思想的起源和经历，以及在1933年前那些年里，美国采纳和移植这一思想的起源和经历。它寻求回答这个思想移植中的几个问题。第一，债务的集体法律责任的中国思想准确无误地传递到了1829年纽约的州议会吗？第二，广州担保制度的真实经历准确无误地传递到了1829年纽约州的州议会吗？第三，有关债务的集体法律责任的中国思想，抑或广州实施的担保制度的经历，为当时的银行存款保险提供了经验教训吗？另外，就1780—1842年广州集体担保的历史来说，本书会问：谁胜出，谁受损，而又是为什么？

　　上述问题的探讨要求对特定主题进行分析，而这些主题以前未曾得到单独讨论。本书首次研究1780—1842年在广州实施的债务集体担保制度，首次研究1684—1842年构成广州体制的监管规则的发展与实施，而且也是首次将这个制度置于中国全国背景之下进行研究，并将它看成一个经营制度。对广州体制下适用于外国人的债务集体联保规条及其如何发挥作用的

---

① Martin Van Buren, *The Message of His Excellency Gov. Van Buren on the Subject of Banks; with the Plan Suggested to Place them Under Proper Regulations, Secure the Public from Loss by Failure, and Furnish a Sound, Well Regulated Currency; Made to the Assembly, January 26, 1829* (Albany, N.Y.: Croswell & Van Benthuysen, 1829), p. 23.
② 译者注：中国《存款保险条例》于2015年2月17日由国务院发布，自2015年5月1日起施行，标志着中国正式建立存款保险制度。

分析，也是最新的。这项研究的方法，着眼于对每一个实例进行分析，实例中行商失败导致向集体担保提出求助，无论是出于初始基础债务及债权人利息的环境，还是出于掏空担保基金及其引发的后果。

债务和不同形式债务的担保，单个的和集体的，是一个有古老渊源的概念。担保制度、集体担保和原始保险的早期形式，不是帝制中国独有的。它们存在于世界许多不同时点的不同地方，有时还具有悠久的血统传承，比如在古代罗马和中东。本研究只是考察这种思想从中国传播到美国而后传遍至世界的过程。存在于其他地方和时代的其他相似思想，确实在提供适宜这种采用的历史、文化和法律环境方面，与存款保险的特定采用相关。尽管如此，这些都在本书的考察之外。

本书第一章介绍在1829年发生金融危机的背景下，纽约州对中国思想的接纳。第二章和第三章，分别探讨为什么在广州实施集体财务担保制度以及得到了怎样的发展。第四章到第七章，介绍考察在世事多变的1780至1842年，推行于广州的中国无限财务担保制度。第八章，追踪这个思想在1829至1933年在美国的发展，它从一个州的法律担保计划发展为全国性的存款保险制度。第九章对1933年以来存款保险的国际历程提供一个素描式的考察[①]，接下来是结语，作为第十章。

"行商"是由清朝政府授权在广州享有与西方商人进行贸易垄断权的一个小的中国商人群体。对单个债务实行无限联保的制度，在本书中称为"广州担保制度"（Canton Guaranty System）。这个概念与"广州体制"（Canton System）有所区别，但也是它的关键内容。"广州体制"这个名词，是指清朝政府管理广州与西方之间的垄断海上贸易的规则。规则初始

---

① 包含在第8章中的分析仅仅是对复杂的历史进行蜻蜓点水般的描写。其目的就是在历史上的担保经历和第9章记述的1933年之后的存款保险经历之间建立类比的背景。在迄今实施了这个计划的100多个国家中，每一个国家存款保险的历史，自身都有引人入胜、充满睿智的研究。只是希望通过考察所有现代银行存款保险的中美早期历史，这本著作对这些作者在为研究做准备时是有用的。

建立于18世纪早期的广州体制，逐步演变，1760年经清朝政府批准首次正规化。广州担保制度以补充条款的形式开始于1780年，在行商的抵抗下强制加进其他早已长期存在的贸易条规。

　　银行存款保险的历史相对来说较短。在美国存款保险遇到麻烦的某些时候，有大量的文献，但是还没有整个历史时期的文献。这些材料的质量非常高，而它的大部分作为历经80年争论的一部分，论述了美国存款保险制度的正当性及对它的改革。其余部分大多以银行业问题的技术分析为框架，配合数学公式陈述历史。从总体来说，那是银行业文献，由关心银行业的人撰写，以服务于他人按可比收益来分析。银行存款保险的中国渊源在这些文献中得到了很好的认可，但就这个主题几乎没有进一步的评论。就对这个思想的吸纳而言，是假定它原原本本精确地传播到了纽约州，而在广州的实行也获得了整体的成功。银行史家布雷·哈蒙德（Bray Hammond）1957年，现在看来是银行存款保险历史上的一个平静时期，论述称："（纽约稳定）基金差强人意的完美，并非隐含其中的原则性缺陷造成，中国人就比轻率的纽约人运用得成功的多。"[1]

　　缺少关注可能部分反映了可获得资料的困难。许多有关中国集体财务责任的历史和经验，对当时的人来说被隐藏起来。[2] 管理满族皇族事务的内务府，是直接管理广州贸易的粤海关监督的雇主，是出于帝国朝廷利益由国家垄断的几个高收益事业的管理者，而且也是广州海关大部分进款的接收者，这些对中国民众来说是隐密的。用张德昌（Chang Te-Ch'ang）的

[1]　Bray Hammond, *Banks and Politics in America from the Revolution to the Civil War* (Princeton: Princeton Univ. Press, 1957), p. 563.

[2]　R. Randle Edwards, "Ch'ing Legal Jurisdiction Over Foreigners," pp. 222-269 in Jerome A. Cohen, R. Randle Edwards and Fu-mei Chang Chen, eds., *Essays on China's Legal Tradition* (Princeton: Princeton Univ. Press, 1980), p. 244（虽然许多中国法规和法令被翻译并为外国商人所知，但仍有许多法令"仅供官方使用，不向外国人传达"）。

话来说，它的事务是保密的，"几乎是一个掩盖着的秘密"。① 我们关于内务府以及其他关键的满族行政机构的知识，由诸如张德昌、陶博（Preston Torbert）②、欧立德③ 以及其他学者近年的工作，已经以中文档案资料得以并继续予以巨大地推进。但是，许多方面尚待我们探求。

广州贸易的西方经历及集体担保的运行，在当时人们眼里很大程度上也是保密的。外国贸易商从事高价值、长距离竞争激烈的贸易。他们对所做生意写着令人着迷的日记，保持对当时细致入微的记录，而且将这种事务报告他人或者与其他人通信。这些记录在它们形成之时，是专属的高度机密。它们从来不会与竞争对手分享，而且中国商人当然也会避免引起公众的注意。爱德华·德拉诺（Edward Delano），美国企业旗昌洋行（Russell & Co.）的一位职员，在1841年给他哥哥的信中写道："如果你想'将它付印'——我一般地对人和事情特别对中国的评论，我就得不友善地必须中断涉及他们的评论——因为如你所知，写家信的美国人将他们的信出版，会受到严厉的（我是指他们的信件）批评，而且在这个纯正扬基血统居住的小社区，让他们找出作者并无太多的困难。"④

此外，过去几个世纪对这种贸易征收繁重税赋的档案得到保存。因意外的火灾、战争以及国内动乱，与清朝官方保存的大部分档案一起，广州贸易中国人的私人记录几乎已经完全丢失。⑤ 结果，行商的历史主要以西方档案中爬梳出来的资料来写作。而西方大部分档案也遗失了，保存下

---

① Chang Te-ch'ang, "The Economic Role of the Imperial Household in the Ch'ing Dynasty," *Journal of Asian Studies*, Vol. 31, pp. 243-74 (1972), p. 243.

② Preston M. Torbert, *The Ch'ing Imperial Household Department: A Study of its Organization and Principal Functions, 1662—1796* (Cambridge: Harvard Univ. Press, 1977).

③ Mark C. Elliott, *The Manchu Way: The Eight Banners and Ethnic Identity in Late Imperial China* (Stanford: Stanford Univ. Press, 2001).

④ 爱德华·德拉诺给富兰克林·休斯·德拉诺的信，日期为1841年9月24日。爱德华·德拉诺通讯，德拉诺家庭文集，富兰克林·罗斯福图书馆，海德公园，纽约。

⑤ 赵刚，"塑造亚洲贸易网络：中国开放贸易政策的构想与实施，1684—1840"（博士论文，约翰霍普金斯大学，2007年），第232页（"很少有关于清朝中国私人贸易法令的材料流传下来"）。

来的数量少得可怜，又分散保存在世界各地。这些档案的数量和传播情况不太乐观，档案使用了多种语言，并且这些资料采用古朴形式（以及书法），所有这些都给学者带来挑战。[①] 幸存的主要资料来源的这种状态导致一个结果，就是我们关于行商活动的知识都是碎片化的。在特定交易中的给定时刻，它们看上去是照片冲洗时候的定格形象，而有关它的其他事项几乎无从得知。它们也显示出档案记录本身的立场，这也就是说，根据记录必须遵从的目的得以保存和维护。许多幸存下来的信息都是涉及危机时点的，诸如对违约债务的偿还请求以及担保权的实施，而很少涉及准确的环境，而正是在这种环境下，在一个特定危机中形成了有争议的债务。

由于这种档案许多是由于贸易中产生的问题而形成，诸如贷款逾期或履约失败，这样我们关于行商的知识就主要集中在行商收支总账的花费方面。没有发现行商商号的档案。只有交易记录的大量碎片供参考，学者们只能对行商商号的利润作出粗略的估计。[②] 这种了解至少在两方面远离了中国商人参与的贸易：既由于时间的流逝，又由于它主要来自非中文资料的事实。结果，在这个专题研究中，需要用心区分体现特定经历的资料和仅仅反映事情发生的资料。广州担保制度下作为争议焦点的交易和债务，是以贸易结算所用的白银货币来计算的，也就是银元（西班牙银元）或者银两（Chinese ounce）。在本书的考察期间，存在着通货膨胀，但是它处

---

① 可参照，例如，Lyman H. Butterfield, "Bostonians and their Neighbors as Pack Rats," The American Archivist, Vol. 24, pp. 141-159 (1961).

② 参照Kuo-tung Anthony Ch'en, *The Insolvency of the Chinese Hong Merchants 1760—1843* (Nankang: Institute of Economics, Academia Sinica, 1990), pp. 152, 43-88, 102-3 and 251.

在温和水平。[①]

2. 既有的研究

多代学者接受了广州贸易参与者留下的所有分散资料来源所带来的挑战。耐心的研究及对工作负责任的报告，已经开始驱散怀旧而常常是违背常识的迷雾，这些迷雾长期让西方与中国的贸易难以理解。马士（Hosea Ballou Morse）在他出版于1926—1929年的5卷本《东印度公司对华贸易编年史（1635—1834）》中，[②] 披露了英国东印度公司的档案。路易·德尔米尼（Louis Dermigny）潜心研究法国文献，写出了里程碑式的《中国与西方：18世纪广州的对外贸易（1719—1833年）》，1964年以4卷本出版。[③] 杰克·威尔斯（Jack Wills）和包乐史（Leonard Blusse）一同从荷兰档案中发掘出大量的信息，编辑出版了大量著作。雅克·当斯（Jacques M. Downs）考察了大量分散的来自美国的中国商人档案，1997年

[①] Robert B. Marks, "Rice Prices, Food Supply, and Market Structure in Eighteenth-Century South China," Late Imperial China, Vol. 12, pp. 64-116 (1991), p. 72（"温和的通胀压力"表现在整个乾隆时期的大米价格，1735—1796）Madeline Zelin, *The Magistrate's Tael: Rationalizing Fiscal Reform in Eighteenth-Century Qing China* (Berkeley: Univ. of California Press, 1984), pp. 293-4, 298 and 307 (inflationary pressure, notably in the prices of rice and of land, linked to population growth); Paul A. Van Dyke, *The Canton Trade: Life and Enterprise on the China Coast, 1700—1845* (Hong Kong: Hong Kong Univ. Press, 2005), p. 57; Paul A. Van Dyke, unpublished paper, "Description of Price and Wage Data from Canton and Macao 1704—1833" (4 March 2008), p. 5, see: "http://www .iisg.nl/hpw/canton.pdf" (accessed 9 September 2012). 在本研究期间，通货膨胀的计算是一个极其复杂的课题，由于中国国内和进口农业及其他商品价格的逐年偶然急剧变化，以及金属货币本身，特别是铜价值的变化，计算变得更加困难。Marks, "Rice Prices," p. 68（中国将铜钱转化为银两的做法所带来的困难是，铜钱与银两的比价在不断变化，尽管没有完整的时间序列。虽然官方比价是1 000文铜钱等于1两白银，但在18世纪，比价从每两700到1 200文铜钱不等。这意味着，如果铜钱相对于银两贬值，一单位大米的铜钱价格就会上涨，而银价则保持不变。

[②] Hosea B. Morse, *The Chronicles of the East India Company Trading to China, 1635—1834* (Oxford: Oxford Univ. Press, 1926—1929), 5 Vols.

[③] Louis Dermigny, *La Chine et L'Occident: Le Commerce A Canton Au XVIIIe Siècle 1719—1833* (Paris: Service de Vente des Publications Officielles de l'Education Nationale, 1964), 4 Vols. See also Philippe Haudrère, *La Compagnie française des Indes au XVIIIe siècle* (Paris: Les Indes Savantes, 2005), 2 Vols.

出版了难以估价的《黄金圈住地——广州的美国商人群体与美国对华政策的形成，1784—1844》①。这些学者和其他许多学者的著作，已经增进了我们对于贸易西方一侧实际运行情况的了解。

贸易中方一侧的历史，也由数代学者的工作得以推动。其过程特别艰巨，因为如此大量的中文原始档案已经遗失。这项工作以法国学者高第（亨利·高第，Henri Cordier）为开端，他在上海的旗昌洋行担任职员时开启了他的职业生涯。高第的先驱性文章《广州行商》②，发表于1902年。中国学者梁嘉彬，其祖父是一个行商，专注于厘清他们的历史。梁嘉彬撰写的《广东十三行考》，是一部重要的文献，出版了两个中文版本，1937年的初版和1960年的修订版③。怀特（Ann Bolbach White）用西方语言创作了首部行商的历史，即《广州行商》（The Hong Merchants of Canton），即她1967年在宾夕法尼亚大学的博士学位论文。怀特综合运用了西方和中文文献资料，包括北京的宫廷档案。她的著述是行商历史的一个有益导论。④接下来是迪力普·巴苏（Dilip Kumar Basu）题为《亚洲商人与西方贸易：1800—1840加尔各答与广州的比较研究》的博士学位论文，1975年完成于加州大学伯克利分校。巴苏的著述仍然是加尔各答和广州之间实施的关键贸易的领先分析。它也是一本关键性的行商著述，这既表现在它是契合主题的档案资料，也体现在它对行商面临的经营问题的理解。⑤

---

① Jacques M. Downs, *The Golden Ghetto: The American Commercial Community at Canton and the Shaping of American China Policy, 1784—1844* (Bethlehem: Lehigh Univ. Press, 1997).

② Henri Cordier, "Les Marchands Hanistes de Canton," T'oung pao (2d ser.), Vol. 3, pp. 282-315 (1902).

③ 梁嘉彬，《广东十三行考》（上海：商务印书馆国家编译和翻译研究所，1937年；修订版，台北，1960年）。这项重要工作的部分英语翻译于1958年出版。An-yun Sung, "A study of the Thirteen Hongs of Kuangtung; A Translation of Parts of the Kuangtung Shih-San-Hang Kao of Liang Chia-Pin" (M.A. thesis, Univ. of Chicago, 1958).

④ Ann Bolbach White, "The Hong Merchants of Canton"（博士论文，宾夕法尼亚大学，1967年）。

⑤ Dilip K. Basu, "Asian Merchants and Western Trade : A Comparative Study of Calcutta and Canton 1800—1840" (Ph.D. diss., Univ. of Calif., Berkeley, 1975).

有了这些著述的基础,行商的学术研究慢慢取得巨大进展。出版于20世纪90年代的两项研究,开启了行商历史研究的新进程,发生于1683年到1843年之间的事件开始以富有意义的细节得以理解。陈国栋1989年12月完成了他的耶鲁大学博士学位论文《论中国行商周转不灵的问题1760—1843》,这本著作出版于1990年。注意到此前的研究尤其薄弱,陈考察了行商的周转不灵,他称这为"行商历史上特有的现象"。[①] 陈的著作包括许多个体行商的历史,但不是所有的行商商号。1997年张荣洋的《广州的行商:中西贸易中的中国商人1684—1798》[②]出版面世。这本史实丰富的著作是对1684—1798年行商行业组织演进的历史研究。随着陈、张两位著作的面世,行商学术界的研究有了更佳的深度和更好的质量,可以与贸易的西方一侧的主流学者撰写的著作媲美了。然而,研究既非试图对广州体制进行监管和法律分析,亦非对1780—1842年在广州实施的债务集体担保进行分析。这两部著作提出了多个不同问题,但是在历史时期上重合。它们涉及本书研究主题需要认真考虑的信息时,这些信息出现在这些著作各处的不同语境之中。

如同计算机科学一样,当代行商学界在细节的展示上具备了更高的水平,具有定期处理大量数据的能力。20世纪70年代的知识在20世纪90年代得到了极大的提升,而这个过程正在重现。行商整体在对外贸易的名义下按照强势西方企业的要求严格地做着规定的业务,这类老生常谈,已经烟消云散了。范岱克有名的著作《广州贸易:中国沿海的生活与事业(1700—1845)》(2005)[③]和《广州与澳门的商人:18世纪中国贸易活动中

---

① Kuo-tung Anthony Ch'en, *The Insolvency of the Chinese Hong Merchants 1760—1843* (Nankang: Institute of Economics, Academia Sinica, 1990), p. v.
② Weng Eang Cheong, *The Hong Merchants of Canton: Chinese Merchants in Sino-Western Trade 1684—1798* (Richmond, Surrey: Curzon Press, 1997), © Nordic Institute of Asian Studies.
③ 范岱克,《广州贸易:中国沿海的生活与事业》(1700—1845)(香港:香港大学出版社,2005)。

的政治与策略》（2011）^①更加细致地考察了行商世界。这些研究表明，行商并没有将它们的业务与西方联系在一起，他们进行的重大贸易，而且多个行商间转换联盟并在两个行商家庭之间展开竞争，行商自行以合资以及合伙的形式进行不同的贸易。这些细节都能在陈国栋和张荣洋的著作中看到，而且在一些更早的研究中也是这样，但是现在以一个整体的画面呈现出来了。这样，行商就不会被称作"老广州"的怪物，而是在他们所从事经营的更大的中国贸易世界中得以理解。我进行的研究试图继续最近学术界的这种潮流，考察广州对外债务集体责任担保制度下的监管和经营经历，并将它置于国际语境中。

　　本研究也试图将行商的监管置于服务于皇室利益的清朝垄断经营监管的总体语境之中。全国性监管重要性的迹象出现在文献里。梁嘉彬引用他父亲——行商经官（Kinqua）——曾经告诉过他的话，"行商制度的特许商人十分像盐商"。^②梁——和经官——是对的。特许和监管行商的制度，与服务于北京皇室利益的满族内务府管理食盐和人参专卖经营的制度十分相似。^③实际上，本研究的主题——行商间对债务的集体财务责任本身就表明由内务府移植到广州。1739年它首先对满洲地区人参专卖的领头商人实施，以相互担保责任来赔偿因收购人参质量和数量上的缺陷给国家带来的价值损失。这种做法后来得到保持，大概认为它是一种成功的办法。大约十年之后，1752—1759年，一个内务府包衣李永标执掌粤海关期间，集体责任（collective liability）从三个方面以初级的形式引入广州海关。

---

① 范岱克，《广州与澳门的商人：18世纪中国贸易活动中的政治与策略》（香港：香港大学出版社，2011）。

② Sung, "Study of the Thirteen Hongs," pp. 5, 78-9 and 31（"the monopoly system of the Hong Merchants in fact also followed the monopoly system of the Salt Merchants"）.

③ 在思想的传播中蒙古的重要性，其中满族是一部分，已经得到学界的关注，而且值得进一步研究。参见：《成吉思汗与现代世界的形成》，［美］杰克·威泽弗德著，温海清、姚建根译，重庆出版社2006年版。Bertold Spuler, *The Mongols in History* (New York: Praeger Publishers, 1971), Dewey, "Russia's Debt to the Mongols."

1829年美国纽约州对一个中国思想的吸纳，就是处于一个长期移植链条上的一环。传统中国集体责任的构想，是清朝内务府为保证皇室利益而监管几个专卖行业。在经过人参管理的试验，并运用于18世纪50年代行商管理的特定方面之后，单个行商对外债务的集体担保责任于1780年普遍在整个行商行业组织内实施。1829年这个思想远渡重洋来到纽约州，在那里它被采纳并作为首个银行存款保险计划的基础，这个计划于1829—1866年实施。受到纽约州的示范激励，在随后的世纪里，美国不同的州在不同的时期相继采纳了担保基金银行存款保险，但都不是很成功。按照采纳并改进1829年纽约引进的担保基金模式的制度，1933年银行存款保险在美国全国范围内实施。自那时起，显性的银行存款保险计划已经在世界范围内有100多个国家采用，它们都是以美国1933年模式为基础，并进行了不同程度的调整。

中国这个初创思想经历了漫长的旅途，然后到美国和其他国家。它不停地适应于当地环境，而且在不同的时间和地方应用于不同的社会。西方接纳它是当时西方迷恋中国思想风尚的一部分。诸如美国唐纳德·拉赫和埃德温·范·克雷（Donald Lach & Edwin Van Kley）在《欧洲形成中的亚洲》（*Asia in the Making of Europe*）（1993）[①] 里和欧文·奥尔德·里奇（A. Owen Aldridge）在《龙与鹰：美国启蒙运动中的中国》（*The Dragon and the Eagle: The Presence of China in the American Enlightenment*）（1993）[②] 中，学者们对这种风尚进行了描述。法律思想使用和调适的国际链条，与法律史学家阿兰·沃森（Alan Watson）在1974年题为《法律移植》一书中提出的"法律移植"概念也是吻合的[③]。利用他对罗马法的基本知识，沃

[①] Donald Lach & Edwin Van Kley, *Asia in the Making of Europe (1993)*, *Vol. III*, pp. 1605—1606. 中文版参见［美］唐纳德·F. 拉赫著，周云龙等译：《欧洲形成中的亚洲》，人民出版社2013年版。

[②] Aldridge, *The Dragon and the Eagle*, p. 268.

[③] Alan Watson, *Legal Transplants: An Approach to Comparative Law (2d ed.)* (Athens, Ga.: Univ. of Georgia Press, 1993), p. 27.

森展示了移植的法律思想的广泛影响和传播。从一个地方到另一个地方，全部的或者部分的，理解的或误读的迁移，移植的法律思想常常在它们新的家园苗壮成长起来。沃森告诉我们，"成功的法律移植，如同人体器官的移植一样，会在新的人体内生长，并且成为那个新的身体的组成部分，就像新的规则和组织原本会在它的母体制度里继续发展一样"。遵循这个准则，这一系列的移植在穿越时间和文化的旅途的各个阶段后，实现了技术上的成功。

在1829年这一年并行发生金融危机的背景下，这个思想抵达了美国。在中国的广州，被赋予特许经营中国海上对外贸易的行商团体，陷入极深的债务困境，并正经历着招募新成员的困难。在美国的纽约州，一系列的银行倒闭，已经引起人们担忧各州批准的私人银行印制和流通的纸币的公信力。两个危机各自不同，而且各自都由负责的地方当局来处理。1829年，尽管世界已由国际贸易的纽带紧密地联系在一起，并且信息以不断提高的速度在东方与西方之间传送，而这些危机的消息却并没有传播出去。就像纽约的危机广州一无所知一样，广州的危机纽约方面也是一无所知。

3. 1829 年纽约州的危机

纽约州的危机主要与货币相关。由于美国早期缺乏本土的白银资源，国家的货币供给依赖私人银行券和进口银币。1829年流通中的大部分货币是由民间银行发行的纸币银行券。在1863年之前，没有国家银行券。如同银行本身变得更平常一样，银行倒闭变得更平常，这立即引发社会创痛。一家银行倒闭，它的银行券也就作废了。19世纪20年代尽管尝试了包括对破产银行股东实施双倍责任的各种改革，纽约依然经历了多次银行倒闭。一些人抱怨并反对使用纸币，然而既然白银短缺和国家对货币的需求又迅速增长，它们在实践上就是必要的。关键问题变成了如何保持纸币价值的稳定，也就是确保银行券转换为银币或金币的有准备的可兑换性。

各个州为民间银行颁发执照，这些银行相应地发行自身的银行券。以早期银行的破产倒闭来检验，各个州制定了不同的方法来监管不断新设的银行和它们的流通纸币。领先的各州认识到，好的通货在支持商业的同时，刺激了经济发展。19世纪的许多美国企业聚焦于土地、基础设施、贸易和制造业的发展。这些发展需要优质货币的充足供给。

1829年1月，马丁·范布伦宣誓就职纽约州长之际，一场银行业危机正浮现出来。由于对州内银行的状况感到惊恐，州议会1827年否决了银行执照的颁发或更新，1828年再次否决。大多数纽约州银行的执照在未来的两年或三年内都到了更新的期限，而且人们对于这些银行处于不安全的状态存在着深深的忧虑。

在这样的关键时刻，范布伦州长从约书亚·福尔曼提出的银行存款保险计划的提案中获得了解决方法。福尔曼是一位富有金融经验的、受人尊敬的公众人物，成长为一个律师、商人、法官、房地产发展商（雪城的建立者）、议员、公共改善工程的推动者、著名的伊利运河的一个早期提倡者。州长被其感动，1829年1月末，他以"值得认真关注"将福尔曼的提案提交给州议会。

这个计划得到的启发，来自"广东行商的监管制度，在那里一些人得到政府准许与外国人进行贸易的特权，各自独立行事，而所有行商对一旦出现经营失败的每一家行商的债务负责"。根据福尔曼的说法，广州担保制度已经"经受了70年历史的考验"，而且赋予行商世界范围坚如磐石的信用。承诺赔付使"一家行商获得了整个世界的信用，超越了其他任何一项安全措施"。他提出的计划，既要求存款保险又要求对被保险银行实施公共监管，通过纽约州议会很快进入立法程序。1829年3月它以修正案的形式获得批准，并于1829年4月2日签署为法律。在稳定基金（Safety Fund）制度下，每一家纽约州批准的银行要求每年汇缴实收资本的0.5%

给稳定基金，直到汇入基金的数额总计达到资本的3%为止。如果一家银行倒闭，它的资产将被清算，而且稳定基金将赔付必要的足够额以满足对破产银行的所有索赔。

4. 中国广州港的危机：1829年

1829年，在沉重压力下广州对外债务无限集体担保责任的实验走到了第50个年头。18世纪早期以来，执行中国对西方海上贸易的任务，授予给称作行商的一个小的独占团体。中国政府要求行商管理外国商人，并且征收税收，以此作为他们获得贸易执照的条件。除了广泛的进出口贸易，这些行商作为中国民间管理机构的底层纽带，充任"准外交官"（张荣洋语），在西方贸易商人和清政府派任广州的官员之间充当中介。

因此，要成功充任行商，要求同时具备两个条件：（1）作为一个进出口商品贸易商的极强的技术；（2）在管理中国与西方的海上贸易的"广州体制"规则的监管约束下从事经营的知识和能力。"广州体制"与今天的许多监管业务是如此的相似。关于政府规制的知识，以及与有时十分苛刻的监管者一起顺利工作的能力，可能与在规定的业务范围内的技能同等重要。

1829年，行商垄断的生存能力受到了威胁。自1780年以后，贸易的规模已经激增，但是，单家行商以及作为一个行业组织的资金需求也剧增了。从1780年起，要求行商团体赔付任何一家资不抵债成员的所有对外债务。赔付机制是设立公所基金，由行业协会管理，通过对贸易课征筹集税赋款"行用"，最初设定在贸易额的3%，但通常以更高的数额征收。这种税收初始声称的目的，是为担保对外债务提供资金，也为行商对清朝政府欠下的其他到期债务提供资金。落在行商身上的税收负担，集体（行用）的和直接的（单个行商的掠取）都增长了，这是由19世纪早期清朝政府需求的极速增长和官员的榨取推动的。高额的税收已经将更多合法的贸易——在茶叶或其他商品方面，推到独占商人之外，并落入没有执照的"散商"（outside shopmen）之手。散商给主要商品提供极低的价格，而且，要么安排将它们走私到购买者的船上，要么通过实力弱小的新晋行商运送打折的商品（贿赂行商的管理者和海关官员以另谋他法）。这种没有执照的竞争削弱了税收的有效征收，而且造成其他合法贸易的税收负担增加。

十三行成员资格曾一度被看成是一条致富的途径。然而，到1829年，成为一个行商的前途在广州市井早已失去吸引力。官方贸易执照十分昂贵，而且伴随着财务损失的高风险（倒闭后可怕的惩罚），投资获取合理回报的希望渺茫。而且，即使一家行商成功抵御了这些不确定性，至少从1815年开始从行会退出或者抽回自己的资本已经不可能。

及至1829年行商团体萎缩至7家，其中仅仅3家真正具有偿付能力。那一年，总督李鸿宾指示行商从他们的朋友中招募实力人物。这种号召产生了一些不可靠的招募，它不能强化行商行业组织并阻止它的衰落。随后，单个行商的倒闭接踵而至，而它们的债务持续转移给那些集体担保制度下的幸存行商。

5. 作为序幕的 1829 年危机

1829年在广州港和纽约州的危机，引起转型中的金融界重视。在中国，广州担保制度不久就以1842年南京条约的签订宣告寿终正寝。而在纽约州，一场银行业危机促使议员们采纳了一个改革计划——稳定基金（the Safety Fund）——受到中国债务集体责任原则的启发。这不是一个小小的讽刺，启发纽约州改革的广州体制和稳定基金本身，起因于同一事件——1837年席卷全球的经济衰退，而陷于瘫痪。

历史开始从广州体制时代汲取教训，那个体制是一个著名的人、文化和规则的混合物。在这个体制下，中国的海外贸易自1684年起进行了近一个半世纪。一个关键事实是，这个监管制度的"成熟"形式（1780—1842），它包括由行商对行商团体成员对外债务的集体担保，受到外国债权人使用暴力收取这种债务的威胁。一开始，威胁没有见诸行动。后来，约翰·亚历山大·潘顿（Panton）船长和他的军舰在1779—1780年行商"商欠"（Chinese Debts）危机中多次访问广州形成威胁，但没有造成切肤之痛。结果，在1839—1842年鸦片战争中，1838—1839年"商欠"（中国债务）危机中英国人制造了威胁，并以毁灭性的武力方式呈现。

　　文明是以法制来定义的。从它的起源开始，法律便通过减少使用暴力的机会或者力图消除暴力来寻求维护社会秩序。在英国的法律传统中，许多普通法权利起源于避免暴力的目的。在中国，"自决"（亦即暴力）债务索取是被法规禁止的。担保赔付银行债权人这个现代计划的起源，产生于外国债权人利用暴力向私人担保基金的隐形担保者国家索取的努力，这是重要事实。赔付或者不赔付债务的社会或者法律的选择，关乎赢家和输家的形成。一些债权人索赔，而一些没有索赔，并且引发向担保者（无论是个体或者是国家）索赔的数额越大，社会成本就越高。在国家之间，比如在两个国家之间，"利益的私人化和风险的社会化"引起的压力是实实在在的，而且与之相伴的是暴力的威胁或者社会失序。在国家荫庇之下，私人债务无限担保者的社会风险是无限的。

　　1838—1839年，一个被忘却的巨大的"商欠"（中国债务）危机，是以取消英国东印度公司的贸易而产生的信用危机引发的，东印度公司是行商遵照长期稳定的股份合同可信赖的买家。随着大量行商的倒闭，又正巧碰上1837年萧条的冲击，危机加深了，就只好发动一场战争来索取违约的受担保全部私人债务。倒闭行商对外国债务积累的全部负债，在1842年以一个总数300万元的现金赔付抵免，这笔钱于1843年7月23日在广州交给英国领事。

　　与这个被遗忘的重大记录形成鲜明对照，美国银行业史学家已经对

1829—1866年纽约州进行的银行存款保险的实验给予相当关注。稳定基金被认为具有许多缺陷。情况是这样的，基金，像一艘没有建好的船，或者就像真正的广州体制本身——被1837年的国际萧条压垮了。与广州体制不同，人们长期相信稳定基金是一个很好的设计。它激发了美国各州存款保险的立法、全国的银行存款保险，而后扩大至世界范围。它作为序章光彩鲜艳：它的可能性是无限的。

第二章　广州担保制度的起源

　　中国满族的早期统治者对银行业监管没有兴趣。他们的目标首先是完成征服"洪业",而后是统一以控制整个国家。在经历多年的精心准备之后,满族1644年占领北京,并以惊人的速度实现了对中国北方的征服[1]。在远离北京的东南沿海,征服进程比较困难,斗争又进行了40年。在将彻底摧毁的地区置于控制之下以后,康熙皇帝开放了南方的海上对外贸易。当地经济迅速作出反应,而且受到积极的刺激。满族寻求贸易利益,但同时觉得在商人之中掌控秩序以及保证关税收入流入对北京是重要的。在18世纪,一个称为"广州体制"的规条体系,被用于推进这些目标。建立服务于广州的规制结构同时来源于满洲和汉人的传统。对外债务的集体担保——广州担保制度作为这些规则的修订版于1780年开始实施。

1. 征服与平定

　　作为一个蒙古女真部落,满族最初兴起于现今的中国东北辽河流域,一个森林、草原和农地密布的地区[2]。在几位智慧和富有进取心的统治者,尤其是"伟大的先辈"努尔哈赤(1559—1626)的领导下,他们迅速

---

[1] William T. Rowe, *China's Last Empire: The Great Qing* (Cambridge: Belknap Press of Harvard University Press, 2009), pp. 19 and 22.

[2] Elliott, *The Manchu Way*, pp. 48-50; Rowe, *China's Last Empire, p.* 14; Gertrude Roth Li, "State Building Before 1644," pp. 9-72 in Willard J. Peterson, ed., *The Cambridge History of China, Vol. 9, The Ch'ing Dynasty to 1800, Part I* (Cambridge: Cambridge Univ. Press, 2002), p. 9.

从原先众多争夺地区声望的部落之一，崛起为富有雄心控制中国国土的潜在军事力量。努尔哈赤组织了以他的爱新觉罗家族为领导者的女真蒙古部落联合体，并在文化和军事上将他们联合在一起[1]。联合体定义为"满洲"，意指一种书写满族语言（吸收蒙古文字）的创制。满族武装按照"八旗"形式组织起来，通过这一军事制度联合起来，[2] 这些八旗武装实施征服的"洪业"，八旗制度适用于控制和保卫中国国土。

贸易关系有功于满洲的崛起，并且为征服战争所需经费提供了资金支持。他们的祖居地自然资源丰富，通过狩猎、渔业和农业，以及积极参与皮毛和人参之类产品的区域贸易，女真蒙古部落进行开发利用。[3] 几个主要的满族领导者，包括努尔哈赤，早年均有过经商的经历。[4] 这个部族逐渐成长为人参贸易的专家，而且逐渐增加了明朝颁发的在中国出售他们珍稀野生人参独占性的专卖权，[5] 以满足晚明对高质量人参购买的大量需求，进而实现用丰厚利润购买武器的目的，而这直接促成满洲军事力量的崛起。[6] 日本学者稻叶岩吉因此评述称，清王朝"兴起于人参，败落于鸦片"。[7]

1644年4月26日，明朝最后一个皇帝在北京紫禁城煤山顶自缢。考虑到满族对明朝人参贸易收益的军事使用，崇祯皇帝的自杀，可以认为是为

---

[1] Elliott, *The Manchu Way*, p. 52.

[2] Elliott, *The Manchu Way*, pp. 39-42, 57-63 and 70; Rowe, *China's Last Empire*, p. 15; Frederic Wakeman, Jr., *The Great Enterprise: The Manchu Reconstruction of Imperial Order in Seventeenth-Century China* (Berkeley: Univ. of Calif. Press, 1985), Vol. 1, p. 55.

[3] Rowe, *China's Last Empire*, p. 14; Van Jay Symons, *Ch'ing Ginseng Management: Ch'ing Monopolies in Microcosm* (Tempe, Arizona: Arizona State Univ. Press, 1981), pp. 9-10 and 73; Elliott, The Manchu Way, pp. 50-1; Li, "State Building Before 1644," p. 50.

[4] Gang Zhao, *The Qing Opening to the Ocean: Chinese Maritime Policies, 1684—1757* (Honolulu: Univ. of Hawai'I Press, 2013) pp. 61-2.

[5] Rowe, *China's Last Empire*, p. 14; Symons, *Ch'ing Ginseng Management*, pp. 3, 9 and 71-2; Zhao, *Qing Opening to the Ocean*, pp. 63-6.

[6] Zhao, "Shaping the Asian Trade Network," pp. 110 and 120; Rowe, *China's Last Empire*, p. 14; Symons, *Ch'ing Ginseng Management*, pp. 9-10 and 72-4; Wakeman, *Great Enterprise*, *Vol. 1*, pp. 47-8.

[7] Symons, *Ch'ing Ginseng Management*, pp. 24 and 72-73.

列宁"给对手出卖绞死自己的绳索"的论述提供了一个例子，列宁正是这样说的。[1]在此之前，北京已经沦陷，被李自成领导的起义军占领。满洲武装随后通过山海关涌入，并在1644年5月27日的大战中击溃李自成的军队。取胜的清军进入不知所措的北京，没有受到抵抗。欧立德提供了1644年6月5日满族进入北京的一个生动画面：当地居民"无疑好奇而惊异地盯着剃光额头摇晃着辫子的满洲军人走过，腰间别着短剑，两侧是牛角和木质的短弯弓"。[2]

　　明朝的忠实拥护者在南方建立了他们最后的抗清基地。参与斗争的武装包括满洲军队、明朝残余势力、农民起义军、变节者以及清朝据其辅助封为世袭封建王侯的军事首脑。因反对蓄辫（一种前额剃光留下的头发挽成长辫的东北传统发式），满洲势力不久遭到了地方起义的血腥抵抗。[3]在南方，那里是多山、道路稀少、河流和运河交错的乡野，一个给满洲骑兵带来持续挑战的地方，令其行进艰难。[4] 广州城，1647年1月落入清军手中，不久就爆发了叛乱。1650年它被尚可喜领导下的满洲武装围困了10个月。[5] 1650年11月24日，防守被猛烈的炮火攻陷，此后入侵者在抢掠

---

[1] Paul F. Boller, Jr. and John George, *They Never Said It: A Book of Fake Quotes, Misquotes & Misleading Attributions* (Oxford: Oxford Univ. Press, 1989), p. 64（把"资本家会卖给我们绞死自己的绳索"的说法归罪于列宁，这"几乎可以说是假的"）。

[2] Elliott, *The Manchu Way,* pp. 1-2; Rowe, *China's Last Empire,* pp. 15-16; Wakeman, *Great Enterprise,* Vol. 1, pp. 1, 262-6 and 314-6.

[3] Rowe, *China's Last Empire,* pp. 22-23; Wakeman, *Great Enterprise,* Vol. 1, pp. 646-55 and 659.

[4] Elliott, *The Manchu Way,* pp. 187–191（在一个名为Dzengseo的旗兵留下的运动回忆录中生动地描述了这一点）; Dzengseo, *The Diary of a Manchu Soldier in Seventeenth-Century China* (Nicola di Cosmo, tr.) (Abington: Routledge Books, 2006); E. C. Bowra, "The Manchu Conquest of Canton" (Part One), China Review, Vol. 1, pp. 86-96 (1872), p. 91; Zhao, "Shaping the Asian Trade Network," pp. 36-37.

[5] Jerry Dennerline, "The Shun-chih Reign," pp. 73-119, in Willard J. Peterson, ed., *The Cambridge History of China, Vol. 9, The Ch'ing Dynasty to 1800, Part I* (Cambridge: Cambridge Univ. Press, 2002), pp. 94-95; Wakeman, Great Enterprise, Vol. 2, p. 738.

中对当地平民进行了骇人听闻的屠杀。[1] 城市遭到毁灭，后来满洲统治者
又开始逐渐重建起来。

　　当地的习俗是对死者进行土葬，但却被征服者蔑视，最后由一个
和尚来实施对死者的土葬。他独自一人，努力将死尸运出城门之外，并
给他们进行得体的埋葬。在执行任务过程中，将一个死尸扛在肩上的时
候，尚可喜碰见了他，嘲笑地问他是否打算掩埋所有的被杀戮者？和尚
回答称，他没有关注任务的难度或者努力去测算它的可能性；他只做他
力所能及的事情，其他就留给上天了。据称，和尚的精神让尚可喜很佩
服，便命令随从人员对这个和尚施以援手，最终被屠杀者的尸体被堆积
成一个巨大的堆集，并在城市的东门外焚烧，骨灰被埋在一个巨大的土
堆下面。这个土堆至今还在，而且得了一个重要的名字"共冢"（General
Grave）。[2]

　　长达40年控制中国南部的斗争发生在沿海地区。在台湾岛附近领导
持续抵抗的是深深卷入国际贸易的郑成功（国姓爷Koxinga）家族的成
员。[3]1656年清朝实施海禁，寻求扼杀台湾的抵抗。[4] 郑的军队1659年9月

---

[1] Dennerline, "The Shun-chih Reign," p. 101; Robert B. Marks, *Tigers, Rice, Silk, and Silt: Environment and Economy in Late Imperial South China* (Cambridge: Cambridge Univ. Press, 1998), p. 149; Wakeman, Great Enterprise, Vol. 2, pp. 767-8 and 893.

[2] Quoted in Bowra, "Manchu Conquest of Canton," pp. 91-3（尚可喜的名字已改为罗马拼音表示）。

[3] Leonard Blussé, *Visible Cities: Canton, Nagasaki, and Batavia and the Coming of the Americans* (Cambridge: Harvard Univ. Press, 2008), pp. 25-6; Arthur Hummel, ed., *Eminent Chinese of the Ch'ing Period* (Washington, D.C.: U.S. Govt. Printing Office, 1943), pp. 108-10; Zhao, *Qing Opening to the Ocean,* pp. 71-2 and 86-91; Zhao, "Shaping the Asian Trade Network," pp. 54, 59, 86-7, 209 and 231; Jane Kate Leonard, *Wei Yuan and China's Rediscovery of the Maritime World* (Cambridge: Harvard Univ. Press, 1984), pp. 66-9; Marks, *Tigers, Rice, Silk, and Silt,* pp. 151 and 156; Ng Chin-keong, *Trade and Society: The Amoy Network on the China Coast 1683—1735* (Singapore: Singapore Univ. Press, 1983), pp. 48-55.

[4] Ng, *Trade and Society,* p. 52.

从海上对南京发动了一次大的进攻，这引发了更加强力的镇压。① 从1661年到1683年，为了阻断对台湾的郑成功提供给养，清朝政府下令强迫将沿海人口从大陆海岸附近向内陆迁移10英里或更远距离。② 唯一的例外是澳门，那里由于好运和果决的外交免受这种征服行动。③ 清朝命令将所有的海船烧毁，"片板不许下海"。④ 海岸被摧毁，人们遭受可怕的灾难。一条材料记载称：

> 人们继续到处漂泊，不知如何幸存下来。父子、夫妻相互抛弃；离别时凄惨痛苦。用一个儿子换一把米，一个女儿被有钱人用100个铜钱买下。⑤

如同1655—1657年荷兰使馆观察到的："你可以在一些地方（广东省）行走几英里，看不到一个集镇或者村庄，只有巨大的石头堆，以及许多大地方的废墟，那里原本以贸易闻名。"⑥ 经施琅率领的清朝军队海上攻打遭

---

① Zhao, *Qing Opening to the Ocean*, pp. 71-2; Rowe, *China's Last Empire*, p. 27; Wakeman, *Great Enterprise, Vol. 2*, pp. 1046-9.

② Ng, *Trade and Society*, pp. 52-53.

③ Blussé, *Visible Cities*, p. 25; Cheong, *Hong Merchants*, pp. 21 n.14 and 66 n.2; Lawrence D. Kessler, *K'ang-hsi and the Consolidation of Ch'ing Rule 1661—1684* (Chicago: Univ. of Chicago Press, 1976), pp. 39-46; Donald F. Lach and Edwin J. Van Kley, *Asia in the Making of Europe, Vol. III (A Century of Advance), Book Four (East Asia)* (Chicago: Univ. of Chicago Press, 1993), pp. 1697-9; Leonard, Wei Yuan, p. 69; Marks, *Tigers, Rice, Silk, and Silt*, p. 151-3 and 167; Zhao, *Qing Opening to the Ocean*, pp. 73-4 and 89-90; John E. Wills, Jr., *Embassies and Illusions: Dutch and Portuguese Envoys to K'ang-hsi, 1666—1687* (Cambridge, Mass.: Harvard Univ. Press, 1984), pp. 16-17, 86-89 and 116-144; John E. Wills, Jr., *Pepper, Guns and Parleys: The Dutch East India Company and China 1622—1681* (Cambridge, Mass.: Harvard Univ. Press, 1974), pp. 86-89.

④ Marks, *Tigers, Rice, Silk, and Silt*, p. 167.

⑤ Quoted in Sucheta Mazumdar, *Sugar and Society in China: Peasants, Technology and the World Market* (Cambridge: Harvard Univ. Press, 1998), p. 205.

⑥ Quoted in Basu, "Asian Merchants and Western Trade," p. 47; White, "Hong Merchants," p. 31.

惨败之后，郑成功的武装最终于1683年10月在台湾投降。[①]早在两年前，满洲军队已经平息了三藩的叛乱，这标志着清朝征服早期阶段分封的半独立的诸王及其封建特权时代结束。[②]

　　清朝统治者认识到贸易将有助于恢复糟糕残破的广东经济，并且可以树立人们的忠诚心。[③]明朝在其大多数时期不支持且事实上禁止对外贸易，与之相比，在来自满洲本部地方贸易的长期获利经验中，清朝已经建立起对贸易的积极看法。[④]从维持公共秩序的利益出发，康熙皇帝强力地支持沿海地区经济的恢复。根据他的指示，康熙皇帝鼓励官员致力"通商

[①] Jonathan D. Spence, "The K'ang-hsi Reign," pp. 120-229 in Willard J. Peterson, ed., *The Cambridge History of China, Vol. 9, The Ch'ing Dynasty to 1800, Part I* (Cambridge: Cambridge Univ. Press, 2002), at 146; Ng, *Trade and Society*, p. 52.

[②] Hummel, *Eminent Chinese,* pp. 879-880; Leonard, *Wei Yuan,* p. 68; Marks, *Tigers, Rice, Silk, and Silt, p. 156*; Cheong, *Hong Merchants*, p. 30; Wakeman, *Great Enterprise, Vol. 2*, pp. 1099-1127.

[③] Blussé, *Visible Cities*, p. 28; Zhao, *Qing Opening to the Ocean*, pp. 53-6; Wills, *Embassies and Illusions*, p. 13; Thomas Metzger, "Ch'ing Commercial Policy," Ch'ing-shih Wen-t'i, Vol. 1, pp. 4-10 (1966), p. 10; William T. Rowe, "Domestic Interregional Trade in Eighteenth Century China," pp. 173-192 in Leonard Blussé and Femme Gaastra, eds., *On the Eighteenth Century as a Category of Asian History: Van Leur in Retrospect* (Aldershot, England: Ashgate Publishing Ltd., 1998), p. 184（"根据现有知识状况，清朝似乎是中国帝国历史上最亲商业的政权"）；Lien-sheng Yang（杨联升），"Government Control of Urban Merchants in Traditional China," Tsing Hua Journal of Chinese Studies, Vol. 8, new series, pp. 186-206 (1970), p. 188（"回顾中国前两百年政府对城市商人的控制总体情况，令人震惊的一点是，没有障碍阻止商人提升他们的地位，商业活动接受有限的检查，税负课征相对较轻，每当政府实施控制，依赖两个古老的核心理念"保障和担保"）。

[④] Blussé, *Visible Cities*, p. 28; Li, "State Building Before 1644," p. 24（在进贡制度之外积累的大量贸易利润）；Zhao, *Qing Opening to the Ocean*, pp. 77-8.

裕民"①，"通商裕国"以及"恤商"②。这些目标深深地植根于中国思想。③
乾隆皇帝在1748年注意到，将与市场相关的事务让人们参与并允许商品自
由流通总体上更好，因为政府干预，尽管有好的意图，通常不能改善事
务。④ 然而，在1683年，刺激的必要性紧迫起来。不仅在南方，而且整个
中国都遭受了康熙早期的一次经济萧条，并被平定三藩之乱的沉重耗费
拖累。⑤

---

① Blussé, *Visible Cities*, p. 28; Zhao, *Qing Opening to the Ocean, p.* 88; Zhao, "Shaping the
Asian Trade Network," pp. 160, 164-6 and 168-9（"通商裕民"）; Leonard, Wei Yuan, pp.
71-2; Marks, *Tigers, Rice, Silk, and Silt*, pp. 166-7; Ng, *Trade and Society*, pp. 189［目标是
"促进商业交往，以造福民众"（通商便民），特别是在大米贸易方面］and 191［"朝廷总是
指示官员'帮助商人'（恤课）]，这不仅是扩大收入（裕课）也是'让民众变富裕'（裕民）。";
Metzger, "Ch'ing Commercial Policy," p. 7; Pengsheng Chiu, "The Discourse on Insolvency
and Negligence in Eighteenth-Century China," pp. 125-42 in Robert E. Hegel and Katherine
Carlitz, eds., *Writing and Law in Late Imperial China: Crime, Conflict, and Judgment* (Seattle:
Univ. of Washington Press, 2007), p. 129［" '为商人及其客户提供同等利益'（通商便民）"］。
② Zhao, *Qing Opening to the Ocean*, pp. 72 and 87; Zhao, "Shaping the Asian Trade Network,
pp. 165（"恤商"）and 168; Angela Schottenhammer, "The East Asian Maritime World, 1400–
1800: Its fabrics of power and dynamics of exchanges—China and her neighbors," pp. 1-83,
in Angela Schottenhammer, ed., *The East Asian Maritime World, 1400—1800: Its Fabrics of
Power and Dynamics of Exchanges* (Wiesbaden: Harrassowitz Verlag, 2007), p. 32.
③ "利商便民（为商人和普通民众提供物质上的有利条件）的短语，表达一个共同的官方态
度，至少可以追溯到孟子和荀子。" Thomas A. Metzger, "The Organizational Capabilities of
the Ch'ing State in the Field of Commerce: The Liang-huai Salt Monopoly, 1740—1840," pp.
9-45 in W. E. Willmott, ed., *Economic Organization in Chinese Society* (Stanford University
Press, 1972), p. 44; Jennifer Cushman, *Fields from the Sea: Chinese Junk Trade with Siam
during the Late Eighteenth and Early Nineteenth Centuries* (Ithaca: Cornell Southeast Asian
Program, 1993), p. 121［"诸如（安民通商）（安抚人民，鼓励和便利商人的活动）和（裕国
恤商）（在体恤商人的同时充实国家）在中国官员的文书中很常见"］。
④ Yang, "Government Control of Urban Merchants," p. 199.
⑤ Zhao, *Qing Opening to the Ocean*, p. 86; Ramon H. Myers and Yeh-chien Wang, "Economic
Developments, 1644—1800," pp. 563-645 in Willard J. Peterson, ed., *The Cambridge History
of China, Vol. 9, The Ch'ing Dynasty to 1800, Part I* (Cambridge: Cambridge Univ. Press,
2002), pp. 564-565.这一时期有时被称为 "康熙大萧条"。 Mio Kishimoto-Nakayama, "The
Kangxi Depression and Early Qing Local Markets," Modern China, Vol. 10, pp. 227-56 (1984).

图2-1　康熙皇帝

（图片来源：故宫博物院）

1683年12月，攻打台湾胜利后2个月，清朝政府开始取消对国人的海禁。至少4个省的50个大小沿海港口开放了海外贸易。[①] 最初，正如后来康熙皇帝（1661—1722年在位，见图2–1）所描述的，"下面这些港口已经开放贸易：直隶的天津、山东登州、江苏云台山、浙江宁波、福建漳州、广东澳门。正是海上叛乱让这些地方以前不得不被关闭"。[②] 康熙皇帝相信，开放这些港口对国家经济有益，并且也有益于普通民众的生活（国计民生）。[③] 被认为可能用于叛乱的军需商品贸易，仍然被禁止。[④] 在新开放的港口中，厦门（Amoy），广州（Canton），澳门和宁波吸引了西方商人。有时，在这些港口之间展开争夺西方业务的竞争。[⑤] 起初，"船只少见，而关税贫乏"，[⑥] 但是，在康熙的开放贸易政策下，这些地区经济得以迅速复苏。[⑦] 沿海的居民回来了，农业得到恢复，毁坏的平板船得以重新建造，而且区域和对外贸易种类增加了。在1685年至1688年期间，约467艘中国民船航行到日本；在此前4年里，仅有12艘出航。[⑧]

　　如同康熙皇帝后来解释的，"为什么我要开放沿海贸易？海上贸易的发展将给福建和广东的人民带来好处。随着这两个省的人民变得富裕及商品顺畅流通，这种繁荣将有益于其他省"。[⑨] 紧随17世纪晚期贸易自由政策的强力复苏，可以与中国20世纪晚期的经济复兴媲美。贸易为现代中国

---

① Zhao, *Qing Opening to the Ocean*, pp. 6, 85, 92, 111, 128 and 170; Marks, *Tigers, Rice, Silk, and Silt*, p. 157; Cheong, *Hong Merchants*, pp. 10, 17, 21 n.14, 26, 50-53, 66 n.2 and 192.

② Zhao, Qing Opening to the Ocean, pp. 6 and 85; Zhao, "Shaping the Asian Trade Network," p. 161.

③ Ng, *Trade and Society*, p. 188.

④ Zhao, "Shaping the Asian Trade Network," pp. 175-6.

⑤ Cheong, *Hong Merchants*, pp. 28-9 and 34［行商安官（Anqua）于1699年告诉广州的法国商人，总督及其他官员于1694将他派往巴达维亚，敦促荷兰人恢复在广州的贸易］; Zhao, *Qing Opening to the Ocean*, p. 76; Van Dyke, *Canton Trade*, p. 10; White, "Hong Merchants," pp. 35-6.

⑥ White, "Hong Merchants," p. 32.

⑦ Wolfram Eberhard, *A History of China* (4th ed., Berkeley: Univ. of Calif. Press, 1977), pp. 282-3; Marks, *Tigers, Rice, Silk, and Silt*, p. 163.

⑧ Leonard, *Wei Yuan*, p. 69; Zhao, *Qing Opening to the Ocean*, p. 35.

⑨ Quoted in Zhao, *Qing Opening to the Ocean*, p. 88; Cushman, *Fields from the Sea*, p. 122.

领导人所鼓励——致富光荣，成为在那些艰难岁月刺激复苏和维护社会秩序的手段。在一个危机时期之后，上述两个案例都用商业活动来激发中国人民的非凡能量和恢复经济健康。

在实施开放贸易政策中，康熙皇帝反对明朝限制对外贸易的政策，那是以使团向中国皇帝朝贡时一起进行的有限事务。这种"朝贡体系"继续着，但在清朝的政策之下，它与对外贸易分离。① 康熙皇帝致力于确保来自外贸的税收收入顺利地流进清朝政府。1684年，海关制度被界定为拥有对海上船只进出口商品进行课税的管辖权，而且得到信赖的满洲官员被任命为关键的广东和福建海关的首脑。② 此后，中国持续增长的海上对外贸易产生了大笔的海关收入。在1687—1755年，广东省每年的海关收入从一年90 000两（125 000元）多一点增长到一年50万两（694 444元）。按学者的估计，在17世纪晚期和18世纪早期，中国和欧洲及东南亚非朝贡国家之间贸易的价值每年在540万两（750万元）③。

清朝认识到蕴藏在海上贸易中的危险。作为经过40年斗争获得成功的征服者，他们知道反满情绪存在于大多数汉族民众之中。新的统治者保持警惕，贸易会给逃到菲律宾和南洋附近的反叛者提供联系的手段。由于反清或者其他非传统的来自海外的思想，可能挑动沿海的人们，他们同样被

① Zhao, *Qing Opening to the Ocean*, pp. 99 and 109-115; Wills, *Embassies and Illusions*, pp. 166-7.

② Zhao, *Qing Opening to the Ocean*, pp. 118-22.

③ Zhao, *Qing Opening to the Ocean*, pp. 113 and 179. "tael" 即中国银币的计量单位"两"。Frank H. H. King, *Money and Monetary Policy in China 1845—1895* (Cambridge: Harvard Univ. Press, 1965), pp. 27-8 （"one tael" 既满足于其天然记账单位的性质，又满足于银重量的计量（中文也作盎司或两。）and 47.英国东印度公司在其账目上将1西班牙元等同于0.72两。Morse, *Chronicles, Vol. I*, p. xxii.本书所有的元/两换算都用此比率。在实践中，这些计算可能变得更加复杂，考虑到基准、区域银两的习惯等。King, pp. 47-50（"外国人希望找到或认为他应该找到一个全国统一的货币体系。相反，他发现的一个货币制度，应当与意大利城邦国家的货币制度比较更为有效，而不是与当时英国的货币制度作比较。"）; Lien-sheng Yang, *Money and Credit in China: A Short History* (Cambridge: Harvard Univ. Press, 1952), p. 47. 因此，通常使用shroffs（货币兑换商）来测试和验证商业交易中使用的金属。King, pp. 32 and 87.

监视。① 进而，1717年，台湾及其附近的反叛活动引发重启对当地海外贸易的禁止。那是在1727年之前的那些年里逐步实施的。② 在此之后的一个禁止期间，欧洲的船只继续得到允许在中国港口停靠，而且总体上，中国与日本、琉球岛（包括冲绳）和越南的贸易也得以继续。③

作为一个疆土刚得以稳定的主人，清朝统治者密切监视和防范着来中国做生意的西方人不时富有侵略性和看上去野蛮的行为。他们迅速发展的海上商业仅服务于中国利益，但是某些外国人的行为引起清朝官员持续考虑公共秩序和国防问题。英国人首次远航到中国，是在船长约翰·威德尔（John Weddell）的率领下于1637年抵达广州，留给人们的记忆是利用火炮开路强行进入珠江。④ 1724年，行商少官（Youngqua）在他的一个法国客户将剑刺向一位粤海关官员之后，被粤海关带上镣铐。⑤ 1742年，"百夫长号"战舰的海军准将安森（Commodore Anson）威胁要武力打开珠江通道到达黄埔。作为回应，一个古老的法律被复活了，禁止外国军舰抵达虎门要塞（Bogue Forts）。颁布的规条禁止船只在港口开炮，并要求在港口的商船交出它们的加农炮，但是这些规定被极大地忽视。⑥ 海军准将安森后来带领他的军舰到海上，他攫取了每年从阿卡普尔科到马尼拉的科瓦东加夫人号（Nuestra Senora de Covadonga）的西班牙大帆船及价值150万英镑的白银。安森带着他的战利品回到珠江，在那里他对中国人核定"百夫长号"和他捕获的大帆船的海关税提出异议。⑦ 1754年法国和英国船

---

① Leonard, *Wei Yuan*, pp. 34, 65, 69 and 73; Cheong, *Hong Merchants*, pp. 50-53; Wills, *Pepper, Guns and Parleys*, p. 188.

② Cheong, Hong Merchants, pp. 50-53; Schottenhammer, "East Asian Maritime World," pp. 29 and 31-32; Ng, *Trade and Society*, pp. 186-7.

③ Ng, *Trade and Society*, p. 57.

④ Frederic Wakeman, Jr., *The Fall of Imperial China* (New York: The Free Press, 1975), p. 129; Morse, *Chronicles, Vol. I*, pp. 22-30.

⑤ Cheong, *Hong Merchants*, p. 221.

⑥ Cheong, *Hong Merchants*, p. 205.

⑦ Morse, *Chronicles, Vol. I*, p. 284.

员争斗中一个英国船员死后，广州官员指定后来称为"法国岛"（French Island）的岛屿给法国人修整用，出于同样的目的指定"丹麦岛"（Danes Island）给英国人和丹麦人。① 1781年8月17日，英国"达多罗伊"（Dadoloy）号船船长约翰·麦克拉里（John McClary）在黄埔锚地俘获了私人荷兰船"好望（Goede Hoop）号"。中国人派出了2 000人的部队并装备了一个私人和政府船只组成的小型舰队，包围了被俘获的船只，愤怒地要求结束对中国内河主权的冒犯，荷兰对中方提出抗议。清政府总督、巡抚和粤海关监督1781年9月9日写信给英国，称："这是对不同国家的大班给予警告，旨在让他们通知他们的同胞，皇帝不会忍受他们将战争带到他的国土，而且，今后无论谁这样做都将被视为敌人。"之后，麦克拉里船长将他的战利品给予欢呼的中国小船队后离开了。他穿着装有在印度的亚美尼亚商人托付的价值89 128卢比的珍珠和黄金的铁护胸。之后不久，麦克拉里船长在班卡海峡（Bangka Straits）窃掠一艘广州帆船，宣称他在船上找到的商品实际上是荷兰人的财产，这进一步激怒了中国人。② 1787年3月19日，行商浩官一世林时懋（Howqua Ⅰ）被推定的私人债权人扣为人质。他被来自诺丁汉号（Howqua Ⅰ没有担保的一艘船）的船上管事多默先生（Mr. Dormer）关押在皇家商馆（Imperial Factory），宣称他的人质以某种方式同意过对"与小商人和类似的人"进行的一项失败交易给予担保。他没有担保证据，而行商拒绝就多默提出的新的担保签字。林时懋被释放了，多默受到了谴责，而东印度公司命令这位不满的所谓债权人乘下一艘船离开广州。③ 1808年，假称保护澳门免受法国海军的攻击，13艘英国军舰运送了

---

① R. Randle Edwards, "Ch'ing Legal Jurisdiction Over Foreigners," p. 238.

② Michael Greenberg, *British Trade and the Opening of China 1800—1942* (Cambridge: Cambridge Univ. Press, 1951), pp. 21-22; Liu Yong, "The Dutch India Company's Tea Trade with China, 1757—1781" (Ph.D. diss., Leiden University, 2006), pp. 111-7; Morse, *Chronicles, Vol. II*, pp. 63-5.

③ Morse, *Chronicles, Vol. II*, pp. 149-50.

数百名士兵占领了澳门的一个港口。中国当局取消了和英国的贸易，并派遣了一支军队作为回应，迫使英国武装离开。由于对英国人的占领未能作出果断坚决的回应，总督吴熊光被解职并被命令发配新疆充军。[1] 1833年4月21日，由于官方疏于处理他宣称攻击了他的一个中国人，民间英国商人詹姆斯·英尼斯（James Innes）向海关纵火，使用火箭弹和蓝光信号，以表达他的愤怒。[2] 这些所作所为就是一些事故的集合，并非是一个全面系统的侵略行动。打斗——尤其是外国船员之间或者船员和当地居民之间常常发生，就像中国人偶尔被外国人杀害一样，在这些争斗中司空见惯。[3] 但已经有足够的理由让清朝政府认为，对于国内安全西方人是一个潜在的外部风险。

清朝政府也担心与西方人有贸易往来的中国人做的不公平和欺诈的生意引发潜在破坏性的国内效应。现在，他们看到了晚明时期非法海上贸易出现的滥用贸易行为的危害。16世纪中晚期，倭寇（日本海盗）的劫掠是尤其痛苦的记忆。倭寇是日本人和在中日之间做生意的中国人。由于外贸是非法的，而且受制于阶段性的取缔，日本海上商人依靠强势中国家族，而这些家族开始利用他们面临的紧张局势。[4]

[1] Joanna Waley-Cohen, *Exile in Mid-Qing China: Banishment to Xinjiang, 1758—1820* (New Haven: Yale Univ. Press, 1991), p. 86; Austin M. Coates, *Macao and the British, 1637—1842: Prelude to Hong Kong* (Hong Kong: Hong Kong University Press, 2009), pp. 94-99.

[2] Morse, *Chronicles, Vol. IV*, pp. 352-3; Greenberg, *British Trade*, p. 33 n.2; Downs, *The Golden Ghetto*, pp. 73-75.

[3] Edwards, "Ch'ing Legal Jurisdiction Over Foreigners," pp. 222-269; Liu, "Dutch India Company," p. 55.

[4] John E. Wills, Jr., "Maritime Europe and the Ming," in John E. Wills, Jr., ed., *China and Maritime Europe, 1500—1800: Trade, Settlement, Diplomacy, and Missions* (Cambridge: Cambridge Univ. Press, 2011), p. 34.

他们从日本商人那里获得提前付款，但在没有支付成本时从来不运送任何货物或者保存货物。日本商人徒劳无益地在海岸等待，绝望地担忧是否会空手而归面对他们的雇主。没有其他替代办法，他们诉诸暴力。显赫的官僚家庭，从他们自身的利益出发行事，督促地方政府用武力驱逐日本商人。但是，他们同时扮演欺骗性的游戏，深思熟虑地通知他们的交易对手即将到来的军事攻击。这是为了确保日本人得以设法及时逃跑，因为日本人的感恩会带给他们更多的利益。在几次同样的事件之后，日本商人意识到他们被欺骗了。[1]

日本商人的复仇逐步升级为大规模的劫掠，而且，甚至航行到内陆和长江，引起更严重的破坏，并且经过许多年和大量的花费才予以平复。[2]在广州担保制度得以发展的那些年里，乾隆皇帝早已留意到外商未获支付后转化为海盗抢劫的历史。在1777年的一个诏书中，他严厉地斥责官方对一个较小的外国债务案件的处理，乾隆皇帝强调了该事件在对外关系上的重要性。

甚且，我们解决这个问题，不仅仅是为了争议中的特定案件。汉、唐、宋和明朝，在它们最后的年月，忽视了对来自远方的人民展示与人为善意向的合适方式。它的意义将在深刻地认识到这个事实的情况下得以体现。当外国人弱小无力与中国争斗时，上述朝代的统治者鄙视和侮辱或者不友好地对待他们；而当他们强大中国与他们陷入困境时，中国的统治者显露恐惧并寻求某种让步。他们跟着这种安抚，并且不加思考

---

[1] Ng Chin-keong, "Gentry-Merchants and Peasant-Peddlers—The Response of the South Fukienese to the Offshore Trading Opportunities 1522—1566," Nanyang Univ. Journal, Vol. 7, pp. 161-174 (1973), pp. 168-9 (quoted text); Charles W. MacSherry, "Impairment of the Ming Tributary System as Exhibited in Trade Involving Fukien" (Ph.D. diss., University of California, Berkeley, 1952), p. 117; Sung, "A Study of the Thirteen Hongs," pp. 66-67 n.1.

[2] Wills, "Maritime Europe and the Ming," p. 34.

地行动。结果，关系的严重决裂就发生了，而且，事态不可收拾。宋朝
的失败和明朝的崩溃，都是这种错误引发的。我们怎能不对这些先例引
以为鉴呢？①

2. 从事海上贸易商人的组织

对广州从事对外贸易的中国商人的官方管理，可上溯到1686年对外贸
易开放之后。那一年，巡抚李士桢给一批成功的商人颁发执照，成为经营
外国商品的企业（洋货行）。② 这些官方商人把经营活动做得兴旺发达，
犹如当时屈大均（1630—1696）在一首诗中描述的：

> 洋船争出是官商，
> 十字门开向二洋。
> 五丝八丝广缎好，
> 银钱堆满十三行。③

在这些早期年份里，带头的中国商人生气勃勃，而且富有创业精
神。他们的船只往来于许多地方，尤其是菲律宾、巴达维亚和安南（越
南）。也有一些是在中国本土和西方人做生意，但这种情况不是主流。早
期专门从事欧洲贸易的中国商人是流动的，主要附属于诸如厦门和泉州

---

① Quoted in Ch'en, *Insolvency*, pp. 188-9; Cheong, *Hong Merchants*, p. 262; White, "Hong Merchants," pp. 68-9; On-cho Ng, "Ch'ing Management of the West: A Study of the Regulations, Homicide Cases and Debt Cases, 1644—1820" (M.A. Thesis, Univ. of Hong Kong, 1979), p. 146, 参照：http://hub.hku.hk/bitstream/10722/32944/1/FullText.pdf（2012年5月10日可获取）。
② Cheong, *Hong Merchants*, p. 31.
③ White, "Hong Merchants," pp. 15-16; Sung, "A Study of the Thirteen Hongs," pp. 24-5 and 73（屈的"广州诗"中有所体现，《广州竹枝词》）。

的邻省国内港口。①他们根据长期贸易的季节节奏，航行到欧洲船只访问的港口。他们发展欧洲业务。西方贸易季节，大致从5月或者6月东南季风期间外国船只到来开始，到最迟于来年1月中旬东北季风船只离开时结束。②

欧洲贸易被康熙皇帝1717—1727年重新实施的海外航行禁令取消。禁令让区域帆船贸易走过了鼎盛期，而且至少在那个时期终止了行商的参与。与日本的贸易也被取消，这也是日本将军德川吉宗俭约锁国政策进而降低中国对进口日本铜的需求影响所致。③

从贸易的早期开始，在行商财富的诗意印象和东西两个世界开展的贸易难言繁华的现实之间，就存在着一个分岔。对于早期行商融资的细节，鲜有记载幸存，然而有些深深地陷入国外和国内债权人的债务之中。这种未清算的债务负担以及累积其上的利息——给他们的业务带来持续的负担。比如说，如所周知，在很大程度上是由于茶叶货运到巴达维亚造成的损失，18世纪20年代许多行商深深地陷入对官方出资者、亚美尼亚人和其他债权人的债务之中。④英国东印度公司在它1723年5月的记录中记载称，"几乎所有的行商都破产了，而只有不超过2家或3家定有契约。"⑤1723年7月，东印度公司提及苏官（Suqua），Cowlo 和其他几家刚从厦门来的行商称，它们已经在厦门建立了大量的行商，好在那里生存，因为再也不能忍受这里官方的横征暴敛，而且希望英国人会到那里去。⑥18世纪初行商债

① Cheong, *Hong Merchants*, pp. 29, 32-4, 36-7, 41-2, 44-6 and 48; Zhao, "Shaping the Asian Trade Network," pp. 49-50, 55 and 86.
② Cheong, *Hong Merchants*, p. 36.
③ Cheong, *Hong Merchants*, pp. 45, 49-50, 223 and 243 n.128; Zhao, *Qing Opening to the Ocean*, pp. 126-7 and 140-7.
④ Cheong, *Hong Merchants*, pp. 38, 45, 53 and 60; Li Tana and Paul A. Van Dyke, "Canton, Cancao, and Cochinchina: New Data and New Light on Eighteenth-Century Canton and the Nanyang," Chinese Southern Diaspora Studies, Vol. 1, pp. 1-28 (2007), p. 15.
⑤ Van Dyke, *Merchants of Canton and Macao*, p. 80.
⑥ Van Dyke, *Merchants of Canton and Macao*, p. 80.

务的根源与后面提及的一个世纪的情况类似：不充分的资本、政府官员的
苛重盘剥、畸高的运营和生活开销，以及商业信用的缺乏。

便宜的国内信用的短缺是一个严重问题。从18世纪早期往后行商历史
的总体趋势，它是一个成长着的贸易，而且人们相信那种贸易总体上是获
利的。[1] 开办这种日益增长和竞争性强的业务的需索从一开始就让行商不
堪忍受，并且许多行商因为高利贷转向西方商人[2]。外国人用来大规模采
购的资金形式，或者以进口商品未来付款的形式提供信用。一些国内的供
货商，为行商的大量购买提供信用，但是通常需要定金。[3] 1760年外国债
务和抵押禁止令之前，一些国外借贷是以行商所有的房地产抵押来作担保
的。[4] 至少到18世纪50年代，行商表现出来的长期负债对西方商人而言已
经成为一个严重问题。[5]

行商很少有其他的信贷选择。这个时期，中国主要的贷款者，要么是
家族成员，要么是典当行。后者大量地增长并在18世纪形成声望，从1723
年的9 904家增加到1800年的约25 000家。[6] 在名义为行商生息的政策下，

[1]　Ch'en, *Insolvency*, pp. 43-88, 102-3 and 251.

[2]　Cheong, *Hong Merchants*, p. 102; Van Dyke, *Merchants of Canton and Macao*, p. 17.

[3]　Cheong, *Hong Merchants*, pp. 99, 114-6 and 283; Ch'en, *Insolvency*, pp. 170-1.

[4]　Ch'en, *Insolvency*, pp. 183, 307 and 432 n.199; Cheong, Hong Merchants, pp. 157-8, 171, 253 and 187 n.126; Morse, *Chronicles, Vol. V*, p. 74.

[5]　Cheong, *Hong Merchants*, pp. 254 and 278.

[6]　Yang, *Money and Credit in China*, pp. 73-74（来自清朝法规的统计数据）；T. S. Whelan, *The Pawnshop in China* (Ann Arbor, Mich.: Center for Chinese Studies, Univ. of Michigan, 1979), p. 10; George Thomas Staunton, *Ta Tsing Leu Lee; Being the Fundamental Laws, and a Selection from the Supplementary Statutes of the Penal Code of China* (London: T. Cadell and W. Davies, 1810), p. 531.

闲置的政府资金预付给典当行而后借出生息。[①] 当时也没有商业金融。[②]
乔治·斯当东（George Staunton）在1810年记述道，"在典当行以抵押物借
款，是经常的做法；照例，在资金放贷者的店铺，担保品可以是任何形式
的个人财产，遍布中国的所有地区，数量巨大，而且，在总体上，比起欧
洲类似性质的机构在规模上有更大的声望"。他认为中国的高利率和信贷
的缺乏，是中国法律下"不清晰和不确定的"产权状态以及难以强制执行
这种权利所致，还称：

> 在财产的积累和转移如此不利的情况下，任何时候都不可能有太多
> 的流动资本；而且资本的价值，只要以它产生的利息来表示，这样的期
> 待是自然的，从它的稀缺性而言在利息上将会很高。换句话说，借款者
> 多而放贷者少的地方，而且没有建立政府资助保护和鼓励前者的制度，
> 就会出现必然的后果，后者就会索取和获得一个多于常态的补偿，以回
> 报对他财产的利用。因而，只要贸易要求这种外部援助，就不可能大范
> 围地经营，因为在有更多可利用资本的那些国家，资本在一个低廉的利
> 率上是可获利的，而且相应地一个更少的利润回报足以支持商业冒险的
> 费用。[③]

[①] Chung-li Chang（张仲礼）, *The Income of the Chinese Gentry* (Seattle: Univ. of Wash. Press, 1962) p. 171; T. S. Whelan, *Pawnshop*, p. 10; Yang, *Money and Credit in China*, pp. 74 and 98-99.朝廷的户部（内务府）借钱给长芦和两淮的盐商，投资其直接控制下的商铺，放贷收取利息。Chang, "Economic Role of the Imperial Household," p. 268; Jonathan Spence, *Ts'ao Yin and the K'ang-hsi Emperor, Bondservant and Master* (New Haven, Conn.: Yale University Press, 1966), p. 103; Yang, "Government Control of Urban Merchants," p. 189; Yingcong Dai, "Yingyun Shengxi: Military Entrepreneurship in the High Qing Period 1700—1800," Late Imperial China, Vol. 26, No. 2 (2005), p. 11.

[②] Elisabeth Kaske, "Fund Raising Wars: Office Selling and Interprovincial Finance in Nineteenth-Century China," Harvard Journal of Asiatic Studies, Vol. 71, pp. 69-141 (2011), p. 80（"不存在商业借贷"）.

[③] Staunton, *Ta Tsing Leu Lee*, p. 531.

　　低资本化的行商通常缺乏典当中介所要求的抵押品，或者没有富裕的家庭成员可以利用，或者以前的提取已经达到了家庭资源承受的极限。除了在极少的情况下，公行内部没有信用活动。富裕的行商不情愿借钱给弱小的行商，因为他们不能提供良好的担保，而且可能经常不稳定。① 所以，行商鳌官二世（Goqua Ⅱ，东裕行的谢裕仁），长期向作为最后贷款人的英国东印度公司借款，1828年又因为信贷转向东印度公司，他称："没有别的人贷款帮助我。"②

　　18世纪20年代艰难的贸易条件，让与西方有过贸易历史的商号通过增强他们经营业务来作出回应，发展与欧洲商人在诸如马尼拉和巴达维亚这样的港口存在着的联系和友好的工作关系。这也是西方国家贸易企业拓展的年份，他们致力于发展更加直接并进而更有效地从中国海岸到欧洲的贸易。③ 由于广州成为中国发展与西方贸易的重要港口，以前流动的中国商人开始在那里定居，与往返海外的中国商人和菲律宾及巴达维亚商人结成紧密的联系。海港不断变动。新来者在广州与西方的贸易中上升到主导地位，以曾在马尼拉生活和工作多年的潘启官一世（Puankhequa Ⅰ，同文行的潘振承）最为著名。④ 对外贸易的社区扎根和成长于广州的西部，以前宋朝和明代贸易船只的办公场所曾坐落在这个地区。这些建筑以十三行

---

① Ch'en, *Insolvency*, pp. 170-1.

② Basu, "Asian Merchants and Western Trade," pp. 351-2（"我迄今已受益于从你公司的借款，据此我能够满足政府税收的缴付……总督已经命令所有行商不晚于本月20日缴付（公家）（交给宫廷）和（参家）（人税）。本年的人税总额是68 712.2两，而我的份额是6 247.2两。交给（公家）的总数是61 400两，而我的份额是2 707.8192两。因此，我的总缴纳数是8 955两。我左思右想，但就是无法筹集到这个数量。我的业务规模小而经常资本短缺，没有人借款帮助我……按理自从你们公司帮助我几次完纳税收以后，我本不应当再次提出这个请求。尽管我努力思考，我不能找到办法。最近这些年，我依靠你们公司的贷款完纳了我的税收份额，所以我再一次求助于阁下……"）；Ch'en, *Insolvency*, pp.19 and 41.

③ 参照Wills, *Embassies and Illusions*, pp. 196-7［"随着茶叶贸易在十八世纪初开始迅速增长（荷兰对中间商的依赖），事实证明是灾难性的：英国人甚至是供应商，直接到广州交易，得到的茶叶质量越来越好，也避免了在湿热的仓库中堆放过夜。"］。

④ Cheong, *Hong Merchants*, pp. 29, 32-4, 36, 40-2, 48, 50, 52, 54, 56-8 and 63; Ng, *Trade and Society*, pp. 178 and 201; Basu, "Asian Merchants and Western Trade," p. 354.

（Thirteen Hongs）和外国商馆（Foreign Factories）闻名于世，分别是中国商人和西方商人的经营场所。①

在18世纪早期，自广州与西方商人的中国贸易，是由一系列首商来管理——著名的是Hunsunquin, Cawsanqua（Cudgin）和Suqua（Cumshaw）。各自均与官员有紧密的联系，并凭借这些联系控制或获得贸易上的优势。② 在最开始，专卖贸易权有时由广东官员个人或者群体购买。③ 受优惠的购买者转过来又将特定船只的贸易权分包给其他商人。④ 在"皇商"名义下经商的一个人出现在几个对外贸易口岸，寻求实施独占贸易权，据称那是从康熙皇帝的第四个儿子，后来的雍正皇帝处获得的。1704年来到广州的皇商，是一个不成功的盐商，他以42 000两白银（58 333元）获得了那个季节贸易的独占权⑤。他寻求掌控广州对外贸易的全面独占权，但由于欧洲和中国商人的共同努力被断然拒绝。⑥

为了给中国贸易商的联合专卖提供担保，在当地皇商的催促下，1704年在厦门尝试行商实体的联合。这个组织没有持续下去。⑦ 在18世纪初，在几个场合行商试图组织为一个实体，以便与欧洲从事贸易的公司在更为平等的基础上谈判。1720年12月，在粤海关监督和其他官员的支持下，16家行商合称为"公行"的三层行会，在广州组建起来。张荣洋论述道：

> 根据他们的财富和能力，成员等次分成三组，5家，5家和6家商人。进入第三组而且最低的一等要花费1 000两；大概进入其他等次的价格更

① Sung, "A Study of the Thirteen Hongs," pp. 88-91.
② Cheong, *Hong Merchants*, pp. 33-5, 37, 46 and 95-6.
③ Cheong, *Hong Merchants*, pp. 219-20; White, "Hong Merchants," pp. 40-41; Morse, *Chronicles, Vol. I*, pp. 119-142.
④ See Morse, *Chronicles*, Vol. I, p. 141.
⑤ Morse, *Chronicles, Vol. I*, pp. 137-138; Cheong, *Hong Merchants*, p. 33.
⑥ Morse, *Chronicles, Vol. I*, pp. 137-138; Cheong, *Hong Merchants*, p. 33.
⑦ Morse, *Chronicles, Vol. I*, pp. 132 and 142.

高。外边的，称为店主，参与由行商垄断的茶叶和瓷器贸易，必须相应征收支付40%和20%费用；新抵达的商人要求遵守行会的做法和价格。①

公行垄断了广州茶叶和瓷器的贸易，而且设定了所有对外贸易商人必须遵守的做法和价格。行会的建立似乎是现有商人为控制正在成长的当地竞争者（以前的流动者），也是为了管理与日益强大的欧洲特许公司的外部贸易。② 尽管该组织很快在英国东印度公司的压力下于1721年7月被解散，但它的三层组织以及各层级的独特功能仍运用于后来多年的贸易管理。③

随着海上贸易的发展，官方将这些外海商人（外洋行或洋行），与帆船贸易商人的管理分别开来。与西方商人的业务由外海行商垄断掌控。帆船贸易商人作为国内港口行和广东及福建行特别地组织起来。内港行商人的业务（本港行）是国际性的，专门经营与东南亚的贸易和来自东南亚的朝贡。广州和福建行（福潮行——福建、潮州行）商人的业务是区域性的，专门从事海岸北部的贸易。这两个海上贸易行组织的历史是模糊不清的，但是这些行商都与外海行的商人做生意，而且表明以相似的方式得到监管。④ 在这一时期，许多其他的行业组织存在于广州，而且受政府监管。人所共知的行业有"七十二行"，据称，当时被监管的行业组织的实

① Quoted from Cheong, *Hong Merchants*, p. 37（脚注省略）。
② Cheong, *Hong Merchants*, pp. 37, 41, 92 and 220; J. Y. Wong, *Yeh Ming-ch'en, Viceroy of Liang Kuang* (Cambridge: Cambridge Univ. Press, 1976), pp. 71-72.
③ Cheong, *Hong Merchants*, pp. 37, 42, 47, 61, 92 and 103.
④ Ch'en, *Insolvency*, pp. 6, 7 and 11; Cushman, *Fields from the Sea*, pp. 29（福潮行前身是海南行），31（本港行持续无力履行其义务，导致其于1795年破产）and 107（"二手文献在更充分地识别这些商人方面同样没有什么价值。"）; White, "Hong Merchants," p. 54. See Zhao, "Shaping the Asian Trade Network," p. 232（很少有关于中国私人贸易的清朝法规的资料流传下来"）。

际数目，已经达到97行。①

　　事实上，这一时期在中国做生意的所有西方商号，都是国家特许的专卖公司。主要的欧洲贸易商，包括荷兰的（"VOC"）②、法国的（东印度公司）③和瑞典的东印度公司④，还有竞争意识强而占最终优势的英国东印度公司。⑤ 这些公司各自在他们国内市场上由国家授予垄断权。实力稍弱的丹麦东印度公司⑥，以及在"万国旗"下经营的私人商人，包括帝国或者奥斯坦德公司（1717年从奥地利皇帝处购买执照由私人商人开办）⑦，普鲁

① Kato Shigeshi, "On the Hang or the Associations of Merchants in China," *Memoirs of the Research Dept. of the Toyo Bunko*, pp. 45-83 (1936), pp. 75 and 58（"目前在中国，当他们想提及各种交易时，会使用36行、72行或360行这样的表达方式"）。

② Blussé, *Visible Cities; Cheong, Hong Merchants*, pp. 8-9, 50, 54, 56, 57, 109 and 332; Femme S. Gaastra, *The Dutch East India Company: Expansion and Decline* (Zutphen, The Netherlands: Walburg Pers, 2003); Els M. Jacobs, *Merchant in Asia: The Trade of the Dutch East India Company During the Eighteenth Century* (Leiden: CNWS Publications, 2006); C.J.A. Jörg, *Porcelain and the Dutch China Trade* (The Hague, Netherlands: Martinus Nijhoff, 1982), pp. 15-45; Earl H. Pritchard, "The Crucial Years of Early Anglo-Chinese Relations, 1750—1800," Research Studies of the State College of Washington, Vol. 4, Nos. 3-4 (Washington: Pullman, 1936), © Washington State University Press, pp. 186-9 and 194.

③ Cheong, *Hong Merchants*, pp. 9, 27, 29, 57 and 109; Pritchard, "Crucial Years," pp. 186-90 and 194.

④ Christian Koninckx, *The First and Second Charters of the Swedish East India Company (1731—1766)* (Kortrijk, Belgium: Van Ghemmert Pub. Co., 1980), p. 65（瑞典的东印度公司于1809年被接管，随后根据第5和最后一份章程开展公司活动，该章程于1813年终止了其贸易垄断）; Cheong, *Hong Merchants*, pp. 9, 50, 57, 111 and 145; Pritchard, "Crucial Years," pp. 186-90 and 194; Basu, "Asian Merchants," p. 355.

⑤ Cheong, *Hong Merchants*, pp. 9, 80, 108-9, 111-3 and 279; Michael Greenberg, *British Trade*, p. 18.

⑥ Cheong, *Hong Merchants*, pp. 9, 50, 57, 110, 111, 112, 145 and 283; Pritchard, "Crucial Years," pp. 186-7, 190 and 194.

⑦ Cheong, *Hong Merchants*, pp. 29, 57 and 145; Greenberg, *British Trade*, p. 25; Pritchard, "Crucial Years," pp. 186 and 190; Zhuang Guotu, "The Impact of the International Tea Trade on the Social Economy of Northwest Fujian in the Eighteenth Century," pp. 193-216 in Leonard Blussé and Femme Gaastra, eds., *On the Eighteenth Century as a Category of Asian History: Van Leur in Retrospect* (Aldershot, England: Ashgate Publishing Ltd., 1998), p. 196.

士或者埃姆登（Emden）公司[1]，以及由热那亚或者托斯卡纳批准的公司[2]。这些机构试图避开他们各自欧洲祖国的出资者现存的垄断权。来自马尼拉的西班牙私人商人首先享有与中国重要港口泉州和厦门通行的特权，在清代早期得到授权。[3] 各家欧洲的东印度公司在它们内部展开竞争，在欧洲或者亚洲[4]，而且反复寻求利用它们各自或者联合的实力追逐与广州的官方特许商贸易中的经济利益。在18世纪，它们经营的规模强劲增长。尽管国际贸易的历史测算不准确，然而已经提供了不同的估算。据称，广州与欧洲之间的贸易已经"在1719年至1806年期间每年以4%的比率增长，意味着贸易规模每18年翻一番。"[5]

3. 集体担保责任的官方根源

广州海上贸易的有序进行，对北京的皇帝很重要。从贸易中征取的税收收入对于为宫廷开支筹资的内务府是一项重要的收入来源。皇帝利用内务府人员在广州任职来管理港口事务。用来在广州控制贸易及对贸易征税的程序富有特色，它们几乎是独一无二的。这个制度的要素类似于内务府为宫廷利益管理其他专卖事业的结构，尤其是重要的食盐和人参专卖。每一个这种专卖特许商，在专卖事务范围从事贸易，而且让这些商人对国家承担未缴纳税收和其他财务债务的集体责任。中国的行商学者梁嘉彬引用

---

[1] Pritchard, "Crucial Years," pp. 186-7 and 190-1（1783年至1791年在广州交易的悬挂普鲁士旗帜的六艘船中，"其中两艘肯定在荷兰账户上"）; Liu, "Dutch India Company," pp. 25 and 156 n.22; Greenberg, *British Trade,* pp. 25 and 27.

[2] Cheong, *Hong Merchants,* p. 112; Pritchard, "Crucial Years," pp. 186-7 and 190-1（"远征通常是由心怀不满的英国人或法国人打着外国旗帜（即帝国、普鲁士、热那亚和托斯卡纳）进行的，他们希望通过借助战争条件或走私贸易获利。1787年至1794年，打着热那亚、托斯卡纳和普鲁士旗帜的船只，无一例外地属于英国散商，他们试图规避英国东印度公司的条规。"）; Greenberg, *British Trade,* p. 28.

[3] Cheong, *Hong Merchants,* pp. 6-7, 26 and 51; Pritchard, "Crucial Years," pp. 186-7, 191 and 194; Greenberg, *British Trade,* p. 47.

[4] Pritchard, "Crucial Years," p. 186.

[5] Myers and Wang, "Economic Developments, 1644—1800," p. 587.

他的行商祖父说过的话："行商承商，约如盐商故事。"① 梁是对的。

内务府同时是皇帝的私人财库，大地主，工人和技工的大雇主，大量国家税收收入征收的终极接受者②。它的主要目的，是维持对资源和企业的控制，以保证皇室财务的稳定③。清朝内务府大多数人员是满族。④ 大部分由包衣（奴仆）——一个满洲制度下在旗内的世袭阶级组成。包衣地位的重要性，因旗别和家族不同，并且随着时间变化而变化。许多非满族包衣以战俘进入组织，并且最初是奴隶般的处境。在所有的时期所有的奴仆都有服务宫廷的义务。⑤ 史景迁（Jonathan Spence）将内务府称为皇帝的"私人衙门"。史景迁对效力康熙的奴仆曹寅的杰出研究表明，衙门内部的交流是直接的和坦诚的。⑥ "奴仆只为皇帝工作；正是因为他们是他的私人随从，他保护他们并任命他们充任肥缺，所以在某个不确定的时点，奴性成就了显赫。"⑦ 史景迁指出皇帝使用这个衙门的主要目的，是密切监视他的内廷资金。⑧ 从18世纪早期开始，主要的海关和盐业公职，均由内务府奴仆充任，他们循例从一个岗位换到另一个岗位。⑨ 粤海关监督通常具有以前在别的地方担任海关监督和巡盐御史（salt censor）的经历。⑩

---

① Sung, "A Study of the Thirteen Hongs," pp. 78–9 and 31.
② Chang, "Economic Role of the Imperial Household," pp. 251-4（地主经营），254-6（贡品收入）、256-9（海关收入）、259-63（人参和毛皮垄断）、263-6（对官员的罚款收入）和266-8（罚没收入）；Spence, Ts'ao Yin, p. 32.
③ Symons, Ch'ing Ginseng Management, pp. 79–80.
④ Chang, "Economic Role of the Imperial Household," p. 250; Spence, Ts'ao Yin, pp. 16-17 and 104.
⑤ Torbert, Ch'ing Imperial Household Department, pp. 53-80; Chang, "Economic Role of the Imperial Household," pp. 243-74, p. 245（每旗都有旗兵和包衣部分）.
⑥ Spence, Ts'ao Yin, pp. xii, 17, 32, 184-9, 213, 227, 228, 234, 254 and 255.
⑦ Spence, Ts'ao Yin, pp. 17-18.
⑧ Spence, Ts'ao Yin, p. 191.
⑨ Ch'en, Insolvency, pp. 132-3; Chang, "Economic Role of the Imperial Household," pp. 249 and 256; Spence, Ts'ao Yin, p. 16.
⑩ Ch'en, Insolvency, pp. 132-3.

内务府开办了几所学校，在那里培养服务于内务府的上三旗包衣子弟。[1] 一个小的包衣精英群体处于内务府的领导地位，掌控着北京的高级职位或者外省的重要财务职位。[2] 遵照称为"宫府一体"的政策，内务府与政府的其他部门一起工作，而当时的人们对此知之甚少。它的事务是保密的。[3]

税收由清朝政府在一个定额税的制度下征收。在广州，关税以一个常例（正额）定额或者剩余额（盈余）来计算和征收。[4] 常例收入归于户部。绕过省级政府和布政司（Board of Revenue），盈余归于内务府。[5] 1686—1843年正额的核定没有正式的改变，而以盈余总量进行的征收数额以及相关的课征，在此期间却巨幅增加。[6] 1796—1821年，广州海关的盈余收入年均达到855 500两（1 188 194元），相当于那个时期全国年均盈余收入（2 261 301两 / 3 140 695元）的38%。[7] 这些收入代表了宫廷年度预算的重要部分。广州海关的常例收入到1796年超过了一年100万两（1 388 889元）。[8]

服务于清朝国家利益，对广州港日益增长的海上贸易征税的程序是相当复杂的，经历多年的演进，而且对于西方商人而言，是一个持续令人头疼的议题，他们抱怨缺乏一个统一的海关表。[9] 这种表确实存在，进口和出口商品以及对每项（不是按价值）课征的适用税负的各方表格，

---

[1] Torbert, *Ch'ing Imperial Household Department,* pp. 37-39.

[2] Torbert, *Ch'ing Imperial Household Department*, pp. 67, 77 and 81.

[3] Chang, "Economic Role of the Imperial Household," pp. 243, 250 and 271.

[4] Chang, "Economic Role of the Imperial Household," pp. 256-7; Cheong, *Hong Merchants*, pp. 197 and 213-4; Zhao, *Qing Opening to the Ocean*, pp. 124-5.

[5] Chang, "Economic Role of the Imperial Household," p. 257.

[6] Cheong, *Hong Merchants*, p. 215.

[7] Chang, "Economic Role of the Imperial Household," p. 258; Cheong, *Hong Merchants*, p. 215.

[8] Torbert, *Ch'ing Imperial Household Department*, pp. 98-99.

[9] 参照，例如，John Phipps, *A Practical Treatise on the China and Eastern Trade* (London: William H. Allen, 1836), p. 149.

但是这些课征已经固定在1727年的数额，并且只代表了任何既有船只可能支付总税负的很小一部分。① 在进口和出口税负课征方面，粤海关监督寻求数量相当的平衡。一方超过另一方，诸如一个重的出口税负相较于一个小的进口税收，便会意味着走私。② 以现金形式课征的最大费用是，"碇泊"（anchorage）或"测量"（measurement）费（按照船只长度和宽度测量，申请统一以20%的折扣减除），以及"缴送"（cumshaw）或者港口税费（包括对英国船只征收1 950两，即2 708元的"规礼"）。③附加税和补贴随着时间变化不断滋生，最终超过了基本税负的许多倍。④最主要的追加课征是1780年对贸易的税收课征，以资助公所基金（"行用"课征），视情况的紧急程度少到3%，多到7%，⑤ 其他重要的课征，诸如献给皇帝55 000两，即76 389元的"土贡"，每年运送北京达10万两（138 889元）的珍奇玩好，以及内务府发往粤海关监督售卖被迫买下人参的花费，所有这些都在公所基金中扣减。⑥ 为了鼓励大米的进口，给予运输大宗大米货物的船只一项重要的税收扣减。西方商人在伶仃岛的开放水域，创造性地使用这条规定，卸下入境的鸦片货物给趸船，在他们进入中国水域路程短而有税收优惠的最后一站，承运待运的大米货物。⑦

关税不是由清朝政府基于当时的情况征收。政府要求每年必须在广州海关财政年度的最后一天缴纳关税，这个日期在9月到11月早期之间的某个时候。例如，1794年财政年度结束于9月18日（阴历8月25日），引发了

① Cheong, *Hong Merchants*, pp. 197 and 214.
② Van Dyke, *Canton Trade*, p. 136.
③ Cheong, *Hong Merchants*, pp. 197, 214, 217 and 234 n. 15; Cushman, *Fields from the Sea*, p. 37; Van Dyke, *Canton Trade*, pp. 10 and 27-8 and Table 1, p. 27.
④ Cheong, *Hong Merchants*, pp. 214-5.
⑤ Ch'en, *Insolvency*, p. 91; Cheong, *Hong Merchants*, p. 232; Morse, *Chronicles, Vol. III*, p. 193; Greenberg, *British Trade*, p. 52 and n.3; Phipps, *Practical Treatise*, p. 151.
⑥ Ch'en, *Insolvency*, pp. 98-9; Cheong, *Hong Merchants*, pp. 97-8, 225 and 227; Phipps, *Practical Treatise*, p. 152.
⑦ Van Dyke, *Canton Trade*, pp. 135-7.

鲸官（Goqua）石中和因拖欠税收致使而益行倒闭。[1] 许多财务陷入困境的行商都充分利用不是12个月都缴纳的关税款项，要么挪作他用，要么以"购买特权"的权宜之计，缴纳其他商人名下的税收。当一位行商从第三方以一个税收折扣（税额小些）的数额偿付"购买优惠"纳税，作为回报，便接受法定义务在到期日将本应由第三方承担的关税全额缴纳给政府。事实上，这是一个向强势且铁面无私的非自愿贷款人（清朝政府）借入的高利率短期贷款[2]。将税收当成无息贷款对待的结果，对弱小的行商常常是毁灭性的打击。

　　税收征收表现是评估清朝官员工作的重要标准。[3] 定额制度为少报或者拖欠真实收益提供了动力，以便避免创建一个新的基准和一个更高的数额，因为接下来的年份将难以缴纳。[4] 根据清朝的法规，如果关税收入低于任何给定年份前一年收入的10%（或者更多），责任官员个人将对短缺部分负责，而且也会因这种犯罪受到沉重打击。[5] 失去激励的关税征收在贸易的鼎盛时期由粤海关监督负责。比如，在18世纪80年代期间，贸易激增。公布的海关（实征）总收入从1780年45万两（625 000元）增长到1786年的75万两（1 041 667元），而且可能比那还更高。[6] 在这些年里，一旦税收数额达到了，粤海关监督常常让广州的贸易停下来，以免今后增加的贸易滋生出更高的税额目标。[7] 这些财政收入，以及向对外贸易课征的其他费用和缴纳，都促成清朝官员把去广州任职看成致富机会。由于在

---

[1] Ch'en, *Insolvency*, pp. 300-1; Van Dyke, *Canton Trade*, p. 131.

[2] Ch'en, *Insolvency*, p. 176. See Morse, *Chronicles, Vol. III*, p. 195.

[3] Cheong, *Hong Merchants*, pp. 202 and 213-14.

[4] Cheong, Hong Merchants, pp. 213-14.

[5] William C. Jones, tr., *The Great Qing Code* (Oxford: Clarendon Press, 1994) (by permission of Oxford University Press), Art. 148, § 2, pp. 159-60; Staunton, *Ta Tsing Leu Lee*, § 148, p. 157; Susan Mann Jones and Philip A. Kuhn, "Dynastic Decline and the Roots of Rebellion," pp. 107-62 in John K. Fairbank, ed., *The Cambridge History of China, Vol. 10, Late Ch'ing, 1800—1911, Part I* (Cambridge: Cambridge Univ. Press, 1978), p. 129.

[6] Cheong, *Hong Merchants*, pp. 213-5 and 228.

[7] Cheong, *Hong Merchants*, p. 228 n.152.

其他职位上未能缴足必缴的税款而对内务府欠下个人债务的官员，常常被派到广州海关任职。广州官职被看成偿清已有债务的一个机会，这个职位本身足够富有，既存债务不可能变得更坏。[①]

由内务府严密监管的人参专卖，是满洲统治者一项重要的传统收入来源。为了保护他们为之自豪的野生人参的来源，1668年清朝禁止汉人移民满洲，而且建立了"著名的柳条栅栏，延伸几百英里，从山海关的长城到吉林北部以及东南方的鸭绿江。"[②]野生人参的生产是为了宫廷的利益来组织的，而且要求内务府的包衣官员像专卖商品销售商一样行事。从1757年开始，大量的优质人参每年送给负责两淮和长芦食盐专卖的官员、皇家织造，以及负责广州海关的粤海关监督。他们各自负责销售自身的分配额，并将现金收入返还给北京。[③]

经办人参专卖的是持照商人，他们送挖参人到满洲的丛林中去寻找，并带回日益珍稀易碎的野生人参。在18世纪初到19世纪早期，过度采挖导致人参产量急剧减少。到1739年，宫廷对人参商人群体实施集体连带责任。这个团体对商人群体任何一个成员的行为负集体连带责任，而且强制担保征收的人参必须满足一定的质量和数量。官方的数额设定较高，很难足数。[④] 设定的数额达不到的时候，担保者不得不赔付宫廷设定的和短少部分的价值相当的一个数额。要是他到了不能赔付的地步，其他商人就不得不赔付亏空的部分。[⑤] 到19世纪的早期，不能达到足数的挖参人，由于他们未能实现足额，要受到每一两人参按50两白银补偿的惩罚。少有挖参人能够赔付。必要时，朝廷指示官员们向给挖参人做担保的商人征

---

① Ch'en, Insolvency, pp. 133, 135 and 99（祥邵，1813—1818年担任粤海关监督，在此前担任长芦盐政和淮安关监督期间，涉及税款拖欠，于广州任职期间还清）。

② John K. Fairbank, *Trade and Diplomacy on the China Coast: The Opening of the Treaty Ports 1842–1854* (Cambridge: Harvard Univ. Press, 1953), Vol. 1, pp. 40-1.

③ Symons, *Ch'ing Ginseng Management*, pp. 66-7 and 78.

④ Symons, *Ch'ing Ginseng Management*, pp. 14 and 21-22.

⑤ Symons, *Ch'ing Ginseng Management*, pp. 60-62.

收。[1] 亏空如此严重，以至于官员自身，连带人参商人一起，因不足额受罚。1811年，宫廷收到的人参质量如此之差，以致官员和商人都被要求购买全部收获的人参，因为内务府难以按一个能获利的价格销售人参。[2] 这些苛责适用且贯穿于北京收获人参的收纳和评级过程。如同凡杰·西蒙斯（Van Jay Symons）提及的：

　　　政府认为所有这些参与评级和运送人参根给宫廷的人都是收获质量的担保者。设置的惩罚是如此严格，如果在进贡给宫廷的人参中发现有种植人参，即使满洲将军，都统，满洲［奉天］府尹……以及六部侍郎……被特别派去在评级过程中协助的人，也将处以降级三等，并且转职到另一个职位上。他们也将被要求处理好因人参质量低劣宫廷所遭受的任何损失。[3]

　　人参的批发价值，1709年大约是在128 000两（177 778元）到208 000两（288 889元）之间，到19世纪中期，已经萎缩到20 000两（27 778元）。到19世纪的前半期，一半多的特许人参商人已经资不抵债。1800年盛京的400名人参商人中，到1847年仍在经营业务的已不足150名。[4]

　　清代中国特许盐商的巨额财富为世人所知。在给广州官员的一个御旨中，乾隆皇帝称，"这些（广东行商的财富）与两淮盐商的财富不可同日而语。"[5] 盐政产生的税收收入远大于广州海关的收入。何炳棣在他有关盐商的研究中称，两淮商人在1738—1804年，为清政府财政创造了36 370 968两（50 515 223元）税收，是1773—1832年行商缴纳的3 950 000

---

① Symons, *Ch'ing Ginseng Management*, p. 22.

② Symons, *Ch'ing Ginseng Management*, p. 23.

③ Symons, *Ch'ing Ginseng Management*, p. 37.

④ Symons, *Ch'ing Ginseng Management*, pp. 20 and 24.

⑤ Quoted in White, "Hong Merchants," p. 61.

两（5 486 111元）的9倍。[①] 中国中东部的两淮，是最重要的盐政区域，在生产、销售和财政收入上，远远超过所有其他地区。何炳棣称，盐商"拥有的财富和权力来自专卖，专卖是政府特许授予他们的。"1831年盐业专卖被废除。[②]

向盐政征收的税收收入按照与清朝总体政策相协调的一个基数来确定。[③] 盐商被分为两类，负责生产的场商，和负责分配和销售食盐的运商。一群约30位大商人被选为各自的头领（领商），这些领商承担单个特许盐商未缴纳税收的纳税集体连带责任。[④] 这些单个商人由领商担保，并要求每年必须到两淮盐政衙门，注册在他们领商担保者的名下。[⑤] 两淮商人缴纳一个基本的"公库"基金，用来支付盐政官员核定的各种费用。[⑥] 尽管它没有以贸易课税来获取资金，这类似于广州行商的"公所基金"，而面对官员承担未缴纳盐税的集体连带责任是否由两淮"公库"赔付，也不为人所知。

这些不同的内务府事业中间的共同主线，是在他们之间穿梭的包衣行政官员。内务府相当于一个小的衙门。这些行政官员许多人，特别是首脑，应当在工作、荣誉和观念上有相似之处。这种个人的相似性开始于在内务府学校的早期训练，而在行政官员一起工作或者职务相互接替中得以加深。比如说，许多粤海关监督任职广州为1年任期，其公务必然密切跟踪前一任粤海关监督的政策和程序。

---

① 何炳棣，"扬州盐商——十八世纪中国商业资本" Harvard Journal of Asiatic Studies, Vol. 17, pp. 130-69 (1954), pp. 153-4 and 168 n. 109; Ch'en, Insolvency, pp. 92-5 and Table 2.6. 这种差异实际上可能更大。正如何炳棣在脚注中指出的那样，广东的统计数据包括来自该省盐政以及行商的收入。陈国栋正确地评述道："虽然数目不大，但足以让行商背负沉重负担。" Ch'en, p. 92.

② 何炳棣，"盐商，"第130-1页。

③ Spence, Ts'ao Yin, pp. 167, 181 and 208; Metzger, "Organizational Capabilities," p. 18.

④ Spence, Ts'ao Yin, pp. 180 and 199; Ho, "Salt Merchants," pp. 137 and 141; Metzger, "Organizational Capabilities," p. 25.

⑤ Metzger, "Organizational Capabilities," p. 25.

⑥ Spence, Ts'ao Yin, p. 189; 何炳棣，"盐商，"第142-3页以及147-8页。

　　如同上述讨论的，由内务府运营的盐业、人参和外贸专卖的总商，履行缴纳钱款给国家的集体连带责任。[①] 我们可以确信，这些商人都不欢迎这个追加的责任。在1780年，行商当然不欢迎。较之盐务，内务府对人参的管理加大了投入，[②] 因为盐业正繁荣——按何炳棣的说法，处于它的"黄金期"[③]——而人参业务处于下降期。不管原因是什么，我们知道更多的是人参事业的集体连带责任。1739年，就收购的人参有任何质量和数量亏缺，人参总商就得履行赔付国家相应价值的相互连带责任。这早于广州实施的时间约15年。在盐商之间实施未缴纳税收集体连带责任的时间，则不确定。

　　我们不知道内务府管理者如何评价1739年之后的那些年里人参专卖中集体连带责任的经验。由于在接下来的100年里这种制度仍继续存在，而且在做法上得以强化，表明它已经被当成一个成功的风险控制措施。这样，在专卖管理中集体连带责任的做法可能在人参事业中（而且可能也在盐业中）首先得到检验，而且只是在得到已经成功的评价之后才引入广州。1754—1755年，广州从三个方面开始实行海关行政集体连带责任表明，这些做法是李永标的特别创新，他是1752年第一个派往广州任职粤海关监督的包衣。[④]

4. 中国传统中的集体担保责任

　　集体连带责任可以追溯到中国早期历史，而且植根于军事组织。在设

---

① Andrea McElderry, "Guarantors and Guarantees in Qing Government-Business Relations," pp. 119-37 in Jane Kate Leonard and John R. Watt, eds., *To Achieve Security and Wealth: The Qing Imperial State and the Economy* (Ithaca: Cornell Univ. Press, 1991), p. 122.

② Symons, Ch'ing Ginseng Management, p. 79.

③ 何炳棣，"盐商，"第152页（"对官方数据的研究表明，正是由于销售条件异常良好，十八世纪才被当之无愧地称为两淮盐商的黄金时代"）。

④ Cheong, *Hong Merchants*, pp. 205-7（李永标于1752至1759年担任粤海关监督期间）；Torbert, *Ch'ing Imperial Household Department*, p. 60. 作者无法确定李永标与盐或人参管理者事先的直接联系。

定的小组中惩罚同事过失的做法，可以追溯到首次统一中国的皇帝秦始皇。这个做法发展到在征兵、治安和征税任务方面对国家承担互相保证责任的户口单位的登记上。远古国家的大部分税收收入都用于资助军队，在个人服兵役和必须征税资助保卫国家的军事武装之间具有最近最早的关联。是亲自服役抑或是以纳税的形式，在中国早期，国家是基于所有主体同等承担集体连带责任原则的国防体系。现代中国的财务集体连带责任，就这样在远古国家的征税政策中发现它的起源。①

中国传统中最为人们所知的集体连带责任的例子，是保甲制度。这一古代社会登记和责任的制度，在清朝期间得以继续，而且与现在仍然在中国使用的户口登记制度有近亲关系。② 集体连带责任也以其他方式得以遵守。在城市商人中，支付类如税收的某物给国家的团体责任的概念在"行益"偿付的做法中得到认可。政府允许一个贸易得以专卖或控制。商人反过来接受支付"行益"给国家的集体连带责任，代替商品和服务应缴款，再加上官员们索取的其他数额。③

在清朝刑事案件中，西方的商人遭遇了粗糙形式的集体连带责任，而

---

① Derk Bodde, "The State and Empire of Ch'in," pp. 20-102 in Denis Twitchett and Michael Loewe, eds., *The Cambridge History of China, Vol. 1, The Ch'in and Han Empires, 221 B.C.– A.D. 220* (Cambridge: Cambridge Univ. Press, 1986), pp. 36-37 and 58; Dewey, "Russia's Debt to the Mongols," pp. 255-258; Kung-chuan Hsiao, *Rural China: Imperial Control in the Nineteenth Century* (Seattle: Univ. of Washington Press, 1960), pp. 26-28; Joanna Waley-Cohen, "Collective Responsibility in Qing Criminal Law," pp. 112-131 in Karen G. Turner, James V. Feinerman and R. Kent Guy, eds., *The Limits of the Rule of Law in China* (Seattle: Univ. of Washington Press, 2000), pp. 112-114. Horace Dewey说："早在公元前四世纪，中国行政人员就为财政目的设计了一套相互担保制度。" Dewey, "Russia's Debt to the Mongols," p. 258.

② Chin-chih Chen, "The Japanese Adaptation of the Pao-Chia System in Taiwan, 1895—1945," Journal of Asian Studies, Vol. 34, pp. 391-416 (1975), p. 393; Hsiao, Rural China, pp. 26-28; Fei-ling Wang, *Organizing Through Division and Exclusion: China's Hukou System* (Stanford: Stanford Univ. Press, 2005), pp. 32-35 and 40-42.

③ Sybille van der Sprenkel, *Legal Institutions in Manchu China: A Sociological Analysis* (London: The Athlone Press, Univ. of London, 1962), © Berg, by permission of Bloomsbury Publishing Plc, p. 90; Kato Shigeshi, "On the Hang," pp. 62-3, 67 and 69-70.

且刻薄地谈起它。[①] 在他们碰到商业层面的这个概念时——针对行商非法欠下外国人的债务，对中国被告强制实行集体连带责任——最热情地接受它。

著名学者萧公权描述清代的保甲制度称，国家"通过从本地居民中选出的代理人，用于监视和核查人民的数量、迁移以及活动"。如同广州体制一样，它是设计来处理公共秩序的相关问题。在1757年的上谕中，乾隆皇帝称，这个制度用来在守法者中压制煽动叛乱和维持和平。[②] 在保甲制度下，清朝的户口被登记在以十进制单位（以10为一群组）递进到保的级别，在这一级保长被任命为首脑。[③] 所有成年男性都要求登记并报告是否犯罪。不予报告不仅对个人带来惩罚，而且对他在10人登记组中的所有邻居带来惩罚。[④]

在它的初始概念中，保甲制度包含社会登记和监控，但不是财务事务。一个另行建立的里甲制度，其用意有自身的特点但在实践中常常重叠，以税收目的按组登记户口。[⑤] 根据一个广泛流传的中国故事，财神爷最初是里甲的税收征收人。[⑥] 保甲和里甲制度得到不一致的管理，实践中有时被混淆，而且在清朝发展过程中逐渐衰落。[⑦] 重新激发这两个制度的努力偶尔进行着，著名的有乾隆皇帝1757年对总督和巡抚的指示，报告和

[①] Edwards, "Ch'ing Legal Jurisdiction Over Foreigners," pp. 235（"这些法规从未适用于西方人这一事实并不能减轻西方人对这一原则的厌恶和他们对将来可能适用这一原则的恐惧"）and 245; Waley-Cohen, "Collective Responsibility," pp. 116-117. See Waley-Cohen, *Exile in Mid-Qing China*, pp. 79, 85 and 221-2（附录1，"清朝【刑事】集体责任的适用"）。Waley-Cohen指出大多数被流放到新疆的妇女"是因为集体责任而被定罪的，因此她们犯下的罪行太严重，无法通过金钱救赎而免除。" Waley-Cohen, *Exile in Mid-Qing China*, p. 73.

[②] Van der Sprenkel, *Legal Institutions in Manchu China*, p. 47.

[③] Hsiao, *Rural China*, pp. 28 and 43-83; Van der Sprenkel, *Legal Institutions in Manchu China*, pp. 46-7.

[④] Hsiao, *Rural China*, p. 45; Van der Sprenkel, Legal Institutions in Manchu China, pp. 46-7.

[⑤] Hsiao, *Rural China*, pp. 31-6 and 84-143.

[⑥] Hsiao, *Rural China*, p. 119.

[⑦] Hsiao, *Rural China*, pp. 33-36, 46, 55 and 60-61.

改善当地遵守保甲制度的情况。① 为了改进报告效果，到19世纪早期，保甲首脑书面具结相互连带责任。② 这种具结的确切意义其实不确定。1777年，要求违约的本港行商倪宏文（Wayqua）的亲戚签署互保责任的具结，这是行商的外国债权人将得到偿还的一个承诺。③ 在导向鸦片战争的那些年里，具结后来成了镇压毒品贸易的一个关键部分。户籍保甲各组在1838年被要求为成员没有卷入鸦片签署具结，这成为后来不久林则徐试图从英国商人那里获得书面法律承诺的先行做法。④

清朝政府利用一个保甲制度的修正版来登记出海船只。这是沿袭明朝的做法，将船只组织在所任命头领管理下的10进制小组里。根据1707年的一个规条，各组保证相互担保并对在海上的行为和活动相互承担责任。如果组内的任何船只卷入海盗活动，所有的人都将受罚，除非过失船只被正式指控。也要求船东将他们的船只由出发港口的官员认可的一家企业担保。⑤船员的亲戚、邻居，甚至船只本身的船员会被要求充当商船的担保者，赵刚称之为"一种财务绑架"的处境。⑥ 如同梅爱莲（Andrea McElderry）正确地指出，在这强力的监管背后，是"安全忧虑，害怕储备物资会引发海上潜在的叛乱，而且担心国内谷物短缺。"⑦ 这些忧虑被纳

---

① Hsiao, *Rural China*, pp. 49 and 82; Van der Sprenkel, *Legal Institutions in Manchu China*, pp. 46-7.
② Hsiao, *Rural China*, pp. 53-4.
③ White, "Hong Merchants," p. 67.
④ Fairbank, *Trade and Diplomacy, Vol. I*, p. 78; Hsiao, *Rural China*, pp. 58-9; Frederic Wakeman, Jr., *Strangers at the Gate: Social Disorder in South China, 1839—1861* (Berkeley: Univ. of California Press, 1966), p. 32.
⑤ Richard James Aston, "The Merchant Shipping Activity of South China 1644—1860" (M.A. Thesis, Univ. of Hawaii, 1967), pp. 119-120; Basu, "Asian Merchants and Western Trade," p. 32; Cushman, *Fields from the Sea*, p. 50; Dian H. Murray, *Pirates of the South China Coast 1790—1810* (Stanford: Stanford Univ. Press, 1987), pp. 106-7; Ng, *Trade and Society*, pp. 153-4; Andrea McElderry, "Guarantors and Guarantees," pp. 123-6; MacSherry, "Impairment of the Ming Tributary System," pp. 202-3.
⑥ Zhao, *Qing Opening to the Ocean*, p. 127.
⑦ McElderry, "Guarantors and Guarantees," p. 125.

入从事海外贸易商人的监管之中。1728年之后的那些年里，在参与对日本和南洋贸易的各个中国港口的商人群体中，任命了总商，而且这些头领对加强各种政府监管和防御海盗负有相互连带责任。[1]

在清朝时期的地方市场中，特许经纪人（牙行）扮演着一个关键角色，而且要求对交易如期完成提供担保，一旦出现违约，他们将卷入财务连带责任。为了获得执照，要求经纪人有他们在资本和个人行为方面的担保人。如果出现问题，这些担保者与经纪人一起承担债务责任。报告了所担保经纪人违法行为的担保人，可以逃脱惩罚。[2]

在清朝官员之间也强制实施集体联保责任。在一些官员之中，像在南京（江宁织造）、苏州（苏州织造）和杭州（杭州织造）管理清政府丝织工厂的三个特使，就是基于其地位来实施。没有固定的级别并由皇帝特别任命，织造被视为约束在一个相互联保责任和监督的特别关系里。[3] 另外，根据清朝的行政法律，官员们受"连坐"（joint liability）约束，是一种相互责任。官员对他们下属的行为和疏忽承担责任——无论他们是否卷入或者是否具备相关知识——因为他们有总体监管职责的过错。[4] 在这种情况下，我们可以推断，清朝官员认为在专卖商人之间应用集体担保责任是完全公平的。官员们自身对他们的同事就受到集体担保责任的制约。他们也受制于税收惩罚规条，让他们个人对任职期间在确定税额上的任何缴纳短缺负责。为这些相应的亏空风险筹集资金，清朝官员除了他们的官俸还收取各种费用以及利用职位对民众进行榨取。比较而言，总商可以从可能丰厚的贸易收益中进行抽取，他的责任由此而生，而且可以通过将它分散到整个责任团体来缓冲集体担保责任。清朝官员可能提醒商人们，他们中许多寻求和购买了官衔，而一些负担便伴随官衔的荣誉而来。

---

[1]　McElderry, "Guarantors and Guarantees," p. 123.

[2]　McElderry, "Guarantors and Guarantees," pp. 120-2.

[3]　Spence, *Ts'ao Yin*, pp. 82–3.

[4]　Waley-Cohen, "Collective Responsibility," pp. 114-5.

集体责任的主题直接引出担保的内容，也就是，团体成员确切承担什么责任。这里记录有点晦涩。这种不确定可能源于真实做法记录的模糊，也许是翻译所致，而且可能正好也反映了在担保事务出错之后辩护或判决起了作用。在阳光明媚的日子慷慨提供的保险，人们发现通常附加多个条件——只有到了天空黑暗下来以后才有痛感。如同斯泼林克尔（Sybille van der Sprenkel）提及的，在一个其承诺性质意在进行劝说的担保，和意在紧随初始债务人违约之后必须赔付现金的担保之间，在中国存在一个意义上的递进变化：

两种性质的担保肩并肩地存在着——无疑也因地而异，而且必须小心（如同欧洲商人19世纪碰到这个制度时所发现的）地对待去知道其意图是什么。有时候担保责任限定于给其他债务人带来偿还债务的压力，如同现在湖北的一句谚语："媒人不包生子，保人不包还钱。"①

"担保"这个词也是多义的，而且在英语和法律传统中的含义也有微小差异。它可以指一个企业还钱的承诺，这就是本书的主题。它也可以指少有限定的事情，提供出庭作证或者确认。由于这个和其他好的理由，在盎格鲁——美国法律中，一个"担保"通常必须是书面的而且签名后它才具有法律效力。在汉语里，"担保"（保）有类似的意义递进，但是，罗马字拼音看上去的一个词——bao——可能还只是用分别存在的汉字和发音区别开来的3个不同的词之中的一个。如同杨联陞所分析的，3个字必须区分开来：②

---

① Van der Sprenkel, *Legal Institutions in Manchu China*, pp. 108-9.
② Yang, "Government Control of Urban Merchants," pp. 188-9.

（1）Bao（保）（三声）意指"安全，没有损失的担保。"这个字用于汉语词语保甲，也用于英语，翻译为"security merchant"（保商）和"security merchant system"（保商制度）的广州贸易词汇里。

（2）Bao（包）（一声），意指"签约，担保一定的成果。"

（3）Bao（报）（四声），意指"互惠，报答，等等"。

杨联陞称，第一个字"保"，定义为"没有损失的担保"，在整个清代政治、社会和经济生活中使用，"参加科举考试，进入官员队伍，让一项贷款安全，申请一本护照，仅举几个例子，所有的都要求来自特定身份的个人，或者来自店铺和商号的担保……直到一个特定等级的担保。"[①] 在大多数这些案例中，违约没有触发由"担保人"承担财务表现的无条件责任，无论以个人还是集体的形式。广州担保制度最盛行的年份已经过去了两个世纪，而我们对中国人为外国人提供担保承诺的初始内容，知之甚少。似乎很清楚，如同斯泼林克尔所称，对于担保品的内容存在着混淆，而且，这种混淆应当已经不只出现在几个方面。

在1684到1780年期间，来自满族和中国传统的因素都用于清朝政府构建广州体制和对外债务的集体担保责任制度（广州担保制度）的监管结构。在康熙皇帝决定开放华南海上贸易的1683年后的那些年里，它从满族地区贸易、适度监管的经历中吸取经验，既可以促进普遍繁荣，又推进了国家目标。公共秩序的关注，深深地记挂在刚经历40年征服华南斗争的新统治者们的心里，他们谕令海外贸易应将得到严密监管。在1683年中国开放对外贸易后的一个世纪里，颁布的贸易监管规条沿袭了汉族和满族的传统，而且由包括汉族人员和少数民族满族官员在内的一个清朝官僚机构执行。

---

① Yang, "Government Control of Urban Merchants," p. 189.

第三章　广州担保制度的演进

在满族政权建立不久后，统治者对管理中国与西方海上贸易的相关立法进行了整合。新立法形成于贸易自由化时期，经过四十多年的征战，统治者在新立法中最为关切的是维持国内秩序。这一系列过程是在1684年至1780年期间进行的，产生了包含各层级官方监管的一套管理规条，后来被称为广州体制。这个体制是在国家官员、地方官员、中国商人和在中国沿海经营的西方贸易公司两两之间或相互之间的不断试验和一系列危机中演进而来的。广州体制的核心，是建立在清朝国家所依赖的对政府负有特殊职责并与政府联系紧密的一群官商的基础之上。

1. 海上对外贸易的官方管理

有权势的地方官员和主要的外贸商人之间的密切关系可以追溯到清初。在征战期间，地方官员对维持内部秩序和保证贸易收入感兴趣，办法是直接参与贸易或向官方商人发放许可证和征税。[1] 商人希望得到保护，并通过控制部分贸易来增加自己的利润。[2] 这些年来，官商之间各种互惠关系也随之发展起来。一些与沿海省份如广东、福建皇亲贵族有联系的商人后来被外国商人称为"皇商"。[3] 荷兰语中用来描述这些官方商人的术语是"factoor"，意思可以是代理人，也可以是积极的合作伙伴（与政府

---

① Wills, *Pepper, Guns and Parleys*, p. 42.

② Cheong, *Hong Merchants*（行商）, p. 219; White, "Hong Merchants," pp. 38-41; Wills, *Embassies and Illusions*, p. 108

③ Cheong, *Hong Merchants*（行商）, p. 30.

保护人合作）。① 在广东省，早在1683年康熙皇帝通过"开放国门"政策之前，平南王尚可喜就承认了官商，这些商人为取得与外国人进行贸易的特权而支付费用。尚可喜向官商征税，这些税收被转送到京城②。尚可喜在驻粤期间，直接或间接参与了来自广州和澳门的贸易，积累了巨额个人财富，当时估计约1 388 889元③。亲王被废后，保护人发生了变化。主要的外贸商人开始与新的官方保护人联系在一起，如"鞑靼将军的商人""总督的商人"等。在18世纪初，一些与京城保护人（包括未来的雍正皇帝在内）有联系的"皇商"试图在包括广州在内的几个沿海城市参与和维护与西方对外贸易中的季节性或产品垄断。④

这种密切的关系，首先体现在贸易名称的使用，强调商人与主要官员的纽带关系，这是广州体制的核心。多年来，它在几个方面发生了变化。对于商人来说，他们选择的贸易名称既是品牌身份的重要表现，也是与不会说中文的西方人打交道的关键营销手段。在18世纪初，这种品牌身份从以前与单个特定保护人（一个亲王）的联系转移到一个团体成员（即官商中的一位）的身份。在他们的贸易名称上，行商一般采用"qua"（官，就是官商的官）作为后缀，表示官商的身份。⑤ 寻求个人保护的时代已经过去⑥。例如，Beau Khequa（1758年黎光华的资元行），Puankhequa I

---

① Wills, *Embassies and Illusions*, p. 109.

② White, "Hong Merchants（行商），" pp. 29-30; Marks, *Tigers, Rice, Silk, and Silt*, p. 156 n.78; Hummel, *Eminent Chinese*, pp. 635-6; Spence, "K'ang-hsi Reign," p. 137.

③ Zhao, *Qing Opening to the Ocean*, pp. 73-5; Wills, Embassies and Illusions, pp. 42-4 and 88; Wills, *Pepper, Guns and Parleys*, pp. 108-9; Bowra," Manchu Conauest," pp. 231 and 234.

④ Cheong, *Hong Merchants*, pp. 31-5, 59, 133, 219 and 300; Earl H. Pritchard, "Anglo-Chinese Relations During the Seventeenth and Eighteenth Centuries," Univ. of Ill. Studies in the Social Sciences, Vol. 17, Nos. 1-2 (March-June 1929), pp. 77-8.See Zhao, *Qing Opening to the Ocean*, p. 75（满族王公的海外探险活动）.

⑤ Sung, "A Study of the Thirteen Hongs（十三行研究），" p. 13.

⑥ Cheong, *Hong Merchants*（行商）, pp. 32, 37-8 and 107; Fairbank, *Trade and Diplomacy*（贸易与外交）, Vol. I, pp. 50-1; Sung, "Study of the Thirteen Hongs（十三行研究），" pp. 13, 30 and 1045.

（1714—1788年潘振承的同文行），Howqua Ⅱ（1769—1843年伍秉鉴的怡和行）。因此，代表官方身份的"qua"成为广州行商品牌身份的核心表述。行商还通过购买文官虚衔建立了官方身份的联系。在贸易初期，当这种关系具有更大的商业意义时，当地欧洲人在拥有官方头衔的商人的商号上加上"官话"前缀。① 在行商的肖像画中，购买官方头衔的徽章司空见惯，如绣花方大衣装饰、帽子或顶珠。

图3-1　尚可喜，1604—1676，平南王

（图片来源：Johann Nieuhof, Die Gesantschaft der Ost-Indischen Geselschaft in der Vereinigten Niederländern an der tartarischen Cham und nunmehr auch sinischen Keiser, 阿姆斯特丹，1666.）

---

① Van Dyke, *Merchants of Canton and Macao*（澳门和广州的商人），p. 87.

　　所有主要的行商都拥有官方头衔。① 据学者安·博尔巴赫·怀特（Ann Bolbach White）介绍，在行商所有个人首脑中，有一半以上购买了官方头衔和品级。第一代潘启官②（Puankhequa Ⅰ）购买了一个头衔，并在大约1780年因军事筹款捐输被授予三品官员的蓝宝石顶珠。③ 丰泰行的吴昭平（Eequa宜官）、丰进行的倪宏文（Wayqua，购买监生头衔）、泰和行的颜时瑛（Yngshaw）和裕源行的张天球（Kewshaw），各自都购买了头衔和官阶。④ 资深行商伍秉鉴（Howqua Ⅱ），广利行卢文锦（Mowqua Ⅱ），还有第三代潘启官潘正炜（Puankhequa Ⅲ），都因公务捐输镇压1832年（道光十二年）广东省的瑶民起义，被赏戴孔雀羽毛花翎。⑤

　　每一笔这样的交易，都使官商与清朝监督官员的关系更加紧密。这些商人明显地与自京城皇帝到广州行商个人运作下的指挥链条联系在一起，并对它心存感激。这些交易充实了国家的金库。由于购买的几乎总是候补或荣誉头衔，没有具体职责委派给购买者。这种头衔的取得提高了商人在广州地方社会中的地位，同样，头衔的丧失又背负了巨大的社会污名。⑥

---

① Sung, "A Study of the Thirteen Hongs," p. 13. 在乾隆时期，那些不再担任公职的人员将头衔出售给行商 (1736—1796). See Elisabeth Kaske, "Fund Raising Wars," pp. 90-93; Elisabeth Kaske, "The Great 1830 Forgery Case: Metropolitan Clerks and Venality in Qing China" (unpublished paper presented at The Fairbank Center for Chinese Studies, October 24, 2008), pp. 3-4.

② White, "Hong Merchants（行商）," pp. 150, 154-6 and 173-4.

③ Cheong, *Hong Merchants*（行商）, p. 162; *Hummel, Eminent Chinese*, p. 605.

④ Cheong, *Hong Merchants*, pp. 107 and n.101, 211 and 264; Ch'en, *Insolvency*, pp. 187-8 and 191. Singyquan (Wang Shengyi),一位十八世纪中期与英国东印度公司交易的安徽商人，在朝廷买了个官职。Cheong, pp. 100 and 107 n.101. 同顺行的爽官吴天垣（Samqua）的哥哥，吴天先，购买到了满意的道台，近亲吴鉴章，在国子监购买了监生头衔Chang, *Chinese Gentry*, pp. 155-6; Fairbank, *Trade and Diplomacy, Vol. I*, p. 395; Sung, "A study of the Thirteen Hongs," p. 28.

⑤ White, "Hong Merchants," p. 149.

⑥ Cheong, *Hong Merchants*, pp. 107, 108 and 268.

中国与西方的对外贸易行政，由京城任命并向其汇报的文官进行监督管理。主要官员包括总督、巡抚以及粤海关监督。他们的工作地点都位于广州。这些官员得到委员（附属粤海关监督的一名军事官员）、其各自的随从、派往广州的军事官员以及区（县）长官在行政事务上的协助。[①] 管辖权在南海县（广州）、番禺县（包括黄埔）和香山县（包括澳门）的长官之间按地区划分，相应地县令们有时在涉及对外贸易的司法事务上联合行动。[②]

在粤海关的日常贸易管理中，由户部派遣的监督为其主管，西方商人称之为"Hoppo"。这个西方术语是中文"户部"的谐音，官衔完整的名称为"钦命督理广东沿海等处贸易税务户部分司"。[③] 1684年首次任命粤海关监督，"Hoppo"在清朝时期的海上对外贸易管理中发挥了关键作用。"Hoppo"这个职位通常由满族人担任，从京城派任一年。1750年以后，粤海关监督这个日益正规化的职位由内务府包衣担任，由朝廷任命，直接向朝廷报告。[④] 粤海关最终由5个总口岸、60多个子口岸构成。"Hoppo"处于一个一直持续与中外商人打交道的大型官僚系统的顶端。正如迪利普·巴苏（Dipip Basu）所描述的，广州海关的管理体制：

---

① Ch'en, *Insolvency*, pp. 24-9; Downs, *The Golden Ghetto*, p. 76.

② Cheong, *Hong Merchants*, p. 194; Van Dyke, Canton Trade, p. 22; Edwards, "Ch'ing Legal Jurisdiction Over Foreigners," p. 227.

③ 据说，"Hoppo"来源于"户部Hu Bu"（清朝政府机构），Ch'en, Insolvency, p. 24; Frederic Wakeman, Jr., "The Canton Trade and the Opium War," pp. 163-212 in John K. Fairbank, ed., *The Cambridge History of China, Vol. 10, Late Ch'ing, 1800—1911, Part I* (Cambridge: Cambridge Univ. Press, 1978), p. 163. In his 1887 Leiden treatise, Abram Lind 提供了一个引人入胜的解释。Lind提出"Hoppo"一词可能源自中国的担保术语，因为"Hoppo"对国家的关税负有财政责任，这一解释似乎不太可能，因为几乎没有证据表明外国贸易商意识到Lind所引用的术语，反而对"Hu Bu"这一行政机构有更多了解。Abram Lind Jr., *A Chapter of the Chinese Penal Code* (Leiden: E.J. Brill, 1887), p. 30. 作者感谢Koos Kuiper使其注意到Abram Lind这位重要的早期中国法律学者深刻的见解。

④ Ch'en, *Insolvency*, p. 24; Cheong, *Hong Merchants*, p. 194; Zhao, *Qing Opening to the Ocean*, pp.122-4.

　　由一位首席办事员（经承）领导，主管两百多位书役（散书）。每年七月，他们都会抽签，决定谁应该被派往该省七十多家海关子口。输家继续充当"水上服务人员"，每天检查来往广州的货物。粤海关监督通过经承来处理公务，这些经承在五年的任期内买下办公场所。他们受粤海关监督的指派向每个行商收取1 000元。在经承的身边，有三名会计，有五名在记录室，每个人得到两三百元的费用。粤海关监督衙门设的差役共分成七班，七个领班差遣的报酬是七八百元。每个领头的差役都有30个助手。每年，他们中的两百多人抽签，以确定谁将被派往外海关，他们负责守船，每天参与行商的送货或收货的活动。在粤海关监督机构中还有很多仆人和随从。他们的人数根据广州各官员的推荐有所不同，这其中还有官吏的家庭成员。有四名职位较高者负责征税，四名"亲信"四处巡视海关。毫无疑问，这些工作中的每一项都带来了可观的额外收入和利润。①

　　粤海关监督与京城的密切关系，特别是能够直接向皇帝进贡的特权，给予了他们相当大的独立性。与朝廷的这些联系给予了粤海关监督和两广总督、广东巡抚（抚院）相当优厚的地位。②总督最初的职能在军事方面，和粤海关监督一样，总督通常是满族人。总督作为一方势力的最高指挥官，负责维持该势力的秩序。虽然民政事务本应由各省巡抚处理，但总督往往参与这些事务。③在1750年至1792年期间，两广总督是广东海关的共同监督人，但他很少干预海关事务。④当与外国人发生争执时，最初的决

---

① Basu, "Asian Merchants and Western Trade," pp. 268-9 [quoting from "Concerning European Ships and Trade to Canton," by a Native Chinese, translated from the original manuscript (undated), British Museum, pp. 30-38] (Pinyin Romanization has been supplied in the place of the Wade-Giles Romanization in the original); Zhao, *Qing Opening to the Ocean*, pp. 118-22.

② Ch'en, *Insolvency*, p. 27; Wong, *Yeh Ming-ch'en*, p. 4.

③ Wong, *Yeh Ming-ch'en*, pp. 38 and 48.

④ Ch'en, *Insolvency*, pp. 27 and 408 n.58.

定权留给满洲的官员。因此，当武装护卫舰"海马"（Sea Horse，潘顿船长）于1779年9月从马德拉斯抵达广州，向行商追讨债务时，这件事提交给了李质颖巡抚，一位来自内务府的满洲官员。而总督杨景素因是汉人，被排除在外。[1]

2. 保商制度和集体责任的起源

保商的活动记录最初见于18世纪20年代，但是人们相信有更早的起源，可能产生于澳门的交易。[2] 这种做法始于18世纪30年代的广州，在此期间，官员们试图改善对外贸的控制。为了加强官方控制，张荣洋认为，"粤海关监督可能无意中不得不加强商人对外国人和贸易的控制。"[3] 18世纪30年代，行商在对每艘抵达的外国船舶进行测量后（为纳税目的）签署书面合同提交粤海关，承诺承担担保责任。[4] 到了1735年，要求广州的外国商人为每艘船各自聘请一名行商提供担保。[5] 这些保商被赋予船舶业务的垄断地位，必须保证贸易的有序和船员的良好行为，并负有担保人的责任，为船舶货物的所有进出口关税的缴付进行全额担保。[6] 这种垄断在行商团体内部是有漏洞的。外国商人经常与其他行商交易（他们有时也向原保商付款），这体现在不同行商间的购买模式中，在1754年有关"新奇洋货"（Singsong）一类物品购买成本的赔偿责任争议中可以看到。

保商由政府颁发执照充任，而对于这一特许权利的定义和形式知之甚少。执照的档案没有留存下来。执照似乎是一项不可转让的个人权利，[7]

---

[1]　Ch'en, *Insolvency*, pp. 198 and 408 n. 58.

[2]　Cheong, *Hong Merchants*, pp. 65, 104 and 92 n.51; Van Dyke, *Canton Trade*, pp. 11-12 and n.21 and 165.

[3]　Cheong, *Hong Merchants*, p. 202.

[4]　Van Dyke, *Canton Trade*, p. 25.

[5]　Ch'en, *Insolvency*, pp. 8-9 n.19.

[6]　Cheong, *Hong Merchants*, pp. 92 and 95; Robert Bennet Forbes, *Remarks on China and the China Trade* (Boston: Samuel M. Dickinson, 1844), pp. 11-12.

[7]　Ch'en, *Insolvency*, pp. 123, 126, 329 and 349.

授予一人作为一家行商或保商经营非有限责任企业的权利。其颁发表明执照获得者已经作出书面保证，即对国家作出的特定承诺。规条的修正版证明了这一点，就像1780年，行商因强烈抗议被迫承担债务的集体责任，而在准入条款中，如同1782年的五名新行商同意相互担保（因为现任行商拒绝这样做），而且在1760年对五个行外商人团体的登记规条中，也体现了这一点。

　　执照的发放受到广州官员的严格控制。第一个理由是政府期望持照商人为国家履行安全职责（风险管理）。第二个理由是政府在发放、转让或撤销许可权时获得的收入。这些费用的数额因申请人的实力和当时的情况而异，但所涉数额巨大。准入的费用从3万元到8万元不等，而据称在某种情况下高达20万元。[1] 转让费或委任费从3万元到10万元不等，再到1826年向浩官二世伍秉鉴（Howqua II）收取50万元的高额转让执照费用。退出或退休几乎是不可能的。叶上林（Yanqua，仁官，义成行行商）于1804年获准退休，费用不详。[2] 据说，第二代潘启官潘有度（Puankhequa II）在1807年支付了50万元，以获准退休，但给予他的授权后来被撤销。[3] 执照费收入在总督、巡抚、粤海关监督以及他们的助手间分享。粤海关监督和总督据说得到了最大的份额。[4] 有人认为，行商执照的发放主要是由收费收入推动的，这体现在少数粤海关监督集中发放执照，他们中许多人在刚到广州时欠了内务府的债。在1760年至1843年获得执照的36家行商中，29家是在（这一时期30名任职的）仅仅6名粤海关监督任职期间领取的。[5] 由于各种原因，包括但不限于这些收费，这期间获得许可的行商质量急剧

---

[1] Ch'en, *Insolvency*, pp. 123 and 317; Cheong, *Hong Merchants*, p. 221.
[2] 1826年的是由怡和行的执照转让给浩官（Howqua）的儿子伍元华引起的，伍元华于1833年去世，执照重新转让，额外费用不详。Ch'en, *Insolvency*, pp. 123 and 126.
[3] Ch'en, *Insolvency*, pp. 126, 316 and 394 n.58; White, "Hong Merchants," pp. 93-4.
[4] Ch'en, *Insolvency*, p. 123; Cheong, *Hong Merchants*, p. 221 (dating the practice to the 1780s).
[5] Ch'en, *Insolvency*, pp. 133-137 and 253.

下降。学者陈国栋据此指出，"随着时间的推移，被授予执照的行商来自社会下层，19世纪的行商，或他们的合作伙伴，都是鸦片贩子、翻译、买办，甚至是一名佣人；而18世纪的行商，找不到类似的背景。"①

1745年两广总督兼粤海关监督策楞（一位满族人）向大清递交了建立保商制度的奏折，并获得批准。乾隆皇帝在批准这一制度时，指示保商群体应限于富有且受人尊敬的人，以保障他们所承保政府收入的缴纳。② 批准的时机直接表明对国家安全的担忧。据报道，1740年荷兰在巴达维亚屠杀了大约1万名中国人，震惊中国。京城方面认真考虑并提出通过关闭或限制对外贸易以对荷兰实施经济制裁的建议。在审慎考虑后，乾隆皇帝1742年拒绝了制裁。在这一动荡时期，粤海关监督警告两艘荷兰船只，提醒他们为了避免在广州的麻烦，在澳门进行贸易将是明智的。③

十年后，1755年5月，总督杨应琚、巡抚鹤年和粤海关监督李永标在广州联合发布了三项条令，界定了特许行商在对外贸易上的垄断地位。④ 1758年1月发布的一项类似的条令，要求欧洲船只仅在广州一地进行贸易，从而强化了垄断。⑤ 三位广州高级官员不时发布联合条令的做法，体现了他们共同的决心和外贸垄断的重要性。垄断新规的两个例外是澳门和

① Ch'en, *Insolvency*, p. 257.

② Ch'en, *Insolvency*, pp. 10-11; Cheong, *Hong Merchants*, pp. 92-3, 105, 205 and 237 n.49.

③ Leonard Blussé, *Strange Company: Chinese Settlers, Mestizo Women and the Dutch in VOC Batavia* (Dordrecht, Foris Publications, 1986), pp. 94-96; Ch'en, *Insolvency*, pp. 10-11; Cheong, *Hong Merchants*, pp. 92-3, 105, 205 and 237 n.49; Jennifer W. Cushman, "Duke Ch'ing-fu Deliberates: A Mid-Eighteenth Century Reassessment of Sino-Nanyang Commercial Relations," Papers on Far Eastern History, Vol. 17, pp. 137-56 (1978), pp. 145-56; Cushman, *Fields from the Sea*, pp. 129-130; Edwards, "Ch'ing Legal Jurisdiction Over Foreigners," p. 227; Fairbank, *Trade and Diplomacy, Vol. I*, pp. 51-2; Rowe, *China's Last Empire*, p. 142; Van Dyke, *Merchants of Canton and Macao*, p. 74; White, "Hong Merchants," p. 48; Zhao, *Qing Opening to the Ocean*, pp. 76-7 and 180.

④ Cheong, *Hong Merchants*, p. 205; Pritchard, "Crucial Years," pp. 126-7; Morse, *Chronicles, Vol. V*, pp. 29-30 and 37-44 (Appendix AI) (text of edicts).

⑤ Cheong, *Hong Merchants*, pp. 101-2（条令于1757年12月关闭宁波港口，并于1758年1月从该港口驱逐英国人）。

厦门，这两个地方允许进行对外贸易，但仅相应地限于葡萄牙人和西班牙人。[1] 这些条令，以及在大约1735年至1758年期间实施的界定行商责任的其他措施，都在同一时期由粤海关监督负责控制的背景下得到恰当的审视。[2] 广州体制由上到下都在走向正规化。正如张荣洋所说，"1760年后，粤海关监督职能的重点转向了对该体制的法律和准则的解释和执行"。[3] 在18世纪上半叶，外国人能够在粤海关监督的广州驻地直接受到其亲自接见，从18世纪50年代往后，外国人只能通过接受和传递他们请愿书的行商或通事与粤海关监督取得联系。[4]

自1755年起，行商对海上对外贸易的垄断，由最初大商人购买的季节性权利演变为商界精英的非正式联合，后来无时限地得到正式认可。[5] 1755年条令维持了现有的外海商人（外洋行）行会的三级结构。第一级和第二级的十三名商人在国家强制垄断下享有与外国人进行贸易的专属权利，统称为洋行（外贸商号）。[6] 第一级的六名资历深厚的商人也有权担任外国船只的保商，显然是按资排辈的。这些资深商人包括:资元行的黎光华（Beau Khequa），义丰行的蔡昭复（Chai Seunqua），行商赤官（Chetqua），聚丰行的蔡聚丰（Chai Hunqua），泰和行的Sweetia 以及同文行的潘启官（Puankhequa），外国商人称之为资本商人。第二级的七个资历较浅的商人被许可在国外进行贸易和运输，但不对外国船只提供担保。[7]

---

[1] Greenberg, *British Trade*, pp. 46-8.

[2] Cheong, *Hong Merchants*, p. 208.

[3] Cheong, *Hong Merchants*, p. 231.

[4] Liu Yong, "The VOC Business Culture in China: How the VOC Did Business in Canton in the Eighteenth Century," pp. 235-248 in Evert Groenendijk, Cynthia Vialle and Leonard Blussé, eds., *Canton and Nagasaki Compared 1730—1830: Dutch, Chinese, Japanese Relations* (Leiden: Institute for the History of European Expansion, 2009), p. 241.

[5] Cheong, *Hong Merchants*, p. 156.

[6] Cheong, *Hong Merchants*, pp. 31 and 95.

[7] Cheong, *Hong Merchants*, pp. 93 and 105.

每艘抵港船只均由粤海关监督指派给一名行商，由其担任保商。新的贸易方式往往是受欢迎的，所以这种指派也能够得到普遍接受。但也有不被接受的可能性，就像1754年一般不对载有"Singsong"一类物品的东印度公司来航船只提供担保。指派通常是按资历名单进行的，首先由资历最深的行商负责。① 东印度公司船舶的指派曾经进行谈判，随着时间推移，逐渐转变成一项协议，根据该协议，保商被依次分配给东印度公司船只。② 外国船舶的货物可出售给任何一名行商，尽管向该船只的保商因其开支和所承担的风险支付700元的固定费用成为惯例。③ 保商的责任是使他们所承保船只的外国船主遵守广州体制的规定。一旦保商所担保船只的西方商人船主有违规行为，保商会被罚款或监禁，或两者兼而有之，这取决于犯罪的严重程度。保商的这种角色，用张荣洋恰当的措辞，是"准外交的"。④ 在这个体制的运作下，行商本人和所有对外交易的参与者都应当报告他们看到的任何不良行为。正如雅克·当斯所描述的：

　　"于是买办从他的苦力、厨师、警卫和随从那里收集了情报，并向通事报告，而这些人又去通报官员。这样，地方官员就具有独立地传递公行数据并提供报告的公务。"⑤

广州行商之间债务的集体责任首次出现于1754—1755年。行会三个层级之间负担各不相同。第一级和第二级的资深商人承担有限的集体责任。第一级的资本商人只在他们自己的组别内，对该组别的任一成员应缴而未缴的国家关税负集体责任。⑥ 第一级对未缴纳关税承担集体责任的确切日

① Cheong, *Hong Merchants*, p. 95.
② Ch'en, *Insolvency*, p. 11.
③ Greenberg, *British Trade*, p. 59.
④ Cheong, *Hong Merchants*, pp. 102-8 and 299.
⑤ Downs, *The Golden Ghetto*, p. 78.
⑥ Ch'en, *Insolvency*, pp. 184-5.

期不确定。①

　　第二种集体财务责任的实施，涉及补贴广州官员送往京城的奢华进口礼品的高昂成本。保商个人对被迫承担购买"Singsong"（珍奇物品）的过度负担感到愤怒，保商之间引发了一场骚动，粤海关监督李永标在1754年指示，这一费用以后将由集体分担。②"Singsong"是一个广式洋泾浜英文词汇，用来形容欧洲的奢侈品，如音乐盒、机械玩具、钟表等，这些东西都是作为官方礼物送往京城进献给朝廷的。③ 其中很多精美的礼物，特别是伦敦生产的机械钟表，都保存了下来。今天，它们是紫禁城很受欢迎的展品，就像两个世纪前它们被欣喜地接受那样。任何一艘西方贸易船只到达后，这些物品事关粤海关监督的直接利益，而新奇洋货的选择和指导保商获得理想的物品是一个官方优先事项。④ 他们的收购最初是由对外贸易总课税来提供资金。随着时间的推移，粤海关监督转向一个新的制度，直接从为运载有期望货物的船只提供担保的行商处强制购买，有时只需支付

① 1755年以后，在黎光华（Beau Khequa，1758）、颜时瑛（Yngshaw）、石中和（Kewshaw，1780）和郑崇谦（Geowqua，1798）案件中，对未支付关税实施集体赔偿责任。Ch'en, *Insolvency*, pp. 182-3（黎光华，Beau Khequa），206 [颜时瑛（Yngshaw）和石中和（Kewshaw）] 以及217 [郑崇谦（Geowqua）]；Cheong, *Hong Merchants*, p. 158（颜时瑛，Beau Khequa）. 施加该责任的日期尚不确定。东印度公司对1755年或1760年对外贸易规条的英文译本中没有行商集体承担关税的规定。Morse, *Chronicles, Vol. V*, pp. 29-30 and 37-44.
② Morse, *Chronicles, Vol. V*, pp. 13-4; Cheong, *Hong Merchants*, pp. 156, 225 and 274; Pritchard, "Anglo-Chinese Relations," p. 116.
③ Cheong, *Hong Merchants*, pp. 166, 281 and 349; Van Dyke, *Canton Trade*, pp. 25 and 97; Morse, *Chronicles, Vol. V*, p. 154. 术语"Sing song"也用于描述中国的音乐舞台表演。Downs, *The Golden Ghetto*, p. 80; Robert Burts, *Around the World: A Narrative of a Voyage in the East India Squadron* (New York: Charles S. Francis, 1840), Vol. II, p. 253; Greenberg, *British Trade*, pp. 22-3.
④ Van Dyke, *Canton Trade*, p. 25; Van Dyke, *Merchants of Canton and Macao*, p. 98; Morse, *Chronicles, Vol. V*, p. 14.（1754年8月，粤海关监督要求先看一眼船上带来的珍品，价格可能是合理的。但是被告知大班们在这件事情上会利用他们的影响力，但是他们不能控制这些珍奇物品，它们是船上官员的私人财产）。

成本的25%。①。这惩罚了对货物中有"Singsong"的船只负有责任的保商，因为该保商独自支付了购买货物的大部分费用。② 这些贵重物品就英国东印度公司而言，专门作为其官员私人的风险货物来到中国，成为英国东印度公司的管理难题，这增加了忧虑，从它自身的船上购买私人货物的花费会毁掉行商。③ 在18世纪50年代早期，行商团体对这种不平等和不可预测的负担公开表现出焦躁不安。④ 1754年，四名行商拒绝为六艘英国东印度公司船只提供担保，原因是他们携带入境的"Singsong"货物可能遭受损失。只有蔡秀官（Tsai Suequa）说可能愿意为这些船只提供担保，但也只是暂时地并且和其他行商合作，且在与被担保船只进行了大量贸易的前提下。⑤ 粤海关监督在1754年8月作出回应，他指示，这些负担将被分担，可能只是在第一级和第二级的行商之间分担。⑥

---

① Cheong, *Hong Merchants*, pp. 166, 205, 225, 227, 255 and 281; Morse, *Chronicles, Vol. V*, p. 71; Lo-shu Fu, *A Documentary Chronicle of Sino-Western Relations* (1644—1820) (Tucson: Univ. of Arizona Press, 1966), p. 220.经亚洲研究协会授权，Inc.,*see:www.asian-studies.org.*

② Morse, *Chronicles, Vol. V*, p. 10（"更大的不利条件是粤海关监督和其他官员将保商视为唯一能使他们获得船上珍奇物品的人，保守估计，这可能占到保商为他们需索买单的四分之一。"）

③ Cheong, *Hong Merchants*, pp. 226 and 281; Pritchard, "Crucial Years," p. 200; Morse, *Chronicles, Vol. II*, p. 15, *Vol. V*, p. 154.

④ Cheong, *Hong Merchants*, p. 156 n.118.

⑤ Morse, *Chronicles, Vol. V*, p. 11.

⑥ Morse, *Chronicles, Vol. V*, pp. 13-4; Cheong, *Hong Merchants*, pp. 156, 225 and 274; Pritchard, "Anglo-Chinese Relations," p. 116.

图3-2　一个珍奇（Singsong，钟表）。1754年首次在广州实行财务集体责任，以回应行商因广州官员强迫他们购买精心制作的奇妙装置"Singsongs"来作为礼品进贡给北京的朝廷，对花费过高提出的抗议。图为英国蒂姆西·威廉姆森（Timthy Williamson）约1770年在英国制造的带有文字图案的机械钟。此钟最复杂和最引人注目的部分是最底层的机械人，他能在纸上写八个汉字。机器人着装成欧洲绅士。单膝下跪，他摆着写字的姿势，左手放在书桌上。当机械装置开启时，机器人会写上汉字，意思是其他国家都会对中国朝贡，并派遣使者向中国皇帝致敬。（图片来源于中国北京故宫博物院，经许可。）

图3-3　一个珍奇（钟表）。于广州进口的精致而昂贵的器件并由广州官员作为礼物送给皇帝和其他高级官员，仍然是北京故宫博物院的热门展品。机械钟由四只山羊支撑，镀着金铜、玛瑙和玻璃，由威廉·休斯（William Hughes）在大约1770年于英国制造。水晶般的玻璃柱环绕着一个装饰华丽的化妆品盒，上面有一个香水瓶、一把剪刀、一把镊子和其他饰品。盒子中央的面板上画着一幅希腊女神的画像，她站在一辆由海贝壳支撑的战车里，由臆想的海洋生物拉着。盒子的盖子上坐着两个天使，手里拿着一个花瓶形状的双针表盘。当钟被激活时，音乐播放，盒子下部的人们欢快地跳舞。（图片来源于中国北京故宫博物院，经许可。）

图3-4 一个珍奇（钟表）。广州财务集体责任的做法是纽约银行存款保险理念的源头，开始于1754年，当时粤海关监督让所有商人为购买向北京官员进贡的精致进口 "Singsongs" 珍奇装置同等地承担付款责任。此钟表为带有孔雀和计时仪的机械钟，这个时钟的镀金铜台是一个音乐盒，上面镶嵌着三个瓷釉面板。中间的面板是银制的，描绘的是一座欧洲风格的大厅，而侧翼面板则以三维女艺术家的场景为特色。在两个瓷釉柱中间，盒子上是一只栖息在树桩上的孔雀雕塑，一位牧羊女和她的三只羊注视着它。在钟上方的框架内，一个人拿着一个铜锤来敲击报时。当他敲响钟时，孔雀张开尾巴，牧羊人和她的羊舞动。（图片来源于中国北京故宫博物院，经许可。）

图3-5　一个珍奇（钟表）。激发纽约州银行存款保险的想法源于广州，做法是让所有行商对在广州进口"Singsong"装置并由粤海关监督和其他广州官员将其作为礼物进贡到北京的巨额费用的货款支付都负有连带责任。图中敞篷双轮车形式的自动机由一位中国侍者推着，并装上一口钟表，饰以黄金，还装有镶嵌在银中的钻石和膏状宝石，以及珍珠、白色珐琅、黄铜和钢，1766年由詹姆斯·考克斯（James Cox）在英国伦敦制造。（图片来源于纽约大都会艺术博物馆，经许可。）

根据1755年的规条，对外国债务的集体责任——数额无限——强加于第三级小商号（shopkeepers）的身上。为了获得与外国人交易的权利，小商号经营者必须以五人为单位向南海县令进行登记。登记要求来自每五人一组的所有成员作出书面承诺，每一位对五人登记小组其他成员的任何未偿还外债承担连带责任。[①]官员们宣称，他们的担心是小商号在与外国人打交道时并不总是守信的，他们同样担心越来越多的西方贸易在行商团体之外进行。人们确信这是正确的，这类交易往来中很多未上报，而且正在逃避关税。[②]对这些小商号的屡次打击是为了保护行商的贸易垄断，制止或阻止走私行为，并保护关税的征收。

1755年对登记的第三级小商号强制实施集体责任监管是否得到执行，尚不清楚。是否有任何小商号对债务、还有对关税或者对外国商人欠下的数额承担集体连带责任，尚不清楚。1755年的小商号登记规条就算得到遵守，遵守了多久以及遵守的认真程度如何也无从知晓。根据定义，小商号可能要承担集体责任的债务很小。这本身就是小生意。不久，就要求广州官员更多关注外海商人团体（外洋行）第一和第二级商人所欠下的巨额债务。

3. 海上对外贸易的正式规制

欧洲的贸易公司恼怒广州体制的限制。1755年规条中的垄断条款尤其令人厌烦。外国人认为新规则倾向于增加他们的成本，包括官方对贸易的榨取。[③]英国东印度公司一再向广州当局提出抗议，而公司的某些官员相信，要是能够引起皇帝的注意，公司的请愿可能更容易成功。

---

① Morse, *Chronicles, Vol. V*, pp. 29, 39（"他们每五个人就签订书面合同，约定他们在贸易和公平交易中的共同和独立的责任"。）and 41-4（"joint bonds"）; Cheong, *Hong Merchants*, pp. 94 and 205 n.64; White, "Hong Merchants," p. 56; Pritchard, "Crucial Years," p. 127.

② White, "Hong Merchants," p. 59（"官方的担忧是谁偷漏税让国家承担税收损失"。）

③ Pritchard, "Crucial Years," p. 127.

英国东印度公司在1757年和1758年两度尝试在宁波口岸重开贸易，在最近的1736年，东印度公司还在宁波做过生意。它希望在那个港口充分利用较低关税的好处，并可降低内陆货物运输成本。[1] 这样的动机受到宁波地方利益集团的青睐，但在京城他们未能得逞，出于对一系列经济[2]、内部秩序[3] 和派别利益的考虑，京城皇帝支持在南部的广州集中和管理中国与西方的贸易。[4] 此后，宁波采取了抑制外贸的措施，首先是大幅提高关税。[5] 乾隆皇帝分别于1757年12月和1758年1月颁布法令，首先关闭宁波与欧洲的贸易，然后驱赶英国人。[6] 在广州的英国代表得到一个书面"保证"，内容是要求他们同意在下一季节不去宁波，但英国代表拒绝在上面签字。[7]

1758年，在地方的抗议又一次失败之后，英国东印度公司决定直接向京城的皇帝告状。[8] 这份以正式中文书写的告状书，希望寻求在广州以外的港口进行贸易的权利，并详细说明了对广州贸易条件的一系列不满，包括第一级行商资元行的黎光华（Beau Khequa）的未清偿债务，该债务于1758年黎光华去世时仍未偿清。[9] 告状书交由洪任辉（James

---

① Cheong, *Hong Merchants*, pp. 100-1 and 255; Edward L. Farmer, "James Flint Versus the Canton Interest," Papers on China, Vol. 17, pp. 38-66 (East Asian Research Center, Harvard University) (1963), p. 44; Pritchard, "Crucial Years," p. 128.

② White, "Hong Merchants," p. 52.

③ 有关英国船只在宁波停靠的报道令官员感到不安。此外，欧洲人具有破坏性，似乎需要密切监督。1754年9月，就在洪任辉向北航行不久，一名英国海员在广州的一场斗殴中被一名法国海员杀死。这一事件需要官方干预，法国在广州的贸易最终不得不在英国的要求下停止，直到罪犯被交付监禁（最终在皇家致歉下被释放）。Cheong, *Hong Merchants*, p. 101; Pritchard, "Crucial Years," pp. 124-5 and 129.

④ Pritchard, "Crucial Years," p. 129.

⑤ Cheong, *Hong Merchants*, pp. 101-2; Pritchard, "Crucial Years," pp. 128-9; Farmer, "James Flint," pp. 45-7（1756年宁波海关费用增加据说是广州商人向京城官员行贿20 000两，即27 778元而获得的）。

⑥ Cheong, *Hong Merchants*, pp. 101-2.

⑦ Farmer, "James Flint," pp. 47-8.

⑧ Pritchard, "Crucial Years," pp. 129-30.

⑨ Pritchard, "Crucial Years," p. 130; Cheong, *Hong Merchants*, pp. 254-5.

Flint）拿着，他是东印度公司的一名员工，通晓汉语，洪任辉一行乘载重70吨的挂着雪花旗的小船北上，具有讽刺意味，小船命名为"成功号"（Success，小船在返回广州的途中，在海上落难，所有船员丢了性命）。① 洪任辉离开宁波后，继续北上前往离京城约70英里的天津港，并于1759年7月21日向当地官员递交了告状书。② 对于洪任辉事件，直隶总督方观承7月23日在上奏京城的奏书中认为："洪任辉只不过是来自小国的野蛮人，如果不存在真正的不公正，他怎么敢因请愿书来打扰我们？"③ 当天，由乾隆皇帝发布给军机处的上谕称，现任粤海关监督李永标已得到命令被撤职，一些高级官员已受派遣快速前往广州进行仔细的联合调查。"这个事件关系到外夷，也关乎大清帝国的威望。你们必须彻底调查，才能体现大清帝国的正义。"④ 随后，洪任辉自己和一名调查官员乘马回到了广州。⑤

官方调查于1759年9月至11月进行，重点关注公共腐败问题，并找出给洪任辉写状纸的中国人。刘亚匾，四川的一名小商人，受了英国东印度公司的恩惠，被认定为翻译者。刘于1759年12月6日根据大清帝国法令被斩首示众。洪任辉也被判在澳门监禁三年，然后被永远驱逐出中国。⑥ 这些处罚反映了与京城皇帝直接沟通的企图严重违反了中国法律。⑦ 现任粤海关监督李永标以及他的委员被控贪污，并被革职。粤海关监督官邸发现

---

① Pritchard, "Crucial Years," p. 130; Farmer, "James Flint," pp. 50 and 55; Morse, *Chronicles, Vol. I*, pp. 301-5.

② Farmer, "James Flint," pp. 38-66, pp. 50 and 52.

③ Quoted in Fu, *Documentary Chronicle*, pp. 215-6; Farmer, "James Flint," p. 53.

④ Quoted in Farmer, "James Flint," pp. 53-5.

⑤ Fu, *Documentary Chronicle*, p. 216; Pritchard, "Crucial Years," p. 130.

⑥ Fu, *Documentary Chronicle*, pp. 222-4; Pritchard, "Crucial Years," pp. 130-1; Farmer, "James Flint," pp. 54-7; Morse, *Chronicles, Vol. V*, pp. 81-3; White, "Hong Merchants," pp. 63-4.

⑦ R. Randle Edwards, "The Old Canton System of Foreign Trade," pp. 360-378 in Victor H. Li, ed., *Law and Politics in China's Foreign Trade* ((Seattle: Univ. of Washington Press, 1977), p. 363 （"这一行动违反了中国传统外交关系的一项基本规则，即禁止与京城直接进行外交接触，但朝贡国家的特使除外，他们很少按照朝廷规定的日程来"。）*Zhao, Qing Opening to the Oceon*, pp. 114-5.

的财产也被没收。① 据称，这条纪律具有最终杜绝官员在贸易中任何更进一步直接参与的效力。② 1759年8月初，政治上出自名门的总督李侍尧向朝廷表示，外国人不会再有麻烦，而且他们的"谈吐和举止都恭敬和顺从"，李侍尧在担任原来职务的基础上，又被命兼任粤海关监督。③ 调查官员提议对广州港口收费的中方程序和改变进行某些行政改革，但成效甚微。④

　　洪任辉1759年告状事件的后续影响，是广州体制规条的收紧和正规化。1760年3月28日，"广州贸易管制规条"（防夷章程）在广州颁布。⑤ 这些规条是对现行做法的应急重组和成文化，它经上奏乾隆皇帝并获得批准。⑥ 1760年规条的英文译文，本书附有附录1（现代傅乐淑的翻译）和附录2（当时为英国东印度公司准备的翻译）两个版本。⑦ 连同粤海关监督和两广总督联合发布的命令，1760年规条使得保商的控制责任正规化，并提高了外洋行行会的竞争地位。对于单个商人未缴纳关税的集体责任现在已经适用于整个行会（不再仅限于上层成员之间）。⑧

　　1760年规条宣布外国贷款为非法，来处理棘手的行商债务问题。"如

① Cheong, *Hong Merchants*, pp. 107, 158-9, 205, 206 and 225; Fu, *Documentary Chronicle*, pp. 217-9; Farmer, "James Flint," pp. 42 and 54-6.

② Cheong, *Hong Merchants*, pp. 107 and 158-9.

③ Quoted in Farmer, "James Flint," pp. 52, 55 and 40-42; Hummel, *Eminent Chinese*, pp. 480-2 ["无论如何，由于欧洲的贸易，广州的官职被认为是帝国中最赚钱的职位之一，李侍尧是那里十四年来职位最高的官员（比清朝任何其他总督在该港口的任期都长），很可能积累了一笔财富。"] Cheong, *Hong Merchants*, p. 205; Fu, *Documentary Chronicle*, p. 216.

④ Farmer, "James Flint," p. 58.

⑤ Farmer, "James Flint," p. 59（3月24日收到，3月28日公开宣布）; Ch'en, *Insolvency*, p. 185（该规条的文本已由东印度公司取得，并于1760年4月12日翻译并记录）; Morse, *Chronicles, Vol. V*, pp. 89-90 (same).

⑥ Ch'en, *Insolvency*, pp. 9-11 and 184-5; Cheong, *Hong Merchants*, p. 106 n. 99; White, "Hong Merchants," pp. 53 and 63; Pritchard, "Crucial Years," pp. 131 and 133-4（表格显示截至1760年广州的各项规条及颁布日期）; Farmer, "James Flint," p. 58.

⑦ Fu, *Documentary Chronicle*, pp. 224-6.（1760年规条的现代翻译）（文本见本书附录1）Morse, *Chronicles, Vol. V*, PP. 94-8.（附录AK）（当时1760年规条的翻译）（本书附录2）

⑧ Ch'en, *Insolvency*, pp. 9-10.

果这个国家的公民以后以任何借口向外国人借钱，皇帝要求他们应当受到严厉的惩罚，而且借入钱的那些人所有的货物也要被没收。"[①] 外国商人和行商之间的所有账目都必须在外国船只离开广州前结清。[②] 该规条根据"惩罚与外国往来、借钱或持有其商品或货币而不支付对价的罪犯的法律"，[③] 对违反贷款禁令的行为进行起诉——根据《大清律例》的这个条文许多行商被命令流放到遥远的新疆伊犁。[④] 规条另行规定的抄没处罚和附加在下位规条的惩罚，带来了困惑。债务人通常没有留下什么可以被"没收"的东西了。没收条款是否赋予政府扣押债务人最后剩余财产的权利，从而损毁其他债权人的权利？还是意味着外国贷款人在违法贷款中的利息会被没收[⑤]——是被视为无效（不可执行），还是被清政府拿走（没收）？中国官员在1779年[⑥] 以及1780年[⑦] 再次声明，根据皇帝批准的1760年规条，欧洲的贷款将被没收，但威胁性的惩罚从未得到执行。[⑧]

---

① 1760年规条第三条，本研究的附录2（当时翻译）（Mores, *Chronicles, Vol. V*, pp. 96）（引用）。另，1760年规条第三条，本研究的附录1（"我们应该禁止中国商人从夷夷那里借取资本。他们借的钱应该由政府没收。"）（Fu, *Documentary Chronicle*, p. 225）.

② 1760 年规条第三条（Fu, *Documentary Chronicle*, p. 225) and (Morse, *Chronicles, Vol. V*, pp. 95-6).

③ 1760 年规条第三条（Fu, *Documentary Chronicle*, p. 225) .

④ Cheong, *Hong Merchants*, pp. 159 and 255; Waley-Cohen, *Exile in Mid-Qing China*, p. 5.尽管 Cheong说外国人在1760年的法令下被驱逐出广州，但是作者并未在规条文本中发现这种可能的惩罚，其他学者也没有提到。子规条中有关行商被放逐的条款规定，"与外国人合作，骗取他们的钱"适用于中国人。

⑤ Cheong, *Hong Merchants*, p. 159.

⑥ Josiah Quincy, *The Journal of Major Samuel Shaw, The First American Consul at Canton* (Boston: William Crosby & H. P. Nichols, 1847), p. 312（总督李质颖于1779年10月22日对潘顿船长说："1760年，皇帝得知商人们因高利率向欧洲人借钱而陷入困境后，颁布法令，禁止在任何条件下提供这种贷款，对欧洲人处以没收他的钱并放逐中国人的惩罚——广州的所有欧洲人和中国人都非常熟悉这一情况，规条以惯常的方式公布，并翻译成几种欧洲语言。"）

⑦ Morse, *Chronicles, Vol. II*, pp. 53-4［"1780年2月29日，收到总督和粤海关监督的一份联合来文，其中"提醒"外国人注意清隆二十五年（1760年）的帝国规条，其中严格禁止中国人或欧洲人从中国人处收取利息，并对中国人处以充军伊犁的惩罚，并没收欧洲人的贷款；他们还被"提醒"中国法律的规定，即累计利息不应超过贷款的原始本金，亦即贷款不得因收取利息致本利超过本金两倍。"］

⑧ 在1780年的"商欠"危机期间，关于拟议处罚的诉状，建议将来借钱给行商的外国人应该没收他们的钱，并将外国罪犯驱逐出境。Ng, "Ch'ing Management of the West," p. 156.

还有一个问题是，仅向外国人借钱的行为是否违反了1760年的贷款禁令，即使贷款正在偿还。答案似乎是否定的。第一，适用的次级法规用来惩罚不偿还的行为。第二，禁令本身就被修改了，在1794年的石中和（Gonqua，也称Shy Kinqua II，而益行的继承人）事件中颁布的诏书，就将禁令中的贷款上限设定为10万两白银（138 889元）。1794年起，只有超过10万两的债务要求立即偿还。① 虽然在1794年以后，行商债务经常超过10万两白银，但从来没有一个商人仅仅因为这样的负债（尽管很多人是这样）而受到惩罚。1815年起，债务披露和合理的偿还计划似乎是中国债务人在技术上遵守贷款禁令所需要的全部条件。② 偿还违约，而不是贷款本身，激发了"欺骗外国人"下位规条规定的严厉处罚。

实际上，对于在1780年至1842年广州担保制度期间采取行动，执行对外国贷款人贷款禁令的广州官员来说，几乎没有什么好处。正如第二章所讨论的那样，海关税是按定额基数征收并上缴到京城的，如果存在实质性的短缺，官员们必须自己掏腰包缴纳。这可能是在帝制中国担任公职的主要风险。在这方面，执行贷款禁令虽然在理论上是可能的，但是存在问题。强制执行的后果可能对体制和官员本人都是毁灭性的。第一，仅拒绝实施外国贷款，就会在广州引起外国社群的骚动。外国人已经把行商债务的集体担保视为广州体制的基石。在他们看来，清朝官员长期利用集体担保下的救援作为安抚躁动不安的西方商人的一种手段。虽然借给行商的贷款是非法的，但官员们还是让发放这些贷款，尽管有时还会提到必须遵守中国法律。外国商人会把任何改变视为废除，并会被认为可能作出尖锐的回应。正如1829年至1830年所发生的那样，对外贸易可能会停止。第二，

---

① Ng, "Ch'ing Management of the West," p. 164（"以后，行商欠外国人的贷款，每年不超过十万两，如果超过这一数额，将命令立即清偿债务，这项法律从今年起生效"）。

② Ng, "Ch'ing Management of the West," pp. 174.［"根据本法办理了本案（初级行商）的处理，因为已对债务数额进行了调查，并已安排还款。6年期限届满，仍未结清债务的，依照法律予以处罚。"］and 176.

任何贸易的停止都会减少流入京城的税收数额，而执行官员则要对税收不能足额征收负责。因此，个人财产损失是决定是否积极执行贷款禁令时必须考虑的一个可能后果。第三，多年的经验表明，广州对外贸易中断后，失业人数剧增，社会混乱接踵而至。贸易中断对国内秩序的影响是官员们在考虑实施贷款禁令时应当掂量的最可怕后果。总的来说，这一系列糟糕的后果可能抑制执行贷款禁令的任何动机，但官员们继续向有关各方宣布这一禁令。忽略国外贷款的问题，留到以后再解决，是更加安全的做法，事实上这几乎是广州的清朝官员唯一可行的选择。广州沿海是个富庶的地方，那些不愿惹麻烦的官员可以分得一杯羹后悄无声息地再去另一个职位上任。如果贸易中断，就有承担重大个人责任的风险。希望在当下能够提高政绩，同时又希望问题能够随着时间推移自然得到解决，这些因素阻碍了对外国贷款人实施贷款禁令。

根据1760年的规条，外国商人被禁止给中国内地发送信息，也不得采取任何手段来决定内陆商品价格。[1] 据称，这个规定在行政强制实施过程中，也禁止行商与内地供应商进一步直接接触和谈判。[2] 禁止外国人雇佣中国佣人，除非是"常设翻译和买办"。[3] 这使得此前的一项规定得到了强制执行，即外国人不允许学习或翻译汉语，除非以商人和持照通事使用的不准确的洋泾浜语言形式。[4] 中国对与外国人往来的这些限制，好比1731年粤海关监督应外国请求实施的一项规定，该规定禁止行商与欧洲的西方商号直接往来。早前的规定源于外国人对此规定的抱怨，陈芳官

---

[1] 1760年规条第四条，本书附录1（现代翻译）（Fu, *Documentary Chronicle*, pp. 225-6) 和本书附录2（当时翻译）(Morse, *Chronicles, Vol. V*, pp. 96-7); White, "Hong Merchants," pp. 52-53; Pritchard, "Crucial Years," p. 134.

[2] Cheong, *Hong Merchants*, p. 102.

[3] 1760年规条第三条，本书附录1（现代翻译）（Fu, *Documentary Chronicle*, p. 225) 和本书附录2（当时翻译）(Morse, *Chronicles, Vol. V*, pp. 95-6); Pritchard, "Crucial Years," p. 134.

[4] Morse, *Chronicles, Vol. V*, pp. 27-28; Pritchard, "Crucial Years," p. 134; Cheong, *Hong Merchants*, p. 107.

（Tan Hunqua）就其他行商和欧洲商号当地代表之间订立的合同中存在过高的定价和回扣，反复致力于向英国东印度公司和荷兰东印度公司申诉。范岱克认为，1731年的贸易往来规定"是让中国商人在国际贸易中相对于他们的外国对手处于不利地位，并明晰构建制度基础的最早的若干政策之一。"[①]

根据1760年的规条，居住在广州时，外国商人必须租住在行商所有和维护的十三行商馆里。[②] 在淡季时，外国商人仍然需要离开，但他们现在正式获准留在澳门，作为全程返回的替代选择。[③] 命令省级沿海防御工事予以加强，以防止进一步的混乱。此外还要求增加黄埔外国锚地附近的部队分队，并指示它在外国船只抵达到离港期间一直执勤。番禺县（黄埔）的县令，负责维持外国人的秩序，并最终为这些持续的控制工作从贸易中核定并收取每周的费用。[④]

---

① Van Dyke, *Merchants of Canton and Macao*, pp. 105-110 (quotation at p. 110).（虽然据说1731年禁止与欧洲公司沟通的禁令一直令人痛心，但没有执行这项规定的记录。）谭康官（Tan Hunqua）也可记作"Ton Hunqua". Van Dyke, *Merchants of Canton and Macao*, p. 104.（禁止外国人学习或翻译中文规定的单独出发点是外国人可能会收买或控制与他们签订自由合同的中国公民。）See Ng, "Ch'ing Management of the West," pp. 140-1 and 170-1.

② 1760年规条第二条，本书附录1（现代翻译）（Fu, *Documentary Chronicle*, pp. 224-5）和本书附录2（当时的翻译）（Morse, *Chronicles, Vol. V*, p. 95）["目前，有散商（即没有批准为行商的人），他们建造漂亮的房屋，吸引陌生人，他们接受了不菲的租金，他们让他们做许多坏事，他们来来去去，制造麻烦，进行非法贸易，欺诈海关。"] Cheong, *Hong Merchants*, pp. 159 and 255-6; White, "Hong Merchants," pp. 52-53.（外国人为他们所占用的"外国商馆"房产支付租金，有时还作为房东，与其他外国人签订合同。）Downs, *The Golden Ghetto*, pp. 901 (boardinghouse operations); William C. Hunter, *Bits of Old China* (Shanghai: Kelly and Walsh Ltd., 1911), pp. 33-5（关于终止未经授权试图转租当时缺席的Senn Van Basel的广州房地的轶事）。

③ 1760年规条第一条，本书附录1（现代翻译）（Fu, *Documentary Chronicle*, p. 224）和本书附录2（当时翻译）(Morse, *Chronicles, Vol. V*, pp. 94-5; Pritchard, "Crucial Years," p. 133. See Liu, "Dutch India Company," pp. 91 and p. 169 n.2（在18世纪，各种欧洲公司之间的非季节变化。一般来说，大约四个月的淡季将从2月底、3月底或4月底开始，到6月底、7月底或8月底结束。）

④ 1760年规条的第五条，（Fu, *Documentary Chronicle*, p. 226）and（Morse, *Chronicles*, Vol. V, pp. 97-8）（"外国船只有很多人，其中许多人是野蛮的，这些邪恶的船夫和他们搅在一起，在不断惹麻烦。"）White, "Hong Merchants, pp. 52-53; Pritchard, "Crucial Years," p. 134; Van Dyke, *Canton Trade*, p. 66.

　　禁止外国人向行商贷款的规定，以及要求外国人居住在广州行商所有
的商馆里，结束了先前行商将不动产抵押作为对外借款保证的临时做法。
尽管这种贷款还在进行，但认可行商财产转让或抵押的禁令，大概是因为
南海县令不再接受填写必要的抵押文件。这就意味着外国人在1760年以后
向行商发放的贷款完全没有担保（没有留置权保护）。[①]

图3-6　中国人在看贴在墙上的告示。1841年10月乔治·钱纳里（George Chinnery）的素描
（私人收藏品，照片由伦敦的马丁·格雷戈里画廊（Martyn Gregory Gallery）提供）。

---

① 在传统的中国，土地是抵押贷款的首选形式。Van der Sprenkel, *Legal Institutions in Manchu China*, pp. 11, 105-7（买卖契据、按揭及贷款证明的例子）。1756年早些时候，Tehanqua将怡和行抵押给东印度公司。Teunqua于1759年11月3日去世后，Teunqua Ⅱ 与潘正炜（Tinqua）一起访问了东印度公司，并以3 000两白银的价格偿还了抵押贷款。Ch'en, *Insolvency*, pp. 307 and 432 n.199; Cheong, *Hong Merchants*, pp. 171, 253 and 187 n.126（暗示这种支付受1760年规条中抵押禁令的影响。）; Morse, *Chronicles*, Vol. V, p. 74. 下列文件于1756年签署和交付，以完善Teunqua Ⅰ 怡和行对东印度公司的抵押：（a）Teunqua的转让；（b）于南海县签署的证明；（c）怡和行的书面合同；（d）东印度公司的认证。Morse, *Chronicles*, Vol. V, p. 74（当抵押被清偿时，由东印度公司向香港商户抵押人交付证明）。

图3-7 1838年11月28日的广州街头。潘文涛（Mingqua）的中和行和中国古老的街道，墙上张贴了大量的告示。图为华纳（Warner Varnham）的钢笔、墨水和水彩素描图（私人收藏，通过许可拍照。）

一共五条的1760年规条，一直延续到1842年，它是管理广州海上对外贸易的一套规则——道光年间《防范夷人章程》八条的最早形式。[①] 这些规条是指导广州官员和行商进行对外贸易管理的一个高瞻远瞩的法律、法令、规则和程序的体系，它以张贴在墙上或其他方式公开披露给西方商人。历史上，这八项章程仅以概要的形式出现，例如威廉·C.亨特1882年在其著作《广州番鬼录》中包含有1835年章程的简略版本，它附在本书的附录5（Appendix 5）。[②] 1831年章程和1835年章程的完整版分别附在本书的附录3和附录4，这八项章程的简略版本往往侧重于个人行为规范，而

[①] Fu, *Documentary Chronicle*, p. 224 n. 180（"原规条有五条—但第二条可分为两条。这些规条曾多次修订直到鸦片战争前形成八条，中国用以监管对外贸易"）。

[②] William C. Hunter, *The "Fan Kwae" at Canton Before Treaty Days 1825—1844* (London: Kegan Paul, Trench & Co., 1882), pp. 28-30. 虽然Hunter没有注明他的节录版本的日期，但其实质内容与1835年法令在《中国丛报》中的翻译内容相同。*Chinese Repository Vol. 3*, pp. 579-584 (April, 1935).

不是贸易监管本身（并不总是在后来的法规中得到重申）。这一简略规范产生了一些细节上的分歧或误会，有时甚至闹出了完全不符合中国原有规条的笑话。例如，根据亨特的记述，《八项章程》（1835）第二条规定："妇女、枪支、长矛和任何武器都不得带入商馆。"[1] 这种摘要让妇女竟与武器并列，这是原第二条规条三个段落两个性质不同部分的简化和荒谬组合。

威廉·C. 亨特曾长期在广州做职员，后来与美商旗昌洋行（Russell & Co.）合作。他表示，外国人认为这《八项章程》"一直有效"，尽管其中一些规定"被外国人忽视了"。他说，这八项章程"不时被一位翻译带到商馆"，以暗示它们不应被视为"一纸空文"。[2] 中国当局承认，这些规则中的一些内容被所有相关人员忽视。1831年版的《八项章程》开篇时说："经过一段时间，它们（1760年规条）逐渐被忽视，而且执行也有所放松。"[3] 四年后颁布的1835年章程，提及1760年、1810年和1831年的规条，补充道："在实施期间，它们要么最终变成一纸空文，要么逐渐涌现出肆无忌惮的违法行为。"[4] 有些规则，如禁止收集内地价格信息和学习中文，很容易被规避，也很难执行。[5]

中国法律史学家R. 兰德尔·爱德华兹表示，"《八项章程》并非简单地以中文形式张贴起来，而是被欧洲人很好地传播、翻译和理解。将其中一些译本与中文原稿进行比较，可以看出，大多数译本都是原作的忠实翻译，有些堪称精湛的译作。"[6] 虽然这是事实，但这些章程既没有现代风

---

[1] 1835年章程第二条本书附录5（Hunter, *Fan Kwae*, p. 28）。

[2] Hunter, *Fan Kwae*, p. 28.

[3] 1831年章程本书附录3（Morse, *Chronicles, Vol. IV*, pp. 293-301(AB)1831年章程当时的翻译）第294页。

[4] 1835年章程本书附录4（《中国从报》第三卷，第579-584页（1835年4月））（1835年章程的当时翻译），第584页。

[5] Basu, "Asian Merchants and Western Trade," p. 276（"外国人群体总是有办法聘请到中文教员或请愿书的起草人。事实上，东印度公司开发了精密的情报收集装置，使他们能够获得秘密文件和通信"）。

[6] Edwards, " Ch'ing Legal Jurisdiction Over Foreigners," p. 244.

格，也没有明确的表述模式。这些贸易规条以精心设计的形式传递到外国人那里，像提交给皇帝以获批准的奏折一样，带有序言、解释和官方调查报告，而且通常被认为是对中国文武官员的严格内部指令（例如，1760年规条第五条中海防指令）。因此，这些法规是典型的大清帝国法规，是从国家的角度制定的，要么从内部向外看（"外夷商人"），要么从上向下看（"让他们服从并照办"）。① 虽提出对可能因违反特定规则的外国人进行处罚，但很少详细规定，而且往往根本不对违反规定行为作出任何处罚。在规则的各种重述中，没有体现出固定的顺序。已有的规则在不同的版本中出现和消失，没有被重述的那些规则仍然保持有效。禁止借外债的规则出现在大多数版本中是不寻常的，尽管被不断重新编号（1760年的第3号规条、1831年的第二条章程和1835年的第七条章程）。然而，即使在1835年的章程中，它也只在另一规条中被间接提到（"或欠外夷的债务"），而不是完整的重申。没有始终如一的编号规则，（八项贸易章程的）数字八，和（十三行特许行商的）数字十三似乎只代表了中国传统习惯里吉祥数字的使用。"十三行"几乎达不到十三。② 不时修订的《八项章程》也很少，如果有的话——保持在这个数目上。

　　随着时间的推移，《八项章程》对个人行为和住所限制的成分日益增多，这在流行的广州体制记忆中凸显出来。外国商人觉得它们尤其令人生

① 1835年章程，（本书附录4）*Chinese Repository, Vol. 3*, p. 579.（"并命令行商和通事要求每个国家的外商服从命令并照办"）。
② 1808年、1809年、1830年、1836年和1837年共有十三家行商，1835年有十四家行商。Ch'en, *Insolvency*, pp. 14-18. 张荣洋认为"十三行"一词可能有"偶然而平凡"的起源，例如1755年宣布关键组织法令时，有十三位一级二级的行商，然而，这个词的起源要早很多。例如，它曾在屈大均（卒于1696年）广州竹枝词的诗句里使用。Cheong, *Hong Merchants*, p. 95（"erudite speculation" on origins of the number thirteen); White, "Hong Merchants," p. 15-16; Sung, "A study of the Thirteen Hongs," pp. 10［梁嘉彬"有充分的证据证明，所谓的十三行在康熙59年（1720）之前就已经存在，而1720年仅仅是十三行商人（公行）集体组织起来的一年。(See Chapter 1, Section 2.)."］, 24-5 and 73. 参见加藤繁（Kato Shigeshi），"On the Hang," p. 58［目前的中国（1936），人们用36行，72行，360行来指代大量各种各样的交易"］。

厌。[1] 今天，它们可能被认为类似于学校宿舍或"保姆式国家"的规则。清政府表现得像一位给予过度保护的家长，而"外国商人孩子"则丝毫不表感激之情。外国人不允许进入广州城。在大约四到五个月的交易季节，除了陪同参观公园，每月不超过三次，有时经许可前往行商的住所，他们须被限制在城市西边滨水区的一个外国飞地内。[2] 他们的内河行程受到密切监视，尽管外国官员乘坐悬挂正确旗帜的服务船只通常可以不经检查通过海关检查站。[3] 最初禁止外国人雇佣任何中国雇员，除了"专任的通事和买办"，[4] 但后来被允许从每个商馆雇佣最多8名注册雇员来履行特定职责。[5] 随着时间的推移，增加了更多的个人行为规则，禁止妇女参观外国商馆，[6] 限制在河上划船，[7] 禁止使用轿子等。[8] 外国商人轻声抱怨，尽他们所能无视或回避这些规则。这些规则总体上得到很好的遵守，同时也给外国商人利润丰厚的贸易增加负担，给他们带来不便。

　　美国的中国贸易商罗伯特·贝内特·福布斯在1831年末撰文，他通过与伦敦类似的体制作对比，称赞了广州体制。"谁会用目前所有种类商品的自由贸易来换取一种包括关税、入境、许可证等固定规则的商业制度，

---

[1] Greenberg, *British Trade*, p. 58.

[2] 1835年章程第5条，本书附录4（*Chinese Repository, Vol. 3*, pp. 582-3）、本书附录5和（Hunter, Fan Kwae , p. 29）；Edwards, "Old Canton System," p. 364.

[3] 1831年章程第7条，本书附录4，Morse, *Chronicles, Vol. IV*, pp. 299-300; 1835年章程第5条，（Chinese Repository, Vol. 3, pp. 582-3）；Van Dyke, *Canton Trade*, pp. 23, 117-8 and 166.

[4] 1760年规条第3条，本书附录1（当代翻译），Fu, *Documentary Chronicle*, p. 225和本书附录2（当时翻译），（Morse, *Chronicles*, Vol. V, pp. 95-6.）

[5] 1831年章程第3条，本书附录3（Morse, *Chronicles, Vol. IV*, p. 297）；1835年章程第4条，本书附录4（Chinese Repository, Vol. 3, p. 582）和本书附录5（Hunter, Fan Kwae , p. 29.）

[6] 1831年章程第5条，本书附录3（Morse, *Chronicles, Vol. IV*, pp. 298-9）；1835年章程第2条，本书附录4（Chinese Repository, Vol. 3, p. 581）and Hunter, *Fan Kwae*, , p. 28；Edwards, "Old Canton System," p. 360; Morse, *Chronicles, Vol. IV*, pp. 234-5 and 238.

[7] 1831年章程第7条，Morse, *Chronicles, Vol. IV, pp.* 299-300; 1835年章程第5条，Chinese Repository, Vol. 3, pp. 582-3 and Hunter, *Fan Kwae*, p. 29; Morse, *Chronicles, Vol. IV*, p. 174.

[8] 1831年章程第5条，Morse, *Chronicles, Vol. IV*, p. 299；Morse, *Chronicles, Vol. IV*, pp. 235（"以后外国人……所有的人，像过去一样，都必须步行。不能超越自己的地位、等级范围，使用轿子。"），238 and 244.

就像伦敦不计其数的形式一样？这里的贸易条件一直很好，那些最有经验的人完全愿意维持下去。"[1] 生意还在继续。

在1760年规条的制度下，行商相对西方商人的竞争地位得到了加强。公行至今才被官方承认是一个独立的机构。[2] 人们对于其内部组织的细节知之甚少。当时一些西方人说，行商是通过1760年具有法人资格的公行来行事的。这并不意味着公行是现代意义上的合法独立公司实体，而仅仅意味着作为一个统一机构，在其成员和西方公司之间的交易中制定价格和维持集体纪律。[3] 研究行商的学者张荣洋形容1760年的公行称：

> "更像一个排他性的俱乐部，不同类别的会员支付不同的费用，使他们在贸易中享有不同的特权。就像在公司成员中，特权可由后继的商号负责人继承，但是这些份额不可在公开的市场上讨价还价。"[4]

1760年12月，一名法国记者写道，公行所有权一共以75份额持有，每份定价1 000两白银（1 389元），初始资本为75 000两白银（104 167元）。后来成为总商（Chief Merchant）的潘振承（启官Puankhequa Ⅰ），持有12

---

[1]　Quoted in Edwards, "Old Canton System," p. 369 n. 29.

[2]　目前还不确定1760年的公行是否有朝廷的授权。Ann Bolbach White 找不到任何证据表明李侍尧总督就这个商人群体的这个问题向皇帝奏请。White, "Hong Merchants," pp. 53-54; Cheong, *Hong Merchants*, p. 126 n.99（商人和欧洲人还不确定朝廷是否批准了公行成立）; Liu, "Dutch India Company," p. 96（当荷兰人在1760年8月15日与行商会面提出此问题时，"行商沉默了"）。

[3]　1760年8月21日，在荷兰商馆举行的一次会议上，十位行商"郑重声明……他们联合成一家公司，在高级官员的鼓动下进行各种贸易，但荷兰人仍然可以自由地与他们想与之打交道的成员进行谈判。不管荷兰人是与公司交易还是与某一特定成员交易，这对他们来说都无关紧要，因为所有的鸡蛋都在一个篮子里。" Liu, "Dutch India Company," p. 98.

[4]　Cheong, *Hong Merchants*, p. 269.

份额。[1] 新成立的十人团体被称为"外洋行",所有这些人都有资格担任保商。那些不愿意接受公行条款的商人,被迫进入不与西方贸易的本港行和福潮行,或被迫完全退出。[2] 强烈反对公行的安官(Ton Anqua)被总督逮捕,最后被命令与家人搬回福建泉州。[3] 被提名进入行会的唯一标准是一个有希望进入公行的商人必须像之前一样,"富有且财务状况良好"(殷实)。[4] 与1755年规条下一样,散商仍被排除在由行商垄断的主要贸易物品的范围之外。散商只能买卖不太重要的物品,例如瓷器和丝织物。[5]

一代潘启官(Puankhequa Ⅰ),后来成为总商,是1760年行商成立背后的一个推动力。英国东印度公司认为,他的动机是他自己的债务,这些债务在18世纪50年代末大幅增长。[6] 一代潘启官(Puankhequa Ⅰ)对总督李侍尧有密切的影响,而对外国人的不信任可以追溯到他在菲律宾交易时

---

[1] Dermigny, *La Chine et L'Occident, Vol. 2*, p. 834 (lettre de Michel à Rothe, 31 Déc. 1760) ("Nos marchands hannistes forment à présent une société à laquelle on a donné le nom de Compagnie chinoise; et, quoique tout le monde soit liqué contre elle, elle subsiste toujours et n'on fait pas moins la loi. Les intéressés dans cette Compagnie, qui s'avisent de prendre le titre de Directeurs, sont Pankekoa [Puankhequa], le grand Souikoa [Sy Hunqua], Souitsia [Sweetia], Chet-koa fils du vieux Sioukoa [Chetqua], Tamkoa [Tinqua], Tsankoa, Hykoa Conscience, Foutcha [Fotia] et Fatoukoa. Les voilà selon le rang qu'ils tiennent: Pankekoa comme chef a douze parts, le grand Souykoa 10, etc. Tioukoa qui étoit aussi de la Compagnie est mort depuis peu de temps, et Fatoukoa est à l'agonie: ce n'est pas une grand perte. Nous regrettons davantage le vieux Sioukoa et le tisserand Foukien, quoiqu'ils soient remplacés, l'un par son fils et l'autre par son frère. Tantinkoa qui étoit aussi un des Directeurs a été disgrâcié et renvoyé dans son pays de Chinchiou. Ankoa s'est retiré volontairement du commerce. Le fonds de la Compagnie est de 75 actions de 1,000 taels chacune."); Cheong, *Hong Merchants*, p. 220; Van Dyke, *Merchants of Canton and Macao*, p. 116 ["陈芳官Tan (or Ton) Hunqua在1760年8月被列入公行,但他的家族是特许行商中最小的。只有他和Foutia两名成员被要求至少捐出一个最小数额2 000两……最大的行商要付10 000至12 000两"]。
[2] Ch'en, *Insolvency*, p. 11.
[3] Ch'en, *Insolvency*, p. 11 n.27.
[4] Ch'en, *Insolvency*, p. 10 n.22.
[5] White, "*Hong Merchants*," p. 56.
[6] Cheong, *Hong Merchants*, pp. 254 and 257.

看到西班牙人虐待中国人[1]。据说，总督李侍尧从新公行增加的收入中获得一个份额，可能新任粤海关监督尤拔世也是如此。[2] 马士插入英国东印度公司"1831年章程"译本的脚注中提到一个"传统"，即"总督李侍尧在潘启官商馆中持有股份"。[3]

外国人群体强烈反对1760年建立的公行制度。西方公司代表们各种抱怨，谈判和搁置，延迟了他们入境货物上岸。中国人立场坚定，保持统一战线，坚持制定统一的价格。[4] 到了1760年8月中旬，尤拔世要求知道为什么外国船只还没有开始卸货。他说，"新的程序已得到皇帝的批准，顺从势在必行。"他或许是不容争辩地补充说，"公行的目的是让商人共同应对欧洲人可能惹下的麻烦，无论大小。"[5] 外国商人群体最终将货物卸上岸并进行了贸易，从而接受了随后开展广州贸易要执行的新条款。[6]

在中国政府颁布1760年规条和承认1760年公行制度的同一时期，已故的资元行商人黎光华（Beau Khequa）的未偿还债务最终得到解决。从遗留下来的记载来看，目前还不清楚是何时以及如何发生的。[7] 1758年黎光华去世时，他欠英国东印度公司的债务为50 000两白银（合计

[1] White, "Hong Merchants," pp. 53-5.
[2] Cheong, *Hong Merchants*, p. 165. Yu Bashi was posted to Canton as Hoppo in 1760. Cheong, p. 209.
[3] 1831年章程，Morse, *Chronicles, Vol. IV*, pp. 293-301，p. 294 n. 1.
[4] Liu, "Dutch India Company," pp. 92-100.
[5] Morse, *Chronicles, Vol. V*, p. 92; Pritchard, "Crucial Years," p. 131; Cheong, *Hong Merchants*, p. 209.
[6] Morse, *Chronicles, Vol. V*, p. 93.
[7] Simon Yang-chien Tsai, "Trading for Tea: A Study of the English East India Company's Tea Trade with China and the Related Financial Issues, 1760—1833" (Ph.D. diss., University of Leicester, 2003), p. 295.

69 444元）。① 在南海和番禺县令的诉讼中，与资元行黎光华在共同账户下进行交易的泰和行行商（Sweetia），被要求对已故的过去为合资伙伴的资元行黎光华的债务承担一半责任。这一责任要么产生于泰和行与黎光华的合资伙伴关系，要么产生于死者与其他商人就其从事交易的特定业务充当连带保证人的临时惯例。源泉行的陈源泉（Chowqua）于1759年1月向英国东印度公司偿还了黎光华10 600两白银（合计14 722元）的债务，多名外国债权人接受了私下和解。泰和行同意承担更多债务，以换取与外国公司的新业务往来，并保持良好的客户关系。② 政府命令整个行商组织支付资元行欠下的茶税，这笔资金由英国东印度公司预付，但被倒闭行商挪用，未交付给国家。行商通过交易的特别附加费来筹集这些资金。这项课征被认为是后来1780年设立的支持公所基金的附加费的原型。③ 资元行的清算使得本就不堪重负的泰和行债台高筑，截至1759年，该行欠债权人118 800两白银（165 000元）。泰和行的颜时瑞（Sweetia），于1761年逝世。这一债务的负担及其累积的利息，直接导致了1780年继承人颜时瑛（Yngshaw）泰和行的倒闭。④

　　行商债务案件的模式，后来在1780年以后的案件中再次出现，在

① 这个50 000两白银的数字可能仅代表（更高风险）无担保债务；尚不清楚这一总数是否包括东印度公司在1754年向黎光华（Beau Khequa）提供的一笔10 600两白银抵押贷款的余额。Ch'en, *Insolvency*, p. 183; Cheong, *Hong Merchants*, pp. 157-8 and 253-54; Farmer, "James Flint," pp. 52-53（在1759年7月23日的直隶总督方观承，引用洪任辉的话说："商人黎光华向我借了50 000多两的资本，但没有归还"；）White, "Hong Merchants," p. 64（尽管怀特陈述黎光华去世时仍欠洪任辉50 000两白银，但实际的债权人是洪任辉的雇主英国东印度公司）。

② Cheong, *Hong Merchants*, pp. 81, 149, 158 n.23 and 254; Ch'en, *Insolvency*, pp. 183, 225 and 273; Morse, *Chronicles*, Vol. V, p. 73; Van Dyke, *Merchants of Canton and Macao*, p. 91. 范岱克（Van Dyke）论述称，1753年——黎光华去世的前五年——黎光华，颜时瑞（Sweetia），李元祚（Suqua）和他的儿子，以及谭安官（Tan Anqua）作为一个财团运作，并宣称他们将为彼此提供担保。1758年南海和番禺县令决定，只有泰和行商Sweetia将对死者的债务承担赔偿责任，而且赔偿金额只有其中的一半，这表明无论是到此日联盟已经终止总体运营，还是其成员相互承担责任，协议签订时都不如最初声称或恳求要达成协议那样彻底。

③ Ch'en, *Insolvency*, p.185.

④ Cheong, *Hong Merchants*, pp. 141, 149 and 254; Ch'en, *Insolvency*, p. 273.

1759—1760年黎光华（Beau Khequa）资元行债务解决中充分体现出来。第一，行商大部分的债务根本没有"偿还"，而是转嫁给其他行商（包括支付利息的负担）。第二，债务承担与此相关联，即债务人与外国商号之间的现有合同转移给承担债务的行商（协助偿还者）。[①] 第三，这些巨额生息债务的沉重负担成为救助者后来经营倒闭的实质性因素。

1760年的公行商人固守阵地，在几年间保持着价格的统一。虽然行会享有一些贸易繁荣，但大多数成员的财务状况仍然很困难，背负着旧债。英国东印度公司的一名雇员在1761年指出："大多数商人都欠我们相当多的债。"[②] 尽管1760年的规条有严厉的禁止，一些人还是向外国人借了更多的钱，而且利率很高。[③] 这些债务问题很少受到官方的关注，除了1762年和1764年，当时的粤海关监督下令暂停交易，直到行会债务得到清偿，这当然没有真正发生。据记载，广州官员允许内地茶商在1764年直接与外国人签订合同，占当年茶叶业务的30%，打破了公行垄断，是一个不稳定的强烈迹象（亦即特许商缺乏资金来履行当年的茶叶合同）。[④] 1770年，行商对西方私人债权人的债务持续增长，尽管许多债权人与广州的欧洲贸易公司有着密切的联系，本应理解其后果，但他们却忽视了。[⑤]

就在1760年组建公行仅十年后，它就在最初的支持者和领导人潘启官（Puankhequa Ⅰ）的命令下解散了。潘启官在1768年告诉英国东印度公司，他将以比公行更高的价格购买该季所有的棉花，因为他无法说服他的同行提高由行会来支付的价格。[⑥] 1771年，潘启官促成了公行的正式解散。英国东印度公司向潘启官预付了10万两白银（138 889元），据此潘启

---

① Van Dyke, *Merchants of Canton and Macao*, p. 191.

② Cheong, *Hong Merchants*, pp. 228, 245 n.154, 256 (quotation) and 261-2.

③ Pritchard, "Crucial Years," p. 200; Pritchard, "Anglo-Chinese Relations," p. 143; Cheong, *Hong Merchants*, p. 257（18世纪60年代各种行商的困境）; Van Dyke, *Canton Trade*, p. 20.

④ Van Dyke, *Canton Trade*, p. 20.

⑤ Cheong, *Hong Merchants*, pp. 228, 245 n.154, 256 and 261-2.

⑥ Morse, *Chronicles, Vol. V*, p. 142.

官曾经鼓动总督李侍尧来达成目的。[①] 公行解散后，有权担任保商者范围扩大到所有能存续下去的行商，他们将由粤海关监督按资历分配到船只上。[②] 虽然这个举措结束了资本商人（高级保商）的优先权，但这种优先权在实践中意义已经不大。最初的六家行商中，大多数在1771年以前已经死亡、倒闭或在贸易中被挤兑。[③] 虽然公行的解体使英国东印度公司在博弈中胜出，但其历史学家厄尔·普里查德（Earl Pritchard）反而认为10万两白银的贿赂记录给英国东印度公司的利益带来灾难。1760年公行的解体，"破坏了行商的议价能力，价格下跌，官吏的需索落在商人个人身上而不是集体身上。"[④] 这些不稳定的市场环境直接导致1779—1780年的"商欠"危机，以及在它之后轰动一时的行商倒闭。[⑤]

　　在18世纪70年代艰难的后公行十年，以几家行商的倒闭为标志，倒闭行商交由当地县令依据中国的法律予以解决。行商整体对在1775年初被认定资不抵债的义丰行（Sy Anqua，SeunquaⅡ），以及1778年倒闭的广顺行

---

① Ch'en, *Insolvency*, pp. 9-11 and 184-5; White, "Hong Merchants," pp. 53 and 58; Pritchard, "Crucial Years," p. 200; Cheong, *Hong Merchants*, pp. 110 and 165; Farmer, "James Flint," pp. 38-66, p. 41 and 42（"当然，李侍尧父亲在儿子担任总督期间，在税务机关谋职谋利，这一职位的'捞钱'潜力深深吸引着李侍尧。英文资料来源往往包含更多有关这类事宜的信息，例如上述贿赂或下文所述广州人在宁波花了两万两白银来影响贸易政策的谣言。中文资料提供更多，但通常潜藏在表面之下的没那么骇人听闻"）。

② Cheong, *Hong Merchants*, p. 95.

③ 1755年6个资本商人颜时瑛、蔡昭复（Chai Seunqua）、赤官（Chetqua）、蔡聚丰（Chai Hunqua）、Sweetia以及潘启官中，一代潘启官（同文行的潘振承）仍然没有挑战地在1771年担任总商。Cheong, *Hong Merchants*, pp. 86, 93 and 95. 资元行的黎光华在1758年去世时破产了。Cheong, p. 254. 泰和行商颜时瑞（Sweetia）于1761年去世时也背负债务。Cheong, pp. 141 and 254. 义丰行的蔡昭复（Chai Suequa）1761年去世（Yokqua 收购了商号但没有成功获得为船只提供担保的权力）。Cheong, pp. 84, 94, 141 and 254. 广顺行行商赤官（Chetqua）于1771年3月13日去世时也背负债务（商行在继承人广顺行求官Coqua的经营失败后于1778年清算）。Cheong, pp. 141-3, 254 and 261; Ch'en, *Insolvency*, p. 271; Pritchard, "Crucial Years," p. 202; Van Dyke, *Merchants of Canton and Macao*, pp. 97-8 and 128. 义丰行的蔡聚丰（Chai Hunqua）于1768年退出了贸易，将负债累累的商行留给并倒闭于继任者邱义丰（Sy Anqua, Seunqua II）之手，这是在蔡聚丰逝世的1775年。Cheong, pp. 84-5, 94-5 and 260-2.

④ Pritchard, "Crucial Years," pp. 200 and 234.

⑤ Pritchard, "Crucial Years," p. 234; Cheong, *Hong Merchants*, p. 107.

（Coqua），都没有责任。在两个事件中，资产都被清算，首先用于支付拖欠政府的关税，然后用于支付外国债权人的索赔。义丰行的经营被认定是可行的。总督李侍尧指示第二代义丰行行商（Sy Anqua，Seunqua Ⅱ）为债权人的利益继续经营，并且准许以10年内无息支付外国索赔的方式赔付192 018两白银（266 692元）。外国贷款没有被没收，外国贷款人也没有受到中国官员的惩罚。后来只支付了一个10%的分期付款。当外国债权人后来抱怨未得到偿还时，广州当局注意到他们在程序上要么没有承认要么没有接受赔付计划，但表示希望年轻的蔡昭复（后为Seunqua Ⅲ）"长大并通过做生意赚钱，他将偿还父亲的债务"。① 广顺行行商（Coqua）在接受清算及缴付关税债务后的净资产不足14 400两白银（20 000元），而债权人的索赔则为1 028 239两白银（1 428 110元）。英国东印度公司的11 530.630两白银（16 015元）索赔只占总数的一小部分。行商拒绝英国东印度公司让他们按照与公司的业务比例承担广顺行债务劝说，但同意接手广顺行与英国东印度公司之间业务的行商可对这些债务承担责任。行商文官（Munqua，逢源行蔡世文）在两年多的时间里承担并偿还了广顺行所欠英国东印度公司的债务，导致他自己的逢源行濒临倒闭。和1775年义丰行的邱义丰（Sy Anqua）事件一样，英国东印度公司和其他外国债权人在1778年有关广顺行债务的诉讼中未能参与或提出索赔。人们后来发现这构成了他们作为债权人权利的放弃。②

一个关键的时刻出现在1776—1777年，当时英国东印度公司要求收

① Ch'en, *Insolvency*, pp. 264-5 (quotation), 409 n.68 and 422 n.30; Cheong, *Hong Merchants*, pp. 85, 88, 257 and 260; Morse, *Chronicles, Vol. II*, p. 55.
② Cheong, *Hong Merchants*, pp. 143, 172 and 259; Ch'en, *Insolvency*, pp. 2267, 271-2 and 409 n.69; Van Dyke, *Merchants of Canton and Macao*, Plate 10.07 (between pp. 78-9)〔1778年4月18日，在与荷兰东印度公司的交涉中，Ingsia（Inksja）、陈源泉（Chowqua）、蔡世文（Munqua）以及Tsjonqua，声明，虽然他们在1778年4月15日三天前向总督和广州巡抚递交了一封密封的信，但这封信原封不动又回到了他们手上，得到的解释是已经于一个月前就此事向皇帝报告了〕。

回另一个相对较小的债务11 725.75两白银（16 286元），是由丰进行的倪
宏文（Wayqua）所欠。丰进行原为本港行，但自1771年统一的公行解体
后，被颁给外洋行执照。从1772年春天开始，英国东印度公司一再试图收
回这笔债务，结果巡抚李质颖1776年将此事报告给了京城的刑部。巡抚报
告说，倪宏文被剥夺了买来的监生头衔，并接受拷打的惩处。[①] 巡抚认为
该罪行只涉及坏账，[②] 但刑部官员不同意。由于该案件涉及外国人，他们
认为适用的指控是"与外国人合谋并骗取他们的钱财"这一更为严重的
罪行。[③] 刑部建议，并且也征得皇帝的同意，倪宏文应接受拷打并监禁，
给他一年的时间还债，否则他将被流放。在1777年1月3日批奏中，皇帝驳
回了倪宏文不赔付的商业辩护。"过度借贷无法爱护外国人。"[④] 乾隆皇帝
援引汉、唐、宋、明朝的先例，强调对外关系的重要性。[⑤] 由于外国人不
被允许去京城告状，皇帝告知巡抚和总督，这样"展示仁慈"的责任就落
到他们头上。并且要求这些官员在涉及外国人的案件中保持公正，不得偏
袒中国当事人。[⑥] "如果政府官员是狭隘的，允许当地的流氓侮辱百姓，
对他们提出的投诉不予理会，外国人怎能不鄙视和嘲笑这样的巡抚和总督
呢？"[⑦] 皇帝批评了总督李侍尧对此事件的疏忽。巡抚李质颖也因处理此案
不当受到刑部的谴责。[⑧]

　　倪宏文依据大清帝国的法令接受监禁和拷打。他于1777年6月30日在

[①] Ch'en, *Insolvency*, pp. 186-8; Cheong, *Hong Merchants*, p. 257; Pritchard, "Crucial Years," p. 201.

[②] Ch'en, *Insolvency*, p. 181.

[③] Ch'en, *Insolvency*, pp. 188 and 182 n.6.

[④] Ch'en, *Insolvency*, p. 188; White, "Hong Merchants," p. 68.

[⑤] 上文第20页第二章引述了1777年1月3日法令的这一部分。Ch'en, *Insolvency*, pp. 188-9; Cheong, *Hong Merchants*, p. 262; White, "Hong Merchants," pp. 68-9; Ng, "Ch'ing Management of the West," p. 146.

[⑥] Ch'en, *Insolvency*, pp. 188-9; Cheong, *Hong Merchants*, p. 262; White, "Hong Merchants," pp. 68-9.

[⑦] White, "Hong Merchants," p. 69.

[⑧] White, "Hong Merchants," pp. 67-68.

广州的监狱中死亡，可能因为流放令下达前执法上的严刑拷打。他的亲戚们拿出6 000两白银（8 333元），给英国人留下5 725.75两（7 952元）的数额。从省级到县级的广州官员，被要求从他们的工资中赔付剩下的部分。官员们向行商团体收回了这笔款项。[①] 这一有力的解决办法，尽管由小案件引发，却鼓励向行商放高利贷享有大量债权的英国"散商"个体来提出索赔。[②]

4. 广州体制下的债务回收

在1759年洪任辉告状失败后的几年里，英国东印度公司将其注意力从改善贸易条件转向加强在广州的谈判地位。[③] 它所采用的策略之一是利用中国的法律程序来收回行商的未偿还债务，从而为其"无论大小麻烦"寻求补偿。至少在这方面，英国东印度公司和其他外国贸易商接受了粤海关监督尤拔世的邀请和1760年规条的内容，这要求将违反新规的行为"让高级官员知晓"。[④]

适用于西方债权人的债务收缴程序与通常适用于中国公民的债务清缴程序不同。在很多方面，它是特殊的司法形式，明显比大多数中国人从他

[①] Ch'en, *Insolvency*, p. 190; Cheong, *Hong Merchants*, p. 262; White, "Hong Merchants," p. 67; Pritchard, "Crucial Years," p. 201; Ng, "Ch'ing Management of the West," p. 144（"一年后，债务仍不能还清，与他案件相关的从省级到县级的官员，被要求按比例从工资中扣除。这些官员还被命令向外国人宣布皇帝的法令，以便让他们知道钱会被偿还，让他们放心回家"）。

[②] Ch'en, *Insolvency*, pp. 195 and 200.

[③] Pritchard, "Crucial Years," p. 132.

[④] Morse, *Chronicles*, Vol. V, pp. 95（"如果有人滥用贷款，犯有流氓罪，应当告知官员，将依据国家的法律判决严惩不贷。"）and 92（粤海关监督称，1760年公行"是建立来让行商共同负责与欧洲人往来过程中的各种麻烦，无论大小。"）；Pritchard, "Crucial Years," p. 211（英国东印度公司"在商人无力偿还债务时向官员求助的政策"）；Liu, "Dutch India Company," p. 99［在1760年8月22日总督、巡抚和粤海关监督给荷兰人的一封信中，官员们说："你们应该没有丝毫怀疑地认识到，每一件事情都是为了你们自身的利益而做的；如果商人在目前的情况下不表现得宽宏大量，我们将严厉惩罚他们，而我们彻底的监督当然会让他们的行为及时为我们所知晓（以便采取步骤）"］。

们自己官员处获得的结果要好。就他们获得的优待来说，外国债权人要么没有意识到他们正在获得一个更好的待遇，要么由于广州体制的其他不便，他们倾向于认为他们得到的优惠待遇是有正当理由的。外国人当然不喜欢通过这个程序执行的中国法律。虽然对未偿还外债行为的严厉惩罚往往有利于他们，但中国的法规要求债权人参与债务程序（不然被认为放弃索赔），并禁止收取超过债权本金的利息（一本一利），从而降低了外债的可收回性。1760年规条颁布20年后，由于1780年的"商欠（Chinese debts）"危机，外国人进一步受益于国家对整个行商团体实施的行商债务赔付的集体担保。

在大清帝国，债务可以通过官方程序来收回，即递交到县令的办事场所"衙门"，或通过私人程序，采取由行会或当地乡村或家庭团体管理的调解或其他程序的形式。[1] 合同被频繁地使用，[2] 商业纠纷屡见不鲜，大量的私人诉讼占用了清朝县令们的时间。[3]

法律的渊源各不相同。有相当多的习惯法或亲属关系规定在私人程序中适用。[4] 当时适用公共案件的法律包括清律、例、裁定案件的报告，以

---

[1] Jerome Alan Cohen, "Chinese Mediation on the Eve of Modernization," California Law Review, Vol. 54, pp. 1201-26 (1966), pp. 1216-22 and 1210-1（私人调解有时作为官方司法程序的一部分或与之同时进行）; William C. Kirby, "China Unincorporated: Company Law and Business Enterprise in Twentieth- Century China," Journal of Asian Studies, Vol. 54, pp. 43-63 (1995), p. 45.

[2] Madeleine Zelin, "A Critique of Rights of Property in Prewar China," pp. 17-36 in Madeleine Zelin, Jonathan K. Ocko and Robert Gardella, eds., *Contract and Property in Early Modern China* (Stanford: Stanford Univ. Press, 2004), pp. 17-8.（"知县遇到大多是经济性质的诉讼。"）and 23-4（"合同通常用于各种各样的交易，包括分家、订婚、收养和离婚、购买不动产和个人财产、有条件出售、购买人、贷款协议、本票和汇票、合伙协议、就业协议、循环信贷协议、运输货物的合同（特别令人感兴趣，因为它们处理赔偿和保险）、汇集资源用于灌溉、社会福利、团体投资以及建立宗族信托、典当和同意接受调解人的决定的合同。"）; Edwards, "Old Canton System," pp. 369-71.

[3] Jones, *Great Qing Code*, p. 6; Zelin, "Critique of Rights of Property," p. 27（越来越多的学者表示"在晚清帝国和近代早期的中国，人们非常善于打官司"）。

[4] Van der Sprenkel, *Legal Institutions in Manchu China*, pp. 80-96.

及帝国法令。① 清朝的成文法，特别是清朝法典《大清律例》是按照政府部门汇编的，反映了皇帝的意志。② 如果律能够解决问题，它们则可以直接适用。次级法规（例）是以先前的解释或裁定为基础的详细规定，如果它们能更准确地解决该问题，则应予以适用。③ 在清朝法典的各个部分，"安排是一致的：律或者说纲领性的法律作出陈述，再由例将其细化，规定其适用或豁免的具体条件，然后再由一系列法律规范来解释。"④《大清律例》的执行以特定的惩罚方式实施。这使它被称为刑法典，这对它功能的解释不充分，因为许多民事要件也包括在内。⑤ 如研究《大清律例》的学者钟威廉（威廉·琼斯，William C. Jones）解释说：

> "《大清律例》起草者的目的似乎是建立一种巨型网络，诸如偷吃了别人西瓜的任何与法律有关的行为，包括改变基本事实模式的所有方式，诸如侵权者和所有者之间的关系，都可以在其中得到相应定位。如果这件事做得很好，就能发现相应的精准惩罚。如果找不到惩罚，该行为就不具有法律意义。这类似西方法律中一个不予起诉的裁决。"⑥

---

① Jones, *Great Qing Code*, p. 2; Cushman, *Fields from the Sea*, pp. 118-9（"帝国法令成为法律，直到被推翻，为皇帝和官僚机构提供了一种灵活的媒介来处理当前的问题。只有未因新法实施而废止的情况下，法令才具有权威性，除非它被纳入'大清律例'本身。由于法令反映了某一特定时期的帝国政策，因此不应引用这些法令来证明另一时期的政策，直到彻底找到任何可能使早期法令无效的后来法令"）。

② Jones, *Great Qing Code*, p. 6.

③ Jones, *Great Qing Code*, p. 3［Jones认为"codified precedent"（成文的先例）一词是对"例"的更好翻译，传统上被译为"substatute"（子规条）］。

④ Van der Sprenkel, *Legal Institutions in Manchu China*, pp. 59 and 131（附录1）（"大清律例"样本的编排及内容说明）。

⑤ Jones, *Great Qing Code*, p. 7.

⑥ Jones, *Great Qing Code*, p. 12. See Jones, *Great Qing Code*, Art. 99, p. 121（规定对未经许可而偷吃瓜或其他水果的行为进行处罚）。

　　《大清律例》中一些条例的定位似乎有点奇怪。相对而言，载于《大清律例》专门论及户部的部分中，涉及工商业的条款很少。斯泼林克尔（Sybille van der Sprenkel）将这一安排称为"就好像我们的商业法律是美国国内税务局规条的一个附录一样。"[1]尽管如此，该律例仍然构成一个有机的整体，体现了皇帝管理治理中国的官员的态度。因此，按照钟威廉的说法：

> "在某种程度上，处理特定事实情况的规条集合，有时非常详细。然而，它不仅是一个规条的纲要。这些规定本身在很大程度上得到了提炼和协调。一般性原则已被剔除掉了。换句话说，这是一部真正的法典，因此可以用来代表中国一些著名法学家思考法律的方式、思考法律是什么的深思熟虑的观点。它展示了分析法律问题的方式，并提供了运用法律规条的方法。"[2]

　　律例赋予地方州县官处理债务纠纷的权力。律例特别规定了某些债务规条和处罚，而且它以有限的方式监管市场。[3] 至少在官方，遵照《大清律例》的政府司法程序优先于地方和非正式的争端解决机制。[4] 特别是对那些没有使用官方程序，而是试图通过使用（未经授权的）暴力手段"自

---

[1] Kirby, "China Unincorporated," p. 44; Van der Sprenkel, *Legal Institutions in Manchu China*, p. 89.

[2] Jones, *Great Qing Code*, p. 3. 参照 Jones, *Great Qing Code*, Art. 44, p. 74（如果没有任何法规或规定准确地处理这一问题，则指示参照最接近的条款对案件作出类推裁决）。

[3] Zelin, "Critique of Rights of Property," pp. 21-2（"债务是民法中为数不多的几个领域之一，在这些领域中，'律例'明确规定国家负有裁决责任"）。

[4] Cohen, "Chinese Mediation," p. 1209（"的确，'大清律例'的官方评注中隐藏了沿袭明朝的一项规定（1368—1644年），授权某些村领袖和年长者（里老）调节当事人间的"琐事"，例如与家庭关系和不动产有关的纠纷。但是，所有其他纠纷都超出了地方领袖和年长者的法律权限，必须提交县（县或州）令，他既是一般司法管辖区的初审法官，也是国家政府在该地区的主要行政长官……而且，无论争端的性质如何，一旦提请牧令注意，'律例'就禁止地方领袖处理这一争端，并禁止任何形式的民间解决"）。

助"从债务人手中夺取财产收回债务的债权人，它给予了严厉惩罚。①

官方司法程序是通过指控启动的，指控的形式是向县令衙门（办公大院）提交书面状书。要求县令调查事实，询问证人，并对争议作出初步裁决。②他必须查明：

（a）被告人是否事实上在他被指控的行为上犯罪（而且，如果有，则须获取被告人的认罪供词）；（b）关乎这一过失的大清律例相关条款；及（c）决定其量刑等级的相关具体情况。然后，他必须根据（b）和（c）项决定何种惩罚是适当的。③

大部分工作是由没有薪水或薪水过低的衙门吏役完成的，他们因在诉讼的每一阶段向涉案人员收取高额费用，在中国各地声名狼藉。④殴打逼供是被允许的，但只是在审判期间。⑤"审判时，当事人双方和证人被要求在县令的高桌前保持跪地姿势，两旁站着手持竹杖和其他器械的衙役。"⑥

① "如果一个有权势或有影响力的人（关于那些因违反合同而对他负有义务的人）没有在有管辖权的官员面前起诉［一件事］，但在履行其私人义务时，强行带走另一个人的家畜和财产，他将被杖打80大板。（如果他没有收取过多的利息，允许［债务人］赎回［已抵押的物品］）如果计算（被强夺的家畜和财产）的价格，超过本金和利息，计算超额（如果［作为非法获得的财产］的惩罚笞杖80大板以上），对非法获得的财产处以刑罚。［Art. 345］.（处以笞杖100下，三年劳役。）如数量过大，向（债务人）强制执行并返还债权人）。"大清律例，Art. 149, § 3. Jones, *Great Qing Code*, p. 162（原文斜体）。也可参照Staunton, *Ta Tsing Leu Lee*, § 149, p. 160. 正如翻译者Jones所解释的那样，"交叉注释［包括在大清律例中］是用括号内的斜体表示的。方括号（［ ］）被用来附上译者的解释性材料，而这些材料不包含在律例的中文文本和交叉注释中。"Jones, p. 29.
② Jones, *Great Qing Code*, pp. 9-11.
③ Van der Sprenkel, *Legal Institutions in Manchu China*, pp. 66-9.
④ Van der Sprenkel, *Legal Institutions in Manchu China*, pp. 75 and 138; Cohen, "Chinese Mediation," p. 1213.
⑤ Van der Sprenkel, *Legal Institutions in Manchu China*, pp. 66-9.
⑥ Cohen, "Chinese Mediation," p. 1214.

"这个诉讼对于每个人来说都是可怕的，包括原告。所有与案件相关的人，包括证人，通常都被关押在恶劣的环境中，等待最后的结果。被翻译为看似无害的"审问"一词，却常常涉及酷刑。即便是最轻的惩罚——殴打，也可能是致残的，甚至是致命的。"[1]

即使是作风正大光明、脾气和善的县令也执行着一项基本不为其辖区民众所知的法律。在这样的说法里得到体现，"官断十条路，九条人不知"。[2] 县令的初步判决一旦作出，需要经过更高层级的审查和批准，才能成为最终判决。如果结果发现最初的罪名是错误的，那么对被指控罪行的惩罚将根据"反坐"的原则对原告进行处罚。[3] 乔治·斯当东（George Staunton）于1810年写道，这一制裁类似于西方对故意做伪证的惩罚。斯泼林克尔（Sybille van der Sprenkel）同意，它至少似乎是为了正义而采取的措施，但主张反坐"事实上可能适得其反，也就是，它成为告发权势人物的一个威慑，但没有为那些需要它的人提供保护。"[4] 她是这样解释的：

"一桩法律案件一旦开始，不可避免的后果就是至少惩罚一人。如果被告有罪，可能以对被告的惩罚结束；如果被告无罪，惩罚则将由无端指控的原告承担；证人也很可能在诉讼过程中受到惩罚，而县令在整个案件中可能因程序或律例规条适用方面的错误，面临谴责或降级的风险。"[5]

---

[1] Jones, *Great Qing Code*, p. 11.

[2] Cohen, "Chinese Mediation," p. 1212; Van der Sprenkel, *Legal Institutions in Manchu China*, p. 135.

[3] Jones, *Great Qing Code*, p. 11.

[4] Van der Sprenkel, *Legal Institutions in Manchu China*, p. 67 n. 1; Jones, *Great Qing Code*, Art. 336, pp. 317-21; Staunton, *Ta Tsing Leu Lee*, § 336, pp. 364-71.

[5] Van der Sprenkel, *Legal Institutions in Manchu China*, p. 69; Jones, *Great Qing Code*, p. 10.

从儒家的观点来看，仅仅卷入一场诉讼，即便申诉合理，也有点声名狼藉，因为这涉及破坏自然和谐。[1] 因此，对法律程序参与者的粗暴对待在某种程度上是刻意的，试图以该制度本身维持（至少是表面的）社会和谐的条件——这是儒家的理想。孔子也说过："听讼，吾犹人也。必也，使无讼乎？"[2] 康熙皇帝（1661—1722年在位）曾经对诉讼中理想的正义提出挑战。他表达了担忧：

> "若庶民不畏官府衙门且信公道易伸，则讼事必剧增。若讼者得利，争端必倍加。届时，即以民之半数为官为吏，也无以断余半之讼案。故朕意以为对好讼者宜严，务期庶民视法为畏途，见官则不寒而栗。这样，就可以从根部铲除邪恶；善良的公民，如果他们之间可能有困难，就会像兄弟一样互助解决，这是指由年长者或团体的德高望重之人的仲裁。至于那些麻烦、固执和争执不休的人，让他们被公堂——这是他们应得的正义所毁灭吧。"[3]

这就是对大清帝国一般臣民的司法公正。[4] 如上所述，由于缺乏任何可靠或方便的清收债务体系，当然就阻碍了以信用广泛投放的方式去承担风险。当一个外国人欠行商钱时，外国人通常在境外，根据中国法律，行

---

[1] Cohen, "Chinese Mediation," pp. 1206-7.

[2] Jones, *Great Qing Code*, p. 28.

[3] Van der Sprenkel, *Legal Institutions in Manchu China*, pp. 76-7; Evariste Régis Huc, *A Journey Through the Chinese Empire, Vol. 1* (New York: Harper & Brothers, 1856), pp. 124-5.

[4] 精英们的遭遇好得多。大清律例"八议"特别规定对八个特权阶层的案件给予特别对待，除向皇帝报告并获批准外，禁止审讯（即殴打）。Jones, *Great Qing Code*, Art. 3 and 4, pp. 36-38. S.斯普林克尔引用清代前期著名小说《红楼梦》的段落作为当地精英家庭获得优待的证据。在小说中，"一名新上任的县令（而且特别谨慎，因行为不当丢掉以前的官职又复任）充满了逮捕杀人犯的热情，直到他的衙役告诉他嫌疑人与他不应牵连的一个家庭有关。据解释，每个衙门都有其'护官符'，县令的保护牌，即一份与政府圈有重要关系（或至少有亲戚在其他地方担任重要职务)的家庭名单，县令与这些家庭成员作对会让他继续处于危险之中。" Van der Sprenkel, *Legal Institutions in Manchu China*, p. 73.

商几乎没有追索权。因此，如上文所述，行商水官（Conseequa）丽泉行潘长耀因试图向美国的债务人收取款项，以深陷灾难性官司的泥潭而不了了之。在1814年的一份告状书中，他向美国总统寻求帮助，潘长耀对詹姆斯·麦迪逊说："如果这种债务人来到中国，或居住在中国，他不能寻求帝国法律代表他的利益为他提供帮助。他们禁止他（麦迪逊）在美国民众中所推行的这种信任。"[1] 即使是行商从行商债务人处收债也很困难。1767年就是这样，当潘启官一代（Puankhequa）被英国东印度公司要求并同意偿还他的公行同行远来行（Conqua）陈广顺欠英国东印度公司的一笔债务时，潘启官要求（并获准）从远来行获得票据（本票），获得到期本金和利息支付给英国东印度公司的军医罗伯特·戈登（Robert Gordon）。[2] 英国东印度公司1780年讨论远来行票据时称，它产生于一种"特殊情况"，偶而签发一种票据可支付给指派给中国人的欧洲人，通过这一招数，老练的潘启官创造了一种可由其欧洲持有者对潘启官的中国债务人强制执行的证券。

当西方债权人寻求向行商清收债务时，中国的正常程序就被修正了。他们不是被"毫不留情地对待"，而是听取他们的抱怨并据此采取行动。使用中国官方债务清收程序的西方人，不会因向地方政府官员提交状书时交错了人而受到惩罚，[3] 也不会遭到衙门吏役的殴打，在公堂出席时也不会被迫跪下，如果他们的指控后来被认为是不真实的，也不会受到惩罚。他们被要求提出一项指控，这是一份通常提交给粤海关监督的书面诉状。在大多数情况下，粤海关监督将争端提交具有适当管辖权的当地县令

---

[1] 广州行商昆水官（Conseequa）潘长耀，1814年2月10日的请愿书（当时的英译）。Despatches of United States Consuls at Canton, Volume I, National Archives, Washington, D.C.; published in File Microcopies of Records in the National Archives, No. 101, Roll 1; Tyler Dennett, *Americans in Eastern Asia* (New York: The MacMillan Co., 1922), p. 86; Fu, *Documentary Chronicle*, pp. 391-3 (modern translation).

[2] Van Dyke, *Merchants of Canton and Macao*, p. 118.

[3] Jones, *Great Qing Code*, Art. 332, p. 314.

进行调查和初步裁决。通常是南海县的县令（广州）。县令考虑的最初问题——外国原告是否提供了信贷，以及行商债务人是否没有偿还债务，虽然未偿债务的真实数额经常有争议，但通常不是争论的焦点。经调查后，债权人及行商债务人在县令前接受审讯。外债诉讼的调查和审判阶段的程序似乎有些特别，案件越小越简单，在较大或更复杂的案件中更繁琐。^①西方债权人的债务投诉按照既定程序受理和裁决，在许多方面可以与当时他们母国的债务清收程序相媲美。^②

中国债权人通常作为外债案件的参与者出现，并在赔付请求中加入外国债权人行列。国内债权人往往比外国原告更了解负债商号的活动。当地债权人也能更好地给衙役施加压力，对可能有助于追回资产或资金的债务人、其亲属、雇员或其他证人进行有力调查。留存的档案显示，一般是国内债权人向衙役们施压，殴打债务人以迫使他们偿还债务。除了有时候可能成为将手伸进受殴打债务人惊恐不已的亲属和朋友腰包的一种手段，档案并未表明，这一策略为债权人带来了可观的附加值。

县令作出的关键一审判决关乎债务人的偿付能力，也就是行商是否具有在合理的时间内能够偿还其债务的任何合理预期。如果负债行商的经营被确定是可行的，则总是被命令继续进行交易，以便创造利润偿还债权人。因此，对债权人而言，商誉或重组价值得以实现。当行商不能维持经营时，其资产被清算并按优先权顺序用于赔付债权人：首先是赔付给政府的海关债务，其次是赔付给外国和国内债权人的无担保债务。^③县令还根

---

① 在细节上，不清楚外国债权人的"初次申诉"是以他们自己对债务人的"索赔"保持下来，还是在债务人确定破产后允许其他债权人提交索赔时获得修正的机会。
② See, for example, Bruce Mann, *Republic of Debtors: Bankruptcy in the Age of American Independence* (Cambridge: Harvard Univ. Press, 2002); Edward J. Balleisen, *Navigating Failure: Bankruptcy and Commercial Society in Antebellum America* (Chapel Hill: Univ. of North Carolina Press, 2001).
③ 大体参照Van Dyke, *Merchants of Canton and Macao*, p. 17. 似乎没有一条严格的规则，涉及外国债权人和中国债权人之间在债务人资产清算中的收益分配优先权。

据已发现的犯罪类型和偿还债权人的期限，对债务人直接给予惩罚。在
集体责任制下，由1780年开始，县令首先试图让外国债权人和持续经营的
行商担保人就偿还期限达成协议。若未能达成协议，县令便定出还款时间
表，即由行商团体每年平均支付一笔款项，而无需支付利息。县令将这些
规定汇总为初审判决，提交其上级复审和批准（或修改）。行商债务案件
的档案，总是显示出，债务人和债权人一样在等候北京作出最终判决方
面，经历很长的时间。

　　在当时的档案里，上面描述的商欠处理程序有时被说成与行商债务人
的"破产"有关。历史学家已经采纳了这个用法。在他们不能偿还债务的
意义上，倒闭的行商当然是"破产的"。然而，"破产"一词，意指将债
务人和所有相关债权人纳入并给予约束的永久解决债务的一个既定的公共
法律程序。[①]虽然中国的程序让国内债权人参与了外国债权人提出的债务
诉讼案件，但它并不服务于这样的公共目的。它不是破产制度。[②]因此，
本书避免使用"破产（bankruptcy）"一词，而更愿意使用术语"资不抵债
（insolvency）"或"欠债（debt）"。

　　对于外国债权人来说，县令的判决中最重要的部分是对索赔的许可或
驳回。在这些经常引起争议的裁决中，县令使用制定的有关债务的中国法
律。其中最重要的是可收回利息不得超过贷款本金的规定（一本一利）。[③]
巡抚和粤海关监督于1780年2月29日联合传谕"提醒"外国人注意中国法

---

① 可参照，举个例子，United States Constitution, Art. 1, § 8, cl. 4, 授权国会颁布"关于美国
全国各地破产问题的统一法律"。

② Lind, *Chapter of the Chinese Penal Code*, p. 19（"合同法、破产法等的学理完全不为中国人
所知"）。

③ Jones, *Great Qing Code*, Art. 149, § 1, p. 161; Staunton, *Ta Tsing Leu Lee*, § 149, p. 158;
Cheong, *Hong Merchants*, p. 256; Jing Junjian, "Legislation Related to the Civil Economy in
the Qing Dynasty," pp. 42-84 in Kathryn Bernhardt and Philip C.C. Huang, eds., *Civil Law in
Qing and Republican China* (Stanford: Stanford University Press, 1994), pp. 72 (Qing Code
Art. 149) and 77（一本一利的渊源）。

律的这一规定。①（至少在另外两个场合，在1801年和1821年，广州官员提供了中国法律方面的指导，将《大清律例》的部分翻译成英文，并送交英国东印度公司在当地的负责人。）②许多外国索赔在一本一利的主张下被大幅削减。对该规定实施后果的全面分析超出了本书的范围，但可以指出几点。第一，认为债务人（或担保人）有能力偿付某一特定债务的理性债权人，有很好的理由根据这个规定在利息累积尚未达到本金数额的时期内，与债务人合作。该债权人会预期贷款是盈利的，也就是在这段时间内按照商定的利率获得全额回报。第二，在某个点上，随着利息总额接近清朝法定上限，这个盈利预期就终止了。如果债务人违约，而且必须通过中国官方程序收回债务，就出现了损失的预期。如果债权人的资金有其他盈利的用途，这就会是一个实际损失。第三，当利息数额超过本金（法定上限）时，与债务人合作而获得作为回报的合法利润的任何希望都终止了。因此，在累积利息数额接近本金上限的时期内，存在着一种激进清收努力的经济激励，超过上限将无法通过清算和收回全部贷款的法律程序挽回损失。如果认为存在一个足以全额偿付债务的资产数额，无论债务人持有，还是以集体担保人的行商团体持有，都不存在进一步合作的激励。最后，该规定往往由此促进了法外或秘密的债务清收活动。债权人进一步收取利息的仅存希望，是通过私人行为收债，避开县令，而且不让其他可能受影响的债权人知晓。

相比之下，在涉及外国人的刑事案件中，清朝并没有主张刑事管辖权，但中国公民被杀害的案件除外。否则，正如R.兰德尔·爱德华兹（R.Randle Edwards）简洁地解释的那样，"外国人群体有责任维持其团队

① Morse, *Chronicles, Vol. II*, pp. 53-54; Pritchard, "Crucial Years," p. 209（债权人声称对此法律规定一无所知）。
② Edwards, "Ch'ing Legal Jurisdiction Over Foreigners," p. 244［（1821年）《关于外国人管辖的规约》，斗殴、格杀"被用来约束外夷"。］

的秩序，而中国政府对如何实现这一目标并不在意"。[1]如果外国人是中国公民犯罪的受害者，清政府通常会迅速而严厉地作出反应。[2]

图3-8　海王星水手的审判。一位不为人知的中国艺术家，大约创作于1807年。（安东尼和苏珊·哈迪收藏，照片由伦敦的马丁·格雷戈里画廊（Martyn Gregory Gallery）提供）

　　当一名清朝官员收到一份外国告状书，抱怨一名中国公民未偿还债务时，他必须解决的关键问题是如何根据《大清律例》识别将被起诉的罪行。当京城方面在行商债务案件的判决中甄别错误时，往往就是指控了错误罪名，导致了错误的惩罚。这种犯错，以及犯下这些错误的官员，都会受到纠正和严厉指责。这些都是至关重要的问题，因为，正如钟威廉所指出的，根据《大清律例》，"适当惩罚的确定是法律的根本任务。"[3]正是在

---

① Edwards, "Ch'ing Legal Jurisdiction Over Foreigners," pp. 230, 243 and 259.

② Edwards, "Ch'ing Legal Jurisdiction Over Foreigners," pp. 255-9.

③ Jones, *Great Qing Code*, p. 12.

1777年，在行商对失败的行会成员的外债实行集体责任的三年前，在债务额相对较小的丰进行倪文宏（Wayqua）一案中，朝廷就发出了这样的指责。倪文宏因违约而被命令处以拷打、偿还债务和剥夺购买来的监生头衔的惩罚。当官方头衔的持有人因债务而被起诉时，头衔必须予以撤销，而清朝的做法还要求将这一贬黜报告给京城的刑部。因此，巡抚李质颖就报告了案件及其处置，报告称他在案件中采用了正常的坏账惩罚措施。[1] 刑部和皇帝强烈反对他对此事的处理。他们认为，如果未在该年内还清债务，适当的惩罚是拷打、监禁一年和充军新疆伊犁。由于该案件涉及外国人，使用的罪名是"与外国人勾结并骗取他们的钱财"[2]——与1760年规条就违反外国贷款禁令行为的处罚特别作出的附属规定一样。乾隆皇帝在上面引用的1777年1月3日的上谕中严厉谴责了有关官员，因为他们没有进行正确的定罪和处罚。皇帝特别指出了总督李侍尧的疏忽："这是一次出乎意料的表现……对于一个一向如此勤奋处理外夷事务的人来说。"[3] 皇帝强调了错误处置中国人的海上贸易债权人给外交关系和国防带来的影响。明末清初的倭寇入侵及其与王朝衰落的关系，为清朝统治者提供了鲜活的指导。

丰进行倪文宏事件中看到的诉讼紧张关系，在广州体制运行的那些年里，缠绕着行商债务案件。适用的惩罚不尽相同，取决于案件是否被视为普通坏账，还是涉及欺骗外国人。后一种侵权性质，正如卫周安（Joanna Waley-Cohen）已注意到的："至少触碰到了政治边界。"[4] 处理是明显不同的：

---

[1] Ch'en, *Insolvency*, pp. 181, 188 and 191.

[2] Ch'en, *Insolvency*, pp. 188 and 182 n. 6.

[3] White, "Hong Merchants," p. 68.

[4] Waley-Cohen, *Exile in Mid-Qing China*（《清中叶的流放》），p. 87（"法律对存在引发混乱风险，甚至可能危害国家的那些与外国人之间的商业关系进行处罚，他们［行商］将被判刑；1760年以后，这项法律发展到专门适用于负债于外国人的行商"）。

普通的坏账。这类案件是根据《大清律例》第24条和第345条（关于非法取得的财产，"赃"）的规定起诉的，而这些条款靠类推适用于债务案件。① 在普通的坏账案件中，惩罚包括：归还令、拷打、监禁半年（和/或被迫带枷），如果债务人使县令确信他确实缺乏偿还债务的能力，在半年后有可能被释放。② 如上文所述，普通债务案件中的债务人（如 Wayqua 倪文宏）也被剥夺了购买的官衔，但这种贬黜是以一个行政惯例问题出现的，而不是作为违反《大清律例》的惩罚。

欺骗外国人。"交接外国，诓骗财物"的术语是"例"（下位法规）中的缩写标题，适用于大多数行商债务案件。它出现于《大清律例》专述兵部的部分，是作为"律"下的第一条子规条，第224条，题为"盘诘奸细"。③ 这条"例"的标题没有标准的译法，其表述形式多种多样，④ 例如"法律用于我们惩罚与外国来往、借钱或持有他们的货物和款项没有偿还的罪犯"，⑤ 或者"法律旨在惩罚与外国密谋、借钱或持有他们的货物或钱财没有偿还的罪犯"。⑥ 对违反此条"例"的惩罚包括：归还令，

---

① Ch'en, *Insolvency*, pp. 181 (zang) (loot or illicitly acquired property) and 188; Jones, *Great Qing Code*, Arts. 24 and 345, pp. 54-56 and 330-32；Pengsheng Chiu（邱澎生），"Refining Legal Reasoning from Precedents: Economic Crimes and Rhetoric in Ming-Qing Casebooks"（paper prepared for Annual Meeting of the Association for Asian Studies, New York City, 2003), p. 23, 参照http://idv.sinica.edu.tw/pengshan/OnEcoLegalReasoningdraft.pdf (accessed 3 June 2012).

② Ch'en, *Insolvency*, p. 181(1837年，总督邓廷桢这样描述管理"赃"（掠夺或非法获得的财产）的法律，"根据现存大清帝国"例"的子法规，对于应当物归原主的赃物，［有关的罪犯］应被关进监狱，为期半年，并强制归还原主。如果［在所述期间届满时］表示［犯罪者］确实没有办法偿还全部款项，应停止强迫归还。同时，应向［犯罪者］下达命令，获得宣誓书［大意如此］，并对［剩余部分］提会豁免请求"）。

③ Ch'en, *Insolvency*, pp. 188 and 182 n. 6; Edwards, "Old Canton System," p. 374 n.61; Jones, *Great Qing Code*, Art. 224, pp. 215-6 (substatute not reproduced); Staunton, *Ta Tsing Leu Lee*, § 224, pp. 237-8 (substatute not reproduced).

④ 例如，"关于与外国交往和故意欺诈而借款的法律""White, "Hong Merchants," p. 63（引用1760年的规条，以指导按子规条对违法行为进行惩罚）。

⑤ 1760年规条第3条，本书附录1（当代翻译）（"从今以后，如果有人违反禁令，向外国人借钱，与外国人搞阴谋，我们应依法惩处那些与外国交流、借钱或拖欠货款"）。（Fu, *Documentary Chronicle*, p. 225）（引用1760年的规条，以指导按子规条对违法行为进行惩罚）。

⑥ Ng, "Ch'ing Management of the West," p. 141.

拷打，监禁一年，以及在该年内未偿清债务，则充军伊犁。[1]流放新疆本身，就是按照清朝法律的一种特殊惩罚——仅次于死刑。[2]

一些广州官员认为，普通坏账案件的处罚也适用于行商债务案件。这在1776年的倪文宏（Wayqua）案，1837年的兴泰行（Hingtae）案中都是如此，[3]可能在其他场合也是如此。宽大处理往往更有利于国内经济利益。然而，由皇帝直接颁布的1760年规条和倪文宏案中的谕旨，强制执行一个例的严厉惩罚，这个"例"至少在名义上将外国人视为一个特殊阶层予以保护（即惩罚"与外国人勾结并诓骗财物"的行为）。然而，这种"保护"的真正目的，是防止中国公民过分依附外国人，以至于去努力为外国谋利益。李侍尧在1760年采纳时致皇帝的奏书中，担心负债行商"为了讨好外国人，而对他们卑躬屈膝地献殷勤。"[4]总督、巡抚和粤海关监督于1815年联合向皇帝上奏，表达了对于中国臣民因受制于外国贷款者而"背信弃义"所带来经济后果的担忧：

> "由于广州人对利益趋之若鹜，第一件事就是要仔细调查中国这些'背信弃义'的臣民……不过，现在十个行商中，真正富足的也只有三四个。其余的人虽然得到同行的担保，仅徒有行商的虚名，实际并不富有。在他们获得商号后，由于没有经营能力，不可避免地会陷入对外国人的债务中。"由于他们欠外国人的钱，不得不向其他省份的商人赊购商品，以清偿对外国人的债务。但债务累积的数额太大，以致无法偿还。因此，他们被外国商人所控制。将商品价格固定下来，结果将是不公平

---

[1] Ch'en, *Insolvency*, p. 188; White, "Hong Merchants," p. 63（"有关与外国交往和意图欺诈借款的法律，其惩罚是流放"）。

[2] Waley-Cohen, Exile in Mid-Qing China, pp. 17 and 56.

[3] Ch'en, *Insolvency*, pp. 181-2.

[4] Ng, "Ch'ing Management of the West," p. 140.

的，来自其他省份的商人将在这一过程中苦不堪言。目前的规定是，外国船舶离开时，将从海关监督官署获得离开的船牌，而海关监督官署将收到写有"互不欠债"的便笺。但是这已经徒具形式，不再值得信任。①

维护国内公共秩序是"欺骗外国人"的"例"条文中保护外国人的真正目的。②

在1777年至1842年期间，许多中国行商债务人都援用"欺骗外国人"的"例"规条受到了惩罚。虽然"例"文只规定了1套处罚，但负债行商实际上犯了2项不同的罪行：

违反了"例"欠外国人的债务（丰进行倪文宏案的规定）；以及违反了按1760年规条实施的贷款禁令。

这些罪行中的每一项都明确规定，违法行为将按照"欺骗外国人"的条款予以处罚。案件中罪犯是中国人，这是很容易做到的。1777年的倪文宏③，1780年的颜时瑛和张天球（Kewshaw）④，1791年的吴昭平（Eequa）⑤，1796年的石怀连（Wyequa）⑥，1809年的沐士方（Fonqua）⑦，1811年的郑崇谦（Gnewqua Ⅱ）⑧，倪秉发（Ponqua）和吴亚成（Ashing），1828年的黎光

---

① Ng, "Ch'ing Management of the West," pp. 170-1.
② Ng, "Ch'ing Management of the West," pp. 140-1.
③ Ch'en, *Insolvency*, pp. 189-90.
④ Morse, *Chronicles, Vol. II*, pp. 57-8.
⑤ Morse, *Chronicles, Vol. II*, p. 190.
⑥ Ch'en, *Insolvency*, p. 306; Morse, *Chronicles, Vol. II*, p. 271.
⑦ Ch'en, *Insolvency*, p. 322.
⑧ 倪秉发（Ponqua）于1811年2月15日在执行流放令之前在监狱中死亡。Ch'en, *Insolvency*, pp. 239-241; Cheong, *Hong Merchants*, p. 92 n.49; Morse, *Chronicles, Vol. IV*, p. 83, and Vol. III, pp. 153 and 192.

远（Pacqua）[1]，1828年的关成发（Manhop II）[2] 都是如此，被严惩并被流放到伊犁充军。除了1795年呈给乾隆皇帝的一个报告之外，行商在新疆的命运知之甚少。皇帝问询这些充军者的情况，伊犁当地官员报告说，前行商因为识字，被派到政府船坞当簿记员，因而能够维持生计。[3]

想要根据这些规定正确起诉外国罪犯是很难的。违反1760年的贷款禁令，顾名思义，涉及双方（一个外国贷款人和一个中国债务人）。然而，当1760年的贷款禁令被违反时，受刑事条例（它对欺骗外国人作出惩罚）保护的群体同样是违法者。毫无疑问，该例文规定了对违反贷款禁令的中国公民的严厉惩罚，但这一规定是否同样适用于外国人尚不清楚。[4] 广州高官表示，外国贷款人的贷款将被没收，以此作为违反贷款禁令向行商提供贷款的一种惩罚。虽然一再这样说，但从未实施过严厉的制裁。[5] 没有任何外国贷款人受到惩罚。相反的情况发生了：违反1760年贷款禁令的贷款（在《八项章程》中的重述）被强制执行。不仅贷款的原债务人（他们与同样违反法令的人有同等过失）被强制执行，而且1780年以后作为集体责任问题，对其他无辜的行商团体成员也强制执行。事实证明对外国违反贷款禁令者的威胁性惩罚是虚幻的，而警告也是毫无意义的。

或许是清朝官员陷入了执法困境，这与明朝前辈们所面临的困境并没

---

[1] Morse, *Chronicles, Vol. IV*, p. 173.

[2] Chen, *Insolvency*, pp. 350-1; Morse, *Chronicles, Vol. IV*, pp. 150 and 173.

[3] Ch'en, *Insolvency*, pp. 208-9 and 411 n.92; Waley-Cohen, *Exile in Mid-Qing China*, p. 143. 参照 Waley-Cohen, p. 55（虽然放逐"理论上涉及在放逐地点参加公共劳动并且受到密切监视，但现实往往明显没有那么严格。只要他不再犯罪或企图逃跑，个别流亡者往往就会被撇在一边，其结果是这些罪犯与其他当地居民之间的界限有些模糊"）。

[4] 1760年规条第3条，本书附录1（当代翻译）(Fu, *Documentary Chronicle*, p. 225)；本书附录2（当时翻译）(Morse, *Chronicles*, Vol. V, p. 96); Ch'en, *Insolvency*, p. 184; Cheong, *Hong Merchants*, pp. 159 and 255; Morse, *Chronicles, Vol. II*, pp. 53-54; Pritchard, "Crucial Years," p. 200; Quincy, *Journal of Samuel Shaw*, p. 312; White, "Hong Merchants," p. 63; Ng, "Ch'ing Management of the West," pp. 59-60, 141 and 155.

[5] Morse, Chronicles, Vol. II, pp. 53-54; Quincy, *Journal of Samuel Shaw*, p. 312; Ng, "Ch'ing Management of the West," p. 156.

有什么不同。明朝时期发生了非法对外贸易，中国人欠倭寇商人的债务，中国人拒绝偿还（激起了倭寇的劫掠）。债权人和债务人都因从事这个贸易违反了中国法律。在清朝时期，行商欠欧洲人的债务是通过信用展期发生的，违反了1760年禁令（如同"八项章程"中重述的）。再一次，债权人和债务人同样违反了中国的法律。然而，清朝——不像明朝那样允许外国人利用中国公共债务程序来收回这些债务。当外国人来到清朝法庭，他们似乎享有某种类型的法律庇护。我们只能猜测原因。[1]也许是县令相信外国人受到"欺骗外国人"条款的保护，这个条款似乎让他们在债务案件中成为一个处于有利地位的群体。也许日益普遍的以信用交货（将来付款）的做法被视为不属于贷款禁令的范围，尽管货物交付体现为和现金贷款一样在将来偿还的信用投放。也许清政府官员认识到中国政府和中国经济对海上外贸的严重依赖，并不愿采取任何行动，因为可能导致这一自身重要的商业活动暂停或中断。

　　无论出于什么原因，这个政策选择导致清政府官员不仅未能执行他们对外国贷款人一再宣布的贷款禁令，而且还积极协助外国人收回他们违反禁令发放的巨额贷款，这提供了一个危险的教训。从这一经历中可以推断出，中国的所有看似有意义的禁令都可能是毫无意义的。这确实就是一些西方商人得出的结论。地方法律的这一错误指令至少在广州及其附近的鸦片贸易厚颜无耻的发展中发挥了某种作用。1806年，一位英国个体商户称："在中国，几乎没有什么东西是花钱买不到的。"谈到鸦片贸易，1835

---

[1] 对违约还款的行商债务人主动强制执行贷款禁令，然后特别以"欺骗外国人"下位法规遭受全部严厉惩罚，表明贷款禁令并不仅仅是"政治辞令"。但就向外国人宣布贷款禁令而言，只是毫无行动的说说而已，鸦片贸易商把这一信息视为开绿灯，因为他们认为中国法律中的禁令是毫无意义的。如上文所述，其后果是有害的。参考Van Dyke, *Merchants of Canton and Macao*, p. 437 n. 20（"官员们发布了许多禁止中国人向外国人借款的告示，但是当这些非法贷款被披露时，他们很荣幸。因此，尽管没有专门的法律保护外国投资资本，但当地的做法填补了空白，并确保了还款。晚到19世纪30年代，中国官员仍在警告行商不要向外国人借钱，但所有这些言论只是政治辞令而已"）

年，英国东印度公司的一名雇员说："可以安全地说，没有哪一个广州政府官员的手是干净的。"根据中国法律，进口鸦片是非法的。在广州，这一禁令，就像向行商提供外国贷款的徒劳禁令一样，一再向西方人宣布。鸦片首次是被1729年颁布的谕旨禁止的，后来又是在1799年颁布的谕旨中被禁止，但禁令的执行却参差不齐，只有在1821年的镇压中才有明显的效果，那次镇压将交易驱逐到了伶仃岛（Linton Island）。在日常实践中，鸦片禁令很容易因走私而被规避，因精心的贿赂未被执行。鸦片的非法贸易和向行商提供非法贷款一样，大幅增长。它在这样一种氛围中蓬勃发展，一些外国人认为，根据中国法律实施的禁令没有任何真正的意义，除了作为官员要求提高收费以允许这种做法继续下去的借口。这种信念在1839年以前一直占支配地位，那年钦差大臣林则徐从京城来到广州，对几乎所有的地方官员和商人感到愤怒，并责令他们最终彻底地执行鸦片禁令。[1]他实施的镇压导致了1839年至1842年的第一次鸦片战争（the First Anglo-Chinese War），这场战争导致了贸易中断以及广州官员长期以来一直试图避免的社会的、国内的秩序和经济上的严重后果。[2]

5. 1780 年危机和集体担保的强制实施

从18世纪60年代开始，许多行商向西方私人债权人借了大量的钱。这些贷款的利息很高，很多是每年16%到20%，有些利率高达40%。更多贷

---

[1] Greenberg, *British Trade*, pp. 73 and 110; Charles C. Stelle, "American Trade in Opium to China, Prior to 1820," Pacific Historical Review, Vol. 9, pp. 425-444 (1940), p. 426 n.9 (prohibitory edicts); Charles C. Stelle, "American Trade in Opium to China, 1821—1939," Pacific Historical Review, Vol. 10, pp. 57-74 (1941). See Morse, *Chronicles, Vol. III*, pp. 233-4（1815年总督沮丧地得知受贿的10万两白银（138 889元）被用于抵制帝国偿付能力审查，英国东印度公司记录如下，"在中国，没有官员的默许，几乎没有任何事情可以落实。而在官员的权力下，事情可以事先买通，仍然必须展示某种正义的形式和外观；虽不公开和公然接受贿赂，但通常通过某个第三人的中介得以安排。总督被描述为极其坚持这些廉洁的外观，纵使据说目前得到了可观的好处"）。

[2] Wakeman, *Strangers at the Gate*.

款是1773年至1774年发放的，那时英国东印度公司无法向私人伙伴提供伦敦的账单。资金的高回报将远自法国的资本吸引到了广州。大量贷款是由英国和法国商人和投资者发放的。英国的主要债权人说，他们的贷款是在印度所创造财富的收益送到中国以便转换为英国东印度公司票据再转回家，但由于英国东印度公司暂时无法以公司票据将私人资金汇往伦敦，被借给了中国的债务人。[①] 安官邱义丰（Sy Anqua也称SeunquaⅡ）1775年的违约使债权人感到害怕，他们拒绝贷款或延长现有贷款期限，并试图收回当时到期的款项。行商债务人发现自己陷入了困境。他们无法偿还旧债，无法得到新贷款或再融资贷款，甚至连基本经营费用也越来越难以支付。这一僵局显然对广州贸易和有关各方都是危险的。在1936年的著作中，厄尔·普理查德（Earl Pritchard）预见性地将1779—1780年的情况描述为"让人想起1929年后美国停止对德国的贷款所产生的情况。"[②] 根据1779年英国东印度公司在广州的一项调查，代表私人利益的英国商人和大班索赔的债务总额为4 347 300元。[③] 这些索赔以248份债券（期票）为证。在评估了所能收集到的最好信息后，英国东印度公司作出结论称，在索赔的总额中，"中国人从未收到超过1 078 976元的钱款或货物。"[④] 与法国债权人估计已超过60万元的索赔一起[⑤]，危机爆发时，外国对行商索赔的总额约为500万元。

---

① Pritchard, "Crucial Years," pp. 200-1 and 204; Dermigny, *La Chine et L'Occident, Vol. 2*, pp. 822-6.

② Pritchard, "Crucial Years," pp. 201-2. 正如Pritchard阐述的那样，"这使所有债权人都感到害怕，而且，由于他们收回债务的企图无济于事，他们拒绝再借钱。这使人想起1929年以后美国停止对德国的贷款所造成的局面。"

③ Pritchard, "Crucial Years," p. 206（"这个数额中的539 224元，显然是欠与英国人有伙伴关系或由英国人代理的非英国人，而欠英国人3 808 076元，其中不到1 078 976元是预付的钱款和货物。以复利累积的利息每年在18%至20%。债务拖欠从1到11年，但其中绝大多数是在七年内发生的。"）；Morse, *Chronicles, Vol. II*, pp. 44-5.

④ Hanser, "British Private Traders," p.77.

⑤ Cheong, *Hong Merchants*, p. 258（对法国的欠款为617 460元）；Dermigny, *La Chine et L'occident, Vol.* 2, pp. 826, 898-9 and 908.

1777年12月17日，马德拉斯（Madras）的几名主要贸易商派代表前往伦敦，抱怨没有偿还的"商欠"，并寻求英国东印度公司的积极援助。这些商人警告行商有普遍破产的危险，并报告法国也在寻求政府的援助以收回中国的债务。1778年12月23日，在伦敦的董事会向广州的大班发出指示，与英国东印度公司的利益保持一致，全力以赴帮助收回这些私人债务。①

1779年7月，马德拉斯的债权人向海军少将，驻印度英国舰队总司令爱德华·弗农（Edward Vernon）爵士求援，并承诺他将收回债务的10%作为回报。② 马德拉斯的债权人从乾隆皇帝对倪文宏案件的有力解决和1779年北京的一位基督教传教士梁栋材（Jean-Baptiste-Joseph de Grammont）写给澳门一位传教士的信得到鼓舞——信中描述称，如果皇帝知道了欠欧洲人的债务，他将看到它们立刻得到偿还。③ 而且，在早期，一些债权人相信，所有行商都会对相互的债务作出回应，而中国政府也会逐个支持这种隐形担保。④ 因此，舰队司令弗农派遣了潘顿（John Alexander Panton）船长领导的"海马（Sea Horse）"号护卫舰，于1779年9月23日抵

---

① Pritchard, "Crucial Years," pp.203-4 and 205.

② Ch'en, *Insolvency*, p. 196; Pritchard, "Crucial Years," pp. 205-6; Quincy, *Journal of Samuel shaw*, p.137（"为了达到妥协，代理人给予Sir Edward所获回报的十分之一。"）

③ Pritchard, "Crucial Years, "p. 208.梁栋材（De Grammont, 1736—1812）是一位法国基督徒，在帝国宫廷任乐师和数学家。他于1768年9月抵达北京，通晓满语，此后在外交谈判中发挥了作用。1785年，他因身体原因经皇帝许可其去广州，但在1790年被召回京城。Lord Macartney描述梁栋材"当然是一个非常聪明的家伙，他似乎很了解这个国家，但据说他是一个焦躁不安、诡计多端的人，有必要很好地看守着他。"J.L. Cranmer-Byng, *An Embassy to China: Lord Macartney's Journal, 1793—1794 (1962); rpt.*, Patrick J. N. Tuck, *Britain and the China Trade 1635—1842* (London: Routledge, 2000), p. 357 n.6; Pritchard, "Crucial Years," pp. 336 (same) and 343; http://ricci.rt.usfca.edu/biography/view. aspx?biographyID=626 (database of the Ricci 21st Century Roundtable on the History of Christianity in China). 据山茂召（Samuel Shaw）少校所说，他居住广州郊区（1785—1790年）期间，梁栋材受到中国人和欧洲人的怀疑，他们"认为他是来自朝廷的间谍。"Quincy, *Journal of Samuel Shaw*, p. 315.

④ 在广州的George Smith看来，1779年，欧洲债权人拥有"不容置疑"的担保，因为每个公行成员都"对另一位负责，而且是整个行业的守护者。"Hanser, "British Private Traders," p.39.

达广州。他的到来使当地英国东印度公司的雇员感到沮丧。大班警告潘顿（Panton）船长，他对广州官员的陈述将导致几个行商的破产和流放，以及公行的恢复，但是潘顿打算坚持下去。[1] 由于担心他即将破坏英国东印度公司正在进行的交易，大班于1779年10月19日向潘顿提出正式抗议，警告他将对"扣留船舶而造成的货物、金钱、逾期费的一切损失承担损害赔偿责任。而且，每一个不良后果可能（而我们认为会）伴随过早向广州的总督提出中国商人所欠私人债务的维权陈述而来。"[2] 行商寻求私下谈判。他们给了潘顿4万元阻拦他的信件和抗议，但没有成功。[3]

1779年10月24日，潘顿船长带着大外贸公司的代表出现在巡抚李质颖和粤海关监督图明阿面前。巡抚李质颖对潘顿船长向他提交的告状书感到有些困惑，该状书未能查明债务人、债权人，甚至是要求收回的数额。显然，原本准备了一份行商债务详细说明的约翰·克莱顿（John Crichton）"突然变得非常沮丧，无法帮助他转移他所预料到的痛苦"，潘顿船长在没有具体说明他想要获得的赔付情况下，最终开船前往广州。[4] 在这第一次会晤上，或在不久之后与英国东印度公司代表举行的会议上，中方坚持必须提供外债的账目，区分1760年规条前后的贷款。英国人提出要派一艘船去马德拉斯，"调查涉案人员的姓名和欠下的银子"。他们被告知须尽快完成。[5]

为回应潘顿船长的索赔，当地贸易公司的负责人提交了一份请愿书，希望他们的业务不因潘顿的行为受到影响。在他1779年10月有关最初听

---

[1] Pritchard, "Crucial Years," p. 207; Morse, *Chronicles, Vol. II*, p. 47; Quincy, *Journal of Samuel Shaw*, pp. 310-1.

[2] Pritchard, "Crucial Years," p. 207; Morse, *Chronicles, Vol. II*, pp. 47-8.

[3] Ch'en, *Insolvency*, pp. 197-8 and 408 n.56; Pritchard, "Crucial Years," pp. 203-7; Quincy, *Journal of Samuel Shaw*, pp. 307, 310, 312-4.

[4] Pritchard, "Crucial Years," p. 207; Quincy, *Journal of Samuel Shaw*, pp. 3123; Morse,Chèn, *Insolvency*, p. 198; Hanser, "British Private Traders," p. 74; *Chronicles, Vol. II*, pp. 48-9.

[5] Hanser, "British Private Traders," p. 74.

众的记录中，美国山茂召称，"所有贸易公司的负责人"都被传唤亲自出席。除法国东印度公司的代表外，所有负责人都出席了会议。李质颖巡抚对欧洲人说：

> 如果他们代表各自的公司对破产商人的不动产提出任何索赔，将给出否定答复。对更进一步的问题，如个人层面，他们无论是为自己或朋友提出的任何索赔，回答也是否定的。他们有必要给出这样的回答，因为承认他们是中国人的债权人实际上是承认他们的行为违背了他们与自己公司的约定。但在这种情况下，英国人拥有相对于其他所有国家的优势，因为只有英国允许其在印度的臣民独立于公司与中国进行贸易。因此，英国绅士们发现，虽然对于公司或个人而言，他们没有求偿权，然而，作为英国臣民代理人，他们可以臣民的名义向巡抚求助，并希望他乐于采取一些措施来减轻这些人的痛苦，他们和他们的家庭因破产而承受极大痛苦。

英国东印度公司的档案证实了山茂召的说法。它们记述称这些公司的负责人"都宣布中国商人没有欠各自国家个人的私人债务"，而且这些陈述是不真实的，因为"荷兰、丹麦和瑞典公司的职员在很大程度上都参与了（行商的借贷活动）"。只有英国东印度公司允许英国公民向资不抵债的行商索赔。[①] 马达拉斯的海军官员谈道：

> "李质颖巡抚向潘顿（Panton）船长保证，一定会进行适当的调查；他还告诉潘顿，1760年皇帝得知商人们因向欧洲人借高利贷而陷入困境后，颁布了规条，在任何条件下禁止这种贷款，并以没收钱款来惩罚欧

---

① Dermigny, *La Chine et L'Occident, Vol. 2*, p. 912; Hanser, "British Private Traders," pp. 74-5; Morse, *Chronicles, Vol. II*, pp. 48-9; Pritchard," Grucial Years," p. 207; Quincy, *Journal of Samuel Shaw*, pp. 312-3.

洲人，将涉案的中国商人流放充军——广州的所有欧洲人和中国人都知道这一情况，规条以惯有的方式颁布，并翻译成几种欧洲语言。他补充道，尽管这公然违反了皇帝的规条，但应该先让陛下知晓本申请，潘顿船长可能要在下一年才能得到他的答复。"①

1779年11月6日，潘顿船长收到巡抚和粤海关监督的答复，称："审判将依照帝国法律进行。"他于1779年11月8日两手空空地离开前往马德拉斯。② 出发前，船长发布了一项公告，禁止英国公民把钱借给中国人。③

图3-9　1780年广州外国商馆景观，丝绸面板上的水粉画，由一位不知名中国艺术家所作。作者感谢保罗·范岱克（Paul A.Van Dyke）和玛丽亚·莫克（Maria Mok）在追溯外国商馆这一景观的时间上给予的帮助。[皮博迪·艾塞克斯博物馆（Peabody Essex Museum），获取号E 82734.1，由马萨诸塞州塞勒姆皮博迪·艾塞克斯博物馆（Peabody Essex Museum）提供。]

---

① Quincy, *Journal of Samuel Shaw*, p. 312.

② Ch'en, *Insolvency*, p. 198; Morse, *Chronicles, Vol. II*, pp. 48-9.; Pritchard, "Crucial Years," p. 207. Quincy, *Journal of Samuel Shaw*, p. 312.

③ Quincy, *Journal of Samuel Shaw*, pp. 312; Morse, *Chronicles, Vol. II*, pp. 48-9.

　　潘顿（Paton）船长不是1779—1780年让广州当局苦恼的唯一外国人。还有一位重要的人物是亚伯拉罕·莱斯利（Abraham Leslie），一位受雇于英国东印度公司的初级军医，把大部分积蓄以高息的形式借给了广顺行的陈广顺（Coqua），并在其资不抵债中损失了11 000元。1779年10月4日，他手里拿着上膛的手枪，带着几位勤务兵和几只大狗，扣押了广顺行和里面所有的东西。莱斯利（Leslie）在房门上贴上自己的名字，立了一面蓝色旗帜，用英文和中文写着"英国商人莱斯利已经占领了这个商行，直到他得到偿还。"其后，他继续占有两年，拒绝中国官员让其搬出该房产的命令，也拒绝了英国东印度公司让其搬回住处的要求。在对泰和行颜时瑛提起债务诉讼之后，莱斯利撕毁了固定在颜时瑛关闭的泰和行门上的官方封条，并于1780年9月22日以第三方债权人代理人的身份占有它。他又贴了告示，称商号已经被占有，直到债权人得到赔付。他将挂着泰和行名字的灯笼取下来，换成了用中文标有他自己名字的灯笼。帮助莱斯利准备这些标志的中国木匠以翻译罪被逮捕。莱斯利用英文打出了将房屋出租的告示，收入用来冲减债务，他将在泰和行的一间屋子租给了一位英国私人商船的船长。他不顾中国和东印度公司让他搬出两家商行的要求，派驻了勤务兵阻止其他人接近。中国当局对英国人既不愿也不能控制自己的雇员感到越来越沮丧。"在刚过去的一个月里，中国当局没有生气地盘问大班，为什么不强迫他服从法律，做正确和公正的事情。"1780年底，现任巡抚李湖，提出用一笔17 500元的款项，一次付清广顺行、泰和行和裕源行的债务，以诱使莱斯利放弃占据的房产。莱斯利接受了，这笔钱1781年1月17日通过潘启官支付，但他随后拒绝离开。最终莱斯利被逮捕，被送到澳门关押了一段时间，然后被驱逐出境。[①]

　　1780年2月29日，即潘顿（Panton）船长返回马德拉斯三个月后，巡

① Morse, *Chronicles, Vol. II*, p. 66 (text quoted); Ch'en, *Insolvency*, pp. 207-8; Cheong, *Hong Merchants*, p. 259; Van Dyke, *Canton Trade*, p. 98.

抚和粤海关监督联合发布了一份通告：

> '提醒'特别委员会注意乾隆二十五年（1760年）的《帝国法令》，中国人向欧洲人，或欧洲人向中国人获取收取利息的贷款，将以中国人流放伊犁，而欧洲人没收其贷款的惩罚严格禁止。另外还提醒他们注意中国法律的规定，累积利息不得允许超过贷款的初始本金，即任何贷款不得因利息而超过本金的两倍。还将起草一份声明，区分乾隆二十五年以前和以后的贷款，并努力达成和解。[1]

所有的大班和债权人都声称对禁止外国贷款的法令一无所知。[2] 中国当局要求并提供一份外债记账表，对1760年规条颁布之前和之后的贷款进行区分。在1780年3月22日粤海关监督和英国东印度公司代表的会议上，粤海关监督"对债务总额的庞大表示震惊，他发现，这远远超过了"债务人的估算。随后进行了谈判，但英国的私人债权人在马德拉斯武装海军的支持下，拒绝了中国的提议。[3] 债权人在1780年5月最后一次与南海县令会面的记录中称，官员"行为粗鲁、傲慢。他显然不太高兴，因为他离开时没有理睬任何人，还炫耀自己的权威，在商馆中间向翻译叫喊，要看那些票据持有人，立即到澳门去。"[4]

1779—1780年"商欠"危机所涉及的总金额确实很大。英国债权人主张的索赔是4 296 650元（3 093 588两），其中包括大量累计利息。其他外国人的索赔数额不详，但仅法国公民的索赔额估计就超过60万元。在这场危机后，除了英国人，其他外国人的索赔都没有得到偿付。1779年10月22日，在巡抚李质颖和粤海关监督图明阿面前，其他贸易公司的首脑表示，

---

① Morse, *Chronicles, Vol. II*, pp. 53-54; Pritchard, "Crucial Years," pp. 208-9.
② Pritchard, "Crucial Years," p. 209.
③ Morse, *Chronicles, Vol. II*, p. 55; Pritchard, "Crucial Years," p. 209.
④ Hanser, "British Private Traders," p.87.

他们没有获得这样的索赔。荷兰人、丹麦人、法国人和瑞典人感到沮丧的是，偿付他们索赔的分配金是通过他们的贸易征税来筹集的。"因为，尽管在他们各自公司的职员中有破产中国人的债权人，他们还是不敢公开声明他们的索赔，而且当然被完全排除在外。"[①]

所有的行商都卷入了商欠。主要的有泰和行的颜时瑛（瑛秀，Yngshaw），广顺行的陈广顺（Coqua），义丰行的蔡昭复（Seunqua Ⅲ）和裕源行的张天球（球秀，Kewshaw），他们分别欠英国债权人1 354 713元，1 151 299元，634 784元和438 735元。[②]蔡昭复（Seunqua Ⅲ）的债务主要是初始本金数目加上从1775年他父亲（Seunqua Ⅱ）商号倒闭而带来的累计利息。颜时瑛的泰和行长期以来一直为该行前所有者颜时瑞（Sweetia）在1759—1760年黎光华（Beau Khequa）债务清算中承担的债务负担而挣扎。除了欠英国债权人的债务外，颜时瑛还欠关税，并欠中国债权人1 300 000元。[③]第一代潘启官（Puankhequa Ⅰ）于1780年2月28日还清了他75 672元的债务。[④]

1780年，当债务清算谈判陷入僵局，在潘启官（Puankhequa）发起的诉讼中，颜时瑛（Yngshaw）、张天球（Kewshaw）和逢源行蔡世文（文官，Munqua）已经将他们的债务移交给县令。[⑤]据说潘启官向官员支付了30 000两（41 667元），以加速颜时瑛和张天球事件的解决，并试图以低价收购他们的房产。[⑥]蔡世文通过签订并执行一项计划避免了破产，根据该计划，他的英国债权人同意在三年内以5%的利息来支付他们索赔的141 112元。

① Quincy, *Journal of Samuel Shaw*, pp. 314-5.

② Ch'en, *Insolvency*, pp. 199, 200 and 203; Morse, *Chronicles, Vol. II*, p. 45.

③ Ch'en, *Insolvency*, p. 202.

④ Ch'en, *Insolvency*, p. 199.

⑤ Cheong, *Hong Merchants*, pp. 165, 167, 172 and 223.

⑥ Cheong, *Hong Merchants*, pp. 167, 223 and 242 n.116.

蔡世文随后"用匕首刺向胸口"攻击潘启官，企图杀死他，但没有成功。[①]

　　1780年大规模倒闭潮中仅有6家商号幸存下来，其中只有4家经营良好——同文行（Puankhequa）、源泉行（Chowqua）、而益行（Shy Kinqua）和逢源行（Munqua）。广州官员对这些商人施加了巨大的压力，要求他们同意解决倒闭行商同行的巨额债务。粤海关监督图明阿命令他们来其官署，每天从早晨等到晚上，但从来没有收到欠款。这是一个从积极经营走上毁灭的转向。粤海关监督的副官（委员）一遍又一遍催问商人关于赔付破产人债务一事。商人们坚决拒绝偿还。他们作为保商的集体责任是有限的。可能仅能要求他们支缴未付的关税，而不是其他行商的所有债务。委员越发恼怒，声称除非商人们签署承担这些责任的协议，否则他将给商人戴上锁链，以此来羞辱他们。这四位行商的答复是交出他们的执照并退出对外贸易。留存下来的档案并没有这些"谈判"中行商能忍受的具有说服力的更加详细的细节，但是官员们仍持续对他们施压。如果他们不同意，他们的生活将是悲惨的。这四位行商最终做出了让步，并签署了一份承担外债集体责任的协议。最终的条件并不表示完全屈服，而是反映了与广州官员的协商。行商同意按照要求承担倒闭同行的外债责任。就他们而言，官员们同意对贸易征收新税，用于支持一个新设立的担保基金，由行商在政府监督下运作。该基金应能覆盖当前和今后危机中需偿还的债务。他们希望通过将还款花费以新税的形式转嫁给外国客户，使行会的负担能减至最低。[②]

①　Cheong, *Hong Merchants*, pp. 165, 167, 172, 223 and 242 n.116; Ch'en, *Insolvency*, pp. 201 and 308. 张荣洋认为蔡世文（Munqua）将逢源行改为万和行，就是在这个时候发生的。Cheong, p. 172.

②　Ch'en, *Insolvency*, p. 204; Cheong, *Hong Merchants*, p. 260.根据英国东印度公司的档案，广州官员要求行商"签署协议并承保损失，尽全力偿还债务。这些协议发给颜时瑛（Khequa）、陈源泉（Chowqua）、石中和（Shykingqua）、蔡世文（Munqua），他们拒绝签署；于是委员命令带进锁链，那样做以威胁行商将戴到他们的脖子上。这个威胁是否会被执行尚不确定，但商人们没有选择冒如此受辱的风险，签署协议然后解散了……这四个商人当然恐惧，他们受威胁非常担心将放弃他们的行商印章，唯恐他们被逼去偿还本不属于他们的债务。"Hanser, "British Private Traders," pp.80-1.

从理论上讲，外债集体担保实现了儒家理想。一旦出现债务问题，担保赔付将会解决。任何争议和走法律程序的机会将减少，中国和外国贸易群体之间将保持和谐。不幸的是，债务集体责任实践的结果并不符合儒家理论。

除了国家对其施加的对外债务集体责任外，行商还承担了其他两种对外商的担保责任。第一类担保是以亲属关系为基础的。人们期望，在可能的范围内，儿子、近亲、实业合资人，甚至是具有亲密朋友关系的其他商人，都会站出来赔付一个倒闭行商的债务。这通常被认为是一种社会责任。然而，如果财产是共有的，无论是在合资企业还是由家族团体持有，根据中国法律，集体责任都是可能存在的。在这种情况下，"父亲的（共同）债务变成了儿子们的债务，他们自己可以对其他人的不良业务往来负责。"[1] 第二类担保存在于茶叶贸易中，是广州出口贸易的核心。在这里宽松的退货信用长期以来成为一种惯例，如果茶叶有缺陷或不符合标准，一种有效的担保即使对几年前装运的茶叶也适用。这种做法的许多例子出现在英国东印度公司的档案中，也出现在行商对美国债务人提起集体诉讼的档案中。[2] "到18世纪中叶，所有公司都普遍假定，任何在欧洲不能以正常市价出售的茶叶，在包装时一定受到了某种程度的污染，因此，中国商

---

[1] Zelin, "Critique of Rights of Property," p. 32.

[2] Edwards, "Old Canton System," p. 371（描述英国东印度公司的做法）。Blight先生在潘长耀（Conseequa）在美国与Willings&Francis的诉讼中的证词明确，就英国东印度公司而言，"如果在英国销售的茶叶质量较差，单据将送交广州，鉴定其质量；如果质量低于合同规定的质量，则按实际质量计算价格；就是说是三等而不是一等质量，按成本价计算，向行商收取一等和三等的差额。"Kuhn先生作证说，在阿姆斯特丹拍卖恒河（Ganges）号货物后返回广州，他向丽泉行行商潘长耀（Conseequa）提交了一份声明，说明Willings&Francis对潘长耀提供的劣质茶叶的索赔。"潘长耀需要一到两天的时间考虑，其间等待咨询一位朋友，后来同意了支付19 000元以赔偿发送给同一货船的此项索赔和另一项对肉桂的索赔。"*Willings v. Conseequa*, 30 F. Cas. 55, 6061 (C.C.D. Pa. 1816) (No. 17,767). 1807年，在William Jones的大班因抱怨"被告茶叶质量差"返回广州后，"东生行行商刘德章Chunqua被要求签订协议"，"陈述由Gray先生（大班）做劣质茶叶的代理人。并承诺与被告Jones先生清算，条件和广州其他有声誉的商行所遵从的一样。如果双方意见有分歧，同样提交仲裁。"*Cheongwo v. Jones*, 5 F. Cas. 544,545 (C.C.E.D. Pa. 1818) (No. 2,638)（Chunqua是原告）["原告的律师否定了（解决协议），由Gray先生处理的与被告有关的茶叶问题没有解决。"]……

人必须承担损失。当然，这意味着，在实践中，中国商人保证将出售给这些公司的每一箱货物都能实现盈利。"①

在"商欠"危机之后，外国债权人对受挫行商的索赔，按照中国法律得到处置。外国债权人施加了强烈压力，中国当局也坚定地表达了索赔解决的条件。欧洲人对广顺行（Coqua）的索赔被完全驳回，理由是在1779年陈广顺（Coqua）被起诉时没有提出索赔主张，它们已经被放弃。根据将利息上限控制在不超过贷款原始本金范围内的传统规定，对累计利息的索赔额被大幅缩减。因此，需要偿还的"商欠"约为所述索赔额的20%。② 这一结果报告在1780年5月15日李质颖巡抚和粤海关监督联合上奏皇帝的奏书中。在转参京城吏部和刑部意见并经其联合拟议的基础上，乾隆皇帝于1780年7月批准了奏书。③ 因此，行商承担了颜时瑛（Yngshaw）和张天球（Kewshaw）所欠约60万两（折合833 333元）的英国债权人的债务，此后，他们按无息方式以十年分期赔付这些债务，于1790年偿还完毕。④

1780年7月7日的《帝国法令》规定，今后行商将确定统一价格，并接受官方的直接监督。要做到这一点，外洋行的商人将在委员的指导下，于指定的地方会合。粤海关监督的代表将对价格、征税和在会议上投票决定的好处，还有查阅行商成员账簿进行一个说明。"当他们发现贸易能够承受"之时，这些信息为广州官员随后的勒索提供了便利。⑤ 外洋行行商在他们的公所（guild hall）举行会议，外国商人称该会馆为Consoo House，

---

① Van Dyke, *Merchants of Canton and Macao*, p. 41 and Plate 08.10 (between pp. 78-9)（追溯到1801年1月17日的清单，荷兰东印度公司收到1780年至1800年的退款）。
② Ch'en, *Insolvency*, pp. 203 and 272.
③ Ch'en, *Insolvency*, pp. 205-7; Pritchard, "Crucial Years," p. 210.
④ Ch'en, *Insolvency*, pp. 96 (Table 2.7) and 206-7.
⑤ 粤海关监督的副官至少从1762年起就参加了行商同业会议。Cheong, *Hong Merchants*, pp. 211 and 228; Pritchard, "Crucial Years," p. 210; Morse, *Chronicles, Vol. II*, pp. 58-9（这表明真正的决定权在占主导地位的商人潘启官以及粤海关监督代表）。

这是一座由石头和抛光柚木组成的宏伟建筑，里面有几个布满花园的庭院。①

行商被要求设立一个基金来赔付颜时瑛（Yngshaw）和张天球（Kewshaw）的债务以及其他共同债务。外国商人称它为公所基金（Consoo Fund），以公所的名字命名，基金最初以铸币的形式存放在一个或多个箱子里。② 1780年，国内港口的行商（本港行）也被命令设立了公所基金，该基金也是通过贸易课税筹集资金。其中一些商人承担了相当大的外债，耗尽了他们独立的公所基金，由此，1795年本港行被命令撤销。各家外洋行行商被要求轮流偿还本港行的剩余债务，直到1803年才偿还完毕。③

外洋行公所基金的目的是支付政府向行商收取的费用。这些费用包括：

> 基于资不抵债的行商未缴关税或产生的外债而进行的支付；
>
> 政府对军事防御、抗洪救灾等公共服务项目资金的需求；
>
> 所有行商成员分担官员采购进贡给皇帝的珍奇洋货成本的集体义务；
>
> 每年向各官员支付的费用、捐款和酬金。

在1780年，每一位行商需拿出6 000两白银的初始资金（折合8 333元），以设立基金。公所基金还将从商品贸易的一系列附加费用中获得收入，成为人们熟知的"行用"，或"（行商）贸易的支付款"。身为总商的潘启官（Puankhequa）于1781年3月16日向东印度公司货监委员会报告了

① Downs, *The Golden Ghetto*, p. 76; Van der Sprenkel, *Legal Institutions in Manchu China*, p. 91 n. 1（术语"公所"）。

② Cheong, *Hong Merchants*, pp. 206-7 and 262.

③ Cushman, *Fields from the Sea*, pp. 31 and 107. 支持本港行公所基金的的费用占进出口税收的3%-6%。Cushman, p. 31. White, "Hong Merchants," p. 90 n.12.

"行用"。① 几年后，粤海关监督李质颖授权将需缴付公所基金费用的货品数目增加至六十九件。② 仅有的不向公所基金缴费的有毛料、印花布料还有铁，在这些物品中，潘启官（Puankhequa）几乎垄断了贸易，并使其获得贸易征税的豁免。③ 这份由行商垄断需向公所基金缴付佣金的进出口货品清单，一直延续至行商制度的终结。④

　　1780年8月，在皇帝的法令到达之前，潘顿（Panton）船长和"海马号"再次出现在广州。这一次潘顿船长由舰队司令弗农（Vernon）的继任者爱德华·修斯（Edward Hughes）派去向总督施压，寻求一个说法即"公平地对待陛下的臣民这种处理债务的意图是什么"。这次航行是不顾圣乔治堡（马德拉斯）总督和议会的反对进行的。潘顿（Panton）船长见了总督，并将修斯（Hughes）司令的信交给了他，但是中国当局没有提供明确的保证。⑤ 如上面讨论的，随着1780年7月7日帝国法令的颁布，"商欠"问题很快得到了解决。此后，英国东印度公司拒绝了在收回这些债务问题上进行合作的进一步请求。⑥ 厄尔·普理查德（Earl Pritchard）总结了这一不幸事件的结果：

　　　"由于私人债权人的高利贷要求得到'炮舰政策'外交的支持，他们索赔的4 400 222元中，有不超过1 198 189元，略高于本金总额，要求必须赔付给他们。如果没有海军的帮助，如果他们在1779年接受了大班的建议，那么这一数额可能会翻倍，颜时瑛（Yngshaw）和张天球

---

① Cheong, *Hong Merchants*, pp. 206-7 and 262; Ch'en, *Insolvency*, pp. 88 and 92-102; Pritchard, "Crucial Years," pp. 140 and 210; Morse, *Chronicles, Vol. II*, p. 69; White, "Hong Merchants," p. 75.

② Ch'en, *Insolvency*, p. 89.

③ Greenberg, *British Trade*, p. 52 n.3; Phipps, *Practical Treatise*, p. 151.

④ Ch'en, *Insolvency*, p. 89; White, "Hong Merchants," pp. 192-195.

⑤ Morse, *Chronicles*, Vol. II, p. 56; Pritchard, "Crucial Years," pp. 209-10.

⑥ Pritchard, "Crucial Years," pp. 210-1 and 240-1.

（Kewshaw）就会从破产中拯救出来，而公行和公所基金的建立提供了
保护。"①

在广州，秩序终于占了上风。与外国债权人有关行商债务问题的两年
风波得到了平息。当款项由整个行会来支付时，它的数额远远低于外国债
权人所索赔的总额，而且分摊在十年内，没有利息。对债务的偿还和行会
需对国家履行的其他财务责任，通过对贸易征税来筹集资金。公所基金作
为税收的直接接受者，将资金以装箱的现金形式，保管在公所里。虽然这
些资金没有独立的管理机构、雇员和监督机制，但它受到行商和广州监督
官员的严密监管。虽然这一新的安排——广州担保制度，是在胁迫下强加
给行商的，但有理由期待，行用税足以支付所有的费用，不会有什么真正
的改变。长期的困难已经解决了，未来是光明的。

---

① Pritchard, "Crucial Years," p. 211. 一些马德拉斯的债权人也遭受了极大的痛苦。Pritchard,
"Crucial Years," pp. 177-8.

第四章　基金耗尽（1780—1799）

　　行商团体在1780年有了保持乐观的理由。七月，行会被大清帝国条令所承认，并被授权制定统一的价格。此后，收入也有所改善。一位法国观察家估计，到1786年，较高的价格使行会每年增加768 900两白银（1 067 917元）。[1] 因源自泰和行的颜时瑛（Yngshaw）和裕源行的张天球（Kewshaw）的白银（833 333元）债务，行商不得不按无息方式以十年分期赔付60万两白银。[2] 公所基金已经建立并且筹集了资金，有了现金余额，而且向对外贸易征收的行用税保证了资金将在未来数年持续流入该基金。根据英国东印度公司的估计，在1781年行用实收将达到30万两白银（416 667元）。[3]

　　不幸的是，在1780年至1799年的20年里，有几家行商倒闭了。这导致大量的外国债权人依据集体担保索赔。义丰行的蔡昭复（Seunqua Ⅲ）在1784年倒闭了，留下了166 000两白银（230 555元）的债务。吴昭平（Eequa）（1790）和而益行的石中和（Gonqua）（1794）的倒闭分别带来了255 000两（354 167元）和600 000两白银（833 333元）的对外商欠。尽管贸易规条禁止对外负债，但国外债权却被广州官员所默许。行商被勒令在六年内偿还这些巨额债务。[4] 据记载，公所基金的现金余额已于

---

① Cheong, *Hong Merchants*, p. 228.

② Ch'en, *Insolvency*, pp. 14 (Table 1.1), 96 (Table 2.7) and 206-7.

③ Ch'en, *Insolvency*, p. 91.

④ Ch'en, *Insolvency*, p. 96 (Table 2.7).

1790年左右耗尽。[①] 如果将颜时瑛（Yngshaw）和张天球（Kewshaw）1780年的倒闭（要求在十年内偿还的债务）包括在内，行商整体应对1780年至1799年间违约成员承担1 621 000两白银（2 251 388元）的连带巨额债务。问题日益严重。在1800年至1842年期间，行商又多欠下6 225 000两白银（8 645 833元）的债务。[②]

1. 行商（1780—1799）

无论行商成员是否有理由保持乐观，行商数目已从通常足额的12家开始缩减。在"商欠"危机带来令人震惊的倒闭潮后，1780年只有6家行商还在经营。在6家幸存商行中，只有4家经营状况良好——潘启官经营的同文行（Puankhequa I）、陈源泉的源泉行（Chowqua）、石中和的而益行（Shy Kinqua）和蔡世文的万和行（Munqua）。虽然同文行（Puankhequa I）看上去很富有，却欠了很大一笔债务。[③] 只有源泉行（Chowqua）没有多少债务，那也是因为他没有做几笔生意。陈源泉于1789年去世，由他的儿子来继承家业，商号于1792年在他手里倒闭了。[④] 在1780年颜时瑛（Yngshaw）和张天球（Kewshaw）接受清算后，行商的信用尤为紧张。[⑤]

广州官员试图补充行商成员。在1780年至1799年间，粤海关监督颁发了20份行商执照。然而同一期间，只有不超过11名商人成为公行成员。1782年有五名加入：行商先官（Sinqua）、源顺行的伍国昭（Geowqua）、Pinqua、Seequa（原为潘同文行的司理）和Lunshaw（原为颜泰和行的司

---

① Ch'en, *Insolvency*, pp. 89 and 91.

② Ch'en, *Insolvency*, pp. 95-6 and Table 2.7.

③ Cheong, *Hong Merchants*, pp. 88［一代潘启官（Puankhequa1）"显然很富有，尽管这是有争议的"］and 257［一代潘启官（Puankhequa I）"有大量但可处置的当前债务"］。1780年"商欠"危机爆发时，英国债权人抱怨说，潘启官欠他们75 672元。1780年2月28日，他迅速还清了这笔债务。Ch'en, *Insolvency*, p. 199.

④ Cheong, *Hong Merchants*, pp. 88 and 264.

⑤ Cheong, *Hong Merchants*, pp. 115 and 116.

理）。由于现有成员拒绝向这五位新入行的成员提供集体债务担保，粤海关监督让他们五人相互担保。这个契约性防火墙并不能维持多久。这五家行商很快就倒闭了，原有成员不得不为公所基金筹集资金赔付他们在18世纪80年代和18世纪90年代的债务。正如张荣洋冷淡地指出："在这一点上，粤海关监督毕竟有他的办法。"[①]

虽然所有在1780年至1799年间获得行商资格的商人都有一定的贸易背景，但他们资本都不充足，张荣洋在《行商》中称其为"稻草人"。[②] 到1799年，连同1780年债务危机中幸存下来的四家行商中的三家，这些新获得准入资格的行商都倒闭了。张荣洋称这是"1790年以前招募的行商大批灭绝。"他正确地认识到，这一转折标志着在广州官府和各家欧洲贸易公司之间充当中介的"官商"（merchant bureaucrats）时代的结束，而商人们要开始适应19世纪截然不同的贸易世界。[③] 1798年1月，源顺行伍国昭（Geowqua）倒闭，他本身虽是一个"无足轻重的小商人"，但此事件具有转型的意义。作为一个商人，"他是一类和一代行商的最后一个。"[④] 伍国昭（Geowqua）的侄子伍秉鉴（Puiqua），后来改用了不同商号名称，成为怡和行的业主，继而成为新时代的巨人，资深行商浩官二代（Howqua Ⅱ

---

① Morse, *Chronicles, Vol. II*, p. 82; Cheong, *Hong Merchants*, p. 273 (quotation); Pritchard, "Crucial Years," pp. 210-1.

② Cheong, *Hong Merchants*, pp. 88-9 (Table 9) and 263.

③ Cheong, *Hong Merchants*, p. 79.

④ Ch'en, *Insolvency*, pp. 216-7, 311-2 and 414 n.129; Cheong, *Hong Merchants*, pp. 18 and 115 n.122; Morse, *Chronicles, Vol. II*, p. 299.

伍秉鉴）。①

2. 政府的需索（1780—1799）

政府从公所基金或个别行商处所获取的资金不是仅仅用来直接赔付违约外债的。行会成员不断被迫支付其他官方费用和需索。政府很快就认识到公所基金是满足国家需求的方便来源。在18世纪90年代和19世纪初的艰难岁月里，这些费用急剧上升。向公所基金收取的满足公共需要的费用，包括河工捐（黄河工程）、济谷捐（旱荒救济）、塘工捐（海防维修）、军事补贴税、洪水救济等临时需要。② 此外，广州官员还要求行商支付大笔款项，以支持当地的公共事业以及供他们官员个人使用。在这两方面从公所基金和各行商处提取的资金数额巨大，并且随年岁延长而增加。

---

① 关于私人贸易商号浩官（Howqua）和使之发扬光大的伍氏家族成员的关系，存在着一些疑惑。浩官（Howqua，有多种形式）在伍氏家族赋予其更大名声之前曾被不同的人使用过。"浩官（Howqua）的身份［在18世纪60年代充当行商赤官（Chetqua）的文书］不为人知晓，还有其他几个人的名字很相似。Tsia康官的一个儿子也叫浩官（Howqua），Tiauqua家主管文书工作的也是浩官（Howqua）等。Paul A. Van Dyke, "Tan Suqua and Family: Merchants of Canton 1716—1778," ARI [Asia Research Institute, National University of Singapore] Working Paper, No. 50, Sept. 2005, available at: http://www.ari.nus.edu.sg/docs/wps/wps05_050.pdf, p. 21 n.49 (italics added). 参照 Van Dyke, *Merchants of Canton and Macao*, p. 457 n. 66. 第一位浩官（Howqua）是外洋行成员，叫林时懋，于1784年成为行商，但在1788年经营失败，逃离了广州，声名狼藉。Ch'en, *Insolvency*, pp. 14, 20 and 279-83. 在伍氏家族出现之前，浩官（Howqua）这个商号名不见经传，直到伍氏家族赋予其声誉。浩官（Howqua）的名气始于伍氏家族的伍国莹（1731—1810）（也就是第一代浩官，Howqua Ⅰ），伍国莹于1783年创建怡和行。他的次子伍秉钧（1777—1799），于1792年获得行商执照，并且用沛官（Puiqua）的商号进行贸易，直到他去世。浩官的第三个儿子伍秉鉴（伍敦元）（1769—1843）（"Howqua Ⅱ"）于1801年继承了哥哥伍秉钧怡和行东家的地位，最初的贸易商号为沛官（Puiqua）。他重新建立了浩官（Howqua）的商号，也是第二代浩官（Howqua Ⅱ）。伍秉鉴的两个儿子，有时也同他们父亲一样使用第二代浩官（Howqua）作为商号。两个儿子分别是伍元华（伍受昌）（Howqua Ⅲ，第三代浩官）以及伍崇曜（Howqua Ⅳ，第四代浩官）。"Asian Merchants and Western Trade," pp. 356-8; Ch'en, *Insolvency*, pp. 15-18 and 20; Wolfram Eberhard, *Social Mobility in Traditional China* (Leiden: E.J. Brill, 1962), pp. 83-4; David Faure, *Emperor and Ancestor: State and Lineage in South China* (Stanford: Stanford Univ. Press, 2007), p. 235; Hummel, *Eminent Chinese*; Sung, "Study of the Thirteen Hongs," p. 4; White, "Hong Merchants," pp. viii, 95-6 and 187-91.
② Cheong, *Hong Merchants*, pp. 224-25.

　　广州担保制度的一个目标，就如大多数现代银行担保计划一样，就是对参与者征收的税款足以支付担保基金的所有费用。1780年征收税款的用意是，3%（或更多）的行用税将足以支付所有集体开支，包括对违约外债的担保。与现代银行担保计划不同的是，根据广州计划，从来没有任何系统行动来尝试预测未来的损失或其他需要从公所基金支付的金额，或者根据预期提取情况调整税收。最初二十年的巨额现金需求使该基金的资金耗尽，而且已经超过了当期税收覆盖从公所基金提取的能力。到了行用不敷这些支出的程度，它们就不得不从行商个人的资金来源找出路。由于行商个体——他们中很多人难以维持生计，未能按时全额缴付各自对公所基金的款项，负担越来越重，最后落在那些有支付能力的行商身上。[①] 为了让商号幸存下来，这种增加了的业务成本必然意味着更高的价格。18世纪90年代，当时的人认识到，集体担保下的债务赔付对市场产生了直接或潜在的不稳定影响。在19世纪最初十年，英国东印度公司官员明确表示不情愿启动对行商的债务诉讼。[②]

　　目前还没有完整的政府向行商需索的清单留存下来，也没有每年公所基金支出总额的信息，但是可以知晓一些关键事项。从公所基金提取的总金额在1793年为272 500两白银（378 472元），1796年是279 788两白

---

① 很难对这个事实给予很高的重视，公所基金70 000两白银（97 222元）贷方余额出现在而益行石中和（Gonqua）1794年9月向粤海关监督报送的资产报表上。Ch'en, *Insolvency, p.* 302; Cheong, *Hong Merchants*, p. 229（以贷方余额作为证据，说明公所基金有利润）。该信息可以证明公所基金分类账的账面在截止日期之前是平衡的。可能有证据表明，在到期日当日或之前，而益行石中和（Gonqua）向公所基金支付了大笔款项。然而，它并没有告诉我们公所基金分类账上的科目背后的现实，这是一个至关重要的问题，因为据说它的现金大约在1790年已经耗尽。是否所有行商个人都能够充分、及时地缴付各自对公所基金的税费？石中和（Gonqua）声明的70 000两白银金额是实际支付的准确的金额，还是陷入困境的一个债务人乐观的猜测？他不顾一切逃避税费，让自己从未声明的抵消额度中获得好处。由于行商向公所基金缴存资金的税费相对于其他债务并不具有优先权，而且也不清楚是走刑事流程还是其他行政程序，因此很难相信石中和（Gonqua）资金短缺的而益行会选择预付这一债务。合理的假设是，实力弱的行商往往推迟向公所基金缴纳税费。

② Morse, *Chronicles, Vol. III*, p. 111.

银（388 594元）。在这几年的每一年中，10万两白银（138 889元）花费在了进贡给京城朝廷的新奇洋货上，55 000两白银（76 389元）是对皇帝的"土贡（native tribute）"，25 000两白银（34 722元）作为四川军事费用。在1793年，5万两白银（69 444元）用于福建的军事开支。1793年为吴昭平（Eequa）偿还债务42 500两白银（59 028元），1796年为而益行的石中和（Gonqua）偿还债务99 788两白银（138 594元）。[1] 18世纪90年代，随着国内形势的恶化，行商苦于军事动员的盘剥。台湾战役（1787年）耗资30万两白银（416 667元）（或可能达到40万两到50万两白银，资料没有统一的记载），抗击廓尔喀人（Gurkhas，1792）战役花费30万两白银（416 667元），湖广战役（1799年）花费12万两白银（166 667元），而四川和陕西（1800年）战役另花费12万两白银（166 667元）。[2]

张荣洋认为，18世纪80年代的10年间贸易和行商利润增加，使得官方的期望值增加，进而导致了官方需索的急剧增加。正如张荣洋发现的，这种增长的原因有些复杂。在清朝的官场中，有时会用"肥缺"或"美缺"（油水多的职位）、中缺（油水一般的职位）或瘠缺（油水少的职位）来形容官职的优厚程度。很多官员将担任一个肥缺作为收费与榨取以满足合法公务开支的机会，其中许多不是正式提供的，而且也积累了一些个人财富。在一定的容忍范围内，[3] 这是可以理解的也是大家心知肚明的，但是1800年末及其后存在的一种国家腐败的氛围触碰并超过了惯常的极限。据说，舒玺在1795年担任粤海关监督的六个月期间，向行商

---

[1] Morse, *Chronicles, Vol. III*, p. 62.

[2] Ch'en, *Insolvency*, p. 93 (Table 2.6); Van Dyke, *Merchants of Canton and Macao*, p. 194.

[3] Cheong, *Hong Merchants*, pp. 228-9; Zhao, "Shaping the Asian Trade Network," pp. 249-50（"批评往往掩盖了中国官员面临的基本问题：他们只得到微薄的薪水，他们应该用压榨来补充这一微薄的薪水。换言之，如果不收取一定的额外费用，四个沿海省份的海关就会停止运作"）。

索要了24万两白银，供他自己使用。[1] 孙士毅和傅康安于1784年从京城调往广州，负责调查贸易和税收方面资金的滥用行为；两人返回时都更加富裕了，当地官员和商人为了让其出具一份漂亮的报告，其中一人据说收到了17担的黄金。[2] 即使是行商公认的在征用资金方面相对温和的粤海关监督三义助（嘉庆六年十月任），也设法在两年内从行商集团收取超过60万元私用（截至1803年11月29日）。随后几年官方需索的数额无从知晓，但据陈国栋估计，每年的榨取额在20万至30万两白银（277 778~416 667元）之间。[3]

　　官员们利用肥缺作为偿清自己所欠国家债务的机会。内务府多次派出对它欠下巨额债务的官员任职广州，期望收回债务。举个例子，李质颖因欠下内务府256 000两白银（355 555元）的个人债务，于1781年被派到广州出任粤海关监督。1782年5名新行商的任命，并且在同一时期提出了各种需索，其动机被视为筹集资金偿还这笔巨额债务的需要。[4] 英国东印度公司对1782年任命的行商财力倍感满意。其中一些是财主，英国东印度公司希望新行商"至少能减轻其他商人的负担，在满清官员超额需索下，或许可以保护其中一些商人免于毁灭，现在那些满清官员的压榨几乎变得无法容忍。"[5] 内务府将负债累累的官员派往广州的做法持续了几十年。所有在1813至1828年被派往广州的粤海关监督抵达时都背负着海关欠债，数额从136 000两白银（188 889元）到324 000两白银（450 000元）不等。祥绍

---

① Cheong, *Hong Merchants*, pp. 223-4（"据说他是长久以来最贪婪的人了"）；Morse, *Chronicles, Vol. II*, p. 264; Pritchard, "Crucial Years," p. 369.

② Cheong, *Hong Merchants*, pp. 223-4（引用这一时期的其他几个例子）。一担重133.33磅，而一两平均是1.333磅。换句话说，一担相当于100两。Morse, *Chronicles, Vol. I*, p. xxii; Cuthbert Collingwood, *Rambles of a Naturalist on the Shores and Waters of the China Sea* (London: John Murray, 1868), p. 225. 按重量计算，17担（金）等于1 700两（金）。在本书整个考察期间，金银之间的换算率不同；1782年，一磅黄金的价值相当于20磅白银。Yang, *Money and Credit in China*, pp. 47-48. 因此，17担黄金的价值相当于34 000两白银（47 222元）。

③ Ch'en, *Insolvency*, pp. 131 and 136.

④ Ch'en, *Insolvency*, pp. 133-7 (and Table 3.3); Cheong, *Hong Merchants*, p. 211.

⑤ Ch'en, *Insolvency*, p. 135.

于1813年至1818年担任粤海关监督，在长芦盐政以及淮安关监督任内欠缴的税款都在广州任职期间偿清。[1]

要是这些需索公之于众并受到批评，可以想象，官员们会辩称是为了整治行商自身奢华铺张的生活及越轨行为。外国商人当然注意到行商奢侈的生活，对它持反对意见，尤其当作为持有未清偿债务的债权人时。也许商人们外在光鲜的生活激励着广州官员，要求他们为政府和它的臣僚提供更多的帮助。

3. 贸易环境（1780—1799）

从1780到1799年这20年间，广州的贸易格局发生了显著的变化。英国的贸易份额猛增，部分是由于国会于1784年通过了减税法（Commutation Act，也译"折抵法"），部分则是开始于1793年2月法国向英国和荷兰宣战的一个连环战争的结果。[2] 这标志着欧洲大陆贸易公司在广州相互竞争，以及大量白银流入中国以支付他们大量出口货物的时代结束。[3] 1784年美国开始了对华贸易，被证明是一个很好的时机，因为美国贸易商带来了大量的贵金属（硬币）来购买他们的出口货物。在此期间，民间港脚商人也开始出现，他们在英国东印度公司支持下将印度商品运往中国。在这一时期末，中国南方海盗活动和社会不稳定因素开始增加。广州官员要求行商支付的费用，出于军事防御和贪污目的，都在增加。因此，在英国通过削减关税（减税法）刺激贸易和国内茶叶需求的同时，清朝却反其道而行之，逐渐增加行商直接或间接的税收负担，也加强了对广州贸易的垄断。

---

[1] Ch'en, *Insolvency*, pp. 99 (Xiangshao), 133, 135, 136 (quotation) and 137 (Table 3.3)（淮安、九江、湖州海关和长芦盐政任上发生的各种债务）。

[2] James R. Fichter, *So Great a Profit: How the East Indies Trade Transformed Anglo-American Capitalism* (Cambridge: Harvard Univ. Press, 2010), pp. 56-72.

[3] Cheong, *Hong Merchants*, pp. 283-4.

图4-1　1782—1784年广州的外国商馆景观。一位中国艺术家的玻璃油画。作者感谢范岱克和玛丽亚·莫克帮助鉴定这幅油画的年代［私人收藏。照片由伦敦马丁·格雷戈里（Martyn Gregory）画廊提供］。

　　这一时期广州海上贸易最重要的变化与英国有关。为了应对英国东印度公司高额债务和糟糕的表现，英国当局试图采取激进的补救措施，削减英国进口货物的关税，以增加贸易。根据1784年的减税法，进入英国货物的进口税和离开英国货物的出口税从超过100%降至12.5%。物价下跌，消费者需求猛增，以前陷入困境的英国东印度公司能够在其国内市场以较竞争对手更低的价格进行抛售。在接下来的十年里，英国从中国的进口翻了两番，其中茶叶占百分之九十。英国东印度公司的学者厄尔·普理查德（Earl Pritchard）认为，正是这种需求的增加导致了18世纪80年代中期茶叶价格的大幅上涨，而不是因为东印度公司所指责的1780年公行的重建。[①]

---

① Pritchard, "Crucial Years," pp. 165-6 and 212; Greenberg, *British Trade*, p. 64.

东印度公司在国内茶叶销售的急剧增长意味着大陆商号的相应损失，这些商号长期以来一直是英国走私商的供货方。①

　　东印度公司依法案指引，在中国销售英国毛纺产品，这些产品的出口量也大幅上升。与羊毛不同，中国对棉花的需求很大，而羊毛对中国购货商没有吸引力。因此，东印度公司采取了一种做法，即直接将其进口毛纺产品的销售与从行商处的茶叶出口采购联系起来［一种称为"货车（truck）"交易的以物易物做法］。行商随之采用各种策略来应付此销售模式。有时，他们自己的茶叶收购可能受到向中国内陆茶叶供应商销售英国毛纺织品情况的影响，英国东印度公司采用货车交易方法后，一货车接着一货车。总的来说，这种货车搭货交易茶叶—毛料以物易物制度对行商不利。②

　　在1784年之后的十年里，东印度公司茶叶出口超过中国茶叶总出口的三分之二。因此，行商比以往任何时候都更依赖于这个独占垄断公司。③东印度公司力量的逐步壮大反映在它与行商相应的债务上。在18世纪80年代还是债务人的东印度公司，在18世纪90年代一跃成为了巨大的债权人（这本身就是件怪事）。在18世纪80年代，东印度公司欠行商的债务从1782年的266 560两白银（370 222元）至1787年的1 352 292两白银（2 878 183元）不等。东印度公司随后扭亏为盈，行商团体成员现在欠它的债。1793年，行商对东印度公司的债务飙升至166 669两白银（2 231 485元）。④

　　在此期间，经英国东印度公司批准向中国出口鸦片、棉花和其他印度

① Ch'en, *Insolvency*, pp. 44 and 46; Cheong, *Hong Merchants*, pp. 112 and 216-7［"但到1819年（英国关税）已回升至着陆价格"］。Fichter, *So Great a Profit*, p. 29; Greenberg, British Trade, p. 3; Pritchard, "Crucial Years," pp. 165-6 and 212.

② Ch'en, *Insolvency*, pp. 53-61; Cheong, *Hong Merchants*, pp. 112, 114 and 278; Greenberg, *British Trade*, pp. 7-8 and 59; Van Dyke, *Merchants of Canton and Macao*, pp. 22-3. See David Graeber, *Debt: The First 5,000 Years* (Brooklyn, N.Y.: Melville House Publishing, 2011), pp. 34 and 291［注意到在亚当·斯密（1723—1790年）之前的一两个世纪里，"'以物易物和实物交易（truck and barter）'这个英文单词就像法语、西班牙语、德语、荷兰语和葡萄牙语中的同义词，字面意思是'计谋、欺骗或敲竹杠'"］。

③ Ch'en, *Insolvency*, pp. 29-30 and 45 (Table 2.2); Cheong, *Hong Merchants*, pp. 112 and 283.

④ Cheong, *Hong Merchants*, pp. 114-115.

商品的民间港脚商人的重要性有所提高。① 向中国出口大量的印度鸦片
和棉花，减轻了东印度公司为茶叶出口筹集白银的需求。用贸易史学家
马歇尔·格林伯格（Michael Greenberg）的话说："印度的资源被用来为
英国购买中国茶叶提供资金。"② 这些港脚商人从加尔各答的东印度公司
购买鸦片，在公司授予许可下运往中国。正如格林伯格（Greenberg）指
出的：

"从1816年起，该许可证中有一项条款规定，如果除该公司的鸦片以
外的任何鸦片被运往中国，该许可证即属无效。但是公司每一艘驶往中
国的东印度商船的航令上，都有严格禁止携带鸦片的规定，以免公司与
中国人有牵连。直到1800年，东印度公司已经完善了在印度种植鸦片的
技术，并且在中国转销。"③

以价值计算，1780—1785年中国原棉进口量翻了三倍多，1795—1815
年又翻了三倍。④ 棉花和鸦片价格波动很大，这种贸易可能面临重重困
难。⑤ 蓬松的轻棉被称为"白虎"，稠密紧凑的鸦片被称为"黑虎"。在
这些商品上既可能赚到很多钱，也可能损失很多钱，而这些港脚商人以精
明的贸易行为而闻名。在这一行业中既有大赢家也有惨败者，比如行商吴
昭平（Eequa），他1790年因棉花投机失败而倒闭。

早期美国的航海者来到中国，给出口商品和流动资金带来了竞争，而

① Ch'en, *Insolvency*, pp. 32-3 and 69-82; Cheong, *Hong Merchants*, pp. 112-3; Greenberg, *British Trade*, pp. 9-13 and 20.
② Greenberg, *British Trade*, p. 11.
③ Greenberg, *British Trade*, pp. 109-10.
④ Marks, *Tigers, Rice, Silk, and Silt*, p. 178 and Figure 5.3.
⑤ White, "Hong Merchants," p. 85.

这两方面都为广州市场所欢迎。^① 因为美国人缺乏中国人所需求的大量产品，他们便转而带来了大量的铸币（银币）用来购买出口商品。欧洲人在购买中国出口商品之前，需要时间出售羊毛、棉花、香料或其他进口产品，来换取资金，相比之下，美国人手持现金往往一到即可购买。其实此前美国人尝试在中国市场销售进口人参和皮毛，这样就不用直接运输大量银币。美国人参被认为是低等级的，新英格兰的森林供应很快就枯竭了。^② 向中国市场供应毛皮的热潮给太平洋北海岸造成了生态破坏，在那里，大量海獭被宰杀。对广州皮毛供应出现过剩现象，优质毛皮已不再罕见，导致皮毛价格暴跌。^③ 在19世纪初鸦片作为一种有利可图的进口货物发展起来之前，美国人将银币带到中国都是作为贸易必备的一项事务。美国商人与硬通货的这种联系，似乎让美国人在他们想要的商品金额大于持有硬币数额的时候，尤甚请求赊销。

在1780—1799年这最后二十年间，中国经济历经艰难。1794—1795年，黄河沿岸毁灭性的洪水严重抑制了中国消费者对毛料的需求。^④ 18世纪90年代，海盗活动成为广东沿海的一个严峻的问题。^⑤ 因此，广州官员向行商施压，要求他们捐资支持政府的工作，从防洪救灾到军事储备，再到海盗控制。国家认为公所基金是立即解决迫切需求的一个方便的流动资金来源。比如说，随着随后几年里沿海海盗问题日益严峻，对基金和单个行商的这种需索只增不减。

---

① Jacques M. Downs, "美国商人与中国鸦片贸易，1800—1840"。Business History Review, Vol. 42, pp. 418-442 (1968), pp. 419 and 421; Greenberg, *British Trade*, p. 68; White, "Hong Merchants," p. 96.

② James R. Gibson, *Otter Skins, Boston Ships, and China Goods: The Maritime Fur Trade of the Northwest Coast, 1785—1841* (Seattle: Univ. of Washington Press, 1992), pp. 100-1.

③ Gibson, *Otter Skins*, pp. 28, 30-9, 54-61, 101 and 200-3; Greenberg, *British Trade*, p. 88.

④ Ch'en, *Insolvency*, pp. 83-4.

⑤ Ch'en, *Insolvency*, p. 86; Leonard, *Wei Yuan*, pp. 80-3; Murray, *Pirates of the South China Coast*.

图4-2　西班牙元，1780年至1842年期间中国海上对外贸易的首要货币，硬通货和瓷器艺术品。照片对比：1795年墨西哥造币厂生产的西班牙元正面和背面（上方），一位中国艺术家制作的西班牙银元形状的瓷药丸盒正面和背面（1830—1840，下方）。这个盒子最初由沃伦·德拉诺 II（Warren Delano II）拥有（私人收藏，拍照经允许。）

　　从1780年的行用课征开始，通过频繁的勒索和补充，清朝逐渐增加了通过行商垄断运营贸易的税收负担。增税的自然结果是合法商品——由特许垄断商出售的那些商品变得更加昂贵。美国人和小而日益增加的英国私商越来越多地关注到行商成员之外的中国商人。这些"行外商人（outside shopmen）"削弱了外贸垄断，以比行商低10%至15%的价格出售茶叶和其他出口商品。

　　行外商人经常在资金不足的行商的庇护下，使用行商的印章进行交易。有时他们从事走私活动，偶尔贿赂低级别海关官员，以确保在一定程度上分散他们的注意力，不要过于追究这种走私行为。① 行外商人的货物

---

① Cheong, *Hong Merchants*, p. 284; Greenberg, *British Trade*, pp. 53 and 60; White, "Hong Merchants," p. 112.

是优质的，正如美国贸易商塞缪尔·罗素（Samuel Russell）在1821年3月致爱德华·卡林顿（Edward Carrington）的一封信中说的：

"行外商人……特别努力地去挑选最好、最优质的茶，他们情况都是这样的，可以像行商一样把茶运出去，实际上卖得比行商还低，实惠到已经非常接近于以多少现金购买，又以多少现金卖出去一样。他们都非常坚定地维护自己的声誉，不愿将自己的名字与质量低劣的茶叶联系起来。我们愿意和这些商人做超过我们实力的生意。"[1]

尽管官方定期试图捍卫对外贸易垄断，例如1817年的一次镇压，200多家行外商人商铺被关闭，并且他们的商品被没收，但是仍然阻止不了行商丢掉大量生意给行外商人竞争者。[2]

4. 债务集体担保（1780—1799）

在1780年至1799年期间，有许多行商商号倒闭，其中只有少数几家导致启动集体担保。1784年义丰行领商接班人蔡昭复（Seunqua Ⅲ，相官三世）的倒闭，只不过是于十年前开始酝酿的经营困境的终结。1775年，安官邱义丰（Sy Auqua，也作Seunqua Ⅱ）被指示为了债权人的利益持续经营，并在十年内支付266 692元的外国索赔。但只支付了一期的款项。当外国债权人抱怨时，官员们指出，他们既不承认也不接受赔偿计划，并表示希望年轻的蔡昭复（Seunqua Ⅲ）"成长起来，通过他的生意赚钱，他将

---

① White, "Hong Merchants," pp. 109-110.
② Greenberg, *British Trade*, pp. 55 and 69; White, "Hong Merchants," p. 111.

偿还父亲的债务。"[1] 年轻人没有成功。1781年，他失去了为外国船只提供担保的权利，然后将其荷兰馆（他最后的财产）出卖给了谭家的Pinqua，筹款来缴付税捐，最后在1783年被取缔了行商执照。行商团体被命令在十年内还清义丰行的外债，共166 000两白银（230 555元）。由于在行商团体要求支付的债务中，没有蔡昭复（SeunquaⅢ）的私人债务，所以他并没有作为债务人而受到惩罚。[2]

1790年吴昭平（Eequa，宜官）的倒闭是投机性棉花交易的结果。吴昭平（Eequa）是他的父亲先官（Sinqua）于1782年创立的丰泰行的接班人。他在同行中不受欢迎，处境艰难。1790年年初，他欠了港脚商人超过40万元（主要是孟买波斯人），无法筹集资金。巴斯商人亲自向粤海关监督告状，导致吴昭平（Eequa）被监禁，并且购买的官衔也被剥夺，他的事件也被报告给了皇帝。吴昭平（Eequa）财产的拍卖收益足以缴纳38 520两白银（53 000元）的关税，但他仍遗留下289 100两白银（401 600元）的大额外债不足以偿还。1791年1月，粤海关监督指示分六年期偿还欠款255 000两白银（354 167元），并向皇帝报告此事。乾隆皇帝于1791年5月31日颁布诏书，外债不再由关税资金直接进行抵偿，取而代之，由行商在六年内偿清。由于皇帝认为分期付款不足以让外国债权人接受，所以下令直接从省级财政拨款。皇帝严厉批评官员的监督不力，并指导完善禀报，以便更有效地监督广州海关工作。监督广州海关的官员必须双盲提交

---

① Ch'en, *Insolvency*, pp. 21, 264-5, 409 n.68 and 422 n.30; Cheong, *Hong Merchants*, pp. 85, 88, 257 and 260; Morse, *Chronicles, Vol. II*, p. 55; Van Dyke, *Merchants of Canton and Macao*, pp. 131-5 and Plate 10.12 (between pp. 78-9)在1776年8月22日荷兰东印度公司与源泉行的陈源泉（Chowqua,又称Tan Tsjoqua）、万和行的蔡世文（Monqua,又称Munqua）、源顺行的伍国昭（Geowqua,又称Kiouqua）以及谭家的Pinqua的往来中称，这些人将相互承保，在本季节提供给荷兰东印度公司所有货物将作为贷项，抵偿因义丰行资不抵债所欠下的债务。

② Ch'en, *Insolvency*, pp. 96 (Table 2.7), 267-8 and 411 n.93; Cheong, *Hong Merchants*, p. 264; Van Dyke, *Merchants of Canton and Macao*, p. 134 and Plate 07.07 (between pp. 78-9).

保密财务报告。[①] 这项措施从1790年开始生效。

1788年，一代潘启官（Puankhequa Ⅰ）去世后，外洋行行会的高级或总商的职位空缺出来。他的儿子二代潘启官潘有度（Puankhequa Ⅱ）拒绝继承他父亲的职位。粤海关监督任命万和行的蔡世文（Munqua，文官）担此重担[②]——因为论资排辈，万和行蔡世文（Munqua）排在第二级。但是蔡世文（Munqua）的万和行实力并不强。1780年，他通过与外国债权人达成长期付款协议，勉强躲过资不抵债起诉。在蔡世文（Munqua）成为总商后不久，早期浩官（Howqua，林时懋）[③]收入仅敷支出的商号，1788年12月在与美国人的一笔糟糕交易中失败了。[④] 蔡世文（Munqua）被要求领导团体缴付大量关税欠款，并在1789年安排处理外国债权人对这一倒闭商号的索赔。[⑤] 担任总商的蔡世文（Munqua）在他的商号于18世纪90年代经历商业困境后，各种费用开支的压力更加沉重。蔡世文（Munqua）随后病倒了。1795年让他的兄弟Seequa（该行商姓名无从知晓）来管理他商行的事务，情况进一步恶化。蔡世文（Munqua）自杀未遂。在茶叶供应商的催债压力下，他吞鸦片自尽，于1796年4月10日去世。"他商号里的一切都陷入混乱之中。"[⑥]蔡世文的兄弟Seequa被授权接管商号，商号同时被给予"免除各种收费"的特权，在1797年夏天，更多以前不为人知的海关债务被披露出来，商号倒闭了。粤海关监督指派广利行的卢观恒（Mowqua Ⅰ，茂官一代）负责处置商号的事务。理由是卢观恒（Mowqua Ⅰ）

---

① Ch'en, *Insolvency*, pp. 96 (Table 2.7), 209, 283-91 and 411 n.94; Cheong, *Hong Merchants*, pp. 91, 115 n.120, 197, 211 and 264; Fairbank, *Trade and Diplomacy*, Vol. I, p. 49; Morse, *Chronicles, Vol. II*, p. 181; Fu, *Documentary Chronicle*, pp. 317-8.

② Ch'en, *Insolvency*, pp. 22 and 308.

③ 这位林姓的浩官（Howqua），与伍氏浩官不同，和其他声名显赫的行商没有家族或其他方面的联系。Ch'en, *Insolvency*, pp. 279-80; Van Dyke, "Tan Suqua and Family," p. 21 n.49.

④ 山茂召在其日记中将事件描述如下："他拖延履行合同——几乎不去打理他的商号而吸食鸦片，在被宣布破产，财产被没收后，于12月24日潜逃。"Quincy, *Journal of Samuel Shaw*, p. 301.

⑤ Ch'en, *Insolvency*, pp. 214 and 283; Cheong, *Hong Merchants*, p. 115.

⑥ Ch'en, *Insolvency*, pp. 215 and 308-9; Cheong, *Hong Merchants*, pp. 170 and 172.

在1792年成为一名行商之前，虽然用自己的账户进行贸易，但是挂的是蔡世文万和行（Munqua's hong）的牌照。卢观恒（Mowqua Ⅰ）执行了粤海关监督的命令，但要妥善处理债务承担问题，还需要经历谈判和妥协。行商们同意在卢观恒（Mowqua Ⅰ）签署的新协议中不再要求他缴纳行用，以便他能赚取利润，用于填补万和行蔡世文（Munqua Ⅰ）的开支。[①]

1795年石中和（Gonqua，琼官）而益行的倒闭是因为请求延长1794年9月18日向政府缴纳关税的最后期限引发的。石中和（Gonqua，也被称为Shy Kinqua Ⅱ，石鲸官二代），是1788年由其父亲石梦鲸（Shy Kinqua Ⅰ）创立的而益行的接班人，与英国东印度公司有着特殊的互信关系。1794年10月，他承认动用了由他照管的94个装有东印度公司资金的密封箱（总共47万元）里的资金。他还拖欠了其茶叶供应商的款项。尽管如此，东印度公司还是决定与石中和（Gonqua）合作，帮助他履行茶叶合同，以减轻损失。大约三周之前，石中和（Gonqua）向粤海关监督舒玺（乾隆五十九年十月任）请求延长关税纳税期限。粤海关监督要求并得到了石中和（Gonqua）提供的一份其商号财务状况的报告，其中（如表4-1）列出而益行的资产和价值：

表4-1　而益行的资产及其价值表（单位：两白银）

资产	价值
房屋和稻田	608 856两
新旧未销售（库存）茶叶	229 428两
库存未出售货物	130 075两
钟表收藏品（珍奇洋货sinsongs）	222 650两
对欧洲人的债权	118 160两
对铺商的债权	50 000两
对中国人的债权	9 388两
来自公所基金的信贷	70 000两
拥有西城行黎颜裕（Loqua）的财产份额	40 000两

[①] Ch'en, *Insolvency*, pp. 20, 51-2, 215-6, 309 and 311; Cheong, *Hong Merchants*, pp. 170 and 172-3; Morse, *Chronicles, Vol. II*, pp. 300-1.

有关行商的财务状况的报告很少被披露。石中和（Gonqua）的财务状况之所以被知晓，是因为其内容从粤海关监督的衙门里泄露出来的，这使得中国债权人陷入恐慌，加速了而益行倒闭的进程。[1]

粤海关监督对这些披露和中国债权人的恐慌作出了回应，指令五家主要的行商（万和行蔡世文［Munqua］、同文行的第二代潘启官潘有度［Puankhequa II］、源顺行的伍国昭［Geowqua］、广利行卢文蔚［Mowqua，茂官］和怡和行的伍秉鉴［Puiqua，沛官］）如果可能的话，"在不向皇帝求助"的情况下管理和接手而益行清算事务。根据英国大班的说法，粤海关监督"非常焦虑，这件事千万不可传到皇帝的耳朵"。[2]粤海关监督将石中和（Gonqua）的而益行委托给清算代理人或接管人，重复了两年前为应对源泉行（Chowqua II，周官二代）1792年的倒闭而启动的程序。[3] 在前一宗案件中委任的四名接管人，在1797年之前，负责经营商号，出售源泉行（Chowqua II）包括著名的河南花园在内的资产，并完成了与债权人的全部清算。但是石中和而益行（Gonqua）的债务要大得多。他仅关税这一项几乎就欠了近20万两白银（277 778元）。英国东印度公司估计而益行对外负债总额为1 735 465两白银（2 410 368元）：欠东印度公司100万两白银（1 388 889元）；欠美国和港脚船310 465两白银（431 201元）；425 000两白银（590 278元）期票（定期债务）。石中和（Gonqua）所欠茶商和其他国内债务没有留存下来的数额估计，但一定也是相当庞大的一笔。为了债权人的利益，收回了一些款项，特别是价值60万两白银的茶叶和"南京棉布"，由石中和（Gonqua）的弟弟

---

① Ch'en, *Insolvency*, pp. 275-6 and 297-302; Morse, *Chronicles, Vol. II*, pp. 255 and 261-2.

② Ch'en, *Insolvency*, p. 303.

③ Ch'en, *Insolvency*, p. 295.

兼助理石怀连（Wyequa）交给东印度公司。[①] 而益行的五位接管人（其中三人也是源泉行的接管人）尽了全力，但仍不能协调解决而益行的事务。

石中和（Gonqua）于1795年4月10日，按照欠下他们各自债务的相应比例"将房地契交给了他的茶商债权人"。这使外国债权人感到愤慨，石中和（Gonqua）这一举动因此摧毁了任何进一步与外国贸易的前景。这些房地契后来在支付茶商超过10万两白银（138 889元）后赎回，主要用黄金，1795年5月由兄弟石怀连（Wyequa）代表石中和（Gonqua）转付。[②] 英国东印度公司和其他私人债权人的反应是向粤海关监督告状，抱怨石中和（Gonqua）的而益行未偿还所欠债务。

石中和（Gonqua）而益行的倒闭是贸易史上第二大倒闭案，该事件于1795年7月末向皇帝禀报。在商号的清算资产偿还海关债务后，仍欠下外国债权人60万两白银（833 333元）。行商被勒令以每年支付10万两白银（138 889元），分六年偿清这笔总数。[③] 每年应付东印度公司的款项（28 532两白银，39 628元）实际上是以账面过账方式支付的，而不是现金；"商定在每一季，大班应将每个行商账户应付公司款项及总金额计入借方。这是双方都能接受的。"[④]

在债务申诉书提出不久后，石中和（Gonqua）和石怀连（Wyequa）就被南海县令逮捕了。他们被允许住在租来的房子里，有看守值守，收取费用。[⑤] 1795年6月23日，应石中和（Gonqua）自己的请求，他被县令

---

① Ch'en, *Insolvency*, pp. 301-3; Cheong, *Hong Merchants*, pp. 127 n.120, n.122 and n.123［Cheong说到，而益行的石中和（Gonqua）欠东印度公司934 000两白银，欠港脚商586 922两白银］; Morse, *Chronicles, Vol. II*, p. 262.

② Ch'en, *Insolvency*, pp. 299-301 and 304-5; Morse, *Chronicles, Vol. II*, pp. 261.3.

③ Ch'en, *Insolvency*, pp. 305 and 96 (Table 2.7); Cheong, *Hong Merchants*, p. 212; Morse, *Chronicles, Vol. II*, pp. 271, 284 and 298.

④ Morse, Chronicles, *Vol. II*, p. 272.在而益行的石中和于1797年5月12日第二次分红中，东印度公司得到28 532两白银（合计39 628元），欧洲散商分得69 300两白银（合计96 250元），总共97 832两白银（合计135 878元）。Morse, *Chronicles, Vol. II*, p. 284. 1798年而益行石中和再次进行分红，与前一次分红股息数额相同。Morse, *Chronicles, Vol. II*, p. 298.

⑤ Ch'en, *Insolvency*, p. 304.

带到澳门，在那里他请求与东印度公司特别委员会的亨利·布朗（Henry Browne）主席谈话。布朗一开始拒绝了，但又妥协了，于是去了县令公署。他与南海县令谈了几分钟，石中和（Gonqua）被带了进来。正如东印度公司在记录中提到的一样，石中和（Gonqua）

> "立刻跪下，用额头一次又一次地撞击地面，这是这个国家的罪犯屈从的写照，直到内务府官员命令他起身，他和他所有的侍从和另外两个商人万和行的蔡世文（Munqua）和同文行的潘启官（Puankhequa）立即起身离开了房间。石中和（Gonqua）随后恳求布朗的同情……这个囚犯身着粗糙的马甲和罩衫，穿着白色［服丧］的鞋，没有穿袜，他的头发留得相当长（而不是修剪得很整洁），脖子上和两个手腕上都带着枷，整个外表都很肮脏，正和他想要扮演的角色相映衬。面对这样一个经历了时运逆转的人，不大可能不产生一丝同情，更何况那些与之长期友好相处与密切来往的人。布朗情不自禁地陷入怜悯与追究的两难困境，极大削弱了他们的势力。"①

债权人认为石中和（Gonqua）和石怀连（Wyequa）已经藏匿资金，而粤海关监督和总督可以收回这笔钱。这些都是致命的信念。石中和（Gonqua）被关在广州的监狱里，并且死于1796年2月27日，原来他在监狱中遭粤海关监督的一名代理反复拷打，代理应愤怒的茶商债权人的要求，强行对其施压。石中和（Gonqua）"遭受了三次笞刑，最后一次是在脸上，严重到引起了剧烈的炎症，结果牙齿全都掉了下来；接下来是发烧，过两天就结束了他的生命……"他的弟弟石怀连（Wyqua）于1796年1月22日被发配到伊犁充军，似乎因为流放反而幸存了下来。②

石中和（Gonqua）案得到了详细的审视，因为这起案件的档案异常完

---

① Morse, *Chronicles, Vol. II*, pp. 270-1.
② Ch'en, *Insolvency*, pp. 305-6; Morse, *Chronicles, Vol. II*, pp. 271-2.

整。但他倒闭的原因尚不清楚。与吴昭平（Eequa）不同（他在1790年就倒闭了），石中和（Gonqua）似乎很受欢迎并且信誉度很高。他的失败可能不过是一段时期经营损失积累的结果。石中和（Gonqua）本可以很容易掩盖损失，因为他被认为是可靠的，毫无疑问，他渴望未来更好的日子。当行商危机爆发时，外国人相对较轻松。他们一直都很喜欢石中和（Gonqua），并且有集体担保赔付他债务的优势。然而石中和（Gonqua）不受保险的国内债权人非常愤怒，而更多的是由于违背了长期存在的高度信任。历史学家们已经提及一些反债务人的愤怒，以及绝对相信在1795年石中和（Gonqua）和石怀连（Wyequa）已经隐藏了一笔"可观的财富"。然而，证据同样支持对情况的相反看法。①

　　石中和（Gonqua）在上述可怕的环境下，死于监狱。石怀连（Wyequa）被流放到遥远的新疆伊犁充军，在当时，伊犁本身就是一个悲惨的地方。的确，为了债权人的利益而支付的款项来自这些债务人或其亲属，但随着时间流逝，这些赔付的数额急剧减少。首先，60万两白银（833 333元）支付了茶和"南京棉布"。这似乎一直作为贸易商品。接下来，需要支付十万两白银的价款（138 889元）——大部分最终以黄金支付。这可能是家族的储蓄吗？最后，石怀连（Wyequa）的母亲蔡夫人在随后近十年支付了1 680两白银（2 333元）——试图结束他儿子的流放。这些资金可能是她自己的吗？很有可能每一笔赔付都是来自基金外部，由关心石中和（Gonqua）或石怀连（Wyequa）的家庭成员或其他人支付，并希望阻止或免除他们所遭受的严刑拷打。如果债务人确实在"秘密贮藏

① Ch'en, *Insolvency*, pp. 303（"来自他们隐匿的财产"），305（"取自他们隐藏的存货"）and 307（"很明显，他仍然拥有一大笔财产"）。留存的关于行商债务案件的档案多由债权人保管。因此，如前面的例子一样，这些账目只提供胜诉债权人对主要事件的看法。历史记录可能不经意地采纳了贯穿这个原始材料的反债务人偏见。看一个例子，Ch'en, *Insolvency*, pp. 306 [1706年而益行的石怀连（Wyequa）应当受到惩罚] 以及350-1 [引用英国东印度公司的话说，福隆行关成发（Manhop Ⅱ）被流放，1828年出发时"其做派更适合一个富有官员的地位，而不是一个即将遭受惩罚堕落的破产商人。"] 行商应当受到更多中立的报道。

库"中拥有资金，这些资金看起来不是很早就被用尽了，就是受到特殊有效保护，使得债务人自己在需要的时候都无法得到。债权人会期望债务人已经尽其所能付出最大努力，通过从每一种可能的来源筹集到现金来偿还自己。事实上，严刑拷打的目的就是激励他们这样做。很难相信，石中和（Gonqua）宁可选择死亡而不去用尽他的私人储蓄账户来偿还债务。因此，将这三笔赔付视为对而益行股权投入步骤的真实写照，或许会更有建设性——但被投入了反向操作中。首先收回的是当期交易性资产（货物）。其次是以前贸易积累的利润，以储蓄形式持有（主要是黄金）。最后收回的是成立商号时投入的最初一笔家族资金，虽然数量不多，但却好比一棵生长着的大树最初播下的种子，而益行这棵大树最终在1795年倒下。

随着商号继续倒闭，公所基金在18世纪八九十年代承受着压力。这反映出行会面临的商业压力，包括在广州竞争的欧洲国家贸易公司时代的结束，海盗活动的加剧，以及老生常谈的资本不足问题。更根本的是，公所基金减少的状况反映了1780年采用的担保制度的脆弱性。无论是公所基金还是支持它的行用税都没有独立存在或者得到保护。虽然资金和税收受到行商和政府的密切监督，但各监督者之间都存在着严重的利益冲突。该基金的外国债权受益人的利益，无论是现存的还是潜在的，都不是首先关心的问题。政府官员经常为了自己的需要而动用公所基金。监督的功能帮助他们知道什么时候才是最好的榨取时间。对政府的缴付被列入该基金最初用途清单。那些年国家的需索猛增，反映了乾隆时期晚年的社会失序和一种贪得无厌的风气。从行商角度来说，他们并无动机将基金维持在最高水平。与某些现代私人养老金计划一样，它们支付的是所要求的最低数额。行商正处于压力之下，他们无疑觉得持有资金并获得投资回报是明智的做法，而不是简单地将现金存入公所基金的金库里。行用税是按规定对贸易征收并存入基金的，但被当期支出所消耗。基金没有盈余，到18世纪末，公所基金的钱箱都枯竭了。

　　就如上文所述，外国债权人在1780年至1799年期间对该基金提出了大量的索赔。这些索赔的大部分经广州官员批准，并指派由行商赔付，尽管根据中国法律，他们贷款的来源是非法的。即使有了这些好处，外国债权人在18世纪90年代期间也开始认识到，在1780年的担保计划下，没有什么是免费的。外国商人和他们的客户承担了广州担保制度的成本。他们为贸易缴纳了一般税收行用税，而且，往往紧随外国要求动用枯竭的公所基金钱箱进行集体担保赔付，还受到间接价格上涨的影响。当贸易环境变得更加困难时，这种认知促使外国对19世纪早期行商的资不抵债作出回应。

第五章 三大灾祸：战争、海盗和诉讼
（1800—1814）

在行商债务集体责任制度的最初20年，其程序是直接的。这期间有许多行商商号倒闭。在少数情况下，债务能够由继任行商承接或者得到清算。但在多数情况下，债权人的索赔通过官方债务处理程序认定，并要求其他行商在一段时间内赔付对倒闭商行的获准索赔数额，不附利息。根据官方债务处理程序，1780—1799年期间，行商团体对1 621 000两白银（22 511 388元）的违约对外债务承担集体责任。

接下来的15年（1800年至1814年），在欧洲和亚洲发生的战争、华南沿海的海盗活动以及在美国的债务坏账和清收诉讼，都困扰着广州贸易中的中国人和西方参与者。只举这些年问题的一个例子，两艘美国商船在1810年被丹麦海盗劫持，船上所载的中国货物价值12.8万元。其中有一艘商船载有沛官（也称浩官二世，即伍秉鉴）价值5.8万元的茶叶，还有价值3.2万元的茶叶属于丽泉行潘长耀（Conseequa，昆水官）。另一艘商船则载有价值3.8万元的茶叶，这些茶叶属于不同的广州商人。[①]当时，行商沛官的财务状况良好，唯有他能够承担这些损失。到1810年，丽泉行潘长耀已陷入严重的债务困境，相比之下，他被丹麦海盗抢劫3.2万元的茶叶损失几乎可以忽略不计。在这段困难时期，外国债权人一般都避免通过官方诉讼来追讨行商所欠债务，因为他们担心大量求助于集体担保可能摧毁

---

① Mazumdar, *Sugar and Society in China*, pp. 115-6.

整个广州行商团体。

前文概述的基本贸易制度保持不变。当一艘外国船只抵达广州时，它被指派给一名行商负责（担任保商），保商为该船只缴纳货税提供担保，并对船员行为负责。关税是根据一套复杂的规则征收的，从测量抵港船只开始实施，外国贸易商发现这些规则难以理解。外国船只进港所载货物的销售和离港所载货物的采购并不一定要由保商负责，但保商通常能够从与该船只有业务往来的行商那里获取一些报酬。广州贸易对清朝帝国具有重要的意义，进出口商品种类繁多。茶叶是当时的主要出口产品，但也有许多其他产品被运往海外，比如藤垫、散装瓷器和精美瓷器，以及烟花爆竹。[①] 主要进口商品包括金银、大米和棉花，以及从印度和土耳其非法和未缴税走私过来的鸦片。与中国商人的交易需要经过认真的谈判。起初，这是大班（外国商船的商务官员）的工作。但随着时间的推移，与当地有联系和贸易专业知识的商号在广州兴起，这些商号作为远程外国委托人的代理人与行商直接签约。

根据广州体制，作为享有对外贸易垄断权的一个条件，行商被要求向当地官员报告。最直接负责的中国官员是粤海关监督（Hoppo）。粤海关监督直接向北京的内务府报告。广州的另外两名高级官员，两广总督和广东巡抚，在涉及外贸的更为严重的问题或争端时偶尔会参与。当外国债权人根据集体担保提出索赔，而下令由行商赔付，这一指令必须通过广州官员申报并得到北京方面的最终批准后才能生效。

尽管广州体制的程序与早些年份大致相同，但在1800年至1814年，贸易本身呈现出一个新的特征。特许的欧洲各个国家贸易公司之间的竞争时代已经结束，英国东印度公司成为广州占主导地位的外贸公司。来自美国、英国和其他国家的独立私人贸易商也变得越来越重要。虽然他们的船

[①] Nancy Ellen Davis, "The American China Trade, 1784—1844: Products for the Middle Class" (Ph.D. diss., The George Washington University, 1987).

只往往比较小，但他们抵港的数量越来越多，他们的活动改变了贸易。行商被迫调适以满足强大的英国东印度公司的要求，同时也须适应外国私人商人带来的变化。鸦片走私贸易呈上升趋势，行商的贸易垄断权也越来越多地被行外商人的贸易侵蚀。由美国船只运往广州的金银币，推动取代了原先由欧洲贸易公司带来的金条和银条，并让美国船只的大班们成为理想的贸易伙伴。在这些转型年份，浩官二代（怡和行的伍秉鉴）与美国商人建立了强大的联盟，他避免了赊账的增长，并保持了生意兴隆。昆水官（丽泉行潘长耀）也与外国独立私商进行了大量贸易，但是他向美国人提供了大量的赊款，最终成为这段困难时期的牺牲品。

1. 行商（1800—1814）

18世纪末期的多家行商倒闭，使得外洋行在1800年已经处于脆弱状态。当时尚存8家行商。其中，潘启官第二代（同文行行商潘致祥，即潘有度）和茂官一代（广利行行商卢观恒），都处于很好的经营状态，是总商（the senior merchants）。[1] 其他6位行商分别是：

> 仁官（Yanqua），义成行行商叶上林，1792年（乾隆五十七年）承充。
> 沛官，亦即第二代浩官（Puiqua，Howqua Ⅱ），怡和行行商伍秉鉴，1792年（乾隆五十七年）承充。
> 第二代侣官（Gnewqua Ⅱ），接充会隆行行商郑崇谦。
> 磻官（Ponqua），达成行行商倪秉发，1792年（乾隆五十七年）承充。
> 章官（Chunqua Ⅰ），东生行行商刘德章，1794年（乾隆五十九年）承充。
> 昆水官（Conseequa），丽泉行行商潘长耀，1796年（嘉庆元年）承充。[2]

---

[1] Ch'en, *Insolvency*, pp. 15 and 20-21; Hummel, *Eminent Chinese*, p. 605.

[2] Ch'en, *Insolvency*, pp. 15 and 19-21.

仁官（义成行行商叶上林）在他经营的10年里生意兴隆。1804年，他自请退办行务的请求获得粤海关监督批准。这是1760年以来第一次有行商顺利撤资退出。英国东印度公司认为这是一个积极的信号，因为可以鼓励"有身份的"人加入公行，而不用担心无法退出问题。[1]然而，这一事件没有任何示范意义。1804年，茂官（广利行行商卢观恒）欲求歇业，但遭到阻挠，他被迫继续经营，直到1812年去世。三年后，据说同文行行商潘致祥为了获准歇业，以50万元的代价才如愿以偿，但在1815年取消了1807年给他退出的授权。怡和行行商伍秉鉴在1807年提出了歇业申请，但被拒绝。结果1812年茂官卢观恒去世后，伍秉鉴接任总商。[2]即使获准"歇业"，叶上林（Yanqua）及其家族仍继续受到广州官员压迫为国家需求付款。[3]

1813年春，粤海关监督向朝廷奏报了行商脆弱的财务状况。奏章引起了大臣们的重视。很快有人奏请选择两名或更多资深行商充当行商团体的管理者，拥有订立契约和价格议定的全面权力。英国东印度公司坚决反对，并以拒绝卸载其船货作为回应，直到1814年2月该提议被撤回。[4]

---

① Ch'en, *Insolvency*, pp. 312-7; White, "Hong Merchants," p. 93; Van Dyke, *Merchants of Canton and Macao*, pp. 195-7.

② Ch'en, *Insolvency*, pp. 126, 316 and 394 n.58; White, "Hong Merchants," pp. 94-5.

③ Ch'en, *Insolvency*, p. 316; Van Dyke, *Merchants of Canton and Macao,* p. 196.

④ Greenberg, *British Trade*, p. 52; Morse, *Chronicles, Vol. III*, pp. 194-7 and 202-3.

图5-1　一位行商。史贝霖（关作霖，Spoilum）于1800年前后创作的油画肖像。（私人收藏。照片由伦敦的马丁·格雷戈里画廊［Martyn Gregory Gallery］提供。）

　　1800年外洋行的8名行商中，只有4名幸存到1814年，他们是潘致祥（Puankhequa Ⅱ，1815年复充行商），沛官（Puiqua, Howqua Ⅱ，伍秉鉴），章官（Chunqua Ⅰ，刘德章）和昆水官（Conseequa，潘长耀）。[①] 1813年，潘长耀是在英国东印度公司和其他外国债权人接管下维持运营的五名初等行商之一。潘长耀在广州作为债务人和在美国众多法庭上作为债权人的经历，是一个引人瞩目而且具有启发性的故事，在下文将进行讨论。在1800年至1814年期间获准加入公行的7名行商中，有4名行商是1813年由新行商

①　Ch'en, *Insolvency*, p. 16.

接管（与潘长耀一起）而终结，分别是东裕行行商谢嘉梧（Goqua Ⅰ），[①]
西成行行商黎颜裕（Loqua，Exchin Ⅱ）[②]，福隆行关成发父子（Manhop Ⅰ
and Ⅱ），以及同泰行行商麦觐廷（磻官，Poonequa）[③]。邓兆祥（Inqua）
1802年新充行商，1810年即亏饷潜逃。万成行行商沐士方（Fonqua）1807
年新充行商，1809年即已倒闭，部分原因是他为了获准充任行商花费了7万
元的代价，使得他只有很少的营运资本[④]。万源行行商李协发（Fatqua Ⅰ，
发官一代）与沐士方的情况一模一样，但在其亲戚卢观恒和其他人的资助
下勉强维持。[⑤] 一个可喜的例外也许是，天宝行梁经国（Kinqua Ⅰ，Kingkua
Ⅰ，经官）尽管财务困难，据说在1813年至1815年还参与了危险的缴付关税
的“购买特权”活动，它幸存下来，并在随后的几年里继续经营。[⑥]

　　1800年公行的8名行商中的2名很快陷入困境。会隆行行商郑崇谦在

---

① 1806年，粤海关监督批准谢嘉梧加入周信昭（Iyqua）于1804年成立的商行。谢嘉梧原为一
名总通事，但他本人愿意承充行商。不到两年，周信昭被粤海关监督勒令退休，谢嘉梧正
式承充行商。参见Ch'en, *Insolvency*, pp. 19 and 317.

② 黎颜裕（Loqua，也称Exchin II）于1802年加入外洋行，成为西成行的业主。西成行由他的
父亲（Exchin I）创办，该行长期以来一直从事向英国东印度公司供应瓷器的业务，虽然规
模不大，但利润丰厚。黎颜裕的父亲设法躲过了加入公行，黎颜裕是在什么情况下成为公
行成员还不清楚。西成行虽然出生普通，资本也很有限，但它发展很迅速，1809年它在英
国东印度公司茶叶业务中的份额也增长到两份。黎颜裕向美国人提供了大量贷款，但有时
并不成功，并参与了与印度代理商和巴斯商人的投机生意。到18世纪10年代末期，西成行
已经负债累累，经常拖欠关税。参见Ch'en, *Insolvency*, pp. 339-41以及*Exsching Looqua v.
Dexter*, June term 1815, Records of the Circuit Court of the United States for the District of
Rhode Island, Record Group 22, Federal Archives and Records Center, Waltham, Mass.

③ 同泰行由麦觐廷（Poonequa）于1811年创立，它的情况与西成行类似。麦觐廷信誉良好，
同泰行有一名伙计或是合伙人（名叫Youqua）被认为具有非常好的茶叶鉴别能力。同泰
行的生意十分兴隆。到了1811—1812年贸易季，同泰行在英国东印度公司茶叶业务份额中
已经占到两份。不幸的是，同泰行的商业经营能力似乎比它对茶叶的鉴别能力要差。1811
年，它陷入了严重的财务困难。1812年，英国东印度公司认为同泰行已经欠了港脚商人约
60万元债务，同时还欠中国商人约40万元。参见Ch'en, *Insolvency*, pp. 345-6.

④ 沐士方与英国东印度公司的业务合作很少（英国东印度公司对跟它合作比较谨慎），他与港
脚商人做生意。其他行商都认为港脚商人占了沐士方的便宜。万成行经营不到两年就倒闭
了。参见Ch'en, *Insolvency*, pp. 19, 317-8 and 320.

⑤ Ch'en, *Insolvency,* pp. 19 and 363.

⑥ Hummel, *Eminent Chinese,* p. 501; Morse, *Chronicles, Vol. III*, p. 195; White, "Hong
Merchants," pp. 99 and 155.

1800年和1801年结束的贸易季节就曾一度被认为濒临倒闭，但在1801年他从其他行商那里获得了2万元的贷款，用于缴纳关税。[1] 倪秉发的达成行则被迫采取了绝望的做法，包括代为支付行外商人或港脚商人的代理人所欠的关税这种"购买特权"活动。在1802年至1803年贸易季结束时，它背负着超过210万元的巨额债务，几近倒闭。[2] 倪秉发与债权人达成一项协议，约定国内债权人的索赔将被大打折扣，所有债务在未来数年内偿还，并借助外力改进达成行的经营。[3] 郑崇谦和倪秉发的业务举步维艰。英国东印度公司则宁愿继续与郑崇谦和倪秉发进行业务合作，而不愿看到他们这些行商崩溃给整个贸易带来负面影响。[4]

2. 政府的需索（1800—1814）

在19世纪初期那些多灾多难的年份，广州官员对公所基金以及行商们的索取还在大幅增加。正如研究英国东印度公司的历史学家霍齐亚·巴卢·马士（Hosea B. Morse）所指出的，公所基金"在正税之外的官府勒索是如此之重，以至于其无法满足当初设立基金的目的"——赔付倒闭行商的债务。[5] 费正清（John King Fairbank）在谈到这一时期清政府在广州和全国各地的压榨风气时表示，"更令人同情的是，1800年以后的清王朝无疑是在抓住每一根救命稻草以维持自己的统治"。[6]

英国东印度公司的档案显示，19世纪初期公所基金承担的支出款项急剧增加。1801年到1808年期间没有发生外债赔付，因为18世纪末期被要求

---

[1] Ch'en, *Insolvency*, pp. 229-30 and 327.

[2] Ch'en, *Insolvency*, pp. 175-6, 231, 323; Morse, *Chronicles, Vol. III*, p. 195.

[3] Ch'en, *Insolvency*, pp. 231-2 and 323; Morse, *Chronicles, Vol. II*, pp. 403-4.

[4] Ch'en, *Insolvency,* pp. 231-3.

[5] Morse, *Chronicles, Vol. III*, p. 112.

[6] Fairbank, *Trade and Diplomacy, Vol. I*, p. 52（"不管怎样，广州的结果是很清楚的，'压榨'传统发展到了中国历史上罕见的程度，甚至允许桑瑟姆（Sansom）所说的'原则与实际之间的差异'成为惯例"）。

赔付的外债已经结清。1809年至1810年发生的三家行商倒闭留下了170.6
万两白银（合2 369 444元）的外债，要在此后数年内偿还。尽管这些债务
数额十分巨大，但从未发现有人打算根据这些损失去调整行用的费用标
准，也未发现有人打算对其后的偿付风险进行评估，或者基于对未来风险
的估计去调整行用缴纳数额。尽管自从18世纪90年代最后的索赔完成赔付
已经过去8年时间，而且公所基金也通过征收行用税补充了资金，外国债
权人还是非常担心公所基金无力满足1809年至1810年期间产生的索赔。这
次英国东印度公司下定决心了解公所基金的收支情况，有关公所基金这段
时间财务状况的有限信息就是英国东印度公司这一努力的结果。"虽然经
历了一些困难"，但英国东印度公司在1813年确定，在此前几年公所基金
每年支付的款项如表5–1所示：[①]

表5-1　公所基金支付款项，1806—1813（单位：两［白银］/元［西班牙银圆］）

年份	金额
1806—1807年	691 000 两（951 722元）
1807—1808年	592 000 两（822 222元）
1808—1809年	740 000 两（1 027 778元）
1809—1810年	885 000 两（1 229 167元）
1810—1811年	619 000 两（859 722元）
1811—1812年	763 000 两（1 059 722元）
1812—1813年	698 000 两（969 444元）

[①] Morse, *Chronicles, Vol. III*, p. 193（"以上金额包括我们能了解到的由政府下令向行商征收
的各种捐输，通常这些捐输用于支付国家紧急情况下平息叛乱的军饷和武器费用，维修加
固黄河以及其他主要河流、运河的堤防，分期偿还破产行商的债务，购买钟表和其他机械
物件，以及每年向多名政府官员支付的捐赠费用，这些征收的捐输每年由所有行商共同承
担。其连接模式似乎是，政府要求的金额是按照进出口的一定比例，原来按照3%征收被认
为是足够的，但随着费用的增加以及外贸的减少，这一比例决不能满足需求，实际比例可
能超过7%"）。

在1802年和1803年，从公所基金上贡给皇帝的"土贡"猛增到每年15万两（208 333元），而不是通常的每年5.5万两（76 389元）。据说，在此之前，不堪重负的行商们与粤海关监督佶山之间发生了一系列冲突。粤海关监督佶山通过报告行商们"自愿"向宫廷大幅提高上贡银数来寻求对行商全体的惩罚。[1] 在1805年和1806年，这里有更多的细目。每年向皇帝报效贡银55 000两，进贡珍奇洋货（1805年因此花费15万两白银，1806年花费20万两白银），用于给大臣们作为礼物。1805年为打击海盗需要造船，花费3万两白银（41 667元），1806年花费7万两白银（97 222元），此外两年里的黄河防洪救灾花费37 500两白银（52 083元）。其他还有地方和全国层面的军事开支，1805年为80 000两白银（111 111元），1806年为81 666两白银（113 425元）。[2] 为满足这些目的，从公所基金中拨出的款项总额在1805年达到357 900两白银（497 083元），1806年达449 566两白银（624 397元）。

1817年，6家小行商向英国东印度公司寻求财务支持，英国东印度公司要求他们披露过去10年公所基金的支出情况。他们提供的1807年至1816年支出详细清单显示，在此期间共从公所基金支出3 438 057两白银（4 775 079元）。[3] 每年的支出从1811年最高的568 000两白银（788 889元）到1807年最低的194 166两白银（269 675元）不等。平均每年支出343 805.7两白银（477 508元）。10年期间赔付外商债务总计1 338 000两白银（1 858 333元），占10年期间基金支出总额的39%。[4] 唯一不变的年度支出是按例进献皇帝的"土贡"55 000两白银（76 389元），共计55万两白银（763 889元），占10年期间基金支付总额的16%。其他大额的经常性费用为：黄河防治救灾553 500两白银（768 750元），占基金支出总

① Ch'en, *Insolvency*, pp. 97-98.

② Morse, *Chronicles, Vol. III*, p. 62.

③ Morse, *Chronicles, Vol. III*, pp. 309-11; Cheong, *Hong Merchants*, pp. 224-25.

④ Morse, *Chronicles, Vol. III*, pp. 309-11.

额的16%；[1] 1807年至1812年期间打击海盗花费339 800两白银（471 944元），约占10%；[2] 地方和国家层面的军事开支329 757两白银（457 996元），约占10%；[3] 以及1814年至1816年山东赈灾支出9万两白银（12.5万元），占3%。非经常性的临时开支包括：1809年皇帝生日礼物花费12万两白银（166 667元）；会隆行郑崇谦倒闭导致的非外债花费73 700两白银（102 361元），包括郑崇谦拖欠的税款以及他拖欠公所基金的行用（共计193 700两白银，269 028元，约占10年期间基金支出总额的6%）。上述小行商提供的数据可能会引起质疑，包括他们是否能够获得完整、准确的公所基金数据，而他们向英国东印度公司申请贷款支持是否会使他们有动机向英国东印度公司提供有偏差的数据，但总体上看，这些数据与其他渠道可以获得的官府苛捐杂税数据相比，在数量和趋势上是一致的。

3. 贸易环境（1800—1814）

19世纪的最初25年，对于从事国际贸易的商人们来说，是充满高风险同时也有潜在高回报的一段时期。发生在欧洲及亚洲的拿破仑战争，对中国的对外贸易和国内经济都产生了重大影响。作为贸易的血脉，白银向中国的流入多次中断。1807年12月22日实施的美国贸易禁运阻止了美国白银流入中国，直到1809年3月才解除，许多从事对华贸易的美国商人因此破产。1812年英美战争也影响了美国白银的流通，这场战争一直持续到1815年。西班牙属美洲地区的反抗活动大幅削减了长期以来经由马尼拉流入中国的南美白银，与此同时，印度与伦敦之间开放的贸易提供了迅速获得回报的商业机会，从中国分流了资金。因此，1800年至1814年期间广州的海上贸易受到了现金严重短缺的影响。在此情况下，外国商人开始拓展私人

---

① Morse, *Chronicles, Vol. III*, pp. 309-11.

② Morse, *Chronicles, Vol. III*, pp. 309-11.

③ Morse, *Chronicles, Vol. III*, pp. 309-11 .

钞票和票据的使用为贸易提供融资，而在此之前贸易主要用现金结算。[①]
行商们则没有这样易得的替代品。在此期间，他们对外国债权人的债务
激增。

　　早在18世纪90年代，沿海地区的海盗活动就已经很猖獗，而且愈演
愈烈，给当地经济造成一系列问题。海盗（土匪）拥有大量船只进行掠
夺，逍遥法外。海上贸易受到他们侵扰，1802年和1805年海盗船队甚至
一度威胁到广州和外国商馆的安全。美国领事爱德华·卡灵顿（Edward
Carrington）在1807年向美国国务卿詹姆斯·麦迪逊（James Madison）报告
说，"中国沿海地区特别是珠江口，长期以来受到海盗侵扰，海盗武装力
量之强非常令人担心。"事实证明，官军在打击海盗方面基本上没有取得
效果，直到1810年4月最终通过谈判对海盗实行招安。[②]

　　行商们受到了这些恶劣贸易环境的严重影响。美国商人彼得·斯
诺（Peter Snow）在1811年8月给爱德华·卡灵顿的一封信里写道："正
如你出发前预料到的情况一样，除了个别行商，其余行商的处境都很困
难——茂官、浩官、章官以外的行商都已无力缴付关税，听说有的行商
甚至缺少常见的生活必需品。"他提到了一个行外商人，"老图基（Old
Tuckee）大约每星期来找我一次——他说，现在中国人急需要钱——迫

---

① Weng Eang Cheong（张荣洋）, "Trade and Finance in China: 1784—1834, A Reappraisal," Business History (Liverpool), Vol. 7, pp. 34-56 (1965), pp. 40-1; Weng Eang Cheong, "The Beginnings of Credit Finance on the China Coast: The Canton Financial Crisis of 1812—1815," Business History (Liverpool), Vol. 13, pp. 70-92 (1971), p. 87; Fichter, *So Great a Proffit*:, pp. 56-72; John D. Forbes, "European Wars and Boston Trade, 1783—1815," New England Quarterly, Vol. 11, pp. 709-730 (1938); Gibson, *Otter Skins*, p. 103; Kenneth S. Latourette, "The History of Early Relations Between the United States and China," Transactions of the Connecticut Academy of Arts and Sciences, Vol. 22, pp. 1-209 (1917), p. 27 n.3; Stelle, "American Trade in Opium to China, Prior to 1820," pp. 425 and 443; Herbert J. Wood, "England, China, and the Napoleonic Wars," Pacific Historical Review, Vol. 9, pp. 139-56 (1940).

② Ch'en, *Insolvency,* pp. 85-6; Gibson, *Otter Skins*, p. 189; Leonard, *Wei Yuan*, pp. 80-3; Murray, *Pirates of the South China Coast*, pp. 85, 87-8, 105, 111, 119, 131 and 137-50; Morse, *Chronicles, Vol. III*, pp. 7-8; Anonymous, "Chinese Pirates," Chinese Repository, Vol. 3, pp. 62-83 (June 1834).

切希望你的船早日到港——我告诉他不用担心。他重重地叹了口气就走了。"①

很多美国商人也遇到了麻烦。大量商人受到贸易禁运的重创，他们的商船在港内闲置，不断产生费用，但却无法获得收入用来支付这些费用和其他费用。他们缺乏资金用来偿还禁运前借的贷款，也许越是遥远的债权人，他们的贷款就越容易被忽视。正如特洛伊的海伦被人们铭记，是因为她的美貌引起了卷入上千艘船只的战争，1807年至1809年的贸易禁运也应该被人们铭记，因为它引起了无数的诉讼。许多美国债务人拖欠中国商人在贸易禁运前借给他们的贷款，现在美国人在广州能够获得的信贷大大受限，② 许多中国商人在美国提起诉讼，要求偿还这些债务。③ 19世纪早期曾在美国联邦法院和州法院提起过债务诉讼的华人包括东生行刘德章（Chunqua Ⅰ）、丽泉行潘长耀（Conseequa）、西成行黎颜裕（Loqua ，Exchin Ⅱ）、怡和行伍秉鉴（Howqua Ⅱ）和西成行黎光远（Pacqua，Exchin Ⅲ），以及行外商人Cowqua, Eshing, Keetshing, Kingling,

---

① Letter, Peter W. Snow (Canton) to Edward Carrington, 11 August 1811, Edward Carrington Papers, Box 13, Rhode Island Historical Society, Providence, Rhode Island.
② Dennett, *Americans in Eastern Asia*, p. 85.
③ Frederic D. Grant, Jr., "Hong Merchant Litigation in the American Courts," Proceedings of the Massachusetts Historical Society, Vol. 99, pp. 44-62 (1987); Stelle, "American Trade in Opium to China, Prior to 1820," pp. 436-7.

Namshing, Thonching and Youqua。^①

4. 债务集体担保（1800—1814）

在这段困难时期的最后几年，对集体担保提出沉重的需求。1809年万成行行商沐土方倒闭后的诉讼导致了259 000两白银（359 722元）的核准外债索赔，要求行商3年按年分期无利息赔付。1810年，会隆行行商郑崇谦和达成行行商倪秉发的资不抵债诉讼产生另一个新的1 447 000两白银（2 012 609元）核准外债索赔，要求行商10年按年分期无利息赔付。在所有这些案件中，广州官员认定和指令的外商索赔赔付，产生于信贷扩大，按照清朝法律是非法的。

从1800年到1814年的15年期间，集体担保债务总额估算为170.6万两白银（2 369 444元），平均每年113 733两白银（157 963元）。虽然对于困难时期来说，这一数额似乎不算太糟糕，但是自此前的20年期间起，集体担保责任的年均数额大幅上升。1780年至1799年期间，行商团体分摊的集体担保债务总额为1 621 000两白银（2 251 388元），平均每年81 050两白

---

① Grant, "Hong Merchant Litigation," pp. 44-62. 几乎可以肯定的是，其他中国商人也曾提起诉讼，但是尚未找到有关记录。例如在费城县的民事诉讼法庭，这一时期的法庭记录已经丢失。由于美国商人、律师、书记员和法庭记录员在记录有关行商诉讼时的粗心和人名不一致，使得很难将有关诉讼的中国当事人与已知的行商和行外商人进行对应。在一起诉讼案［5 F. Cas. 649 (C.C.D.R.I. 1812) (No. 2,693)］的案卷中发现一张本票，显示原告"Chomqua"是行商刘德章（Chunqua）。刘德章的名字也被翻译成Cheongwo和Cheonqua。参见*Cheongwo v. Jones,* 5 F. Cas. 544 (C.C.E.D. Pa. 1818) (No. 2,638); *Cheonqua v. Tagert,* Apr. term 1816, No. 45, Records of the Circuit Court for the District of Pennsylvania. 行商黎颜裕在一起诉讼中为原告。参见*Exsching Looqua v. Dexter*, June term 1815, Records of the Circuit Court of the United States for the District of Rhode Island, Record Group 22, Federal Archives and Records Center, Waltham, Mass. 行商黎光远在一起诉讼中为原告。参见*Pacqua v. Pleasants*, Apr. term 1822, No. 4, Records of the Circuit Court for the District of Pennsylvania. *Morse, Chronicles, Vol. III*, pp. 208, 234, and Vol. IV, p. 57. 行外商人发起的诉讼参见：*Keetshing v. Wells*, Apr. term 1822, No. 36, Records of the Circuit Court for the District of Pennsylvania; *Kingling v. Read*, Apr. term 1805, No. 68, Records of the Circuit Court for the District of Pennsylvania; *Namshing v. Coe*, Apr. term 1826, No. 25, Records of the Circuit Court for the District of Pennsylvania; and *Thonching v. Coe*, Apr. term 1826, No. 28, Records of the Circuit Court for the District of Pennsylvania.

银（112 569元）。1800年至1814年期间，集体担保债务的年均数额比前一时期增加了32 684两白银（45 394元），增幅为40%。[①]

　　1800年以后第一次强制实施集体责任所处的情况是，行商团体对港脚商人与公行的弱小成员之间发生大量业务往来表示不满。行商沐士方的万成行开业还不到两年，就欠了港脚商人大量债务。1809年，两位巴斯债权人Hormajee Dorabjee和Dosabhae Monackjee向行商施压，要求他们赔付这些债务，否则他们到官府申诉。公行认为万成行债务太重，并表示巴斯债权人通过以高价赊销给他印度商品，利用了沐士方的弱势和困境。行商们同意代偿万成行债务须有一个条件，就是要对进口的印度棉花每担征收1两白银的费用，用以弥补成本。谈判因此陷入僵局，有关对棉花征费的消息传到英国东印度公司，英国东印度公司告诉公行，这将是港脚贸易无法接受的负担。就像他们之前威胁的那样，巴斯债权人随后禀控到粤海关监督常显、总督百龄那里，要求对万成行的债务进行偿付。总督谕令行商与债权人达成协议。随后开启了第二轮谈判，行商首先提议分三年偿还债务本金。谈判期间，先后有多项建议方案被债权人拒绝，直到最后他们接受了最后一个方案。总督随即发布了一项命令，命令三年按年等额分期偿还本金（正是行商最初提出的方案）。在一份联名奏折中，两广总督、广东巡抚和粤海关监督奏报说，此事已经依照前总督李侍尧条奏《防范夷商规条》内奏准，行商向夷人借贷勾结，按照交结外国诓骗财物处理。因此，沐士方家产被查抄，本人被革去职衔，照例发边远充军，从重改发伊犁当差，以示惩儆。他拖欠的259 000两白银（359 722元）债务由行商承担。这些债务分三年按年分期偿还，其中第二年（1810年）的还款由于当年倪秉发、郑崇谦的倒闭被严重延期。沐士方（Fonqua）欠英国东印度公司的

---

① Ch'en, *Insolvency*, p. 96 (Table 2.7).

债务由卢茂官（Mowqua）用等值茶叶抵债。[①]

　　在1800年至1814年这段困难时期，出现了两次试图逃避广州担保制度的重要尝试。与现代那些被视为企图逃避银行担保制度限制的行为比较起来，这两次尝试在形式上和实质上都有显著的不同。第一次是1810年对会隆行、达成行的接管处置。这次尝试几乎刚开始就立即被终止，受英国东印度公司邀请代管行务的中方人士被抓捕。第二次是1813年对五名小行商的接管处置。由于第二次尝试没有直接冲击按照官方垄断特许进行的行商经营，它得以正常推进。与某些现代案例的共同之处在于，这两次尝试均以失败告终，结果是由行商根据广州担保程序，认可和赔付了最终提出的巨大并可能增加的索赔。

5. 1810 年会隆行（Gnewqua Ⅱ 郑崇谦）与达成行（Ponqua 倪秉发）接管的流产

　　英国东印度公司在1809年意识到两家负债累累的行商即将倒闭。如果要求其他行商履行集体担保，将给其他行商带来超过200万元的债务负担，而且其他行商多家自身也已经陷入了困境。那年夏天，榜官（Ponqua，达成行行商倪秉发）[②]被巴斯商人Hormajee Dorabjee禀控拖欠债务24万元。总督指令行商分三年按年分期赔付这笔债务。[③]1809年11月，英国东印度公司了解到，倪秉发未将交付给他的毛织品用来向茶叶商人支付预付款（他本应当这么做），他们断定倪秉发在缴纳关税的最后期限到期时就会倒闭。[④]1809年12月，英国东印度公司收到了来自Ahoy的消息，

---

① Ch'en, *Insolvency*, pp. 96 (Table 2.7) and 319-323; Ng, "Ch'ing Management of the West," pp. 166-7.

② 倪秉发于1792年获准经营达成行。1795年而益行行商石中和倒闭造成的代偿债务将达成行推到了倒闭边缘，此后许多年达成行都处于财务困境。参见Ch'en, *Insolvency*, pp. 214-5, 229 and 294-5.

③ Morse, *Chronicles, Vol. III*, pp. 110-1.

④ Ch'en, *Insolvency*, pp. 232-4.

Ahoy是会隆行行商郑崇谦（Gnewqua Ⅱ）[1] 最后吸收的一名合伙人，已经从广州潜逃了。Ahoy报告说，他刚刚得知会隆行在国内欠了一大笔秘密债务，而且郑崇谦一直不计成本地借钱，使情况更为恶化。相比之下，倪秉发最后吸收的合伙人Shi Sanyo直到1810年2月才潜逃。[2]

对于郑崇谦、倪秉发拖欠的债务，英国东印度公司决定不向官府申诉。正如其记录所指出的，它的关切是现实的。

> "如果任由这些行商倒闭，让他们拖欠欧洲人的债务以及拖欠的关税转由其他行商承担，有的行商将无力承担，那些新充行商预计也不能偿还它们自己的到期债务了。连锁反应将导致压力越来越大，很难说这个灾难会在哪里结束，但似乎可以肯定的是，结局肯定是信心的彻底丧失，贸易面临最严重的困难。"[3]

如果向官府禀控债务拖欠，清朝官员"无疑会直接决定或者根据来自京城的指示，要求行商们在一定年限内偿还夷债。从债务规模看，这个偿债年限预计至少要6年，但更可能是8到10年。"[4]这些担忧在1807年11月费城商人约翰·吉布森（John Gibson）所写的关于集体担保的评论中也有所体现。吉布森的评论值得注意，因为他早期认为公所基金享有中国政府的担保（"皇帝最终担保他们"），同时他对该制度的实际缺陷持有冷酷的现实主义态度。"没有比相信这种担保更加错误的了，因为如果你最终通过诉诸国法（the laws of the Land）来获得赔偿，那么拖延对于你前景的伤害

---

① 1793年郑崇谦的父亲郑尚乾承充会隆行行商。1795年，郑尚谦病故，会隆行由郑崇谦接充。参见Ch'en, *Insolvency*, pp. 212, 229 and 327.
② Ch'en, *Insolvency*, pp. 233 and 235-6; Morse, *Chronicles, Vol. III*, p. 111.
③ Morse, *Chronicles, Vol. III*, p. 111.
④ Ch'en, *Insolvency*, p. 224.

可能和原有债务损失相当。"[1]

英国东印度公司决定接管这两家濒临倒闭行商的经营，并设法用它们的经营（清算）利润偿还外债。它选择通过一名破产管理人来具体实施——"为破产者利益工作的秘密人员，但在委员会监督下"。英国东印度公司进一步决定通过合并业务来节省资金，将倪秉发的达成行业务纳入郑崇谦的会隆行名下。行商不同意英国东印度公司的合并和清算计划，但英国东印度公司的档案表明，他们"也没有强烈抵制"。其他外国债权人同意按照这个计划尝试，但仍保留了最后的决定权。[2]

吴亚成（Ashing，吴士琼）曾是倪秉发的达成行总管，英国东印度公司聘他作为接管人。他于1810年2月开始代管行务，以会隆行的名义继续经营郑崇谦、倪秉发的业务。他在新一季与茶商签订的合同上盖的是自己另刻的"盛记"字号图章，而不是会隆行的原有印章。使用不同印章的目的是防止郑崇谦的债主们启动债务诉讼后，对这些茶叶实施扣押。[3]

官府很快就逮捕了吴亚成。1810年5月，他因多次违反朝廷法律被总督百龄传讯。最严重的指控是，他违反了贸易垄断，在没有得到官府许可的情况下，私自对外订立茶叶贸易合同。吴亚成还被指控违反了禁止为外国人工作的规定。他之前曾在英国东印度公司做过下等雇员，破产管理工作被认为是其受雇工作的延续。吴亚成被检控的缘由，是令人瞩目的64名国内债权人向官府抱怨这个接管的申诉。英国东印度公司方面则认为，是东生行行商刘德章（Chunqua Ⅰ）向官府通风报信，其目的是为了获得两家行商债务人与英国东印度公司的贸易份额。总督告诉英国东印度公

① John Gibson, "Observations on the manner of trading at Canton," 13 November 1807, Philadelphia, Pennsylvania (Collection of Cornell University, Kroch Library Rare and Manuscript Department) (32 pages), pp. 8-9（"公行由11名行商组成，他们被皇帝指定与外国人进行贸易。行商们同意相互之间为他们与外国人签订合同形成的债务提供担保，皇帝为他们提供最终担保"）。

② Ch'en, *Insolvency*, pp. 224 and 236-7; Morse, *Chronicles, Vol. III*, pp. 112-3.

③ Ch'en, *Insolvency*, pp. 62-3, 237-9 and 354; Morse, *Chronicles, Vol. III*, pp. 151-2.

司，吴亚成被指控"密谋诓骗外国人财物，他私顶郑崇谦行名，损害内地茶商"。吴亚成完全认罪，并向广州官府详细供述了他作为接管人的有关事实。①

吴亚成入狱后，会隆行和达成行的接管终止，郑崇谦、倪秉发被逮捕，他们的财产被查抄。1810年10月6日，粤海关监督下达一项指令，确定了他们各自所欠的税饷数额，要求对他们的资产变卖充抵，命令行商团体赔付他们关税的不足部分。粤海关监督还要求郑崇谦和倪秉发的外国债权人申报他们的索赔额。经历英国东印度公司接管终止后，外国索赔共计1 447 000两白银（合2 012 609元）。1810年11月24日，南海县知县代表总督宣布，这些索赔将由行商在10年内按年等额分期赔付，不付利息。"债权人委员会向官府提出抗议，结果对方表示愤怒和惊讶，竟然有人敢于抵制或批评总督的谕令。"1811年4月18日，外国债权人被告知，这一判决已得到皇帝的批准。②郑崇谦、倪秉发和吴亚成均按照交结外国、诓骗财物，被革去职衔，发往伊犁充军。吴亚成由于情罪较重，被戴上枷锁示众三个月。倪秉发于1811年2月15日在广州监狱中死去，时年50岁，当时他还没有被流放。③吴亚成幸存了下来，并于12年后的1823年回到广州。④

英国东印度公司至少曾试图保释吴亚成。1811年4月，当新任总督松筠抵达广州时，双方进行了一次重要的交流。英国东印度公司的乔治·斯

---

① Ch'en, *Insolvency*, pp. 62-3, 237-9 and 354; Morse, *Chronicles, Vol. III*, pp. 148 and 151-2.

② Ch'en, *Insolvency*, pp. 62-3, 96 (Table 2.7), 237-9, 241 and 354; Morse, *Chronicles, Vol. III*, pp. 105 and 148-52. 债务人也欠官府大量债务。在倒闭时，郑崇谦、倪秉发分别拖欠89 000两白银和88 000两白银的关税。此外，他们还总共拖欠3万两白银的海防费。Morse, *Chronicles, Vol. III*, pp. 150-1 and 192 and Vol. IV, p. 83; Cheong, *Hong Merchants*, p. 92 n. 49.

③ Ch'en, *Insolvency*, pp. 239-40 and 327; Cheong, *Hong Merchants*, p. 92 n.49; Morse, *Chronicles, Vol. III*, p. 153; Ng, "Ch'ing Management of the West," p. 169.

④ Ch'en, *Insolvency*, p. 241［"英国东印度公司特别委员会（Select Committee）感到有责任为他的余生提供一个生计，便（在1823年他回国后）连续3年通过一名行商给他提供了两'份'（chops，数量很大）茶叶业务，通过这个安排，特别委员给了吴亚成总共约12 000两的利润。"］; Morse, *Chronicles, Vol. IV*, p. 83.

当东（George Staunton）认识松筠，20年前他随同英国特使马戛尔尼（Macartney）访问北京时曾见过松筠。松筠同意接见斯当东。他们的非正式会见很愉快，斯当东向松筠提交了一份有关吴亚成的中文书信。总督很快地读了一遍。他看了看斯当东，告诉他这个案子"很严重，已经有了最终处理结果"，他拒绝接受这封信。[1]

六个月后，松筠主动向东印度公司提起了吴亚成的问题。1811年10月，当时行商被要求捐银用于朝廷军需及河工开支，他们抱怨近期数家行商倒闭带来的沉重负担，如果再加上这笔捐银开支，负担实在太重了。为此，总督提议延长郑崇谦、倪秉发债务的偿还期限，从原定10年延长到16年。他认为他的提议让人愉悦，称如果英国东印度公司同意延长期限，吴亚成和郑崇谦将会被释放。英国东印度公司拒绝修改还款期限，而且认为它没有权利代表其他外国债权人改变债务偿还方案。[2]英国东印度公司对吴亚成的遭遇非常关切，但这种关切的现金价值微不足道。

1810年年中，正在英国东印度公司处理吴亚成流产接管的后续事宜过程中，他们获知另一家商行的合伙人潜逃——此前达成行、会隆行就是发生了新充任合伙人潜逃后，被实施了接管。这一次是福隆行邓兆祥（Inqua）潜逃，后来未能拿获，他丢下了福隆行和他的生意伙伴关祥（Manhop Ⅰ），让他们背负大约70万两白银（合972 222元）的对外国债权人的债务，加上未缴关税和国内债权人的债务。关祥被要求继续维持会隆行行务，并与其子关成发（Manhop Ⅱ）一起承接邓兆祥落下的债务。关氏父子确实这样做了。粤海关监督给予的协助就是于1810年至1811年贸易季末期，在没有收取任何费用的情况下，以儿子关成发的名义重新颁发福隆行执照。因此，1811年，福隆行在新充行商的管理下重新营业，但是它

---

[1]　Morse, *Chronicles, Vol. III*, pp. 169-70.

[2]　Ch'en, *Insolvency*, pp. 240-1; Morse, *Chronicles, Vol. III*, p. 153.

仍深陷债务之中。[1]

6. 1813 年中小行商的接管

吴亚成对达成行、会隆行的接管失败之后，人们对7家"资浅商人（junior merchant）"商号的生存能力表示了严重关切。这7家中小行商分别是：丽泉行潘长耀（Conseequa）、东裕行谢嘉梧（Goqua Ⅰ）、西成行黎颜裕（Loqua，也称为Exchin Ⅱ）、福隆行关氏父子（Manhop Ⅰ和Manhop Ⅱ）、同泰行麦觐廷（Poonequa）、天宝行梁经国（Kinqua Ⅰ）和万源行李协发（Fatqua Ⅰ）。这些中小行商负债累累。截至1809年3月，仅丽泉行潘长耀就拖欠英国东印度公司债务670 769两白银（931 027元）。[2] 1812年，英国东印度公司决定对其中五名主要债务人实施援助，替他们临时垫付费用，并在贸易季末再从他们账户中扣还。在英国东印度公司的领导下，这五名债务人（丽泉行潘长耀、东裕行谢嘉梧、西成行黎颜裕、福隆行关氏、同泰行麦觐廷）的私人债权人同意合作行动，自1813年1月起选任三名受托人来监管行务和偿还现有债务。私人债权人同意"对五名行商1813年之前的债务停止收取利息，并等待未来几年用这些行商的经营利润逐步清算他们的索赔"。英国东印度公司对托管工作实施了有效的控制，三名受托人中，有两名是它的雇员，他们是初等经理詹姆斯·莫洛尼（James Molony）和船上医务人员亚历山大·皮尔森（Alexander Pearson）。第三名受托人是霍林斯沃斯·马尼亚克（Hollingsworth Magniac），他是一名英籍

---

[1] Ch'en, *Insolvency*, pp. 213, 328-30, 349 and 375 n.36; Morse, *Chronicles, Vol. III*, p.135. 关成发也被称为Fatqua，这里不再用这个名字称呼他，以避免与同期万源行李协发（Fatqua I）、李应桂（Fatqua II）混淆。参见Ch'en, *Insolvency*, pp. 19-20, 349 and 363-4.

[2] Frederic D. Grant, Jr., "The Failure of the Li-ch'uan Hong: Litigation as a Hazard of Nineteenth Century Foreign Trade," American Neptune, Vol. 48, pp. 24360 (1988), pp. 259-60.

散商。^①与会隆行郑崇谦、达成行倪秉发的接管不同，这些中小行商的受托人没有试图经营目标商号，也没有试图控制这些行商做生意所使用的字号图章。英国东印度公司通过将更多的贸易份额分配给这些资不抵债的行商，以增加了他们的现金流入。被托管的索赔总额（都是1813年以前的旧债）为3 964 297元，其中，丽泉行潘长耀债务822 906元，东裕行谢嘉梧债务341 953元，西成行黎颜裕债务820 610元，福隆行关氏父子债务1 237 681元（891 130两白银），同泰行麦觐廷债务741 147元。^②

然而，到了1813年夏天，这些中小行商又一次陷入困境。6月，丽泉行潘长耀再次向英国东印度公司请求帮助其支付所欠关税。1813年8月17日，新任粤海关监督到任使情况变得更糟，新任粤海关监督拒绝与前任完成交接，除非行商将他们所欠关税补足。情急之下，其中四家中小行商（丽泉行潘长耀、东裕行谢嘉梧、福隆行关氏父子和同泰行麦觐廷）以40%的利率筹集资金用来补交亏饷，但即使是这样高的利率，他们也借不到足够的资金。英国东印度公司最终决定作为最后贷款人向他们提供援助，为其垫付了166 000两白银（230 556元）的关税，但由于英国东印度公司自己账上没有这么多资金，它不得不从怡和行伍秉鉴（Howqua Ⅱ）和广利行卢观恒（Mowqua）那里借这笔钱。^③此后的若干年间，前述托管债务逐年得到偿还，每年还款金额根据这些中小行商的能力数量不等。债务余额虽然减少了，但这些债务人的状况并没有得到实质性的改善。

在行商债务案中，在1800年至1814年这段困难时期，外国债权人试图避开中国官方债务处理方式以及向担保基金索赔。不管这被视为是一种单纯的弃权，还是对债务集体担保制度的一种规避，对情况的改善均无济

---

① Ch'en, *Insolvency*, pp. 242-9; Morse, *Chronicles, Vol. 3*, p. 183, and *Vol. 4*, pp. 410-1 and 414; Grant, "Failure of the Li-ch'uan Hong," pp. 253-254.

② Ch'en, *Insolvency*, pp. 245, 335, 340-2, 346, 349 and 355; Morse, *Chronicles, Vol. III*, pp. 233-4.

③ Ch'en, *Insolvency*, pp. 167-8; Morse, *Chronicles, Vol. III*, pp. 195-7.

于事。从1801年到1808年公所基金的支出压力得以缓解，在这8年期间没有外国索赔从公所基金支出。18世纪90年代的商欠已经还清，而行用税正进入基金。不幸的是，在没有外国债权人索赔要求下，清朝官府对它进行了勒索。就官方而言，这样做是应对紧急需求，包括打击广州附近海域的海盗活动，这在1810年之前那些年里已经形成一个真正的危机。公所基金任由支取，它没有独立的监管人。作为公所基金的最大利益相关方，许多行商都在为自身的生存而挣扎。公所基金要用来赔付他们的商号倒闭引起的索赔，维护基金不确定债权受益人的利益，不是外洋行单个成员的优先事项。

　　一如既往，明天仍有希望。随着时间的推移，要求从公所基金支付的索赔规模很大，而外国的战争终于结束了，人们有理由期待贸易出现强劲复苏。

第六章　复苏和鸦片时期（1815—1828）

在1815年至1828年期间，集体担保承担的负债是巨大的，但是所有卷入的行商在1815年就已陷入困境。这些行商的倒闭将本章讨论的时期与前一章讨论的时期（1800—1814年）联系了起来。1813年被接管的5家中小行商中的4家，在1815年至1828年这段时期倒闭。丽泉行潘长耀（Conseequa，水官）于1823年倒闭，欠下372 000两白银（516 336元）外债，他被要求分三年偿还，免利息。西成行黎光远（Pacqua，伯官）于1826年倒闭，他欠官府的债务和外债合计618 904两白银（合859 589元），其中外债为477 216两白银（662 800元），被要求分五年偿还，免利息。同泰行麦觐廷（Poonequa，磻官）于1827年倒闭，他欠官府的债务和外债合计19.6万两白银（合272 222元），其中8.6万两白银（119 444元）外债被要求分三年按年等额分期偿还，免利息。关成发的福隆行（Manhops）于1828年倒闭，他所欠官府的债务和外债合计1 054 600两白银（1 464 722元），其中外债792 000两白银（1 099 300元）被要求分六年分期偿还，免利息。

在这14年里，越来越多的贸易（包括但不限于蓬勃发展的非法鸦片贩运）在广州十三行垄断体制之外进行。在十三行内部，经营成功的行商与经营失败者两极分化越来越明显。这一时期的行商倒闭从一开始就可以预料到，而且没有新的行商来填补低等行商的空缺。由于行商的经营风险很高，而且还包括要对其他行商的不审慎行为和经营损失承担集体责任，所以人们都不愿意充任行商。

1. 行商（1815—1828）

1815年至1828年这14年，一开始外洋行就陷入了困境。11名成员行商中，有7家——大致2/3都遭遇了财务困难。有5家从1813年开始就处于外国债权人接管之下。天宝行梁经国（Kinqua Ⅰ）和万源行李应桂（Fatqua Ⅰ）虽然避免了被接管，但面临的压力很大。[1] 刘德章（Chunqua Ⅰ）的东生行经营稳定，虽然他在战争年头也曾经历了经营困难。[2] 三位总商的经营状况也很好。据说在19世纪20年代，可以放心与其做生意的行商只剩4家。[3]

广州官员对公行的资本状况非常担心。潘致祥（Puankhequa Ⅱ，第二代潘启官）于1815年被撤销了退休，他被下令继续经营同文行。在此之后，潘致祥、伍秉鉴和卢文锦3人共同充任总商，而伍秉鉴因其资历和"声名显赫的财富"，是实质上的总商。[4] 这样，最迟到1815年，公行内部就已分化成两个截然不同的群体：上层是负责公行的那些财务状况较好的商号，下层则是那些挣扎求生的贫困商号。

在上层的行商群体中，伍秉鉴（Howqua Ⅱ）居于首位。人们经常援引他的话说，1834年他的净资产估计为2 600万元。[5] 有时人们说伍浩官是当时最富有的商人，甚至是世界上最富有的人，[6] 这些说法未有定论。

---

[1] Ch'en, *Insolvency*, p. 242; Morse, *Chronicles, Vol. III*, p. 247.

[2] Ch'en, *Insolvency*, p. 357.

[3] Greenberg, *British Trade*, p. 86.

[4] Ch'en, *Insolvency*, p. 23.

[5] Hunter, "Fan Kwae", p. 48（"伍秉鉴的财产数额经常是争论的话题;但在1834年，有一次他提到他在稻田、宅院、商店和被称为钱庄的银行机构的各种投资，加上他发往美国和英国的货物，他估计他的财产有2 600万元。"）; Robert Gardella, *Harvesting Mountains: Fujian and the China Tea Trade, 1757—1937* (Berkeley: Univ. of California Press, 1994), p. 35; Sung, "Study of the Thirteen Hongs," pp. 4 and 22-23; White, "Hong Merchants," pp. 83, 94-6 and 108.

[6] http://online.wsj.com/public/resources/documents/mill-1-timelinehowqua.htm. http://www.encyclo.co.uk/define/Howqua.

当然，伍秉鉴并没有向广州官员披露他的个人财富情况。否则如此轻率的行为将引起官府向他提出更多、更大的财务要求。有可能他的大量资产，据说包括武夷山的茶园，是以不同形式放在许多不同人名下，有一些是在家人名下，有一些很可能是以合资或合伙的形式存在。有些资产还可能对应着债务或者债务性质的证券。这是正常的解释。还有一种合理的假设是，伍秉鉴所拥有的财富是通过怡和行原始资本和收益逐渐积累起来的。怡和行由他的父亲创建，1792年至1799年由他的兄弟经营。在此之前、之后其他人提供的资本也很可能是其财富来源。因此，尽管看起来伍秉鉴个人在19世纪早期那个复杂的年代获得了商业上的成功和丰厚的收入，但那些所谓"他的"财富很可能包括了伍氏家族的权益。虽然伍秉鉴无疑是他那个时代最富有的行商，但他个人净资产的确切数额和构成仍然是不确定的。

　　与此形成鲜明对比的是，1815年在行商群体的底层，潘长耀（Conseequa）、关成发（Manhop Ⅱ）、麦觐廷（Poonequa）和谢嘉梧（Goqua Ⅰ）这4家行商债务人的接管正在缓慢推进。在这些商号中，只有谢嘉梧的东裕行能勉强维持到1828年，此后由家族成员接替者继续经营直到1843年。西成行黎颜裕（Loqua，Exchin Ⅱ）是第5个沦为接管的行商，他于1814年5月10日去世。[①] 1814年8月，陷入困境的西成行的执照以黎光远（Pacqua，也称Exchin Ⅲ）的名义更新继续经营。这导致了黎颜裕直系亲属和外国受托人之间的摩擦，因为家族希望西成行由Cheequa经营，他是一位更有经验的商人，但不幸的是他不会说英语，而且与外国人几乎没有接触。外国受托人反而认可黎光远，他是黎颜裕的旁系亲属，也曾是"西成行的名义负责人"。事实证明，黎光远比黎颜裕更加激进冒险，在他的管理下，西成行的状况并没有改善。[②]

---

① Ch'en, *Insolvency*, pp. 16-19.

② Ch'en, *Insolvency*, pp. 341-2; Morse, *Chronicles, Vol. III*, p. 208.

图6-1 "具有中国特色"的大而不能倒。总商浩官二代（伍秉鉴，1769—1843）。关乔昌
（Lamqua）于1840年前后创作的油画肖像。原属于沃伦·德拉诺二世（Warren Delano II）
所有。（私人收藏，经许可拍摄。）

　　1815年至1828年，没有新的行商加入外洋行。同一期间，有4家行商
倒闭，他们的商号关闭。新补充行商的稀少，与此前形成鲜明对比，此
前的十五年（1800—1815年）有9家新入行商，而更早的二十年（1780—
1799年），有15家新入行商。[1] 任何一个新的行商在加入公行之前，都必
须由所有现任行商为其联名保结，这在实践中阻止了新行商的加入——至
少在1813年至1829年是如此。在1829这个危机年份，联名保结的要求被

---

[1]　Ch'en, *Insolvency*, pp. 39-40 (Tables 1.5 and 1.6).

放宽。此后，只要有两家现任行商作保即可。① 据说，一位富有盐商的兄弟在1828年曾试图建立一家专门从事与美国人贸易的行商，但没有成功。行商们表示反对，因为他们认为拟设商号的真正目的，是充当行外商的代理人，与美国人做生意并从这一不断增长的业务中获利。② 这是一个特殊的例子，而且值得注意。殷实可靠的商人对加入外洋行没有兴趣。行商牌照被认为更多的是负担，而不是潜在的利益。

2. 政府的需索（1815—1828）

在1815年至1828年期间，政府官员继续对公所基金和单个行商提出高额的索取。与有详细记录的1805年至1816年（见上文）不同，这段时期的直接证据是零碎的。1815年，粤海关监督祥绍颁布了一项规定，要求行商支付税款所用白银只能从三家价格昂贵的指定钱庄兑换。这被理解为粤海关试图间接地从贸易中榨取更多的收益，在向粤海关监督支付了6.6万两白银（合91 667元）后，才使其撤销了这项难以承受的规定。③

早在1815年，有人向监察御史秘密报告了行商中存在的财务问题。皇帝收到了一份奏章，奏章中说，中小行商都资不抵债。两广总督奉命进行调查，他要求7家中小行商提供他们对外债务的结算单据，以及清偿外债所需的时间。尽管英国东印度公司拒绝了对这7家行商所披露债务进行证实的邀请，但此事最终还是得到了妥善解决。行商们向粤海关监督支付了约10万两白银（合138 889元）来促成这一积极结果，尽管贿赂的消息传到两广总督那里时弄得满城风雨。据英国东印度公司记述：

---

① Chang, *Income of the Chinese Gentry,* p. 161.

② Greenberg, *British Trade,* p. 68; Morse, *Chronicles, Vol. IV,* p. 168; White, "Hong Merchants," pp. 114-5 and 160.

③ Ch'en, *Insolvency,* p. 99.

"潘启官告诉当时正在广州的普洛登先生（Mr.Plowden），两广总督非常希望妥善处理这个问题。当一些居心叵测的人向两广总督禀报说，行商们已经筹集了10万两白银用于贿赂官员（很可能是南海县和泉州府官员）——这激怒了两广总督，使正在采取的措施停了下来……在中国如果没有官员的关系，几乎没有什么事情可以做成。在他们管辖下的事务，可以事前花钱解决，但在表面上仍要显得公正，受贿不是明目张胆的，一般是通过第三方的中间人来安排的。据说两广总督非常坚持这些表面上的廉洁，尽管现在据说他已经收到了数目可观的钱。"①

有关这一时期官府榨取的资料幸存下来的很少，但一份1839年呈给皇帝的奏折提供了有力证据，表明当时的监察官员已经发现，行商的财务状况已经不堪重负。1819年，行商认捐（自愿或者被迫）60万两白银（833 333元），用于治理黄河洪灾。1826年，又认捐60万两白银（833 333元），用于喀什噶尔（Kashgar）战争。这些已经明确认捐的款项，后来又一再呈请皇帝批准延期支付，直到1839年。二十年后，1819年认捐的60万两白银中，还有136 151两白银（189 098元）尚未支付，1826年认捐的60万两更是一文未付。②

很明显，到这个时候，清政府实际上已经认识到，一些大行商"大而不能倒"（too big to fail）。如果在情况好的时候，官府会要求这些殷实行商到期及时缴税认捐或者履行外债担保义务。现在固然也可以要求他们全额支付这些款项，但官员们认识到，这很可能会导致这些大行商像其他行商一样倒闭，而如果没有这些领头行商，整个广州体制将会逐步解体（相应会导致失业、社会动荡以及损害税收征收）。一个比较明显的例子就是，著名行商伍秉鉴的怡和行就由于其"大而不能倒"的地位而受到保

---

① Ch'en, *Insolvency*, pp. 50, 335 and 354-5; Morse, *Chronicles, Vol. III,* pp. 233-4.

② T. F. Tsiang (Chiang Ting-fu), "The Government and the Co-Hong of Canton, 1839," *Chinese Social and Political Science Review,* Vol. 15, pp. 602-607 (1932), pp. 606-7.

护，使其免遭官府过重的压榨。尽管这种约束机理与现代"大而不能倒"不同——现代"大而不能倒"是指政府直接或间接地为企业提供补贴——但它们确实产生了同样的效果。通过不再强制要求其及时足额缴纳税款或者支付其他债务，清朝政府为那些认定为对市场运作至关重要的行商提供保护。

3. 贸易环境（1815—1828）

1815年至1828年的14年是复苏和繁荣时期。漫长的战争结束了。来自美国的白银供应恢复了，一些白银也开始通过西班牙与墨西哥、秘鲁港口的贸易进入广州。信用得到了自由发展，国际市场很快就检验了恣意发行的纸币。来自遥远的金融中心的痛苦很快就传递到了中国，因为各种私人贸易商对融资的依赖日益增加，尤其是来自伦敦的融资。[1]

1819年的恐慌是这一时期的第一次动荡。1820年，美国与中国的贸易额同比下降了一半，美国在鸦片贸易中所占的份额降到了零，此前1815年以来美国在鸦片贸易中所占的份额曾经大幅增长。1821年清朝政府打击鸦片走私的结果，就是这种非法贸易转移到了珠江入海口之外。[2] 鸦片贸易在伶仃岛附近的货仓进行，这些货仓是固定的集贸市场，中国商人会到那里进行走私活动，鸦片贸易实际上继续畅通无阻地大量进行。行商除了在1821年以前有个别情况以外，基本都没有参与鸦片贸易。鸦片贸易是在远离广州的地方进行的。行商们都是有头有脸的公众人物，进行鸦片贸易简直太危险了。

① Cheong, "Beginnings of Credit Finance," p. 101; Cheong, "China Houses and the Bank of England Crisis of 1825," Business History (Liverpool), Vol. 15, pp. 56-73 (1973), pp. 56, 61-2, 65-7; Cheong, "Trade and Finance in China," p. 41.

② Downs, "American Merchants and the China Opium Trade"; Greenberg, British Trade, p. 121; Stelle, "American Trade in Opium to China, Prior to 1820"; Stelle, "American Trade in Opium to China, 1821—1939."

　　整个19世纪20年代，广州的印度棉花市场长期滞销。实力较强的行商为了避免在棉花贸易中遭受损失，都拒绝开展自营贸易，只愿意作为经纪人接受托管。那些购买印度棉花的行商发现他们的资金被套牢了，因为他们只能亏本出售，否则都卖不出去。1822年初，据说"行商资金空前紧张的原因之一是有大量资金被套在棉花上"。① 更为雪上加霜的是，1822年11月1日至2日行商遭受重大火灾，大量仓库货物毁于一旦，损失十分惨重。②

　　1825年，由于英格兰银行不合时宜地决定收紧信贷，爆发了一场国际金融危机。美国有几家重要但是负债累累的对华贸易公司在危机中倒闭。1825年，爱德华·汤姆森（Edward Thomson）在费城的贸易公司倒闭，托马斯·H. 史密斯（Thomas H. Smith）在纽约、广州的贸易公司倒闭，给美国政府留下了巨额海关债务，而用于存储中国商品的仓库被廉价出售。这也是美国消费者嗜好发生变化的时期，19世纪20年代后半期，随着咖啡消费量的上升，美国人均茶叶消费量下降了约15%。在19世纪20年代和19世纪30年代，由于过度投资以及国内投资机会对资本的吸引，美国对华贸易量下降。与此同时，包括美国商人在内的各国私人商人继续忙着把鸦片向中国走私。随着毒品销售利润的增加，外国商人将白银带到广州的需求下降了。19世纪20年代后期，从美国流入广东的金银铸币量开始下降，到了19世纪30年代进一步大幅下降。③

① Greenberg, *British Trade*, pp. 88-92.

② Greenberg, *British Trade*, p. 86; Patrick Conner, *The Hongs of Canton: Western Merchants in South China, 1700—1900, as Seen in Chinese Export Paintings* (London: English Art Books, 2009), pp. 89-99 (the Great Fire of 1822). 行商们没有为财产投保。

③ Cheong, "China Houses and the Bank of England Crisis," pp. 56, 61-2, 65-7; Downs, *The Golden Ghetto,* pp. 110, 165, 199-201, 358-63 and 425 n.51; Downs, "American Merchants and the China Opium Trade," p. 436; Gibson, *Otter Skins*, p. 103; Latourette, "History of Early Relations," p. 69; Stelle, "American Trade in Opium to China, Prior to 1820," pp. 425 and 442-3; Stelle, "American Trade in Opium to China, 1821-1939," pp. 63 and 66-8; United States v. Three Hundred Fifty Chests of Tea, 25 U.S. 486 (1827) (Edward Thomson failure).

4. 丽泉行潘长耀的经历（1796—1823）

丽泉行潘长耀（Conseequa）通过诉讼追债的案例值得更多关注。潘长耀和他的丽泉行是1800年以后新兴行商的一个杰出代表。潘长耀和丽泉行的经历将1800年至1814年（本书第五章的主题）与1815年至1828年（本章的主题）联系了起来。潘长耀的经历解释了贯穿这些时期的核心问题：行商的资本短缺；英国东印度公司作为贸易伙伴和贷款人的主导地位；行商向外国人提供信用的扩大及其可能带来的问题；以及那些负债累累的行商及其外国债权人为了避免诉诸广州担保制度有时采取的解决措施。

潘氏家族（Puankhequa，潘启官）——长期处于支配地位的同文行的经营者——的成员潘长耀长期以来与英国东印度公司保持着良好的工作关系。[1]他还与后来新的独立商人，美国商人和港脚商人都保持密切关系。他很大胆、敢于冒险，向美国商人发放了巨额的贸易贷款，而且在为数不多的几次有清晰记录的行商购买鸦片交易中，他就参与了一次——1805年12月28日他以11 972元的价格从Willing & Francis公司的宾汉姆号（Bingham）商船购买了9箱鸦片。[2]

最初在18世纪80年代和18世纪90年代，潘长耀在没有执照的情况下开展贸易并迅速崛起。他于1796年12月因无照经营罪名被捕，并被迫购买行商执照。于是36岁的潘长耀成了丽泉行的主人，并开始正常从事贸易。[3]法国人对潘长耀给予高度评价。美国人的观点则较为谨慎。波士顿托马

---

[1] 潘长耀是潘文岩（潘振承，Puankhequa I）之侄，潘致祥（Puankhequa II）之堂兄弟，潘正炜（Puankhequa III）之叔。参见Ch'en, *Insolvency*, p. 330; Cheong, *Hong Merchants*, p. 91.

[2] 参见Account of sales of opium from the Ship Bingham dated Canton 28 December 1805, Willings & Francis Papers, 1805 folder, Historical Society of Pennsylvania, reproduced in Jonathan Goldstein, "Resources on Early Sino-American Relations in Philadelphia's Stephen Girard Collection and the Historical Society of Pennsylvania," Ch'ing-shih wen-t'i, Vol. 4 (1980), pp. 114 and 121.

[3] Ch'en, *Insolvency*, pp. 330-1 and 338-9; Grant, "Failure of the Li-ch'uan Hong," pp. 244-5; Fu, *Documentary Chronicle*, p. 610 n. 166.

斯·汉德西德·帕金斯洋行（Thomas Handasyd Perkins）的一名代理形容
他"承诺非常慷慨，做事则非常拖沓，但很富有，生意也做得很大，向
别人提供信贷的条件非常宽松"。① 随着潘长耀的业务崩溃，塞勒姆商人
托马斯·W. 沃德（Thomas W. Ward）在1809年写得更为直率："富有——
顽皮——曲意巴结——彬彬有礼——发货时既发上好的货，也发一些次
品——对生意不够关心，还有你不能放心地跟他谈话，因为他会答应一切
事情，但只做他喜欢做的事——不常露面。"②

　　新成立的丽泉行与英国东印度公司以及其他不同外商进行了大规模的
贸易往来，它经常向美国贸易商提供信贷，贷款规模增长到非常巨大的
数额。③ 1815年，潘长耀告诉正在调查的机构，美国的债务人和一个名叫
Gregory Baboom的亚美尼亚籍港脚商人一共欠他250多万元。④ 美国法庭记
录显示，1808年4月仅费城的债务人就欠潘长耀50万元。⑤ 1987年根据当
时掌握的信息编制的表格，列出了从1800年到1809年这10年间，潘长耀向
美国人提供的420 596元贷款。⑥

　　潘长耀用于放贷的资金来源尚不明晰。到1800年，他已经没有多少闲
置现金了。他已经做了四年行商，此前作为行外商人还做了17年的对外
贸易。那年夏天，丽泉行被处以5万两白银（合69 400元）的走私罚款，

---

① Carl Seaburg and Stanley Paterson, *Merchant Prince of Boston: Colonel T.H. Perkins, 1764—1854* (Cambridge: Harvard Univ. Press, 1971), p. 101.

② Thomas W. Ward, "Remarks on the *Canton Trade* and the Manner of Transacting Business," Essex Institute Historical Collections, Vol. 73 (1937), pp. 303 and 307.

③ Grant, "Failure of the Li-ch'uan Hong," p. 244.

④ Ch'en, *Insolvency*, pp. 334-5. 有关Gregory Baboom在华贸易的简史参见Carl T. Smith and Paul A. Van Dyke, "Four Armenian Families," Review of Culture, International Edition No. 8, pp. 40-50 (October 2003); Margaret Sarkissian. "Armenians in South-East Asia," Crossroads: An Interdisciplinary Journal of Southeast Asian Studies, Vol. 3, Nos. 2-3, p. 13 (1987).

⑤ Grant, "Failure of the Li-ch'uan Hong," p. 249.

⑥ Grant, "Failure of the Li-ch'uan Hong," pp. 259-60. 费城县治安官于1808年4月2日和4月4日扣押的以潘长耀为收款人的本票金额高达50万元，这表明潘长耀向美国商人发放的贷款远远超过从现存的诉讼和档案记录中能够查到的贷款规模。参见前述文献的第249页。

迫使潘长耀不得不向英国东印度公司借款以缴纳罚款，并使得他在1801年无力履行至少一项承诺。这笔罚款是分期支付的，一直到1801年付清。[①]到1800年，潘长耀历年积累的贸易利润似乎不足以支持丽泉行发放贷款所需的资金。尽管如此，1805年11月，潘长耀告诉外方经理威廉·里德（William Read），他随时可以提供高达10万至15万元的贷款。[②]

显然，潘长耀用于放贷的资金有一部分是借来的。这种做法在今天很常见，如果加以适当控制是有益的。当客户获得信贷时，他们可能会买得更多。利润也可能增加，提供融资的卖方除了从销售中获得利润外，还可以作为贷款人赚钱。潘长耀最初也不一定就打算大规模地为外国客户提供融资。他似乎也没有那么科学地计算过资金成本与客户偿还额之间的利差收益。有证据表明，他的买方融资业务起步于18世纪末期，开始时规模不大，到19世纪初开始增长，这可能受到他早期贷款顺利收回经验的支持。[③]此后丽泉行贷款规模的增长无疑超出了潘长耀的设想，潘长耀的债权人对此也不尽了解。我们知道，潘长耀在1805年开始担心自己的风险敞口，尽管他曾向威廉·里德（William Read）吹嘘自己的放贷能力。那一年，丽泉行与这位费城恒河号（Ganges）大班发生了争执，"对于信贷的规模，潘长耀说他也没有想到会有这么大"。[④]

赊购茶叶对买方来说是有风险的，就像向住在地球另一端的商人提供信贷，会给那些经常处于财务脆弱状态的行商带来风险。在任何交易中，对茶叶品质的判断都需要非常谨慎，在广州贸易季节后期赊购茶叶时这一

---

① Morse, *Chronicles, Vol. II*, pp. 354 and 365; Ch'en, *Insolvency*, pp. 332-3.

② Grant, "Failure of the Li-ch'uan Hong," p. 248; Letter from William Read (Canton) to Willings & Francis, dated 27 November 1805, Willings & Francis papers, 1805 folder, Historical Society of Pennsylvania, Philadelphia.

③ Grant, "Failure of the Li-ch'uan Hong," pp. 259-60.

④ Grant, "Failure of the Li-ch'uan Hong," pp. 251-252; Deposition of Benjamin C. Wilcocks, Philadelphia, taken on 31 May 1811, in Consequa v. Willings & Francis, October term 1809, No. 49, Records of the Circuit Court for the District of Pennsylvania.

点尤为重要。每年最好的茶叶大多是在广州交货前就已经由欧洲买家订下，其余的优质茶叶则很快销售一空，通常以现金交易。在某些年份，好茶或特定品种的好茶非常紧缺。[①] 一般来说，到了贸易季节后期，所有上等茶都卖完了。[②] 由于来访的大班并不容易辨别优质茶叶，至少在没有品茶师（有偿服务）的帮助下是如此，[③] 许多中国商人的诉讼都源于晚季的茶叶赊购业务。19世纪费城最伟大的中国商品贸易商斯蒂芬·吉拉德（Stephen Girard）认为，[④] 任何有良好声誉的行商都不会赊销茶叶。[⑤] 在另一个场合，吉拉德说（在茶叶生意方面）：

"存在巨大的骗局，一个有良好声誉和信用、专门从事优质茶叶生意的商人，即使以现金采购，他的价格也低不过那些意图获得长期信贷的商人，这些人可能以最低价格采购茶叶，2年或者3年后才付款，显然

---

① Deposition of Benjamin C. Wilcocks, undated, in Stephen Girard's records of the lawsuit *Girard v. Biddle* (commenced in the Sept. 1806 term of the Court of Common Pleas of Philadelphia County), Reel 439, Stephen Girard Papers, Estate of Stephen Girard, deceased, microfilm copies on deposit with the American Philosophical Society, Philadelphia; Cheongwo v. Jones, 5 F. Cas. 544, 545-546 (C.C.E.D. Pa. 1818) (No. 2,638); Youqua v. Nixon, 30 F. Cas. 887 (C.C.E.D. Pa. 1816) (No. 18,189).

② *Gilpins v. Consequa,* 10 F. Cas. 420, 422 (C.C.E.D. Pa. 1813) (No. 5,452).

③ 两起诉讼案中茶叶没有经过专家认定。在*Willings v. Consequa,*30 F. Cas. 55, 59 (C.C.E.D. Pa. 1816) (No. 17 767) 诉讼案中，双方有个争议是说卖方为宾汉姆号（Bingham）商船所供应的茶叶质量"非常差"，商船把茶叶运到阿姆斯特丹后只能以很低的价格拍卖。在*Cheongwo v. Jones,* 5 F. Cas. 544, 546 (C.C.E.D. Pa. 1818) (No. 2,638) 诉讼案中，原告提出被告的大班在广州时挑选的"优质"茶叶被调包为"最劣质"的茶叶，然后在运抵亚洲公司在阿姆斯特丹的仓库后被拍卖。一位证人对此作证回应，他已经在广州生活了十年，对于一个没有在中国居住过较长时间的人来说，鉴定茶叶的品质是非常困难的。有时会发生这样的事：水手们在行商的船上把几箱茶叶调换了，但是他从未听说有哪个行商把他售出的一整船茶叶都换了货。

④ Jonathan Goldstein, *Stephen Girard's Trade with China 1787—1824: The Norms Versus the Profits of Trade* (Portland, Maine: Merwin Asia, 2011).

⑤ Stephen Girard, "Observations on Mr. Benjamin C. Wilcocks's Deposition," included in Stephen Girard's records of the lawsuit Girard v. Biddle (commenced in the Sept. 1806 term of the Court of Common Pleas of Philadelphia County), Reel 439, Stephen Girard Papers, Estate of Stephen Girard, deceased, microfilm copies on deposit with the American Philosophical Society, Philadelphia.

价格对他非常有利,但在茶叶品质方面，也许比优质茶商采购的茶叶要差50%~60%左右。1804年我在安特卫普有过经历，当时卢梭号（Rousseau）货轮上有一小包从广州购买的小种茶（Souchong），其销售价格就比潘长耀包装的茶高出50%。"①

宾汉姆号大班威廉·里德（William Read）在1805年至1806年贸易季晚期决定依靠自己的专业知识从潘长耀那里赊购茶叶，他的经历为吉拉德富有智慧的忠告提供了一个戏剧性案例。威廉·里德（William Read）在购买茶叶时给他的委托人写信说，他拒绝向茶叶检验员拉宾内尔先生（Mr. Rabinel）支付2%的服务费，理由是"我认为这远远超过服务所值"。里德对自己的能力充满信心，他认为在挑选茶叶方面检验员的帮助不大。一个月后，他天真地写道，拉宾内尔"告诉我他已经给荷兰的朋友写了一封可能有助于船货销售的信，同时很遗憾未能提供符合预期的服务"。宾汉姆号商船抵达阿姆斯特丹后，当船上的茶叶被拍卖时，威廉·里德自信地在广州挑选的茶叶，只以非常低的价格出售。②

在向美国债务人提供了大量无担保信贷之后，潘长耀——大概他自身已经承受着压力——开始对他们的拖延和借口感到不满。1807年末，他把一沓到期的期票交给了他在广州的朋友本杰明·C. 威尔科克斯（Benjamin C. Wilcocks），告诉威尔科克斯把这些期票带到美国，把欠账收回来。罗得岛商人爱德华·卡灵顿（Edward Carrington），后来的美国驻广州领事，在给潘长耀的一位债务人塞缪尔·斯诺（Samuel Snow）的一封信中生动地描述了潘长耀的决心。卡灵顿向潘长耀解释了斯诺的情况，并要求再给

---

① Letter, Stephen Girard (Philadelphia) to Edward George and Samuel Nichols, 3 January 1810, Letterbook 11, Stephen Girard Papers, Estate of Stephen Girard, deceased, microfilm copies on deposit with the American Philosophical Society, Philadelphia.

② *Willings v. Consequa*, 30 F. Cas. 55, 59 (C.C.E.D. Pa. 1816) (No. 17 767); letters, William Read (Canton) to Willings & Francis, 9 Nov. 1805 and 10 Dec. 1805, Willings & Francis Papers, Folder 1805, Historical Society of Pennsylvania, Philadelphia.

斯诺缓一个贸易季来履行他的义务，但是"潘长耀假装对这件事很失望，很不高兴"。潘长耀——

> "把这张期票和许多其他期票交给威尔科克斯先生带到美国去催收。然后我告诉他，如果他愿意暂时持有这张期票，我会写信给你，我保证下个贸易季的一定会兑付期票，他说不行，一定要把期票带到美国催收。我和威尔科克斯谈过，他也就此向潘长耀提出了申请，但没有成功。您的期票，连同本特利（Bently）、B.德克斯特（B. Dexter）以及罗德岛其他人的期票都一并交给了费城的R.H.威尔科克斯先生和本杰明·C.威尔科克斯负责催收。潘长耀与美国人矛盾很深，有人向他提出高额索赔，因为他为他们发送了劣质货物。他成了广州十三行最顽固的恶商。当他坚持立场时，几乎不可能说服他。我对这个情况作个特别说明，以免你误认为我没有理会你的要求。"[1]

威尔科克斯随身携带这些期票来到费城，在那里他向好几个债务人提出兑付申请，这些债务人向他付了9 000元给潘长耀。这些资金，连同其他应还给潘长耀的款项，都汇到了广州，但威尔科克斯后来作证说，他认为"其中很大一部分被夺取所以没有回到潘长耀手中"。威尔科克斯将剩余的未兑付票据交给律师查尔斯·贾里德·英格索尔（Charles Jared Ingersoll）催收。[2] 聘请英格索尔是很自然的，因为他是当地一位有领导

---

① Letter, Edward Carrington (Canton) to Samuel Snow, 19 January 1808, China Letterbook F, Edward Carrington Papers, Rhode Island Historical Society, Providence. 与丽泉行潘长耀不同，广利行卢观恒同意持有斯诺的期票延期到下一个贸易季节。参见Jacques M. Downs, "A Study in Failure——Hon. Samuel Snow," Rhode Island History, Vol. 25 (1966), pp. 1 and 5. 斯诺的贸易公司（Munro, Snow & Munro）在卡灵顿给斯诺写信之前一个月就已经破产，潘长耀或者卢观恒都不太可能全额收回斯诺对他们的欠款。

② Deposition of Benjamin C. Wilcocks, taken on 5 December 1810, in *Consequa v. Joshua and Thomas Gilpin*, October term 1809, No. 9, Records of the Circuit Court for the District of Pennsylvania.

地位、人脉广泛的律师，同时也有裙带关系，因为英格索尔娶了威尔科克斯的妹妹。[①] 中国商人在美国收债时，通常也会得到类似的好建议，他们通常会聘请一流律师代理诉讼。[②]

灾难随之而来。三名即将被起诉的潘长耀的债务人在费城县民事法院采取了先发制人措施，要求潘长耀对1805年出售给他们的劣质茶叶造成的损失进行赔偿。爱德华·杜南（Edward Dunant）、约书亚（Joshua）和托马斯·吉尔平（Thomas Gilpin）申请法院扣押了潘长耀在费城的所有资产。1808年4月2日和4月4日，费城县治安官扣押了潘长耀的所有货物、动产以及约21名商人开具的以潘长耀为收款人总额约50万元的票据。19世纪早期，仅仅单独一位行商在美国的一个城市，就对美国人拥有金额如此巨大的信用债权。[③] 根据潘长耀后来在联邦法院对杜南以及吉尔平夫妇提起的诉讼，这一扣押一直生效到1809年5月22日，由于期票被扣押，作为债

① Jean Gordon Lee, *Philadelphians and the China Trade 1784—1844* (Philadelphia: Philadelphia Museum of Art, 1984), p. 45; William M. Meigs, The Life of Charles Jared Ingersoll (Philadelphia: J.B. Lippincott Co., 1897), p. 38.

② 潘长耀在费城通过George Emlen、Peter Dobell和本杰明·C.威尔科克斯（Benjamin Chew Wilcocks）催收债务，在纽约通过John Jacob Astor催收债务，在波士顿通过律师William Sullivan催收债务。当催债失败需要律师提出诉讼时，就聘请当地的顶尖律师。参见Deposition of Benjamin C. Wilcocks, taken on 5 December 1810, in Consequa v. Joshua and Thomas Gilpin, October term 1809, No. 9, Records of the Circuit Court for the District of Pennsylvania; Conseequa's Account Current with George Emlen, Gratz Collection, Box 44, Case 14, Historical Society of Pennsylvania, Philadelphia. 当时美国主要对华贸易公司也经常为其他行商提供类似的收债帮助。例如，马萨诸塞历史学会图书馆（Massachusetts Historical Society）保存的萨缪尔·卡伯特文件（the Samuel Cabot Papers）就包括几封伍秉鉴于1814年1月28日和30日以及2月5日写给费城、普罗维登斯、塞勒姆、纽约和波士顿的债务人的信件，其中提及中断本国与美国之间的惯常交往，还有伍秉鉴决定将其持有的本票交给其在波士顿的总代理James & Thomas H. Perkins公司代收，以防止战争期间海运的不确定性。参见Grant, "Hong Merchant Litigation," p. 61 n.60.

③ 这次扣押的资产数量凸显了费城作为美国对华贸易中心的极其重要性，而这一点一直没有得到足够重视。Downs, *The Golden Ghetto*, pp. 235 and 377; Lawrence H. Leder, "American Trade to China, 1800—1802: Some Statistical Notes," American Neptune, Vol. 23 (1963), pp. 215 and 218; Lee, *Philadelphians and the China Trade*.

务人的出票人被阻止向潘长耀付款。[1]与此同时，一直实施到1809年3月的美国贸易禁运使美国船只一直处于闲置状态，这使潘长耀的许多债务人陷入破产。

潘长耀的债务催收代理人本杰明·周·威尔科克斯（Benjamin Chew Wilcocks）以匿名的"W先生"被人们铭记，他在1827年受到伍秉鉴的慷慨帮助。威廉·C. 亨特（William C. Hunter）在一篇著名的文章中描述了他那一年的困境以及伍浩官的处理方式：[2]

> 一位美国绅士在广州住了多年，拥有一笔可观的财产，却遭受了严重的损失。东山再起的希望促使他继续努力经营，在此过程中他得到了浩官的很大帮助。正如当地人常说的那样，他们是老朋友。随着时间的推移，有很多钱被交由W先生处置，该行商没有为他们记录明细，直到第二年或第三年的年底，他们进行了清算，结果是W先生欠浩官72 000元。对于这笔钱，浩官只让W先生开了一张期票，然后把期票锁在他的保险箱里……
>
> 一天，当他去拜访这位中国朋友时，这位朋友说："你离开自己的国家这么久了，为什么不回国呢？"W先生回答说，这是不可能的——他没有能力兑付他开出的期票，单凭这一点，他就无法回国。浩官问他，那

---

[1] 费城县民事法院这时期的诉讼记录没有保存下来。关于潘长耀在费城县民事法院被诉一案的基本情况，可以从潘长耀在费城联邦法院起诉吉尔平和杜南对其错误扣押一案的记录了解到。参见Declarations (complaints) in Consequa v. Joshua and Thomas Gilpin (filed 3 March 1810), October term 1809, No. 9, and in *Consequa v. Edward Dunant* (filed 3 March 1810), October term 1809, No. 33, Records of the Circuit Court for the District of Pennsylvania. 通过对这一时期费城主要报纸进行检索后，也没有发现关于杜南和吉尔平起诉潘长耀案件的报道。目前还不清楚潘长耀到联邦法院起诉是否使其从被告那里获得任何偿付，或者这些债务人是否兑现了他们开出的本票。

[2] Hunter, "Fan Kwae", pp. 43-44. 伍秉鉴豁免威尔科克斯债务的故事，虽然曾经有一些学者表示怀疑，但应该是真实的。参见Philip de Vargas, "William C. Hunter's Books on the Old Canton Factories," Yenching Journal of Social Studies, Vol. 2 (July 1939), pp. 91-117, p. 104 ("The story may or may not be apocryphal, but it has long been taken as symbolic…").

张未兑付的债券（票据）是否就是他留在广州的唯一原因，他如果回国以后是不是无法谋生了？W先生回答说，他没有其他的债务，他也不是没有钱——但是还无法偿还那张期票。浩官叫来管家，让他从储藏所把那个装着期票的信封取来。他拿出W先生的那份，说："你和我是最好的老朋友，你是诚实的人，只是不走运罢了。"然后，他把那张期票撕毁，把碎片扔进废纸篓，说："现在我们的账结清了，一切都结束了，你可以随时走了。"

本杰明·周·威尔科克斯（Benjamin Chew Wilcocks）于1827年12月离开广州。[1]

1827年威尔科克斯被伍秉鉴豁免的7.2万元债务，可以追溯到1819年大恐慌中威廉·沃尔恩（William Waln）的倒闭。[2] 那年夏天，威尔科克斯在费城的代理人、前雇主和后来的岳父[3]——同时也是潘长耀的债务人[4]——沃尔恩破产了。[5] 据亨特说，这笔7.2万元的债务是威尔科克斯在1819年左右遭受严重损失后的两到三年里，伍秉鉴累计提供给他使用的资金。浩官最初在1819年借款给威尔科克斯，且在1827年免除了这笔债务当然都是慷慨的行为，但把它们单纯看作是慈善行为则是错误的。如果考虑到威尔科克斯多年来帮助中国商人在费城、普罗维登斯、纽约和其他美国城市催收债务，就更容易理解了。伍秉鉴有充分的理由对威尔科克斯表示

---

[1] Downs, *The Golden Ghetto*, p. 124; Joan Kerr Facey Thill, "A Delawarean in the Celestial Empire: John Richardson Latimer and the China Trade" (Master's Thesis, University of Delaware, 1973), p. 163.

[2] Downs, "American Merchants and the China Opium Trade," p. 434-5 n.59.

[3] Downs, "American Merchants and the China Opium Trade," p. 434-5 n.59; Lee, Philadelphians and the China Trade, p. 122 (Waln's daughter Sarah married Wilcocks in 1842).

[4] Declarations (complaints) in *Consequa v. Joshua and Thomas Gilpin* (filed 3 March 1810), October term 1809, No. 9, and in *Consequa v. Edward Dunant* (filed 3 March 1810), October term 1809, No. 33, Records of the Circuit Court for the District of Pennsylvania.

[5] *Lanfear v. Sumner*, 17 Mass. 110 (1819); *Bainbridge v. Wilcocks*, 2 F. Cas. 407, 408 (C.C.E.D. Pa. 1832) (No. 755).

感谢。此外，通过帮助中国商人催收债务收回账款，也间接地减少了可能由于他的行商债权人同行倒闭而给伍秉鉴带来的集体担保风险。[①] 伍秉鉴和威尔科克斯确实是朋友。"你和我是最好的老朋友，你是诚实的人，只是不走运罢了。"

几年前，深处于痛苦状态的潘长耀写信给他在费城的朋友彼得·多贝尔（Peter Dobell），抱怨他面临的财务和法律问题。这封1813年4月3日的信用广式洋泾浜英语写成，加上亚历山大·皮尔森（Alexander Pearson）的附信，残破地保存了下来。

"我有很多麻烦，都是因为美国的先生们欠我钱……我几乎没找到任何钱，现在我有很多麻烦，欠了这么多钱，而且没有钱还债，我担心会破产。英格索尔先生是我认识的一位很好的人，头脑灵活，只是我怕［有文字被特意删去］讲出内情由此也害了我。所附文件载明了谁欠我多少钱，我请你看看——保重。"

皮尔森补充说，

由于上述原因，我受雇为你的朋友潘长耀的文书抄写员。我禁不住想，他向那些人（这些人我希望你不要在美国碰到）提供了宽松的便利——基于外国人和本地人的信用，而他遭受了大量的糟糕和忘恩负义的对待，有关细节我不必详述。[②]

---

① 如果有行商倒闭，威尔科克斯为这些行商从美国债务人那里收回的每一块钱，都会减轻伍秉鉴需要按比例承担的集体担保责任。

② Letter, Conseequa (Canton) to Peter Dobell, 3 April 1813, Breck Family Papers, Library Company of Philadelphia, on deposit with the Historical Society of Pennsylvania, Philadelphia.

　　10个月后，1814年2月，这位沮丧而困惑的行商直接向詹姆斯·麦迪逊（James Madison）总统申诉。这个申诉信的中文原件保存在美国国家档案馆，配有当时英语和葡萄牙语译本。没有记录表明美方对这项请愿采取了什么措施，抑或对潘长耀的申诉作了任何答复，这也许是很自然的。申诉信是在1812年爆发的英美战争期间寄出的。1814年8月，申诉信寄出6个月后，收信人的官邸——白宫被英国军队烧毁。在申诉信"一个广州行商潘水官的申诉（The Petition of Conseequa, a Hong Merchant of the City of Canton in China）"中，潘长耀叙述了他与美国商人所做交易是公平的以及他把钱贷给美国人的意愿，同时抱怨他的债务人逃避偿还债务，他说许多债务人无力偿债还不努力劳作，有的债务人不承认自己无力还债，但又拒绝还债。①

　　"当美国商人（他们欠我钱）来到广州并住在广州时，昆水官（Kun）不能控告他们，因为我们国家的法律禁止中国臣民控告外夷。这就是为什么昆水官必须请求大人，美国的总统，因为昆水官听说您高贵的国家的法律是公正的，无论一个人是富有还是贫穷，是美国人还是外国人，在法律面前人人平等。昆水官是一个来自偏远地区的外国人，他不知道向您的国家介绍他的情况的正确的用法和形式。再说一次，由于我们之间的距离遥远，我不能把我所有的证据（美国商人欠我钱）都交给你。因此，若干年后，我才会知道你对这件事的决定。提出这项请愿书的理由是要求阁下作出公正的判决。

　　我希望阁下不要听信你们这些不诚实商人一面之词，而是公正地判

① Petition of Conseequa, a Hong Merchant of the City of Canton in China, 10 February 1814 (contemporary English language translation). Despatches of United States Consuls at Canton, Volume I, National Archives, Washington, D.C.; published in File Microcopies of Records in the National Archives, No. 101, Roll 1; Dennett, *Americans in Eastern Asia*, p. 86; Fu, *Documentary Chronicle,* pp. 391-3 (modern translation). 对于潘长耀的上书，没有查到任何关于麦迪逊总统回复的记录。

断这个问题……如果美国商人不归还我的钱，那么我的整个家庭将蒙受巨大的损失。我不仅会因为继续做生意而失去本金，而且外国商人也不会对我有任何信心。"

潘长耀说，他已经请一位英国朋友转呈了他的申诉和证据，他希望总统为了他的利益，也为了美国公民在中国的声誉采取行动。

"以前，我信任美国人。因此，我赊销商品给他们。如果他们不归还我商品的价款，他们将导致昆水官一家破产。将来，谁将与美国总统阁下的臣民进行贸易呢？"

5. 债务集体担保（1815—1828）

1815年至1828年期间，行商全体在集体担保制度下所负担的外债总额为1 725 000两白银（2 395 833元），平均每年为123 214两白银（171 130元）。自1780年实行集体担保以来，年均债务负担持续呈现快速上升的趋势。1815年至1828年这14年的年均负担比前15年（1800—1814年）增长了8%，前15年为年均113 733两白银（157 963元）。这期间的行用水平比前二十年平均增加了40%，前二十年（1780—1799年）的平均行用为每年81 050两白银（112 569元）。从1780年到1828年，外洋行成员对外违约债务导致的集体责任债务年均数量增长趋势如表6-1所示：

表6-1　集体担保债务增长

时间	集体担保债务总额（两/元）	年均集体担保债务（两/元）	年均集体担保债务较前期增长
1780—1799年	1 621 000/2 251 388	81 050/112 569	—
1800—1814年	1 706 000/2 369 444	113 733/157 963	32 683/45 394（40%）
1815—1828年	1 725 000/2 395 833	123 214/171 130	9 481/13 167（8%）

公行的集体担保负担越来越恶化了。在这一时期结束时，当纽约州议会将广州担保制度视为银行业改革方案的灵感来源时，它并没有意识到这个正在恶化的债务负担。

1815年至1828年期间的集体担保责任，只有限地发生在丽泉行潘长耀、福隆行关成发、西成行黎光远（黎颜裕的继承者）和同泰行麦觐廷（磻官）这四家倒闭案中。外国债权人在债务官司中提出索赔，广州官员像往常一样强令归还外方贷款，这些贷款按照《防范夷人章程八条》是非法的。这些资浅"中小"行商在终止接管后倒闭。截至1818年，这些行商的接管受托人认为他们的状况没有得到足够的改善。根据英国东印度公司的记录，

> "这些行商在如此不幸情况下得到富有荣耀的公司（英国东印度公司）的体谅和明智的援助，可能认为他们由此获得了重生。可是我们担心他们没有明智而正确地利用他们恢复的信贷，反而在这个季节对信贷进行了滥用，给他们自己带来伤害，并伤害了债权人。"

英国东印度公司决定，对每家中小行商的预付货款不超过本季的贸易额[1]。这终结了该公司近十年来为下一季茶叶预付货款的做法。他们认为，这些预付货款推高了茶叶价格，降低了人们对茶叶质量的关注，而且很难追踪资金流向。英国东印度公司指出，这种改变是"非常必要的"。"我们在中国立足未稳，而且在这里对商人的不当行为没有什么惩罚或者应对措施，向这些商人预付货款会危害本公司在中国的财产，这是不明智的，除非按照我们渴望的方式对这些体系进行彻底改造"。[2] 在债权人接

---

[1] Morse, *Chronicles, Vol. III*, pp. 311-2.

[2] Morse, *Chronicles, Vol. III*, pp. 330 and 332-3; Van Dyke, *Merchants of Canton and Macao*, p. 13.

管已经接近尾声之际，上述停止向脆弱的中小行商预付货款的做法，无助于改善他们的经营状况。

1819年，潘长耀的丽泉行托管结束[1]，但它对英国东印度公司和其他外国债权人仍然有欠债。到1821—1822年贸易季，除西城行（由黎光远继承）所欠20万元债务和福隆行（邓兆祥、关成发所有）所欠63万元债务外，其他被托管中小行商的所有债务（1813年以前的债务）均已清偿。前两年，英国东印度公司每年都提出由公所基金偿还剩余债务，但行商团体一再拒绝。[2]

1822年夏，巴斯商人向西成行黎光远提起债务诉讼。黎光远于1822年10月18日被捕入狱。西成行欠有官府税收和收费约19.5万两白银（270 833元），欠有美国商人16.7万元，欠有巴斯商人33万元。对官府的欠债由"他朋友提供的贷款以及伍浩官、卢茂官慷慨捐赠的四万两白银"偿还。[3] 由于拖欠官府的税费已经还清，两广总督阮元和粤海关监督都认为没有必要关掉西城行。他们要求伍秉鉴作为总商，与外国债权人达成和解。英国东印度公司对此表示支持，同意债务人西成行可以继续经营其茶叶业务，以利于向外国债权人还债，这是英国东印度公司的惯常策略。巴斯商人进行了艰苦的谈判，伍秉鉴最终同意对他们的债务按照60%的比例进行清偿。和解达成后，黎光远于1822年12月获释，并获准继续开展贸易。然而，根据《债权人协议》，英国东印度公司的定向茶叶业务份额由行商受托人管理。受托人负责：首先，以经营取得利润，偿还原来1813年小行商托管安排下的老债权人；其次，同时尽可能偿还新的债权人。托管经营为1813年债权人创收了10万元，并于1824年春季完成了支付。中国的国内债权人则一无所获。1822年，绿茶商人们向两广总督禀报，抱怨西城行还欠他们13

---

[1] Ch'en, *Insolvency*, p. 336.

[2] Ch'en, *Insolvency*, p. 247.

[3] Ch'en, *Insolvency*, pp. 247-8 and 342-5; Morse, *Chronicles, Vol. IV*, pp. 57-8.

万两白银（180 555元），得到的答复是要求行商妥善处理此事，但最后不了了之。[1]

　　潘长耀的丽泉行结束托管后勉强维持经营，背负着英国东印度公司的旧债，又在经营过程中积累了新的债务。到托管结束时，其所欠东印度公司的债务已降至280 169元（201 851两）。在它存续的最后几年，所欠英国东印度公司的债务规模从最高时的579 696元（417 649两）到最低时的342 630元（246 852两）不等。[2] 它的资产状况仍然很糟糕，19世纪初期时发放的贷款仍从收益持续清收，但是持续下降。例如，本杰明·周·威尔科克斯（Benjamin Chew Wilcocks）在1813年11月时，还欠潘长耀约30万两白银（416 667元）。[3] 根据1820年4月1日寄给威尔科克斯的一份书面文件，潘长耀同意威尔科克斯只需偿还4万元就可以结清这笔债务。这一提议似乎是绝望的最后一搏，从文本中可以明显看出一些含蓄的抱怨。几乎可以肯定，威尔科克斯偿还的大部分或全部资金，都被潘长耀的最大债权人英国东印度公司收走。英国东印度公司的代表詹姆斯·布拉巴松·厄姆斯顿（James Brabazon Urmston）出席了和解会议，他作为英国东印度公司特别委员会主席和英国驻华事务负责人签署了有关文件。英国东印度公司甚至为有关文件提供了纸张。[4] 具有讽刺意味的是，厄姆斯顿

---

[1] Ch'en, *Insolvency,* pp. 247-8 and 343-5.

[2] Grant, "Failure of the Li-ch'uan Hong," pp. 259-60.

[3] Fu, *Documentary Chronicle,* p. 610 n. 166［"根据一封日期为1813年11月26日的信件，他（Conseequa，潘长耀）失去了财产是因为他借给威尔科克斯30万两白银，这封信现存于英国剑桥大学图书馆安德森室的怡和集团档案中。"］

[4] 这份和解协议是非常有价值的文件，它所用的书写纸上带有英国东印度公司商标水印。潘长耀在英文协议上签署了他的中文名字，并加盖了丽泉行的印章。美国商人Americans Redwood Fisher和Richard R. Thomson作了见证，时任英国东印度公司特别委员会主席、英国驻华事务负责人James Brabazon Urmston也在上面签名见证，并用了英国东印度公司的红蜡密封。参见Frederic D. Grant, Jr., "The April 1820 Debt Settlement between Conseequa and Benjamin Chew Wilcocks," pp. 73-94 in Paul A. Van Dyke, ed., *Americans and Macao: Trade, Smuggling and Diplomacy on the South China Coast* (Hong Kong Univ. Press, 2012).

本人最终欠了行商很多债，后来正是因为这个原因被免职。①

　　1821年9月潘长耀的丽泉行再次经营失败时，他欠英国东印度公司的债务已达40万两白银（555 200元）。在英国东印度公司的坚持下，其他9家行商私下同意5年按年分期偿还他的债务，英国东印度公司将丽泉行与该公司的贸易份额相应地分给这9家行商。② 被剥夺了与英国东印度公司的业务，对丽泉行是致命的打击。

　　两年后，随着潘长耀于1823年8月5日去世，丽泉行第三次陷入经营失败。背负着约37.2万两白银（516 336元）的外债，丽泉行彻底关闭了。债权人向两广总督兼粤海关监督阮元告状，要求在集体担保制度下偿还债务。经过繁杂的诉讼程序后，许多债权人表示不满，潘长耀在福建的家族财产也被用来抵债，最后两广总督命令行商与债权人协商达成协议。之后，行商以五年等额分期无息的方式清偿了债务，前两年全部是偿还英国东印度公司债务。英国东印度公司同意将潘长耀原来的英国东印度公司业务转移给其他行商，用这部分业务的利润来偿还债务并"适度计息"，这使偿债压力有所减轻。这件事被奏报到了清朝皇帝那里。丽泉行的债务是由潘长耀欠下的，他已经去世。他的儿子潘瑞庆在丽泉行的最后几年里，也在丽泉行里做事，但丽泉行的债务不由潘瑞庆承担。潘瑞庆被下令革去捐来的官职，但没有受到其他惩罚。③

　　黎光远（Pacqua）西成行的情况仍然很麻烦。1823年4月，西成行黎光远、福隆行关成发和同泰行麦觐廷由于拖欠官府债务被抓捕入狱。

① Greenberg, *British Trade*, p. 70（"詹姆斯·厄姆斯顿爵士……许多年来一直对多名行商欠有私人债务。以浩官为首的行商申请英国东印度公司董事会按照公行偿还所有"破产"行商债务的方式，偿还该公司广州代表的债务。英国东印度公司董事会对此拒绝，只是把厄姆斯顿予以免职。"）

② Ch'en, *Insolvency*, pp. 337-8; Morse, *Chronicles, Vol. IV*, pp. 1 and 8; letter, Samuel Russell (Canton) to Edward Carrington, 13 November 1821, Letterbook I, Container 15, Russell & Co. Papers (Samuel Russell Papers), Library of Congress, Washington, D.C.

③ Ch'en, *Insolvency*, pp. 96 (Table 2.7) and 337-9; Morse, *Chronicles, Vol. IV*, pp. 1, 8 and 73; White, "Hong Merchants," p. 112.

1824年初，粤海关监督达三批准一名店主成为西成行合伙人，以图其改善西成行的经营状况，结果并无改进。西成行再次被债权人告到官府，结果发现它已经资不抵债，1826年10月这个情况被奏报给道光皇帝。经查，西成行欠官府149 769两白银（208 012元）关税及其他债务，欠外国债权人477 216两白银（662 800元），欠国内债权人的债务数额不详，但规模十分巨大。西成行资产出售所得甚少，行商团体受命代偿西成行的全部欠债，约618 904两白银（合859 589元）。外债分五年等额偿还，没有利息。黎光远被发配到伊犁，但由于边疆战争，他上路的日期推迟了一年多。直到1828年8月，他才踏上发配之路，行商团体和英国东印度公司分别赠了1 500两白银，以为他的发配旅费，并为充军"减缓苦痛"。①

虽然到1822年时，磻官（同泰行麦觐廷）的1813年托管债务已全部还清，但同泰行仍处于倒闭边缘。五年后的1827年1月，麦觐廷去世了，留下了资不抵债的同泰行。行商和茶商债权人提出帮助麦觐廷的儿子经营同泰行并偿还其债务。儿子却选择立即逃离广州。粤海关监督文连宣布同泰行资不抵债，并下令出售其资产偿还债务。行商被要求替倒闭的同泰行偿付11万两白银（152 778元）的关税和捐输款项，以及向外国债权人偿付8.6万两白银（119 444元）。后来这些外债从1828年2月开始，分三年按年分期无息偿还。②

1823年12月，在与债权人协商妥协的基础上，关氏福隆行剩余的接管债务得到部分清偿。对于这些拖欠超过10年的旧债（63万元），债权人收到了31万元的一次性还款（略低于50%）。这笔还款的资金来源包括，从债务人的亲戚和朋友筹集6万元，美国商人约翰·帕金斯·库欣（John

① Ch'en, *Insolvency*, pp. 65, 96 (Table 2.7), 248 and 343-5; Morse, *Chronicles, Vol. IV*, pp. 108 and 173. 1826年依据集体担保制度为西成行赔付的第一期债务中，有52 878.28元被债权人计作偿还1813年托管债权人的最后一期还款。参见Ch'en, pp. 248 and 418 n.73.

② Ch'en, *Insolvency*, pp. 347-8 and 96 (Table 2.7).

Perkins Cushing）提供贷款16万元，以及当年从英国东印度公司业务中获得的利润。[①] 关氏的福隆行挣扎着继续经营，但在五年后的1828年，它倒闭了。奇怪的是，1827年福隆行创始合伙人邓兆祥的儿子就像死神预兆一样突然出现在广州，他要求获得福隆行的股份和近年利润。早在17年前，也就是1810年，他的父亲邓兆祥丢下福隆行，亏饷潜逃，留下他的合伙人关祥处理大约70万两白银（972 222元）的外债，另外还有关税欠款以及对国内债权人的欠债。邓兆祥的儿子长大以后，曾在京城担任一个低级官员并有一定的影响力。他通过南海知县和粤海关监督给福隆行关成发（关祥之子）造成了严重的骚扰，但事情最终被禀报给两广总督时，两广总督考虑后拒绝了邓兆祥儿子的要求。[②]

福隆行在倒闭之前，有一件事同样值得注意，那就是有3万包棉花（价值约90万两白银，125万元）在它仓库中失踪。在1827年11月这一批棉花还安全存放在仓库中，但到1828年2月这些棉花就离奇消失了。外国债权人认为，这些棉花要么被转移给福隆行不为人知的秘密合伙人，要么就是被用来对国内债权人抵债（1828年2月15日是中国农历新年，传统上债权人都要求在新年之前将旧债结清）。福隆行被英国的马格尼亚克商行（Magniac & Co.）告到官府，但时任两广总督不愿处理，因为他只是临时代理粤海关监督。1828年4月7日，新任粤海关监督延隆到任广州。1828年5月10日，关祥被宣布资不抵债，案件也被奏报到了道光皇帝那里。经过清算，发现福隆行拖欠官府262 600两白银（364 722元）税款，欠外国债权人（美国商人和来自印度的港脚商人）792 000两白银（1 099 300元）。粤海关监督命令行商代缴关税欠款，并在8年内偿还外债

---

① Ch'en, *Insolvency*, pp. 248 and 48 (该贸易季节在英国东印度公司贸易份额中占两份，盈利9万元)。

② Ch'en, *Insolvency*, pp. 239-30. 据威廉・C. 亨特（William C. Hunter）记录，在福隆行关祥倒闭后，曾经见过这个行商开出的一张6万元本票，票面利率高达每月5%，也就是年利率为60%。参见Greenberg, *British Trade*, p. 65; Hunter, *Fan Kwae*, p. 39.

本金。在外国债权人的抗议下，外债偿还期限先是被压缩到7年，后来进一步压缩到6年。① 福隆行名义上的行商关成发被发配伊犁。传说他离开广州时带了一万元和好几个仆人。英国东印度公司在其记录中隐晦地表示，关成发上路充军的仪态"更像是一个富有的官员，而不是一个即将受到惩罚的落魄破产商人"。②

由于上述一连串行商倒闭造成的负担，1815年至1828年期间，公所基金一直承受着支出压力。公所基金的年均支出继续呈增长趋势。虽然增速不像前两个时期那样快，而且这一时期倒闭的行商都是1800年至1814年期间陷入接管的中小行商，但是在其他方面并没有多少可以乐观的理由。在公行内部，经营困难的行商和少数富有实力的行商形成了明显的两极分化。政府继续从行商处大量榨取资金来支持朝廷的需要，但也开始更为谨慎。1819年嘉庆皇帝批准实行的额定税收缓缴政策，一直执行到1839年鸦片战争爆发，这表明清朝政府认识到行商的财务负担已经达到了它们承受能力的极限。在广州，对公所基金的榨取得到了有序控制，不应承受不寻常的重压。

在1828—1829年的这个冬天，美国纽约州的议员开始酝酿一个设立银行担保基金的提案，其灵感来自于广州担保制度的成功。在纽约州首府奥尔巴尼市，这些议员并不知道行商团体大多数成员和公所基金当时十分脆弱的财务状况。而在中国的广州，行商们没有得到他们迫切需要的喘息和恢复的机会。在随后的1829年至1842年这一时期，他们对倒闭同行债务的集体担保责任再次飙升。

---

① Ch'en, *Insolvency,* pp. 350-1 and 96 (Table 2.7); Forbes, Remarks on China, p. 38 (Manhop I owed $1,125,538 on his failure); Morse, *Chronicles, Vol. IV*, p. 173.

② Ch'en, *Insolvency,* pp. 350-1; Morse, *Chronicles, Vol. IV*, pp. 150 and 173.

第七章　广州体制的最后岁月
（1829—1842）

　　到了1829年，英国东印度公司对行商数量的减少及其脆弱的财务状况已经深感忧虑。为此，英国东印度公司从1829年到1830年初，实施了为期5个月的贸易禁运，试图迫使广州体制改革，但未能成功。四年后，看到中国市场前景的英国散商与制造业者一起推动，通过立法迫使英国东印度公司解散、退出广州贸易。新的贸易商蜂拥而入，拉动了出口，抬高了市场价格。

　　英国东印度公司的退出，意味着它长期以来每年与行商签订的固定份额茶叶采购合同的终结，也意味着英国东印度公司为维持其行商贸易伙伴通常作为最后贷款人发放纾困贷款的终结。[1] 纾困贷款总是依靠英国东印度公司采购合同项下的行商未来收入作为还款来源。英国东印度公司认为，行商借款人能够用其合同项下的收入款项来偿还贷款，或者英国东印度公司可以直接用行商的应收账款进行抵债。英国东印度公司关闭后，市场上普遍认为，整个广州担保制度基本上还是基于同样的假设条件。那些债权暂时没有得到及时偿还的债权人认为，幸存下来的行商将会以其稳定的茶叶合同项下的收入来履行他们的集体担保责任。正如英国散商W. S. 戴维森1830年在英国上议院特别委员会作证时所说的那样：

---

[1] White, "Hong Merchants," p. 120.

　　我经常与资不抵债的行商做业务，因为我很少能以公平的条件与其他行商开展业务；有些行商只满足于英国东印度公司业务给他们带来的稳定利润，他们对其他业务不太感兴趣……他们（资不抵债的行商）愿意出的价格要好得多；（我怀疑）他们给出的价格往往超出了在正常市场状况下他们可以承受的水平……（他与他们签订了合同）经常向他们发放大量贷款……我知道他们（实力较强的行商）在英国东印度公司业务中占有份额，我确信他们有能力向我还款，他们最后确实都能偿还。[①]

图7-1　广州的外国商馆（大约1825—1835年）。一位佚名中国画家的油画作品。（私人收藏。照片由伦敦的马丁·格雷戈里画廊（Martyn Gregory Gallery）提供。）

[①] Greenberg, *British Trade*, pp. 70-1; Basu, "Asian Merchants and Western Trade," p. 348.

　　随着英国东印度公司业务合同的终止，上述假设失去了基础。虽然贸易蓬勃发展，但却是在不确定的条件下进行，合同和贸易条款都是每天作出。信贷变得异常紧张。行商的国内供应商担心他们如何收到货款，并且不愿再将付款期限延长到正常条件之外。供应商与行商之间的斗争导致很多行商倒闭，此时恰又遇到1837年席卷全球的恐慌从伦敦蔓延到中国。

　　1836—1839年的危机暴露出广州担保制度已经遭到了无法修复的损害。几家行商陷入了资不抵债。债权人不知道公行如何偿还这些行商欠下的巨额债务。幸存的行商没有具体理由让人相信他们有能力履行自己的还款承诺，而且他们还寻求延长还款期限。在这场信任危机中，外国债权人越来越多地指望中国政府来偿还这些私人债务。长期以来，中国政府一直对行商实行强制的集体担保。在1838年2月写给帕默斯顿勋爵（Lord Palmerston）的一封信中，英国驻广州商务总监查理·义律（Charles Elliot）说，清朝政府实际上通过保证行商外债能够得到偿还，以此作为交换条件迫使外国人遵守广州体制的约束规则。[1] 行商外债的拖欠——本小册子的作者将其称为资本从英国向中国人的转移[2]——成为英国商人1839年寻求对中国开战时手中挥舞的一件血淋淋的衬衫。

1. 行商（1829—1842）

　　1829年最紧迫的问题是，行商是否有资金实力从事正在进行的贸易。前一年，庞大的福隆行关成发（Manhop Ⅱ）的倒闭（欠外国人和政府的

---

① R. Randle Edwards, "Ch'ing Legal Jurisdiction," pp. 237-8.

② "这些债务构成了英国资本向中国行商的转移，大约有300万元，债权人对此要求在6年左右时间按照市场上正常的12%利率计算复利，在此期间需要偿还的本息是债务本金的两倍，这个要求无疑并不是无理的。而中方则提出从明年开始在9年内清偿债务，其中兴泰行（Hingtae）的债务偿还期限从调整账目之日算起需要10年半的时间，天宝行（Kinqua）的更长。" Anonymous, Chinese Security Merchants, p. 43.

债务达到1 054 600两白银，折合1 464 722元），公行收缩到7家行商。[①] 其中，只有3家被认为是真正有偿付能力的——东裕行谢裕仁（Goqua Ⅱ）、怡和行伍秉鉴（Howqua Ⅱ）和同孚行潘正炜（Puankhequa Ⅲ）。[②] 然而，就连谢裕仁（Goqua）也在1828年6月像往常那样向英国东印度公司申请贷款用来缴税。他表示自己"资本短缺"，并告诉英国东印度公司，"没有其他人会给我贷款帮助"。[③] 东升行刘东（Chunqua Ⅲ）濒临倒闭，广利行卢文锦（Mowqua Ⅱ）也举步维艰。[④] 众所周知，天宝行梁经国（Kinqua Ⅰ）和万源行李应桂（Fatqua Ⅱ）也负债累累，但据信目前还能够履行承诺。

英国东印度公司和其他外国贸易商担心，即将到来的倒闭会减少行商数量，以至于幸存者可以很容易地控制价格，损害东印度公司利益，即它们将联合起来利用垄断地位，而不是单打独斗。东印度公司希望中方的外贸商增多，但他们知道，集体担保和官方强征的财务负担使人望而却步。因此，改革被认为是迫切需要的，因为如果不改变制度本身，有资格的商人永远也不会加入公行。东印度公司看到清朝官员们无法吸引到新的行商："据说粤海关监督已经把他的费用标准从70 000两白银降低到10 000两白银，两广总督豁免了新进入行商应当得到所有老行商担保的要求，老行商都声称他们渴望新的同行，但还是没有新的行商加入。"[⑤] 这些担忧在东

① Ch'en, *Insolvency*, p. 17.

② Greenberg, *British Trade,* p. 53; Morse, *Chronicles, Vol. IV,* pp. 166 and 209; White, "Hong Merchants," p. 116.

③ Basu, "Asian Merchants and Western Trade," pp. 351-2（"迄今我一直受益于从你们公司借得贷款，使我有能力支付官税……两广总督已下令所有行商不迟于本月二十日上缴贡银和参税。今年的参税总额为68 712.2两白银，我的份额为6 247.2两。贡银总共61 400两白银，我的份额是2 707.8192两。我的应缴总额达8 955两。我反复想过，但是找不到办法筹到这笔钱。我的生意规模小，经常资本短缺，没有人会帮忙借钱给我……正常来说，你们公司已经帮过我支付官税很多次了，我这次不应该再来申请帮助了。虽然我努力想办法，我还是找不到出路。近些年来，我一直依靠你们公司的贷款来支付我应尽的官税，因此，我再次向你们诸位先生求助……"）

④ Ch'en, *Insolvency*, p. 41.

⑤ Morse, *Chronicles, Vol. IV,* pp. 199 and 201-2; White, "Hong merchants," pp. 115-8.

印度公司广州委员会内部引发了激烈的辩论，委员会最终投票决定暂停贸易，并施加很大压力以图改善他们在广州的贸易条件。

英国东印度公司1829年9月开始与广州官员进行了沟通，寻求彻底的自由贸易改革。[①] 但是他们与两广总督李鸿宾交涉了6个月以后，除了在贸易细节方面作了一些调整外，其他一无所获。在此期间，英国东印度公司一直将其船只和货物停留在港口外。两广总督"向行商们传令，表示他很惊讶还没有招到新的行商，并进一步提出了新任粤海关监督到任之前豁免所有费用的优惠条件。"[②] 然后，两广总督命令行商们"在他们的好友中寻找有实力的人来担任行商。"[③] 英国东印度公司非常清楚，这不会有任何效果。"可恶的外贸规定使行商沦为政府的奴隶，要求行商对其他人的债务负责、对他所无法控制的人的行为负责。在这种情况下，任何一个有常识的人，都不会为了那最多只有渺茫希望的好处，而去冒险让自己遭受耻

---

① 1829年10月5日，英国东印度公司通过行商向两广总督转呈了八条主张。这八条主张意图颠覆这个"在长达一个世纪的压榨剥削中建立起来、广州官员们赖以生财的广州体制"：（1）不能任由东生行倒闭，东生行刘承霈（刘德章长子）必须带银钱返回广州。（2）新行商，无论20还是50家，不再为其他行商的债务负责。他们不能被要求去弥补其他行商破产时的财产亏空，这也将限制他们滥用信用。（3）老行商今后也不再对他人的债务负责，他们必须立即清偿所有债务，未清偿的债务要予以公布。（4）当前进行的破产清算工作应当继续，有关款项向新老行商一并收取，有关分期还款事宜亦须按现有安排支付。待债务还清后，不得再以还债为目的向行商收取任何款项。（5）进口关税应当每天核定，并在5天内缴纳。出口关税也应如此。（6）外国商人可以自由租用仓库，由自己管理。外国商人不需要保商，并必须用现银支付关税，有关时限无需行商和通事介入。（7）任何行商都不应被要求为外国商船充当保商。因为关税将以现银支付，外国商船需要保商的理由不复存在。而且保商实际上无法控制外国人的行为，要求保商的法律规定只会帮助粤海关监督公署巧借名目敲诈勒索，使本国人和外国人都常常饱受其苦。此外，船长们应该可以自由地挑选他们自己的买办，用现银购买他们的生活用品。（8）对于外国商船进入港口，目前由各种官员征收的费用必须减少，而且费用应与商船大小成比例支付。将来这个港口可能会有大量的小商船涌入，目前这种不分商船大小的收费制度对他们是不公平的。Morse, *Chronicles, Vol. IV*, pp. 206-7.

② Ch'en, *Insolvency*, pp. 209-10; Morse, *Chronicles, Vol. IV*, pp 199-221 (quotation at p. 208). 前任粤海关监督于1829年8月8日去世。新任粤海关监督在贸易禁运期间的1829年12月18日到任。Morse, *Chronicles, Vol. IV*, pp. 204 and 214.

③ Ch'en, *Insolvency*, p. 257.

辱、让家庭和财产遭受毁灭。"[1] 英国东印度公司在其1829年的公司档案中指出，没有合格的候选者申请加入行商有两个具体的理由。

第一，行商们在粤海关监督衙门经常受到经承、随从、书役的侮辱、勒索和随意拘留，其情形之恶劣令人难以忍受。所以大家都不愿意当行商。据说一位富裕行商的儿子[2]曾经说过，"宁为一只狗，不为行商首"。第二，按照旧的规定，行商一旦入了行就不能退出，成了终生的囚犯。行商经过多年的辛苦努力积累了财富以后，虽然年事已高，身体日渐衰弱，而且对任何人都没有任何欠债，却不允许他退休回家养老。一位行商[3]说，我愿意把八成财产都上交朝廷，如果朝廷允许我退休并享有剩余的二成财产。既然是这样一种情况，官府的招商邀请如何能让大家花钱去购买充当行商的可恶责任呢？[4]

尽管如此，东印度公司意识到，两广总督"专横而迫切的语气可能迫使行商诱使其亲友从事对外贸易。"[5]

东印度公司与广州官员之间的僵局进一步损害了已经处境艰难的行商。在1829年12月30日发出的一封信中，行商们提醒东印度公司，基于对东印度公司将会收购茶叶的信任，他们已经订购了红茶，并预付了绿茶收购款，但东印度公司还没有履行收购承诺。中国农历新年临近，但没有钱进来，这种压力可能会让行商们"处于可悲的境地"。[6] 东印度公司冷淡地答复说，"中国当局拒绝承认东印度公司广州委员会的论点是公正的，并且拒绝改变东印度公司在贸易中遭受的不平，行商们要承担由此导致的

---

① Morse, *Chronicles, Vol. IV*, p. 208.
② 同文行行商潘致祥的长子潘正亨（Shinqua）。
③ 怡和行行商伍秉鉴。
④ Ch'en, *Insolvency*, pp. 254-6 and 420.
⑤ Ch'en, *Insolvency*, p. 257.
⑥ Morse, *Chronicles, Vol. IV*, p. 215.

后果"。① 然而，在不到两个月的时间里，在中国方面没有任何实质性变化的情况下，东印度公司又悄然回来，于1830年2月返回广州，并将船开至广州，开始了拖延已久的夏季贸易。②

最终愤怒的东印度公司职员意识到，该公司和中国一样依赖于庞大贸易的持续进行，尽管无果而终的禁运对中国人的影响最为直接和有害。1829年11月，威廉·查顿（William Jardine）注意到广东普遍存在的困境。特别是茶商和丝绸纺织商"非常不满"。③ 禁运没有改善任何情况，反而使商人群体感到不安。尤其是它在行商的供应商中引起恐慌，很快就导致了苦果。

1829年，粤海关监督向皇帝上了一份奏折，称洋人之所以行为不端是因为行商太少，不足以控制他们。放松行商许可的奏请得到了皇上批准并实施。根据1830年生效的新规定，行商新充试办一年或两年。如果在试办期内做到"公平交易、保持良好信用、缴纳所有税款、没有破产"，那么就会向他颁发永久性行商牌照——只需要两家现有行商作为财务担保人。④ 新规定产生了一种机制，即那些积极响应两广总督但是资质较差的候选者能够获准加入行商。

1830年有6名商人加入外洋行。其中4名是本年较早时候英国施加压力时加入⑤，另外2名行商是9月加入。这些新行商的加入曾短暂地让行商总数达到13家，但是年底时又降到了10家。因为1830年8月，东生行倒闭，以及9月新加入的那两家行商迅速倒闭。⑥ 这6家新行商是近二十年来第一

---

① Morse, *Chronicles, Vol. IV*, pp. 215-6.

② Morse, *Chronicles, Vol. IV*, pp. 220-1.

③ Greenberg, *British Trade*, p. 43.

④ Chang, *Income of the Chinese Gentry*, p. 161; Morse, *Chronicles, Vol. IV*, p. 208; White, "Hong Merchants," p. 117.

⑤ Morse, *Chronicles, Vol. IV*, pp. 219 and 221.

⑥ Ch'en, *Insolvency*, p. 17.

批新加入公行的商人，他们分别是：① 中和行潘文涛（明官，Minqua）②，
兴泰行严启昌（Hingtae），顺泰行马佐良（秀官，Saoqua）③，仁和行潘文
海（潘海官，Punhoyqua）④，茂生行林应奎（Chingqua）和德源行谭翰勋
（Tuckune）。威廉·查顿（William Jardine）在1830年3月抱怨道：

> 现在行商新增加了四五家，有一家由茶叶商人承充，有一、两家来
> 自澳门，他们都有一定的财力和资质，但都参加了鸦片贸易，其中一个
> 曾经被放逐到伊犁。其他新行商都是既没有财力也没有资质的冒险家，
> 或者是资质平平的破产鸦片贩子、被解雇的粤海关监督账房先生等等。
> 我不知道这种新奇的胡闹会变成什么样子。⑤

虽然所有的新行商都出身贫寒、资本匮乏，但粤海关监督中祥还是向
每位新行商收取了数目不菲的特许费。据说中和行潘文涛（明官）、兴泰
行严启昌、顺泰行马佐良（秀官）各自付了42 024两白银（58 367元）。⑥
另一位消息人士估计，每家新行商都需要向粤海关监督私人付3万至5万元
的费用，另外还要付3万元给他的下属。⑦

新的行商中，严启昌（titular head,名义首脑）、严启祥（active manager
执行经理）兄弟的兴泰行（Hingtae）最为重要。在19世纪30年代早期，兴

---

① Ch'en, *Insolvency,* p. 40 (Table 1.6).

② 潘文涛（Mingqua），中和行行商。据说他是仁和行行商潘文海之兄，也有说他是一名茶叶
商人的儿子。参见Ch'en, *Insolvency,* pp. 17-8, 21 and 40 (Table 1.6); Ch'en, p. 154 (Table
4.6); White, "Hong Merchants," p. 151.

③ 马佐良（Saoqua），顺泰行行商。他曾经在澳门从事外贸，他的合伙人是一个鸦片贩子。参
见Ch'en, *Insolvency,* pp. 17-8, 21, 40 (Table 1.6) and 154 (Table 4.6).

④ 潘文海（Pwanhoyqua，或Punhoyqua），仁和行行商。据说他是中和行行商潘文涛之弟。
也有说他是粤海关监督公署一名关吏的儿子。参见Ch'en, *Insolvency,* pp. 17-8, 21 and 40
(Table 1.6); Ch'en, p. 154 (Table 4.6); White, "Hong Merchants," p. 151.

⑤ Greenberg, *British Trade,* p. 66.

⑥ Ch'en, *Insolvency,* pp. 123, 159 and 366; Morse, *Chronicles, Vol. IV,* p. 372.

⑦ Basu, "Asian Merchants and Western Trade," p. 341.

泰行在广州的业务以火箭般速度增长，但是后来在1836—1837年危机中兴
泰行轰然倒下。[①] 严启昌、严启祥兄弟年纪不大，据说在19世纪20年代晚
期当他们的父亲去世时，他们还是男孩或少年。他们的父亲是一位钱币兑
换商或者金匠，以Sunshing商号做生意，留下了一笔5万、6万元的遗产，
他的儿子们用这笔钱创办了兴泰行。兴泰行也被称为Sunshing，就与严启
昌、严启祥的父亲所办Sunshing商号有关系。[②] 严氏兄弟对生意如饥似渴，
并大获成功，在鼎盛时期，他们占据了广州合法对外贸易的四分之一或
五分之一的市场份额。[③] 然而，在成功的表象下，兴泰行没有资本可以依
靠。仅其许可费就耗尽了Sunshing商号的遗产。1837年4月19日，严启祥
在给其最大债主威廉·查顿（William Jardine）的信中写道：

> 1830年，我以有限的资本开始做生意;扣除掉悬挂招牌、开办业务、
> 购买库房和家具的费用后，一分钱也不剩。当年，由于英国妇女违反
> 规定进入广州城，我被关在监狱里一个多月，并损失了10万元。第五年
> （1934年）发生了律劳卑事件（Lord Napier's affair），我被拘留了几个月，
> 几乎没有做什么生意。此外，我在两广总督、粤海关监督和其他地方的
> 开支也不少于10万元。[④]

茂生行和德源行是1830年新充试办商行，它们的实力非常弱，当年
都没能撑过。林应奎（Chingqua）开办茂生行不久，就被指定为一艘货
船的保商，船长名字叫耶尔斯（Yales）。当林应奎无力为这艘货船支付
2 500两白银（3 472元）的测量费和其他费用时，他的商号就被注销了，

---

① Ch'en, *Insolvency*, pp. 17-18, 20, 37 (Table 1.4), 40 (Table 1.6) and 365-7.
② Basu, "Asian Merchants and Western Trade," p. 340; Ch'en, *Insolvency*, pp. 154 (Table 4.6), 157 and 365-7; Chinese Repository, Vol. 3, p. 440 (Jan. 1835) ("Journal of Occurrences … liberation of Sunshing").
③ Basu, "Asian Merchants and Western Trade," p. 341; Ch'en, *Insolvency*, p. 366.
④ Greenberg, *British Trade*, pp. 66-7; Ch'en, *Insolvency*, p. 159.

其他行商被责令替其偿还海关债务。另外一家在九月新开的试办商号是德源行（Tuckune，Teyuan），行商叫谭翰勋（Tam Hoanfun），他与一位名叫刘元（Lawune，Luo Yuan）的丝绸商人合伙经营。德源行开张后不久，刘元就向粤海关监督送了三对金表作为礼物，但是他没有告知收礼者，这些贵重的礼物尚未付款。后来英国商人贾斯特先生（Mr. Just）向粤海关控告，要求德源行为粤海关监督所收的礼物支付990元，尴尬的粤海关监督立即注销了德源行商号。[1]

1830年以后，广州当局继续招募新行商。1832年新添同顺行（Samqua，行商吴天垣）、福顺行（Tungqua，Fuksune，行商王大同）[2]，行商数量增加到12家。同顺行行商吴天垣被当地人俗呼为"卖鸡爽"（"Maiji Shuang"，chicken-seller Shuang），因为他以前做卖鸡的生意。[3] 1835年复添孚泰行（Footae）、东昌行（Lamqua），使得行商数量一度达到1780年至1842年期间的峰值。孚泰行行商易元昌以前是一名街面散商，他的孚泰行在不到两年内就几乎倒闭了，原因是外国债权人申请查封了它的库存，据估计其库存值1万元。后来通过引入一位合伙人，孚泰行才恢复经营，作为一家小商号存活下来[4]。这位合伙人的父亲是一名鸟禽及其他货物贸易商（Tommy Birdman），有着不那么纯洁的历史。东昌行行商罗福泰（Lamqua），与使用相同商业字号的广州艺术家没有关系，也遭遇了资本不足问题。他的东昌行因走私事件受到惩罚，并于1837年悄然歇业，其欠交的公所基金由幸存行商承担。[5] 1836年左右，容有光（Takqua，Rung Yuguang）获准成立安昌行，使其成为历史上最后一名取得执照的行商。

① Ch'en, *Insolvency,* pp. 359-61.

② Ch'en, *Insolvency*, pp. 17-8, 21, 37 (Table 1.4), 40 (Table 1.6), 154 (Table 4.6) and 361-2.

③ Ch'en, *Insolvency*, pp. 17-8, 21 and 40 (Table 1.6); Sung, "A Study of the Thirteen Hongs," p. 28. 通顺行行商吴天垣（Samqua）是麦尼克洋行（Magniac & Co.）一名买办的兄弟，他的合作人是一名茶叶商人。参见Ch'en, p. 154 (Table 4.6).

④ Ch'en, *Insolvency*, pp. 18-9, 40 (Table 1.6), 154 (Table 4.6) and 161-2; Basu, "Asian Merchants and Western Trade," p. 342.

⑤ Ch'en, *Insolvency*, pp. 18, 20, 40 (Table 1.6), 153, 154 (Table 4.6) and 365.

三年后的1839年，林则徐下令关闭他的安昌行，原因是他允许行外商人冒用其名义向外国人出售茶叶。[1] 招募新行商并没有提升行商团体应付对外贸易的能力。1834年5月，美国旗昌洋行（Russell & Co.）的约瑟夫·柯立芝（Joseph Coolidge）正确地预见到："许多行商都将倒闭。有几家行商……一文不值。"[2]

在此期间，广东官员新颁布了两项关于行商债务的规定。1830年4月27日，粤海关监督传令行商，要求他们立即申报所欠外国人的全部债务，并表示没有按此申报的债务将不会在中国的债务诉讼中获得承认。[3] 五年后的1835年，两广总督卢坤宣布了处理行商债务的新办法。行商被要求在每个贸易季节结束时全面申报其所有外债，并在可行的情况下尽量偿还这些外债。未申报的外债被视为非法贷款，不能强制执行，也得不到公所担保的赔偿。[4] 这些规定没有得到贯彻执行，颁布后对于倒闭行商债务的清偿也没有任何影响。

1837年国际金融危机期间，两广总督邓廷桢收紧了行商进入的规条。规定"嗣后十三行洋商遇有歇业或缘事黜退者，方准随时招补，此外不得无故添设一商，亦不必限年试办，徒致有名无实。其承商之时，仍请复归联保旧例"。这些规定可以说产生了一些效果。此后公行再无新添成员。[5]

2. 贸易环境（1829—1842）

19世纪30年代早期，艰难的贸易环境继续困扰着行商。与19世纪20年代一样，进口棉花的市场一直不景气。1829年，一些行商还保存着两年前

[1] Ch'en, *Insolvency*, pp. 18, 21, 37 (Table 1.4), 40 (Table 1.6), 154 (Table 4.6) and 367-8; White, "Hong Merchants," pp. 144-5.
[2] White, "Hong Merchants," p. 122.
[3] Morse, *Chronicles, Vol. IV*, p. 230.
[4] Basu, "Asian Merchants and Western Trade," pp. 335-6; White, "Hong Merchants," p. 123.
[5] White, "Hong Merchants," p. 143.

购买的棉花。^① 从1831年开始，连续多年异常寒冷的气候摧毁了秋收，减少了农业收成。广东和邻近省份经历了粮食短缺。随着该地区的经济遭受重创，对进口商品的需求也随之下降。^②

英国东印度公司的对华贸易垄断地位被废除后，行商也受到了巨大的影响。英国的对华贸易，包括合法的和非法的，数量十分巨大。其中很多是非法的，1833年至1842年，鸦片占英国对华出口总额的三分之二。^③ 其余三分之一是合法贸易，1834年以前这些合法贸易都是通过特许行商基于贸易合同开展。广州群体很快就了解到，英国议会在1833年夏末投票终止了英国东印度公司的垄断权，并于1834年春生效。对于这一即将到来的重大变化及其后果，市场持有谨慎的预期。^④ 一个根本性的变化就是，英国东印度公司作为茶叶大宗购买者的角色终止了，长期以来它与行商之间相对稳定、长期固定份额的贸易合同也就终止了。

随着英国东印度公司庞大的茶叶业务被放开，新的英国港脚商人蜂拥而入。中国茶叶出口需求剧增，价格飙升。英国东印度公司虽然不再直接参与交易，但仍对贸易具有重大影响。在英国，该公司将大量茶叶囤积在仓库，支撑着茶叶的高价。在广州，它扮演着银行的角色，持有大约200万元资金。通过其在中国的商馆，英国东印度公司为新进入茶叶生意的人提供融资。相比于港脚商人与商馆带进的印度棉花和英国制造品，行商们更乐意接受其现金支付的货款。由于茶叶价格上涨，行商们将大量资金汇到内地，以期增加茶叶产量。在中国出口商品价格上涨的同时，进口商品的价格则是下跌，只有鸦片除外。市场竞争迫使他们尽快出售这些进口商品，正如广州代理处所记录的那样，"最积极的买家是实力最弱的行商，他们以长期赊购的方式购买这些进口商品，然后立即在国内转售以收回现

---

① Morse, *Chronicles, Vol. IV*, p. 186.
② Marks, *Tigers, Rice, Silk, and Silt*, pp. 217-9.
③ Greenberg, *British Trade*, p. 50.
④ Peter Ward Fay, *The Opium War 1840—1842* (Chapel Hill: Univ. of North Carolina Press, 1975), p. 67.

金。"① 兴泰行的大部分债务都是由这种赊购形成的。②

随着出口商品价格的上涨，中国内地供应商越来越担心自己面临的信贷风险。从贸易早期开始，内地供应商就把英国东印度公司这个稳定的最终买家作为还款来源的隐性保障。③ 以前与英国东印度公司签订可靠的长期供应合同现在没有了，市场环境变得不稳定起来。深受英格兰人喜爱的红茶的供应商们向行商施压，要求他们及时付款。在1836年，"红茶商人"在没有事先收到预付现金或者得到某种担保的情况下，甚至拒绝履行之前签订的茶叶合同。④ 类似的压力也来自其他供应商，比如丝绸类产品供应商，在1833年至1838年丝绸类产品价格上涨了两倍。⑤

1835年，同孚行（Puankhequa Ⅲ，第三代启官潘正炜）因未能缴纳32 000两白银（44 444元）的关税，被暂停贸易。⑥ 同年，昔日显赫的广利行（Mowqua Ⅱ，第二代茂官卢文锦）情况急剧恶化。该行在1829年、1832年两场危机中勉强存活下来，它向国内和外国债权人约150万元的贷款支付12%利息，而其自身贸易利润微薄，所持有的大量土地的预计年回报率也只有6%~8%。⑦ 卢文锦生活得很好，摆出一副很阔的样子。但到了1835年，一切都结束了。他于1835年12月因欠债入狱，由于在狱中遭受刑讯和虐待，1837年初获释后不久就身亡。后来发现广利行欠外国债权人60多万元，欠国内债权人的数额更大。⑧

1836—1839年的信心危机就是在这种不稳定的背景下爆发的。再也找

---

① Basu, "Asian Merchants and Western Trade," pp. 337 and 340.

② Basu, "Asian Merchants and Western Trade," pp. 337 and 340.

③ See Hanser, "British Private Traders", p. 208.

④ Weng Eang Cheong, *Mandarins and Merchants: Jardine Matheson & Co., a China Agency of the Early Nineteenth Century* (London: Curzon Press Ltd., 1979), p. 197; Greenberg, *British Trade*, pp. 189 and 197.

⑤ Cheong, *Mandarins and Merchants*, p. 196.

⑥ Cheong, Mandarins and Merchants, p. 196.

⑦ Ch'en, *Insolvency*, pp. 20 and 116-7; Greenberg, *British Trade*, p. 63.

⑧ Cheong, *Mandarins and Merchants*, pp. 196-7 and 251.

不到有意愿的放贷者，信贷冻结了。在这种情况下，行商和一些外国商人试图与外国供应商达成一项计划，以图恢复一些条件严格的短期信贷。根据协议，行商进货时可以按照每月1%的利率进行贴现支付，宽限期为10天，宽限期过后外国供应商可以向行商请求付款。中国内地棉商用劣质白银购买行商向其出售的进口棉花，破坏了这一新的贸易体系。[1]

图7-2 行商茂官二代（卢文锦）。关乔昌（Iamqua）于1830年代创作的油画肖像。一位英国观察家将卢文锦描述成"一个纨绔子弟"，1835年12月因债务入狱，1837年初获释后不久，就由于在狱中遭受狱吏殴打和虐待而去世。（私人收藏。照片由伦敦的马丁·格雷戈里画廊[Martyn Gregory Gallery] 提供。）

---

[1] Cheong, *Mandarins and Merchants*, p. 199.

1836年信贷危机击垮了兴泰行（Hingtae），外国债权人提出了
2 738 768元的索赔。天宝行（Kinqua，Kingqua，经官梁丞禧）也被曝资
不抵债，欠外国人100万元。[①] 1837年2月，威廉·查顿（William Jardine）
描述了广州的惨况，以及这些行商的倒闭可能导致所有行商倒闭的危险。

　　"我相信，新进来的行商没有一家无债务，而且除了浩官伍绍荣
（Howqua）和启官潘正炜（Puankhequa），现在没有一个行商拿得出2万
元。如果我们让其中一家倒闭，可能所有行商都会倒闭；如果我们真的
这样做了，粤海关监督很快就会再招募6家或者8家新行商，并对每家都
要收取4万两白银的执照费。当然，这些人没有什么财产，品质也不怎么
样，过不了几年，他们就会一败涂地。这是一幅令人沮丧的景象，但却
是一个事实。"[②]

　　由于债务的数量和规模都很大，因此不可能通过信贷来抵消债务。公
所基金的余额不足，而且无法从行商那里收取其所欠的行用。过去英国东
印度公司曾为一些行商提供过信贷支持，但如今一去不复返了。[③] 1837年
的国际金融危机使迅速收回债务成为当务之急，但是希望非常渺茫。

---

① Cheong, *Mandarins and Merchants,* p. 198.
② Greenberg, *British Trade*, p. 190. 另外一个文献中引用了一个稍有不同的版本："如果我们让
其中一家倒闭，可能所有行商都会倒闭；如果我们真的这样做了，粤海关监督很快就会再
招募6家或者8家新行商，并对每家都要收取3万到4万两白银的执照费。这些人没有什么财
产，他们将用第一笔配额订单的预付款来支付粤海关监督，过不了几年，他们就会一败涂
地。"参见Cheong, *Mandarins and Merchants*, p. 198.
③ Cheong, *Mandarins and Merchants*, p. 198.

表7-1　行商对外债务的集体担保责任（1780—1842）

倒闭年份	倒闭行商债务人	承担的对外债务（两）	分期年数（年平均数）	承担的欠税（两）
1780	颜时瑛和张天球（Yngshaw and Kewshaw）	600 000	10（60 000）	数目不详[1]
1784	蔡昭复（Seunqua）	166 000	10（16 600）	无
1790	吴昭平（Eequa）	255 000	6（42 500）	无
1795	石中和（Gonqua）	600 000	6（100 000）	无
1809	沐士方（Fonqua）	259 000	3（86 333）	无
1810	倪秉发和郑崇谦（Ponqua and Gnewqua Ⅱ）	1 447 000	10（144 700）	数目不详[2]
1823	潘长耀（Conseequa）	372 000	5（74 400）	无
1826	黎光远（Pacqua）	475 000	5（95 000）	无
1827	麦觐廷（Poonequa）	86 000	3（28 667）	110 000[3]
1828	关成发（Manhop）	792 000	6（132 000）	262 600[4]
1830	刘承霈（Chunqua）	418 000	3（139 333）	41 226[5]
1835	李应桂（Fatqua Ⅱ）	无	无	300 000[6]
1837	严启昌（Hintae）	1 656 000	8（207 000）	数目不详[7]
1838	梁纶枢（Kinqua）	720 000	10（72 000）	无

注：数据已经四舍五入处理，前四列数据的来源为：Ch'en, Insolvency, p. 96, Table 2.7。

---

[1] 陈国栋和张荣洋一致认为颜时瑛和张天球有尚未支付的欠税，但对于欠税金额以及这些欠款是否从资产清算中得到清偿，他们有不同观点。陈国栋认为他们欠税为150 000两，在资产清算得到部分清偿后，剩余部分由其他行商承担。张荣洋认为他们欠税为175 000两（合243 055元），在资产清算中得到了足额偿还。参见Ch'en, *Insolvency*, p. 206; Cheong, *Hong Merchants*, pp. 152 and 186 n.103。

[2] 有文献显示，倪秉发欠税88 000两，郑崇谦欠税89 000两。此外，他们在倒闭时还共同有一笔30 000两的海防费欠款。上述债务是否从其资产清算中得到清偿并不清楚。参见Morse, *Chronicles, Vol. III*, p. 150 and *Vol. IV*, p. 83。对于倪秉发的欠税金额，也有文献显示为80,000两。参见Cheong, *Hong Merchants*, pp. 92 and 123 n.49。

[3] Ch'en, *Insolvency*, pp. 347-8.

[4] Ch'en, *Insolvency*, p. 351.

[5] Ch'en, *Insolvency*, p. 359.

[6] Ch'en, *Insolvency*, p. 364.

[7] 其他行商被命令代缴兴泰行所欠的关税和其他税款。参见Ch'en, *Insolvency*, p. 367.

3. 债务集体担保（1829—1842）

在1829年至1842年的13年里，出现了大规模的行商倒闭，大量的债务涌向行商团体。行商们被要求承担和偿还公行有史以来最大的对外债务，此时的公行整体上处于非常脆弱的时期。1830年东生行（Chunqua Ⅲ）的倒闭产生了41.8万两白银（580 555元）的花费，这些债务需要在三年内付清。1837年兴泰行的倒闭产生了165.6万两白银（2 261 439元）的花费，被要求在8年内付清。最后是1838年天宝行（Kinqua，Kingqua）的倒闭，以及它72万两白银（100万元）花费，这笔债务被要求在10年内付清。[①]

在1829年至1842年期间，行商全体承担的集体担保债务总额为279.4万两白银（3 880 555元），在这13年期间平均每年为186 266两白银（258 703元）。[②] 这些债务数字比前一时期又增长了40%。1780年至1842年期间，行商的外债集体责任年均数额大幅增长的趋势汇总如表7-2所示。

表7-2　集体责任负担的增加（1780—1842）

时期	总债务（两/元）	年均规模（两/元）	年均规模较前期增长（两/元，%）
1780—1799年	1 621 000/2 251 388	81 050/112 569	（无前期）
1800—1814年	1 706 000/2 369 444	113 733/157 963	32 683/45 394（40%）
1815—1828年	1 725 000/2 395 833	123 214/171 130	9 481/13 167（8%）
1829—1842年	2 794 000/3 880 555	186 266/258 703	63 052/87 573（40%）

将表7-2数据与表7-1和图7-3的数据结合起来分析。表7-1《行商对外债务的集体担保责任（1780—1842）》列出了集体担保债务产生的时期和金额。图7-3《按年计集体担保责任（1780—1842）》是一个条形图，显示了在这62年期间每年执行的平均债务。图7-3是对前面简表所列增长百

---

① Ch'en, *Insolvency,* p. 96 (Table 2.7).

② Ch'en, *Insolvency*, p. 96 (Table 2.7).

分比的另一种表示方法，它表明在这段时间每年的平均债务显著增加。表
7–1列出了用来编制汇总表和图7–3的源数据。这也表明，行商们每年承
担的债务负担比表中显示的还要严重。除了图7–3中所示的违约外债外，
行商们还被要求立即全额缴纳倒闭行商所拖欠的税款。

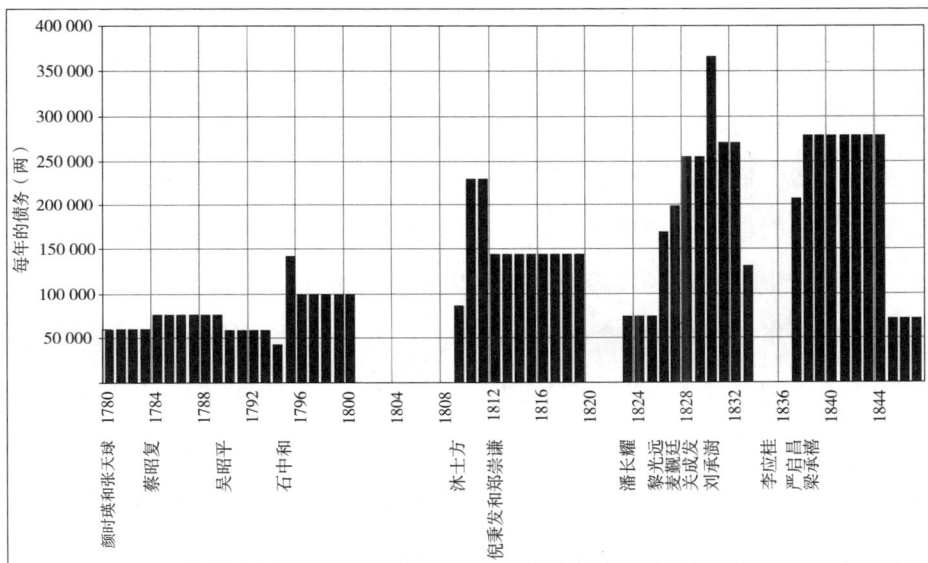

图7-3　按年计集体担保责任（1780—1842）。

　　不幸的是，许多税负数据没有得到保存。表7–1的第五栏列出了部分
已知的税款代缴数据。上述几张表显示，随着时间推移，年均集体责任金
额稳步大幅增加。表7–1显示，税款债务即使不考虑未知部分，也构成了
总体负担的重要组成部分。这些图表显示，在1829年至1842年广州体制的
最后年份，行商们被要求承担的债务规模空前。在行商们挣扎求存的时
候，这给他们加上了沉重的负担。

　　1829年以后，清朝政府从行商征收到的税款也在减少。1839年4月29
日，两广总督邓廷桢和粤海关监督豫堃联名上了一份奏折，其中详细记录

了从1819年以来拖欠官府的税收，以及其他值办。截至该日，行商向政府所欠税款总额为1 464 282.732两白银（2 033 726元）。[1] 由于广州体制最后年份的官方记录中，有关行商的资料很少，因此在这份奏折上的细节信息特别重要。鸦片问题及其后果的官方资料变得非常多，相应地其他常规的官方记录变少。[2] 在西方这一边，英国东印度公司已经退出了贸易，也不再有相关记录。考虑到广州的官员和他们的北京管理者长期以来一直密切关注行商的财务状况和支付能力，因此北京方面批准的税务宽松和税款延期提供了有力的证据，证明行商财力下降是真实的。整个行商团体都处在倒闭边缘，而且广州和北京的官员都知道这一点。尽管如此，没有证据表明在这个时期或此前任何时期，有任何人曾试图评估集体担保下的外债风险，或者根据预期的风险对公所行用费用标准作出调整。

　　从1839年4月29日的联名奏折可以看出，按时缴纳税款已不再是1839年的原则，而且多年前早已如此。1819年行商承诺捐资60万两白银（833 333元）用于黄河河工，结果一再推迟。由于行商无力支付1819年指派的这笔款项，结果广东省藩库作了垫付，将来由行商偿还。尽管后来这笔款项一再延付，而且都按规定作了奏报，但直到20年后的1839年，还有约136 151两白银（189 098元）尚未归还。[3] 1826年，行商承诺捐助喀什噶尔战争60万白银（833 333元）。到1839年时，这一承诺已经过去13年了，也只能等到1819年治理黄河的捐资还清之后再说。[4] 全部款项在1839年还是继续拖欠着。1835年，为了加固虎门炮台，行商们被摊派6万两白银（83 333元），其中39 162两白银（54 392元）到1839年尚未支付。[5] 官方还命令他们替两家行商——茂生行和万源行——清缴所欠的316 613两

---

① Tsiang, "Government and Co-Hong," pp. 602-7.

② White, "Hong Merchants," pp. 121-2.

③ Tsiang, "Government and Co-Hong," pp. 603 and 606.

④ Tsiang, "Government and Co-Hong," pp. 605 and 606.

⑤ Tsiang, "Government and Co-Hong," pp. 605-6.

白银（439 740元）税款及其他债务，这两家行商分别于1831年、1835年倒闭。[1] 1839年，行商们又被责令清缴1836—1839年的贡品和人参税，以及其他债务，共计534 978两白银（743 025元），但这些款项并未全部付清，仍拖欠372 357两白银（517 162元）。[2] 上述联名奏折逐项列出了各家行商欠账的详情。"奏请皇上给他们一年期限。如果逾期他们仍未付清欠款，应全部送进监狱，以示警诫。"[3] 天宝行行商梁承禧（Kinqua Ⅱ）很快就受到了惩罚。

> 尽管一再施压，他仍未付款，这表明他是故意耍花招。不宜再宽大处理。因此，我们祈请皇上批准，把天宝行行商梁承禧关进南海县监狱，再给他一年的时间让他还清对官府的欠债。逾期未清偿的，将他发配流放，未清偿的债务由公行其他行商按比例承担。[4]

然而，其他的行商还款需要更长时间。奏折上清楚地写道，所列的全部债务都已经到期（1826年喀什噶尔战争的捐资除外）。但如果把全部债务都收回，再加上本年的征收款项，对行商来说负担太重了。因此，官员们提出进一步延期。[5] 蒋廷黻教授于1932年找到并发表了这一奏折，他准确地指出，"如此巨额的债务及其增长趋势清晰地表明，一些疾病已在吞噬公行的脊髓，不久《南京条约》便正式宣布它的死亡。[6]

广州体制戏剧的最后一出中，第一家倒下的行商是东生行（Chunquas，

---

[1] Tsiang, "Government and Co-Hong," pp. 605-6; Ch'en, *Insolvency*, p. 37 (Table 1.4).

[2] Tsiang, "Government and Co-Hong," pp. 603 and 606.

[3] Tsiang, "Government and Co-Hong," pp. 604-5.

[4] Tsiang, "Government and Co-Hong," p. 604.

[5] Tsiang, "Government and Co-Hong," p. 606（"臣等奏请陛下恩准，先让他们在一年期限内偿还所欠债务，然后再按照议定安排支付捐输和摊派款项，首先是捐助加固虎门炮台的39 000两白银以及捐助喀什噶尔战争的600 000两白银，然后是摊派的316 612.865两白银。除此之外，不再做任何延期，以使所有款项得到逐步支付"）。

[6] Tsiang, "Government and Co-Hong," pp. 606-7.

章官）。按照广州行商的选充标准，这是一家值得尊敬的行商。东生行大约是1787年由刘德章（第一代章官）创立，并于1794年首次取得行商牌照。[1] 这位创始人从事了一些不择手段的经营业务，并利用了他在北京的人脉，这或许可以解释他的洋行何以能够持续经营如此长时间。刘德章1824年12月去世后，东生行交给刘承霭经营（第二代章官）。刘承霭只做了三个贸易季节的生意，就以10万两白银（138 888元）的价格把自己的股份卖给了一位茶商邓兆祥（Inqua），然后离开了广州。东生行成为一家三人合伙企业，由刘承霭的弟弟刘东（第三代章官）作为东生行的负责人。来自外面的合伙人邓兆祥很快发现他被骗了。东生行的资产被夸大，同时对他隐瞒了巨额债务。1829年夏天，东生行资不抵债问题公之于众。由于无法支付茶叶供应商的货款，东生行把一些不动产的契据抵给了他们。外国债权人对这家重要行商的债务危机深为担忧，将刘承霭带回广州的种种努力（传言称，他带走了60万元），成为1829年至1830年英国东印度公司5个月贸易禁运的背景。东生行进入了债务诉讼程序，1830年8月19日被正式宣布资不抵债。它的债务规模接近648 000两白银（90万元），将其资产用于清算后，还有418 000两白银（579 193元）债务未得到偿还。行商团体被要求三年分期偿付这些债务，没有利息，并须缴付欠官府的41 226元关税。刘东（第三代章官）被拘捕和殴打。1831年，他在狱中上吊自尽。1830年，刘承霭曾经短暂地回到广州，没有带回任何资金，夏天又离开了广州。[2] 此后，他一直逍遥法外，似乎从贸易生意中实现了平安的退休，就像他此前多年里那样，而邓兆祥则为此付出了高昂代价。

---

[1] Ch'en, *Insolvency,* pp. 15, 19-21 and 352.

[2] Ch'en, *Insolvency*, pp. 119, 122 and 352-9; Morse, *Chronicles, Vol. IV*, pp. 221, 230 and 255-6; The Asiatic Journal and Monthly Register for British and Foreign India, China, and Australasia, Vol. 6 (New Series) (Sept.-Dec. 1831) (London: Parbury, Allen and Co., 1831), p. 71.

1835年万源行（Fatqua）倒闭，该行当时由其创办人之子经营，长期经营不善。万源行1808年由李协发（Fatqua I）设立，长期处于财务状况困难的状态，并且以极高的利率借款。李协发偶尔得到其亲戚卢文锦（Mowqua II，第二代茂官）和英国东印度公司的贷款帮助。李协发1822年4月25日去世后，第二代Fatqua（李应桂）继承了万源行，但他发现自己既背负着未缴的关税，又要为承接行商执照向粤海关监督支付巨额费用。1834年英国东印度公司的退出对万源行是一个致命打击，因为自1817年以来，万源行一直只与英国东印度公司做贸易。由于万源行没有外债，外国债权人对于它的倒闭并没有什么可以抱怨的。但是它的倒闭对于其他行商来说是一件非常不幸的事，因为它欠了大约30万两白银（416 667元）的关税。这笔欠税被要求由其他行商承担，并要求在两年内付清，但是直到1839年，这笔欠税还没有完全付清。没有发现李应桂（Fatqua II）受到刑罚的相关档案（即使有刑罚的话）。①

1836年的信心危机导致了最著名的一次行商倒闭，即严启昌、严启祥兄弟的兴泰行倒闭。在兴泰行存续的6年时间里，严氏兄弟野蛮扩张业务，并深入参与了英国怡和洋行（Jardine, Matheson & Co.，旧称渣甸洋行）的进口和其他业务。怡和洋行是兴泰行最大的债权人，债务规模约为200万元。② 严启昌表示，他的经营失败是由于过度扩张经营、市场误判和家庭过度开支，但更真实的原因是其资本不足，以及广州官员对他的过度榨取。兴泰行在怡和洋行所供应的棉花上过度投资，据说每年亏损50万元。③ 兴泰行倒闭后，威廉·渣甸（William Jardine）向伦敦的霍林斯沃思·马格尼亚克（Hollingsworth Magniac）保证怡和洋行的稳定性，他指出公所基金有法律义务偿还兴泰行的债务。迈克尔·格林伯格（Michael

---

① Ch'en, *Insolvency*, pp. 16-9, 37 (Table 1.4), 40 (Table 1.6), 122 (Table 3.1), 154 (Table 4.6), 176 and 363-4; Tsiang, "Government and Co-Hong," pp. 605-6.

② Cheong, *Mandarins and Merchants*, pp. 198 and 251; Greenberg, *British Trade*, p. 66.

③ Greenberg, *British Trade,* p. 66; White, "Hong Merchants," p. 124.

Greenberg），一位对19世纪早期英国对华贸易做了非常有价值研究的作者，将怡和洋行的债权主张称作是"对中国法律的蔑视……利用着圣经的魔鬼的讽刺性实例"。①

1836年底，由于巨额债务不能延期或者续借，兴泰行停止了还本偿付。1837年4月21日，外国债权人开始进行债务诉讼。② 两广总督邓廷桢任命了一个由三名资深行商和三名外国人组成的委员会，他们在公所会合，负责审查和管理外商向兴泰行索赔的赔付。这一程序至少在两个方面是革命性的：第一，这是外国人第一次与中国人一起，对行商进行债务评估；第二，这是公行账簿第一次接受外国债权人的审阅和检查。③

对于提出的总额2 738 768元的索赔，委员会建议将其削减为2 470 332元（打九折）后，要求债务人进行偿还。随后，双方就偿债问题进行了艰难的谈判，谈判花费了这一年的大部分时间（其间发生了全球经济大萧条和1837年恐慌）。行商最初提出的还款期为20年，但后来允许的还款期逐渐缩短至8年（实际上是9年）。④ 委员会于1837年11月30日接管了兴泰行的资产⑤。1837年12月3日，正式指令行商团体在8年内分期偿还外债，总额为1 656 000两白银（2 261 439元），不计利息。⑥ 当1844年债务全部还清后，中外联合兴泰行索赔管理委员会关闭了它的账户。⑦

当债权人1837年向总督提起对兴泰行的债务诉讼时，他们要求将天宝

---

① Greenberg, *British Trade*, p. 70.

② Ch'en, *Insolvency,* pp. 96 (Table 2.7), 210-1 and 367; Cheong, *Mandarins and Merchants,* p. 251.

③ Basu, "Asian Merchants and Western Trade," p. 346; Ch'en, *Insolvency*, pp. 210-1.

④ Basu, "Asian Merchants and Western Trade," p. 344; Ch'en, *Insolvency*, pp. 366-7; Cheong, *Mandarins and Merchants,* pp. 198-9.

⑤ Basu, "Asian Merchants and Western Trade," p. 347; White, "Hong Merchants," p. 126 (直到1837年10月，北京方面对兴泰行只知道它的行商业主拖欠了一笔公共工程的捐输款项。皇帝下令暂时撤销严启昌的官衔和品级，只有在他支付了所要求的款项后，才能再次授予给他。)

⑥ Ch'en, *Insolvency*, pp. 96 (Table 2.7), 210-1 and 366-7.

⑦ Basu, "Asian Merchants and Western Trade," p. 347.

行（行商为梁承禧，商名经官）的债务纳入一并审理。天宝行始创于1808年，在其鼎盛时期能够供养一个庞大的家族，但长期以来天宝行陷入了困境，并卷入了高利贷，这加剧了天宝行的问题。[1] 1831年，一位英国观察家指出："经官已经与美国人、巴斯人和其他散商做了大量的物物交易生意。"多年来，它一直处于倒闭的边缘，依靠一位诚实、聪明的店主的妥善管理，它才勉强得以维持。这位店主被它吸收为一名合伙人。[2] 英国东印度公司的撤离，天宝行资金的缺乏，以及1836—1837年的信贷危机，使得天宝行难以偿还其估计高达72万两白银（100万元）的债务。由于天宝行仍能做生意，它被允许继续从事贸易，但是行商团体被命令帮助天宝行在十年内偿还100万元的旧外债，另加6%的利息（这是中方前所未有的让步）。[3]

外国债权人还向两广总督邓廷桢施压，要求对广利行（Mowqua III，行商为卢继光，第三代茂官）的逾期债务采取类似处理方式。在第一代茂官卢观恒的时期（1792—1812年），广利行被认为是行商中最有实力的一家商行，但在接下来的20年，它被毁了。过度的负债和开支一直是卢氏家族内斗的主题。[4] 1831年，一位英国观察家说："第二代茂官卢文锦是个纨绔子弟。他的弟弟经营着广利行的生意，是个可敬的人。但是卢文锦的贸易信用已经渐失，只有在怡和行浩官伍秉鉴的帮助下，他才能维持下

---

① Ch'en, *Insolvency*, pp. 16-8, 20, 25, 38, 40 (Table 1.6), 41, 122 (Table 3.1), 154 (Table 4.6), 158-9, 176 and 210-1; Hummel, *Eminent Chinese,* pp. 501-2; Mazumdar, *Sugar and Society in China,* p. 116; White, "Hong Merchants," pp. 144-5.

② The Asiatic Journal and Monthly Register for British and Foreign India, China, and Australasia, Vol. 6 (New Series) (Sept.-Dec. 1831) (London: Parbury, Allen and Co., 1831), p. 71.

③ Ch'en, *Insolvency*, pp. 16-8, 20, 25, 38, 40 (Table 1.6), 41, 122 (Table 3.1), 154 (Table 4.6), 158-9 and 210-1; White, "Hong Merchants," pp. 144-5.

④ Ch'en, *Insolvency*, pp. 15-8, 20, 41, 116, 122 (Table 3.1), and 210-1.

去。"① 1835年12月，卢文锦（Mowqua Ⅱ）因债务入狱，1837年初获释后不久，因在狱中遭受狱吏殴打和虐待而去世。他欠外国债权人60多万元，国内债权人的数额更大。调查显示，广利行并没有资不抵债。广州官员安排他的儿子（或是弟弟）卢继光作为第三代茂官（Mowqua Ⅲ），继续经营广利行。② 虽然到1837年这些债务仍然没有偿还，但由于广利行仍在持续经营，官员们对于要求其他行商代偿债务的后果十分谨慎。外国债权人企图强迫其他行商代为偿还广利行的积欠债务，但遭到了断然拒绝。

英国的债权人并没有把他们的努力局限在广州。在伦敦，他们积极寻求政府帮助索债。他们散发了《中国广州的保商和他们的债务》（*The Chinese Security Merchants in Canton and their Debts*，1838年）等小册子，并由政府代表积极进行游说。他们的上述努力是英国国内发动对华战争的一个主要推动因素，战争宣传鼓动者更愿意将这场战争描述成是为了收回被拖欠的债务以及为外交受辱寻求赔偿，而不是主要为了支持销售鸦片。③ 债权人们表示担心，除非大英帝国强迫清朝政府（作为隐性担保人）代为偿还行商拖欠的债务，否则他们"要么永远无法得到偿付，要么将被拖欠很长时间以致于他们经营贸易的现有资本将完全损失"。④ 战争鼓动者在1838年至1839年期间宣传的"商欠（Chinese Debts）"危机在英国已为公众所知，其中一个标志是1838年11月在伦敦出版的讽刺漫画《破产的行商或空茶叶箱》（*the Broken Hong Merchant or the Empty Tea Chest*）。漫画讽刺了陷入财务困境并抱怨王室津贴不够承担皇家学会会员费用的奥古斯都（Augustus）王子（the Duke of Sussex，苏塞克斯公爵，英王乔治三世

---

① *The Asiatic Journal and Monthly Register for British and Foreign India, China, and Australasia, Vol. 6* (New Series) (Sept.-Dec. 1831) (London: Parbury, Allen and Co., 1831), p. 71.

② Cheong, *Mandarins and Merchants*, pp. 196-7 and 251.

③ Dilip K. Basu, "Chinese Xenology and the Opium War", to be published in the *Journal of Asian Studies*, August 2014.

④ Anonymous, *The Chinese Security Merchant*, p. 4.

的第六个儿子，1777—1843）。在漫画中，肥胖的公爵被绘成一个中国商人的形象，身着长袍，一贫如洗，除了右手拿着的空茶叶箱以外，一无所有（见图7-4）。

图7-4 《破产的行商或空茶叶箱》。这幅英国漫画以广州行商的经济状况来讽刺英国苏塞克斯公爵（the Duke of Sussex）声称的经济困境。A. Ducôté 制图，由T. M.麦克莱恩（T. M. McLean）于1838年11月18日在伦敦出版。（私人收藏，经许可拍摄。）

　　截至鸦片战争爆发时，兴泰行和天宝行的到期债务只有小部分得到了偿还。根据《南京条约》，英国驻广州领事于1843年7月23日收到了300万元的行商债务偿还款。其中，兴泰行（严启昌）债务1 266 102元，天宝行（梁承禧）债务922 432元，广利行（卢继光）债务354 692元。[1] 英国散商通过一场战争，才把倒闭行商所欠下的外债全部追回还清。

---

[1] Ch'en, *Insolvency*, pp. 96 (Table 2.7), 210-1 and 367; Hosea Ballou Morse, *The International Relations of the Chinese Empire, Vol. 1, The Period of Conflict, 1834—1860* (London: Longmans, Green, 1910), p. 165 n. 81 ("To this settlement Howqua contributed $1 000 000; Footae, $90 000; Mowqua, $60 000; Pwankhequa, $130 000; Kinqua, $70 000; Samqua and Gouqua, $100 000 each; Punhoyqua, $70 000; Mingqua, $20 000; Saoqua about $20 000. The balance it is supposed came out of the Consoo fund.——Chin. Rep., Aug. 1843.")

在纽约州将其作为模板引入之后的13年，是广州担保制度的最后年月。在这最后一出的结尾，它被终止了，在1842年《南京条约》中连同广州体制一起被废除。具有讽刺意味的是，纽约州议会则见证了纽约稳定基金成立13周年，该基金也受到1837年全球经济萧条的冲击，立法机构通过修正法律条文限制了基金的保障责任。

在它的最后一幕，在广州，公所基金销声匿迹了。19世纪30年代中期，该基金被要求偿还一系列巨额债务，但它既没有资产对这些债务进行任何实质性的偿还，也没有足够的行用收入用来在将来偿还。公所基金从来没有独立存在过，也没有一个公正无私的管理者，而且各方面从来没有做出任何努力来预测、调整行用标准，以维持足够的基金来偿还债务。当预料中的风暴来袭时，该基金失败了。对于在广州做贸易的行商们来说，导致那些债务的不审慎行为可能是显而易见的。如果对维护公所基金安全进行过任何独立的监督检查，几乎可以肯定那些贸易行为导致的严重风险会暴露出来。这场灾难并没有什么不可预见的，尽管最后一次危机的爆发可能是由于1834—1837年以及之后的全球金融困境加快了。

行商公行作为担保人，不愿意为这些巨额损失履行已经实施许多年的集体担保责任，而且是否能满足甚至是一个谈判议定的赔付日程，也值得怀疑。之后爆发了战争，偿还这些债务成为中国政府的一项义务，正如一些英国私人债权人所要求的那样。虽然中方在1843年7月清偿了债务，但其中很大一部分的负担最终落在了经营取得显著成功的最后几位行商身上。他们大概是在财务状况十分困难的情况下，通过大规模的资产出售筹集了所需资金。在向英国付款300万元6周后，浩官二代伍秉鉴（Howqua Ⅱ）于1843年9月4日去世，这可能不仅仅是巧合。[1] 在这场悲剧的最后一幕中，就是"大而不倒（too big to fail）"的机构也未能幸免于难。

---

[1] Hummel, *Eminent Chinese*, p. 877.

第八章　从稳定基金到银行存款保险

　　《纽约州稳定基金条例》（*The Safety Fund statute of the State of New York*），历史上颁布的第一部银行存款保险法律[1]，由约书亚·福尔曼（Joshua Forman）于1828年酝酿并起草。约书亚·福尔曼首先向纽约市和州府奥尔巴尼市的几位大银行家散发了立法建议，看来在得到他们的原则同意后，向11月新当选的纽约州州长马丁·范布伦（Martin Van Buren）[2]提交了该计划。福尔曼所提出的无限担保计划在此前还没有先例。戴维·莫斯（David a. Moss）曾说过，约书亚·福尔曼提出了一项激进的强制银行负债保险计划，这是美国乃至世界范围内这类计划的第一个……约书亚·福尔曼的计划之所以与众不同，是因为它旨在通过强制的风险分散（银行保险）和风险削减（不间断的银行监管）这种前所未有的组合来管

---

① Hammond, *Banks and Politics in America*, p. 445; Randall S. Kroszner and William R. Melick, "Lessons from the U.S. Experience with Deposit Insurance," in Ash Demirgüç-Kunt, Edward J. Kane and Luc Laeven, eds., *Deposit Insurance Around The World: Issues of Design and Implementation* (Cambridge: MIT Press, 2008), p. 193.

② Robert E. Chaddock, *The Safety Fund Banking System in New York, 1829—1866* (National Monetary Commission, 61st Cong., 2nd sess., Senate Document No. 581) (Washington, D.C., U.S. Government Printing Office, 1910), p. 260.

理货币风险，这在19世纪20年代是惊人的现代方式。①

　　约书亚·福尔曼曾表示，稳定基金（the Safety Fund）是受到了中国政府对广州垄断行商监管的启发。

　　　　让银行相互负责的合理性，是借鉴广州行商监管制度。在那里，那些获得了政府批准与外国人通商的特许行商，各自分别进行经营活动，然而一旦一家行商出现经营失败，要求他们全都要对其债务负责。我们银行的情形十分类似；他们共同享有为本州的人民制造纸币的特权，而同样的原则应当共同用于纸币的兑现。这个理论上合理的原则，构成这个制度的基础。它已经历过70年历史实践的检验。而且，在这个制度之下，行商群体已经在整个世界获得信用，没有被任何一个其他的保障制度超越。经过改良以适合我们共和制度的温和特征，构成制度的基础。②

　　在上面这段话里，约书亚·福尔曼并没有径直就将广州视为担保基金的思想来源。其实，纽约州商界对各种担保或者保险的概念早已十分熟悉。而约书亚·福尔曼则把建立这种担保基金与享有政府授予特许权直接联系起来。在广州，行商由中国政府特许批准，被授予专营权。作为享有这种特权的条件，行商被要求在垄断者内部为其他行商的债务提供互保。

---

① David A. Moss, *When All Else Fails: Government as the Ultimate Risk Manager* (Cambridge: Harvard Univ. Press, 2002), p. 100（强调其原初性。参见中文版：［美］戴维·莫斯著、何平译《别无他法：作为终极风险管理者的政府》，人民出版社2014年）; Carter Golembe, "The Deposit Insurance Legislation of 1933," *Political Science Quarterly*, Vol. 75, pp. 181-200 (1960), p. 183（"这项保险立法建议在美国似乎从未有过先例……关于检查的立法建议也同样新奇，因为它计划由被授权全面调查银行状况的领薪官员对银行进行定期检查——简言之，这种程度的监管在当时几乎是不可想象的"）。

② Van Buren, *Message of His Excellency Gov. Van Buren on the Subject of Banks,* p. 23; Howard Bodenhorn, *State Banking in Early America: A New Economic History* (Oxford: Oxford Univ. Press, 2003), p. 158; Hammond, *Banks and Politics in America*, p. 557; Golembe, "Deposit Insurance Legislation," p. 183; Allen Johnson and Dumas Malone, eds., *Dictionary of American Biography* (New York: Charles Scribner's Sons, 1931), Vol. 6, pp. 525-526 (biography of Joshua Forman by H.T.).

在约书亚·福尔曼看来，纽约州银行的情况与此"非常相似"。这些银行根据纽约州议会授予的牌照设立，并且"普遍被授予为本州人民发行纸币的特权"，这本身就是一个行使货币发行主权的行为。只不过这种对银行有利的行使主权行为应当以设立一个基金作为条件，以确保所有这些纸币都是可靠的。用约书亚·福尔曼的话说，"按照同样的规则，各家银行都应当对所有发行的纸币负有兑付义务。"将享有政府授予的垄断特权与有利于国家或社会的授权条件相关联，根源于殖民时期美国的重商主义制度。[①] 由于所有银行都从公众使用它们根据政府授权发行的银行券中获利，银行应保证公众不会因使用这些纸币而蒙受损失。[②]

　　本书前四章回顾了1780年至1842年期间，中国行商之间债务的无限集体责任经历。本章将考察这个移植在美国的经历，从1829年最初引入到1933年全国实施银行存款保险对这一思想的接受过程。在一个被公认为具有强烈个人主义的社会，从中国引入一种集体承担责任的做法，本身就引人瞩目。[③] 这段历史起始于约书亚·福尔曼，稳定基金（the Safety Fund）的创导者，他在1829年认可并移植来自中国的这一理念。同年，纽约州议会颁布了银行担保基金法，但没有采用广州担保制度。虽然中国的做法被认为是成功的，但它仍然"经过改良以适合我们共和制度的温和特征"。因此，与广州的做法不同，纽约州稳定基金作为一个独立机构，它有专门的工作人员和官员，并且开设了自己的账户。纽约州还规定稳定基金的负责人对投保银行进行持续的监督审查，这是另一个重要区别。纽约稳定基金与中国模式一样提供无限担保，但它并不强制要求所有纽约的银行参加。它最终支付了针对该基金的所有索赔，但用了相当长时间来支付这些

---

① Charles W. Calomiris, *U.S. Bank Deregulation in Historical Perspective* (Cambridge: Cambridge Univ. Press, 2000), p. 44.

② Hammond, *Banks and Politics in America*, p. 557.

③ See Alexis de Tocqueville, *Democracy in America* (George Lawrence, tr., J.P. Mayer, ed., Garden City, N.Y.: Anchor Books, 1969), pp. 506-13.

索赔，就像在广州发生的那样。虽然纽约稳定基金最后以失败告终，但稳定基金的思想仍然很有吸引力。在接下来的一个世纪里，其他一些州也制定了各自的银行担保条例，各自都提供无限担保并且倾向于要求所有银行参加，但最后都相继失败了。支持者们开始推动在国家层面建立存款保险制度，特别是在1907年大恐慌之后，以在制度设计上避免州担保基金所经历的问题。人们认为，只要作一些改良并在全国范围内实施，存款保险制度就能取得完全成功。经过多年的努力，全国存款保险终于在1933年银行业危机中获得建立契机，并颁布为法律。从那时起，存款保险制度一直在美国运行，并为许多国家建立存款保险制度提供了启发，这一段丰富的历史，将在下面的第九章中概述。

1. 约书亚·福尔曼

精力充沛、充满好奇心的约书亚·福尔曼（1777—1848）是美国19世纪初的一名典型的地产开发商。他身材高大，待人友好，人脉广泛，是一名老练的演说家，十分健谈。他一方面努力搞好自己的地产开发业务，另一方面大力支持那些促进纽约州发展的工程。他渊博的应用知识让人印象深刻，而且他常常从遥远的来源搜集信息，这种从不同而遥远的源头进行有用信息搜集的意愿可以从他对运河、制盐、银行业的兴趣得到充分体现。①

约书亚·福尔曼1777年出生在纽约州达奇斯县（Dutchess County），1798年从联合学院（Union College）毕业，先后在波基普西（Poughkeepsie）、

---

① Johnson and Malone, *Dictionary of American Biography*, Vol. 6, pp. 525-526; William S. Powell, ed., *Dictionary of North Carolina Biography* (Chapel Hill: Univ. of North Carolina Press, 1986), Vol. 2, pp. 220-1 (biography of Joshua Forman by C. Sylvester Green); Ellen E. Dickinson, "Joshua Forman, the founder of Syracuse," Magazine of American History, Vol. 8 (1882), pp. 400-7; Joshua Victor Hopkins Clark, *Onondaga; or Reminiscences of Earlier and Later Times (Syracuse: Stoddard and Babcock, 1849), Vol. 2,* pp. 69-83.

纽约市（New York City）学习法律。1800年，他和妻子搬到了当时几乎还是一片荒野的奥农达加县（Onondaga County）。他一生中有很多个头衔，包括律师、法官（1813—1823年奥农达加县普通诉讼法庭）、纽约州议会议员（1806年当选一届）以及商人。但他的核心事业一直是房地产开发。1808年，作为新当选的纽约州议会议员，约书亚·福尔曼提出并推动通过了一项决议，在哈德逊河潮水和伊利湖之间修建一条运河。在设计和推动伊利运河建设的过程中，约书亚·福尔曼利用了他对该地区的直接了解以及他对欧洲运河发展的研究。虽然约书亚·福尔曼并非因直接从事过银行业而为人所知，但他在房地产和贸易上的经验应当有助于他从实务角度去理解发展进程中的各个领域对健全货币的需求。①

1819年，约书亚·福尔曼搬到雪城市（the City of Syracuse）所在地，作为人们公认的雪城市建立者，开始在那时为他控制的这座城市现在的中心位置约250英亩的土地上进行开发。约书亚·福尔曼在商业领域也很活跃，但其方式总是受益于他的开发活动并从中获得资金支持。他先后拥有过一家酒吧、一家小旅馆和几家磨坊，还利用雪城市附近的石膏矿和盐矿组建过一家石膏公司和盐厂。约书亚·福尔曼是美国日晒蒸发制盐的先驱，寻求并吸引了来自马萨诸塞州新贝德福德（New Bedford）的技术支持。②

---

① Johnson and Malone, *Dictionary of American Biography*, Vol. 6, pp. 525-526; Powell, *Dictionary of North Carolina Biography*, Vol. 2, pp. 220-1; Dickinson, "Joshua Forman," p. 400 (Forman's family had emigrated from Holland); Clark, *Onondaga, Vol. 2*, pp. 69-83.

② Johnson and Malone, *Dictionary of American Biography*, Vol. 6, pp. 525-526; Powell, *Dictionary of North Carolina Biography, Vol. 2*, pp. 220-1; Dickinson, "Joshua Forman," pp. 400-7; Clark, *Onondaga, Vol. 2*, pp. 69-83.

图8-1　约书亚·福尔曼（Joshua Forman, 1777—1848），银行存款保险之父。一位佚名
画家的油画作品。（收藏于纽约雪城的奥农达加历史学会博物馆和研究中心[the Onondaga
Historical Association Museum and Research Center, Syracuse, New York]，经许可拍摄。）

　　大约在1826年，就在约书亚·福尔曼提出设立稳定基金立法提案前不
久，他的房地产投资遭受了严重挫折。那是处于1825—1826年国际经济危
机的背景下，这些经营上的压力使约书亚·福尔曼主动将注意力聚焦于银
行业稳定和信贷问题上。福尔曼当时经济压力如此之大，以致他申请一
份公职以获得收入来支付账单并继续居住在雪城市，但遭到拒绝。这位
失望、或许痛苦的雪城市创建者不得不搬到新泽西州的新布朗斯维克市
（New Brunswick），在那里他拥有一座铜矿的股权。这样，当约书亚·福
尔曼正试图在新泽西州重建他的财富时，纽约州的银行危机在加深。他就

纽约州银行业改革提出的意见都发生在他从新泽西到纽约的访问中。据说，在时任州长范布伦的要求下，福尔曼在1828—1829年的冬天大部分时间里都在纽约州首府奥尔巴尼度过，与议员和其他人就计划问题一起工作。福尔曼的妻子玛格丽特于1828年在新泽西去世。到了1829年，也就是纽约州设立稳定基金这一年，福尔曼的财富已经充分恢复，已经能够在北卡罗莱纳州的拉瑟福顿镇（Rutherfordton）购买大约30万英亩的土地，并搬到那里。约书亚·福尔曼靠开发和出售那大片土地维持生活，后来再婚，并成为他所在新社区的主要成员，包括担任戒酒协会的副会长。约书亚·福尔曼大约于1844年中风，1848年在北卡罗来纳州去世。①

2. 启发的力量（立法建议的思想渊源）

约书亚·福尔曼有关中国对外贸易监管的知识来源，是一个谜。在他的改革提案中，他称银行担保计划是"受广州行商监管的启发"。他对该制度的简要描述是准确的，即使并不完整。就其所述的内容而言，约书亚·福尔曼的信息来源是可靠的。当时的评论意见可以证实，他的支持者理解银行业改革从中国得到的启示。然而，约书亚·福尔曼从事的业务主要是内陆地区的房地产开发。他与从事海上贸易的商人几乎没有直接联系。福尔曼是怎么获得了给予1829年《稳定基金法案》启发的信息？

约书亚·福尔曼在谈到广州行商监管及实践时，好像它们就是人所共知的常识一样。"行商群体已经在整个世界获得信用，没有被任何一个其他的保障制度超越。"由于他提出的这个主题较好地得到了支持者的理解，没有必要辨识其信息来源。虽然某些人可能掌握了这些知识，但还不

① Johnson and Malone, *Dictionary of American Biography, Vol. 6*, pp. 525-526; Powell, *Dictionary of North Carolina Biography, Vol. 2*, pp. 220-1; Dickinson, "Joshua Forman," pp. 400-7; Clark, *Onondaga, Vol. 2*, pp. 69-83; Bruce E. Stewart, "Distillers and Prohibitionists: Social Conflict and the Rise of Anti-Alcohol Reform in Appalachian North Carolina, 1790—1908" (Ph.D. diss., Univ. of Georgia, 2007), p. 59.

算是常识。① 约书亚·福尔曼的表述采取了一种恭维的、面向受过良好教育者的方式——对受人尊敬的纽约州议会议员的恭维。他"假定"他们了解中国贸易监管规则，就像人们对受过良好教育的人谈论优雅的葡萄酒或精致的茶叶那样。一些人可能对2005年玛歌酒庄葡萄酒或1950年普洱茶比较懂，一些人可能不了解，但大家都会因为被归入到熟悉这类事情的精英群体而感到受到尊重。由于约书亚·福尔曼曾是一名议员，而且他被大家认为曾经认真研究并从外国来源获得信息，所有这些都表明，这个信息可以得到人们信任。

纽约是美国获取广州商业实践的知识中心，如同伦敦是英国传播对华贸易的知识中心一样。19世纪20年代末，纽约港在美中贸易中占据了绝对主导地位。数以百计的纽约人投资于广州航海，许多纽约商号在这些贸易中表现杰出。约翰·雅各布·阿斯特（John Jacob Astor，1763—1848，以美国皮毛贸易积累巨额财富，美国历史上排名第四的巨富——译者）是这个

---

① 经过广泛查阅当年在纽约出版的报纸和书籍等资料，只查到很少有关广州行商的信息。通过查阅奥尔巴尼本地报纸《Albany Argus》（当时它报道了有关稳定基金立法的辩论）从1828年末到1829年初期的文章，也没有发现提到广州行商或者改革建议是受到中国的启发。上述查阅包括对有关资料的缩微胶片进行两次独立的检索操作。通过对Readex出版社美国历史报纸数据库（1799年至1842年）中大量纽约州报纸进行检索发现，以行商为关键词的检索结果很少，其中大多数在今天看来都是用来为报纸补白的内容。为了防止数据库交叉错误，对整个报纸数据库又进行了搜索，并对这一时期数据库中的大多数纽约州报纸进行了逐一搜索。此外，对于已故美国比较文学巨匠A.欧文·奥尔德里奇（A. Owen Aldridge 1915—2005）在《龙与鹰：美国启蒙运动中的中国》（底特律：韦恩州立大学出版社，1993年）一书中列出的那一时期美国读者可以获得的主要书籍，也都进行了查阅。在这些书中，几乎找不到有关行商的资料，也没有发现有关行商整体监管制度的内容。

群体的领袖之一。[1] 在纽约港，就像在伦敦城一样，关于对华贸易的知识只由一小部分人掌握，通常是由私人花费成本形成的，用于追求私人利益的商业中。构成广州体制的监管以及如何与广州官员打交道的应用知识，是这套知识的关键组成部分。[2] 对这些知识的理解，对于来往两地的西方商人和居住在广州、得到外贸许可并接受监管的行商一样重要，这是双方都取得成功的主要标志。在西方，这样的应用知识并不常见。18世纪80年代，当亨利·邓达斯（Henry Dundas）在伦敦开始筹划设立英国驻华大使馆时，他发现有关对华贸易的知识非常匮乏，而且这些知识经常受到私人利

---

[1] Robert G. Albion, *The Rise of New York Port* [1815—1860] (New York: Charles Scribner's Sons, 1939), pp. 200-3; Downs, *Golden Ghetto*, pp. 67-8, 201 and 377; Walter Barrett (pseudonym for Joseph A. Scoville), *The Old Merchants of New York City* (New York: Carleton, 1863—1870, Thomas Knox, 1871—1885) (5 vols.); Conrad E. Wright, "Merchants and Mandarins: New York and the Early China Trade," pp. 17-54 in David S. Howard, *New York and the China Trade* (New York: The New-York Historical Society, 1984), pp. 27 and 30. 雅克·当斯（Jacques Downs）在他1997年的一项关于美中贸易的研究中表述道，"纽约市，说来奇怪，还需要更多探索。"参见Downs, *Golden Ghetto*, p. 377.（参考［美］雅克·当斯著，周湘、江滢河译：《黄金圈住地——广州的美国商人团体与美国对华政策的形成，1784—1844》，广东人民出版社2015年版。——译者）

[2] 有关这方面知识的一个例子是一份题为《广州贸易方式观察》的手稿，它由宾夕法尼亚州费城的约翰·吉布森（John Gibson）撰写，注有日期1807年11月13日（康奈尔大学收藏，克罗赫Kroch图书馆珍本和手稿部，共32页）。这份手稿是以回答贸易航行有关问题的形式撰写的，提问者正准备要离港前往广州。其中详细提供了通关手续、申报和费用、参与或者没有参与走私分别应该如何处理等有关细节信息，也提供了公行、每名行商以及行外商人的信息，此外还有关于特定贸易货物和交易条件的建议。这份手稿是私人材料，其中的建议很有价值。例如，它涉及美国的委托人向其在中国从事贸易的代表所作的详细指示，例如在斯蒂芬·吉拉德（Stephen Girard）文件中发现的对商船大班的指示。这份手稿得以保存下来的原因尚不清楚。手稿日期比杰弗逊总统签署禁运法案的日期早6个星期。这封"建议书"之所以能保存下来，也许是因为要用它的原定航程被取消了。

益的影响。① 没有理由认为，1829年纽约州关于广州贸易监管的专业知识会比18世纪80年代那十年间的伦敦更普及。约书亚·福尔曼所掌握信息的内容表明，它是来自一个知识渊博的信息提供者。信息不完整的性质，可能引发对知识的偏见和理解上的局限，但这纯粹是推测。福尔曼是什么时候、从谁那里得到信息，以及准确地说得到了哪些信息，相关证据可能在某些公共或私人档案中幸存下来，这是被丢失在档案大海中的又一颗宝石。在这些证据被发现之前，福尔曼对中国外贸监管知识的来源仍是一个谜。

3. 纽约州的银行业危机

纽约州在1829年之前所经历的银行业危机，根源在于货币短缺。市场上根本没有足够的美国铸币来满足需求。那个年代美国人依靠的是一个外国铸币的大杂烩，它们被当作法定货币使用。同时，也没有足够的银币来满足商业需求。纸质银行券正逢其时。在美国早期，大量印制的银行券成为货币供应的一大部分。据估计，在19世纪20年代和19世纪30年代，纸币占到流通中货币的70%到80%。到1835年，硬币可能仅占全部货币供应量的11%。②

---

① Jessica Hanser, "Mr. Smith Goes to China: British Private Traders and the Interlinking of the British Empire with China, 1757—1793" (Ph. D. diss., Yale University, 2012), pp. 104, 110-4, 128 ［"广东的乔治·史密斯（George Smith）拥有当时稀有且有价值的东西：关于中国的基本知识以及在中国的经历"］, 131-2（"广东的乔治·史密斯（George Smith）是伦敦为数不多的掌握对华贸易第一手知识的人。"）, 133 and 136. 当时伦敦不易获得对华贸易知识的进一步证据是，邓达斯（Dundas）的另一位非正式顾问乔治·史密斯（George Smith，来自马德拉斯）在1738年建议 "邓达斯应该联系当时居住在伦敦的中国专家。莫蒂默街卡文迪什区（Mortimer Street Cavendish Square）的托马斯·洛克伍德（Thomas Lockwood）、波特兰区（Portland Place）的托马斯·菲茨休（Thomas Fitzhugh）和肯特郡的詹姆斯·弗林特（James Flint）都曾经在中国居住了几十年，他们可以向邓达斯提供有关对华贸易的专业知识。"参见Hanser, p. 214.

② Howard Bodenhorn, *A History of Banking in Antebellum America: Financial Markets and Economic Development in an Era of Nation-Building* (Cambridge: Cambridge Univ. Press, 2000), pp. 16-7; Bodenhorn, *State Banking in Early America*, p. 95; Bruce D. Smith and Warren E. Webber, "Private Money Creation and the Suffolk Banking System," Journal of Money, Credit and Banking, Vol. 31, No. 3, Part 2 (1999), p. 627 n.6.

这些大量的银行券完全是由私人银行发行的。当时没有美利坚合众国的纸币，而美国宪法禁止各州政府生产货币。[①]独立战争时期贬值的州和联邦纸币给公众留下了苦涩的回忆，至今仍以"一文不值"（not worth a Continental，大陆会议发行叫"大陆币Continental"的货币）的谚语为人们铭记。纸币由银行发行，这些银行各自在不同的州特许成立。殖民地时期对银行设立牌照的限制已被取消，[②]私人银行的数量迅速增加。1790年，美国只有三家持有牌照的商业银行。到了1800年，这一数字攀升到28家，1815年212家，1820年328家，1835年达到了584家，"尽管在19世纪10年代末和19世纪20年代初经历了一场战争、一个禁运和一次深度衰退"。[③]

美国银行史学家霍华德·博登霍恩（Howard Bodenhorn）写道："银行通货是早期美国的商业血脉，而且它充满活力的影响在哪里都不如在最近的贸易结算领域深远。"[④]纸币至少从两个方面服务于经济发展。首先，它在各地以各种形式促进投资。其次，在农村，它最大程度上减少了以货易货交易的低效和局限，从而促进了商业发展。[⑤]纸币作为经济血液，人们非常需要并且普遍接受它。尽管人们对于来自遥远异地或者可疑的纸币持谨慎态度（这些纸币相应地会被折价），但这种媒介的迅速发展，证明了公众对发钞私人银行的信心。美国人可以信任别人。所有早期银行券上的兑付承诺就是靠两名银行职员用墨水手写的签名。[⑥]人们有这样的预期，

① United States Constitution, Art. I, § 10（"任何州不得……铸造货币；发行信用票据；［或］……以金银硬币以外的任何东西作为法偿货币……"）；Jane Kamensky, *The Exchange Artist: A Tale of HighFlying Speculation and America's First Banking Collapse* (New York: Viking, 2008), pp. 15-6.
② Calomiris, *U.S. Bank Deregulation*, p. 43.
③ Bodenhorn, *Banking in Antebellum America*, p. 10; Kamensky, *Exchange Artist*, pp. 16-7.
④ Bodenhorn, *Banking in Antebellum America*, p. 17.
⑤ Bodenhorn, *Banking in Antebellum America*, p. 17; Robert E. Wright, "The First Phase of the Empire State's 'Triple Transition': Banks' Influence on the Market, Democracy, and Federalism in New York, 1776—1838," Social Science History, Vol. 21, pp. 521-58 (1997), p. 532.
⑥ Kamensky, *Exchange Artist*, p. 15; Q. David Bowers, *Obsolete Paper Money Issued by Banks in the United States 1782—1866* (Atlanta: Whitman Publishing LLC, 2006).

即金库里有硬币或其他优质抵押品支撑银行券，而且大多数银行家——通常都是有身份、有地位的公民——的兑付承诺都是坚实可信的。

1809年，独立后的美国出现了第一家私人银行倒闭，同时也出现了第一批银行倒闭。简·卡曼斯基（Jane Kamensky）在《交换艺术家：野心勃勃的投机与美国第一次银行业崩溃的故事》（*The Exchange Artist: A Tale of High-Flying Speculation and America's First Banking Collapse*）一书中生动地描述了这场肇始于1806年马萨诸塞州波士顿的灾难性崩溃。一个野心勃勃的名叫小安德鲁·德克斯特的年轻人，利用人脉和金融骗术，在皮茨菲尔德（马萨诸塞州）、格洛斯特（罗德岛州）、基恩（新罕布什尔州）、巴克斯波特（缅因州）、底特律（当时的密歇根领地）等地建立了相互联系的银行网络。德克斯特的银行都是坐落在不方便或偏远的地方，这是蓄意阻止将它们的纸币兑换为白银的安排。[1] 在整个1807年、1808年期间，德克斯特的这批银行先后发行和流通了大量仅有很少准备的银行券。[2] 第一个倒闭的罗得岛州的格洛斯特农民兑换银行（the Farmers' Exchange Bank of Gloucester），在倒闭前一年发行了60多万美元的银行券，但在1809年关闭时该银行只持有86.48美元的硬币储备。[3] 德克斯特利用其银行印制的大量纸币在马萨诸塞州波士顿建造了一座七层高的咖啡交易大厦（Exchange Coffee House）。不幸的是，杰弗逊总统在1807年12月实施的贸易禁运使沿海经济停滞，一直持续到1809年初，在此期间波士顿的房地产遭到重创。咖啡交易大厦项目失败了，大量的普通工人和商人——德克斯特银行所发行劣质纸币困窘的最终持有者——都被它毁了。[4] 1809年，这一复杂而代价高昂的银行欺诈行为被曝光，成为全国新闻。[5] 正如简·卡

---

① Kamensky, *Exchange Artist*, pp. 59 and 140-2.

② Kamensky, *Exchange Artist*, pp. 9, 62-70, 93, 109-10, 128-35, 144 and 153-62.

③ Kamensky, *Exchange Artist,* pp. 9 and 158-60.

④ Kamensky, *Exchange Artist*, pp. 129 and 165-217.

⑤ Kamensky, *Exchange Artist*, pp. 1-4, 162-4 and 168-73. 这座未被充分利用的大厦于10年后在一场大火中烧成灰烬，再一次成为新闻头条。

曼斯基（Jane Kamensky）所述，1809年德克斯特银行的倒闭浪潮导致"不仅是对银行券，而且是对信任本身的信任的严重丧失"。[①]

随着私人银行数量的增多，使用它们印制的纸币更加麻烦。即使在最好的时期，每个使用者也不得不应对一个与银行财务状况、钞票来源地的距离，甚至许多银行供给者发行的各种银行券的伪钞相关的，充满不确定性及钞票打折的网络。[②] 不是每天都是最好的。私人银行的银行券本应可以兑换为硬币，但在危机期间可能而且确实暂时无法兑换，[③] 也可能由于德克斯特银行那样的骗局而变得无效。在情况最糟的时候，一家或多家发钞银行倒闭。银行倒闭意味着相应的纸币废止。银行倒闭往往发生在恐慌或经济衰退的背景下，纸币可用性丧失的时刻往往是灾难性的。一家倒闭银行的纸币，头一刻还是很好的货币并得到接受，在该银行停止偿付债务那一刻马上就变成了废纸。这种风险非常可怕。尽管多年后一张如今已毫无用处的银行券有可能会从倒闭的发钞银行资产清算收益中得到部分补偿，但这种机会对于公众几乎不足安慰。

1829年1月1日当马丁·范布伦（Martin Van Buren）宣誓就任纽约州州长时，纽约州已持续经历了十多年的银行业动荡。在1819年的恐慌中，几家银

① Kamensky, *Exchange Artist*, p. 168.
② Davis R. Dewey, *State Banking Before the Civil War* (National Monetary Commission, 61st Cong., 2nd sess., Senate Document No. 581) (Washington, D.C., U.S. Government Printing Office, 1910), pp. 100-4 (methods of evading redemption); David A. Moss and Sarah Brennan, "Managing Money Risk in Antebellum New York: From Chartered Banking to Free Banking and Beyond," Studies in American Political Development, Vol. 15, pp. 138-62 (Fall 2001), p. 140; Bowers, *Obsolete Paper Money*, p. 177; Bodenhorn, *State Banking in Early America*, p. 95; Kamensky, *Exchange Artist*, pp. 17-8; Smith and Webber, "Suffolk Banking System," p. 625; Gary B. Gorton, *Slapped by the Invisible Hand: The Panic of 2007* (Oxford: Oxford Univ. Press, 2010), p. 5.
③ Bodenhorn, *State Banking in Early America,* p. 155〔"在1819年恐慌和19世纪20年代早期萧条期间，1837年恐慌和1839年恐慌（持续到1842年）期间，以及20世纪50年代后期的恐慌和衰退期间，都曾发生过全行业暂停兑付。"〕

行倒闭，影响了硬币、银行券所有形式的货币流通。① 在整个动荡的19世纪20年代，形势依然严峻，导致更多银行倒闭。腐败成为公众关注的焦点问题，人们认为州政府（个别议员私下寻租）利用其审批金融牌照的权力，收取了影响其监管判断的费用。② 如戴维·A. 莫斯所述，"1826年非常轰动的'共谋审判'（conspiracy trials，几位著名并非常受人尊敬的纽约市居民因金融欺诈而受审），连同1827年新一轮银行和保险公司倒闭，重新激起了公众对这些'有钱的机构'的敌意，为纽约州银行体系新的重大改革提供了基础"。③ 由于对银行业的状况十分担心，纽约州议会在1827年、1828年否决了所有的银行牌照申请以及到期牌照的延期申请。到1829年，该州大多数银行的经营许可都将在未来两三年内到期，而且人们非常担心一些银行处于不安全和不稳健的状态。④ 公众对这些银行所发行的纸币也感到担忧。⑤ 银行问题成为州议会最关心的问题，改革成为新任州长的头等大事。

4. 1829 年纽约州稳定基金条例

稳定基金提案似乎是在1828年12月已由约书亚·福尔曼提交给马

---

① Bodenhorn, *State Banking in Early America*, p. 8; Moss, *When All Else Fails*, pp. 95-100; Wright, "Banks' Influence," p. 539; Anonymous, *An Examination of Some of the Provisions of the "Act to Create a Fund for the Benefit of the Creditors of Certain Monied Corporations, and for Other Purposes," Passed April, 1829; Particularly as to its Effects on the City of New-York. By a Stockholder* (New York: Ludwig & Tolefree, 1829), p. 4.

② Bodenhorn, *State Banking in Early America*, pp. 156-7; Chaddock, *Safety Fund Banking System*, p. 242; Moss and Brennan, "Managing Money Risk," pp. 1456; Wright, "Banks' Influence," p. 536.

③ Moss, *When All Else Fails*, p. 97; Anonymous, *An Examination*, p. 13 ["在1824—1825年的会期，议会为这座城市特许批设了好几家货币机构（使用贷款公司的名称），这些机构大量发行债券并当作货币使用。纸质流通工具的大量增加，在某种程度上是导致1826年棉花大投机的原因之一，它使我们的许多市民陷入破产，最终也使这些公司破产"]; Q. David Bowers, *Obsolete Paper Money*, pp. 123-4 and 128-9.

④ Bodenhorn, *State Banking in Early America*, p. 158; Moss, *When All Else Fails*, p. 100; Moss and Brennan, "Managing Money Risk," p. 148.

⑤ Chaddock, *Safety Fund Banking System*, pp. 248-51; Charles W. Calomiris, "Is Deposit Insurance Necessary? A Historical Perspective," *The Journal of Economic History*, Vol. 50, pp. 283-295 (1990), p. 284.

丁·范布伦。1829年1月6日星期二，范布伦在宣誓就任州长5天后，向纽约州参议院和众议院传达了关于银行业危机治理的意向，表示他已收到一项改革计划，不久将提交他们审议。在州长看来，货币稳定是至关重要的。

> 我们应该经常记住这样一个重要事实，即银行的偿付能力，以及由此决定的钞票价值的稳定性，是公众非常关心的首要而且几乎是唯一的问题……我们在这方面的主要职责，就是确保农民以农产品或者财产、商人以货物和商品、其他各阶层的人以财产或者服务换成银行纸钞后，会对它的价值感到满意。

州长表示，改革计划所立足的"理念"虽然新颖，但是"对于商界并不是全新概念，尽管以前尚没有以这种方式实践过。"州长相信，纽约州银行的货币（"我们的纸币"）会从提议的改革中获得竞争优势。纽约州银行券将在州内以及全国范围内获得新的竞争力——"会让我们的纸币具有高品质并得到广泛接受和流通，从流通中排除现在占据市场的那些受到质疑的纸币，并让具有完全信用的银行所发行的纸币取而代之。"[1] 因此，这个强化纽约州各银行及它们货币的1829年"稳定计划"（Safety Plan）项目具有战略意义，它是纽约州与相邻的宾夕法尼亚州为争夺经济领先地位进行持续竞争的一个部分。[2] 纽约州的银行业和货币越强，纽约州的发展前景和未来就可能越强大。

---

[1] Journal of the Senate of the State of New-York at their Fifty-Second Session (Albany: E. Croswell, 1829), p. 10; Journal of the Assembly of the State of New-York at their Fifty-Second Session (Albany: E. Croswell, 1829), p. 13; Albany Argus, 7 January 1829, p. 2.

[2] Moss, *When All Else Fails*, p. 101; Moss and Brennan, "Managing Money Risk," p. 139; Hammond, *Banks and Politics in America*, pp. 445 and 559; Frank Otto Gatell, "Sober Second Thoughts on Van Buren, the Albany Regency, and the Wall Street Conspiracy," The Journal of American History, Vol. 53, pp. 19-40 (1966), p. 20.

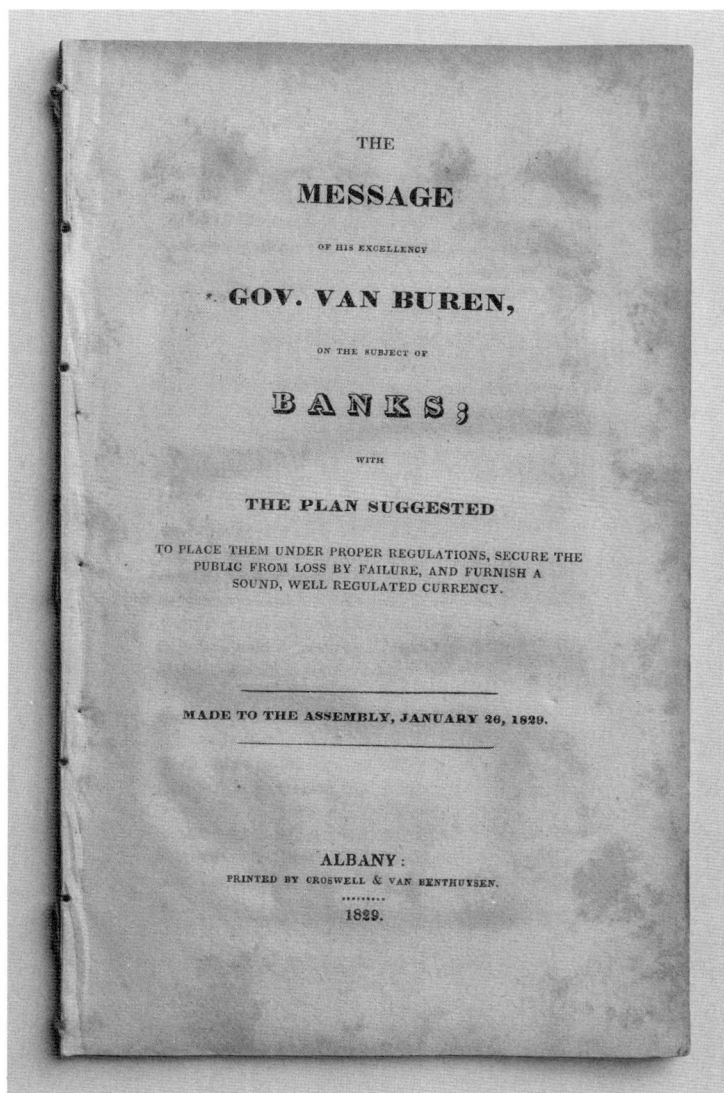

图8-2　小册子封面。小册子里有1829年1月26日约书亚·福尔曼（Joshua Forman）向纽约州议会提交的关于采纳银行债务保险的提案。（私人收藏，照片经许可使用。）

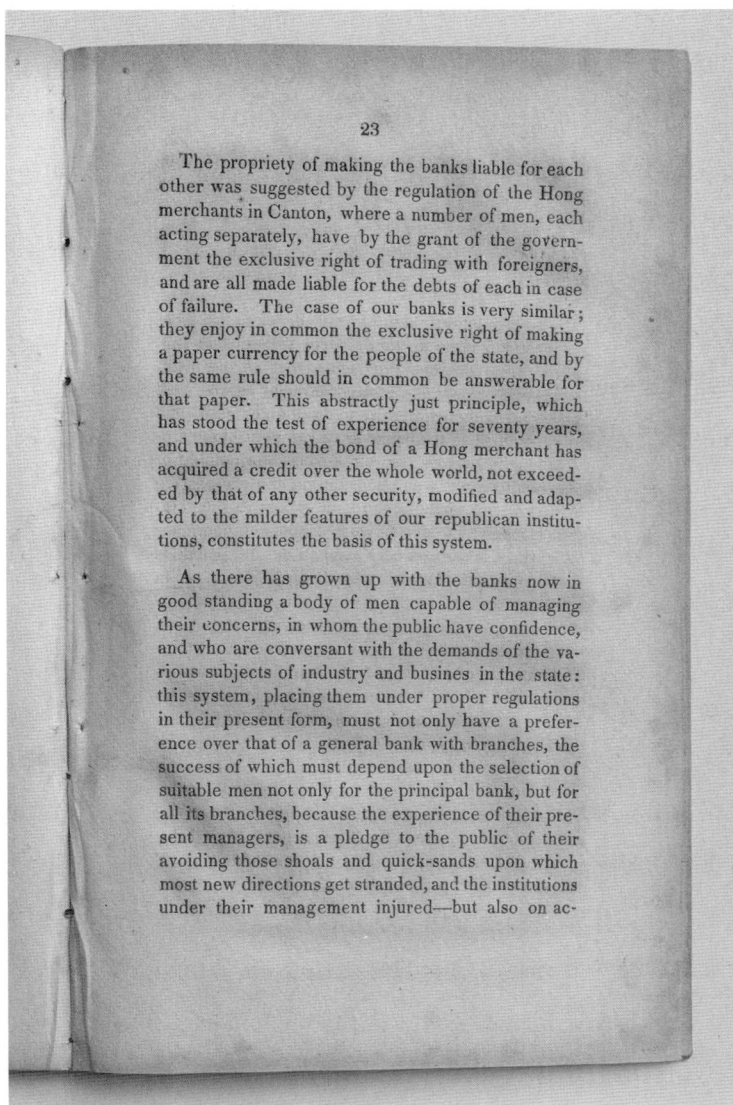

23

The propriety of making the banks liable for each other was suggested by the regulation of the Hong merchants in Canton, where a number of men, each acting separately, have by the grant of the government the exclusive right of trading with foreigners, and are all made liable for the debts of each in case of failure. The case of our banks is very similar; they enjoy in common the exclusive right of making a paper currency for the people of the state, and by the same rule should in common be answerable for that paper. This abstractly just principle, which has stood the test of experience for seventy years, and under which the bond of a Hong merchant has acquired a credit over the whole world, not exceeded by that of any other security, modified and adapted to the milder features of our republican institutions, constitutes the basis of this system.

As there has grown up with the banks now in good standing a body of men capable of managing their concerns, in whom the public have confidence, and who are conversant with the demands of the various subjects of industry and busines in the state: this system, placing them under proper regulations in their present form, must not only have a preference over that of a general bank with branches, the success of which must depend upon the selection of suitable men not only for the principal bank, but for all its branches, because the experience of their present managers, is a pledge to the public of their avoiding those shoals and quick-sands upon which most new directions get stranded, and the institutions under their management injured—but also on ac-

图8-3 稳定基金提案的一页。其中约书亚·福尔曼（Joshua Forman）表示，这一银行业改革是受到"广州行商规条"（*the Regulation of the Hong Merchants in Canton*）的启发。（私人收藏，照片经许可使用。）

　　1829年1月24日，约书亚·福尔曼向州长提交了一封信，随信附上他的改革计划，以及一份详细的反对意见清单和回应。两天后，这些材料连同州长的支持意见被提交给州议会。这份最终提交的正式材料，在报纸上公开发表，还被印成了42页的小册子，强调了提议的制度对于纽约州竞争优势的意义。[1] 按照福尔曼的说法，如果稳定基金制度得以实施，"将立即给予我们州在货币问题上很高的信用和名望，就像它在联邦各州的商业排名中名列前茅一样。"[2]

　　尽管约书亚·福尔曼、马丁·范布伦与银行家们提前进行了沟通，但要求对该州的银行"课税"并对其进行持续监管的立法还是极富争议。特别是城市银行反对说，当时存在的问题主要涉及较小的乡村银行，但是这种"税负"将过多地由城市银行承担。在法案生效成为法律后，一本匿名小册子对是否能做到充足有效监管表示怀疑，并质疑银行之间彼此对债务负责的正当性。

　　　　这项新奇制度的设计者——福尔曼先生，在他向州长提交的材料中说，"要求银行对债务提供互相担保，这是他受到广州行商监管的启发。在广州，若干独立经营的行商由政府特许，具有与外国人贸易的特权，当出现倒闭时，让所有行商对每一个倒闭行商的债务负责。"那么现在根据这个原则，这个州的所有其他公司，都应该和银行一样在倒闭的情况下对彼此的债务负责。火灾和海运保险公司、收费公路、铁路、运河公司等，还有特别是制造业公司。他们都享有排他性的特权，就像广州的行商或者纽约的银行一样。所以，如同银行一样，也有理由通过一项法案,要求这些从事类似业务的公司从资本中支付一个年度百分比纳入一个

---

[1]　Journal of the Assembly of the State of New-York (1829), p. 186.

[2]　Van Buren, *Message of His Excellency Gov. Van Buren on the Subject of Banks*, p. 13.

基金，在他们倒闭时补偿债权人的损失。州议会支持这样一个提案吗?我们认为不会。①

经过多次辩论、关键让步和政治角力，在短短的六周时间内，稳定基金法案于1829年3月18日在纽约州议会大会以较大优势通过，两周后由纽约州参议院通过。就像一个世纪后美国在联邦层面引入存款保险制度时一样，这种集体承担责任的银行改革立法得到了强有力的广泛支持，并迅速推进。在此期间，马丁·范布伦辞去纽约州州长职务，出任安德鲁·杰克逊总统的国务卿。1829年4月2日，稳定基金法案由纽约州新任州长埃诺斯·T. 索普（Enos T. Throop）签署成为法律。②

根据颁布的稳定基金条例，稳定基金由每家参与银行以实收资本的3%出资。付款方式为六年的分期付款，每年支付0.5%。但如果基金耗尽，每家成员银行应当每年支付一笔不超过实收资本0.5%的紧急保费，直至基金恢复到足额规模。所有新批设的银行以及牌照到期申请继续营业的银行都必须参加这个稳定基金。所有债权人、银行券持有人和存款人等，如果他们从倒闭银行的资产清算收益中没有得到足额补偿，都有权从稳定基金获得全额赔付。稳定基金的管理工作由三名专员负责，他们负责对各家银行进行季度检查和审计，如果发现任何违规行为，他们有权向法院申请强制令。③ 稳定基金条例历史性地设立了一个共享基金，规定了强制监管，甚至包括稳定基金的这个名称在内，在美国的法律体系中都是全

① Anonymous, *An Examination*, pp. 6-7. See *Noble State Bank v. Haskell,* 219 U.S. 104, 112 (1911) (O.W. Holmes, J.) （"有问题提出，纽约州是否可以要求所有企业或杂货商都互相帮助以保证彼此的偿付能力？以及我们在哪里划定边界？但最后一个问题是一个无效的问题，当其他问题出现时我们将对它们进行回答。"）
② Moss, *When All Else Fails*, p. 103; Hammond, *Banks and Politics*, pp. 557-9.
③ Bodenhorn, *State Banking in Early America*, pp. 160, 161 and 166-169.

新的。①

稳定基金法的通过，让此前积压的银行牌照颁发得以重启，纽约州议会急切地批准了许多家新银行。对该法规的批评仍在继续②，但最初不太情愿参加的那些城市银行现在决定它们将要——或者必须——要参加这个基金。稳定基金平稳运行了大约十年时间，但在1837年的金融恐慌中经历了一次全面的冲击。许多成员银行向西部的土地投机商发放了贷款，而负责监管这90家银行的3名专员在不同程度上都未能发现或者应对诸多问题。③监管宽容在1837年的金融恐慌中暴露无遗，它导致了所谓"僵尸银行（zombie banks）"的出现。尽管这些银行已严重资不抵债，但它们被允许背着沉重包袱，挣扎着继续经营——"通过全额债务担保的魔法避免走

---

① 对于1829年纽约稳定基金条例的创新性，有一个验证办法是检验"稳定基金"（Safety Fund）这个表述是否属于新创。通过检索词典发现，在1829年之前，除了有关1829年稳定基金制度的材料和词典中相关词条，这个表述没有在其他地方使用过。参见Mitford M. Mathews, ed., *A Dictionary of Americanisms* (Chicago: Univ. of Chicago Press, 1951), Vol. 2, p. 1442; William A. Craigie and James R. Hulbert, eds., *A Dictionary of American English* (Chicago: Univ. of Chicago Press, 1944), Vol. 4, pp. 2001—2002; Isaac K. Funk, ed., *A Standard Dictionary of the English Language* (New York: Funk & Wagnalls Co., 1935), Vol. 2; *Webster's New International Dictionary* (1925), p. 1867. 这个表述后来被沿用到美国保险业并独立使用，至少包含两种含义，比如基于合同的共同基金，或者是一项非强制性的法律条款，允许保险公司从利润中积累一定资金用于满足紧急赔付的需要。参见Joseph A. Joyce, *A Treatise on the Law of Insurance of Every Kind* (2d ed., Rochester: Lawyers Co-operative Publishing Co., 1917), § 1287, p. 3:2427; Lewis E. Davids, *Dictionary of Insurance* (6th rev. ed., Totowa, N.J.: Rowman & Allanheld, 1983), p. 271; H. R. Hayden, ed., *The Annual Cyclopedia of Insurance of the United States 1894—1895* (Hartford: H. R. Hayden, 1895), pp. 506-507 (listing states with such laws).

② Anonymous, "Bank of the United States," North American Review, Vol. 32 (April 1831), p. 56; Albert Gallatin, *Considerations on the Currency and Banking System of the United States* (Philadelphia: Carey & Lea, 1831), p. 70.

③ Howard Bodenhorn, "Zombie Banks and the Demise of New York's Safety Fund," Eastern Economic Journal, Vol. 22, pp. 21-33 (1996), pp. 23-4, 28 and 30.

向死亡的结局"。[1]正如霍华德·博登霍恩（Howard Bodenhorn）所说，

> 像稳定基金那样一个很有前途的想法，未能给纽约的银行业体系带来任何真正的稳定。对它的第一次（而且仅此一次）检验发生在1837年恐慌期间，当时仅仅11个成员银行的倒闭就导致该制度事实上的破产。向倒闭银行债权人赔偿超过250万美元，而稳定基金从这些银行资产清算中只收回了15万美元。更重要的是，对债权人索赔的支付速度如此之慢，以至于许多沮丧的债权人，主要是银行券持有者，1美元债权仅以几美分的价格出售了。尽管做出了担保承诺，但稳定基金没有能够保障支付体系的正常运行，也没有为银行债权人各自给予保护。[2]

当纽约州在1838年采用自由银行制度作为替代，并允许有牌照的自由银行退出稳定基金时，许多银行都选择了退出。自由银行流通银行券的总发行额被要求以同等价值的债券、抵押贷款等资产作为支持，并将其交存到州政府官员那里。[3]1842年一项稳定基金条例修正案将基金的保险范围

---

① Bodenhorn, "Zombie Banks," p. 27［"爱德华·凯恩（Edward Kane）将后者称作僵尸银行，因为它们享受着一种'非正常的、活在死亡中'的经历，倘若它们没有受到保险，在他们净资产被耗尽的事实已经明确时，他们的债权人就会从股东手中接管控制权"］，citing Edward J. Kane, *The S & L Insurance Mess: How Did It Happen?* (Washington, D.C.: The Urban Institute Press, 1989). "在1842年之前（当时保险制度仍被认为是有效的），16起成员银行倒闭事件中有10起可以溯源到欺诈或者非稳健行为。而且，这些问题都是在对基金造成巨额损失后才被发现。" Calomiris, "Is Deposit Insurance Necessary?," p. 287; Charles W. Calomiris, and Eugene N. White, "The Origins of Federal Deposit Insurance," in Claudia Goldin and Gary D. Libecap, eds., *The Regulated Economy: A Historical Approach to Political Economy* (Chicago: Univ. of Chicago Press, 1994), p. 149, and also in Charles W. Calomiris, U.S. Bank Deregulation in Historical Perspective (Cambridge: Cambridge Univ. Press, 2000), pp. 167-8.
② Bodenhorn, *Banking in Antebellum America*, pp. 38-9; Hammond, *Banks and Politics in America*, pp. 560-2; Moss, *When All Else Fails*, p. 367 n.98; Moss and Brennan, "Managing Money Risk," pp. 150-151; Calomiris, U.S. *Bank Deregulation*, p. 69; Calomiris, "Is Deposit Insurance Necessary?," p. 286; Bowers, *Obsolete Paper Money*, pp. 218-23 and 535-8.
③ Golembe, "Deposit Insurance Legislation of 1933," p. 186; Calomiris, *U.S. Bank Deregulation*, pp. 44-5 and 70; Calomiris, "Is Deposit Insurance Necessary?," p. 286.

限定在银行券（据称根据最初以银行券为中心的法律，存款负债是否在保险范围内并不明确），[1] 通过减少可提取稳定基金的债务责任来提供内部救助。[2] 此后稳定基金勉强维持运营，直到1866年其最后一家成员银行的牌照到期，并最终偿还了所有债务，尽管延期很久。[3]银行业历史学家霍华德·博登霍恩为稳定基金题写了墓志铭："逆向选择和道德风险最终毁掉了稳定基金，但也有其他因素起到推波助澜作用，包括监管的无效、资产组合管理的无效甚或就不存在，还有从轻微违规的灰色区域活动到彻头彻尾的欺诈行为，以及一些出于政治动机的监管宽容等。诸多因素交织在一起，滋生形成了重大风险，最终导致了稳定基金的失败。"[4]

5. 早期的州政府银行担保计划

　　稳定基金的理念——即通过担保基金可以减轻银行倒闭时钞票持有者和公众存款者的痛苦——对美国银行业思想产生了持久的影响。纽约模式经过一些修改和调适，在19世纪被其他州所复制，并且在20世纪再一次被其他州而后被美国联邦政府所复制。在当时的银行担保计划中，有几个取得了阶段性成功，但最终全都失败了。在纽约州（1829—1866）之外，还有佛蒙特州（1831—1866）、印第安纳州（1834—1866）、密歇根州（1836—1842）、俄亥俄州（1845—1866）和艾奥瓦州（1858—1865）曾

① Golembe, "Deposit Insurance Legislation," pp. 189-90; Moss, *When All Else Fails*, p. 371 n.117; Harry E. Miller, *Banking Theories in the United States Before 1860* (Cambridge: Harvard Univ. Press, 1927), p. 151; Thomas Bruce Robb, *The Guaranty of Bank Deposits* (Boston: Houghton Mifflin, 1921), p. 12.
② Golembe, "Deposit Insurance Legislation," p. 190; Calomiris, U.S. *Bank Deregulation,* p. 70; Calomiris, "Is Deposit Insurance Necessary?," pp. 286-7.
③ Moss, *When All Else Fails*, p. 367 n.98; Moss and Brennan, "Managing Money Risk," p. 154 n.129; Calomiris, U.S. *Bank Deregulation*, p. 70; Calomiris, "Is Deposit Insurance Necessary?," p. 286; Hammond, *Banks and Politics in America*, p. 561.
④ Bodenhorn, *State Banking in Early America*, pp. 181-182 and 183.

实施稳定基金制度。① 佛蒙特州和密歇根州的稳定基金法规几乎是纽约州稳定基金的直接翻版，只是做了一些微小改动。② 其他州的法规在细节上有所不同，但都受到纽约模式的启发。③ 这些早期法规的主要目标是保护州注册银行所发行银行券的价值。自由银行制度的兴起降低了这种需求，因为它提供了另外一种保护银行券的方法。后来美国内战期间发行国家银行券使这种需求实际上被消除了。根据1863年《国民银行法》（*National Banking Act of 1863*），联邦银行券既受到银行交存财政部的等值美国政府债券的保护，同时还受到联邦政府明确的担保。1865年，联邦政府对州银行所发行银行券征收沉重的国家税收，使各种五颜六色的银行券充斥市场的时代走向终结。④ 在接下来的几年里，美国银行的存款规模迅速增长，很快远远超过了流通中银行券的规模。截至1870年，银行存款总额大约是流通中银行券的两倍，到19世纪末这个数字则已经超过了七倍。⑤

20世纪初，1907年金融大恐慌的冲击，对美国银行业产生了一系列影响。⑥ 作为回应，美国国会于1913年创立联邦储备体系。12家联邦储备银行在位于华盛顿的联邦储备委员会指导下运营，使美国在19世纪30年代美

---

① Golembe, "Deposit Insurance Legislation," pp. 184-186 and 191; Calomiris, *U.S. Bank Deregulation*, pp. 70-1; Hammond, *Banks and Politics in America*, p. 563; *Federal Deposit Insurance Corporation, Federal Deposit Insurance Corporation: The First Fifty Years: A History of the FDIC 1933—1983* (Washington, D.C.: Federal Deposit Insurance Corporation, 1984), pp. 16-7.

② Golembe, "Deposit Insurance Legislation," p. 184; Dewey, *State Banking Before the Civil War*, pp. 130 and 193.

③ Golembe, "Deposit Insurance Legislation," pp. 184-6; Chaddock, *Safety Fund Banking System*, p. 387.

④ Calomiris, U.S. *Bank Deregulation*, p. 166 n.2; Golembe, "Deposit Insurance Legislation," p. 187; Moss, *When All Else Fails*, p. 115; Moss and Brennan, "Managing Money Risk," p. 161; Allan H. Meltzer, *A History of the Federal Reserve, Vol. I* (1913—1951) (Chicago: Univ. of Chicago Press, 2003), pp. 66 n.2 and 69; Kroszner and Melick, "Lessons from the U.S. Experience," p. 193.

⑤ Golembe, "Deposit Insurance Legislation," p. 187.

⑥ 加里·戈顿（Gary Gorton）认为，2007年的全球金融恐慌与1907年类似。参见Gorton, *Slapped by the Invisible Hand*, pp. 2-3.

国第二银行终止后，首次拥有了中央银行。[1]

　　1907年大恐慌过后，在联邦层面，再次对银行存款保险产生兴趣。关于建立存款保险制度的立法提案曾多次提交给国会，但都没有结果。从1886年开始，直到1933年国会通过国家《1933年银行法》建立存款保险制度为止，大约向国会提出过150个实施国家存款保险计划的法案。[2]对此，卡特·戈伦比（Carter Golembe）总结称：

> 　　在20世纪头十年，国会又提出了45项法案，其中大部分是在1907—1909年的第60届国会提出的。美国参议院最初通过的《联邦储备法》（*Federal Reserve Act*）中包括存款保险内容，但众议院通过的法案将其删除，最后在参、众两院协商一致版本的法案中也被删掉了。从1909—1911年的第61届国会一直到1929—1931年的第71届国会，每届国会都有2~8份关于存款保险或存款担保的提案。在第72届国会，又提交了21个相关法案，这反映了大萧条的影响，其中一个法案于1932年在众议院通过。在1933年第73届国会的前10周，又提交了15个类似法案。[3]

---

① Moss, *When All Else Fails*, p. 116. 富兰克林·D. 罗斯福(Franklin D. Roosevelt)的舅舅弗雷德里克·A. 德拉诺（Frederic a . Delano, 1863—1953）对银行业的关心，使他被任命为第一届联邦储备委员会委员和副主席。1914年至1918年，德拉诺担任美国联邦储备委员会委员。20世纪30年代初，他担任里士满联邦储备银行的董事。*Meltzer, History of the Federal Reserve, Vol. I*, pp. 73-4; Rik W. Hafer, *The Federal Reserve System: An Encyclopedia* (Westport, Conn.: Greenwood Press, 2005), pp. 433 and 437; Gabriel Kolko, *The Triumph of Conservatism: A Re-interpretation of American History, 1900—1916* (New York: The Free Press, 1977), p. 249（"从几个拟任人选被驳回的职位中，弗雷德里克·A. 德拉诺（Frederic A. Delano），一名铁路管理人员和全国公民联盟（National Citizens' League）的前理事，被委任了这个职位……总的来说，银行业及其相关人士获得了董事会五个席位中的三个。"). 本书作者是弗雷德里克·A. 德拉诺的曾孙。

② Golembe, "Deposit Insurance Legislation," pp. 187-8; James Grant, *Money of the Mind: Borrowing and Lending in America from the Civil War to Michael Milken* (New York: Farrar Straus Giroux, 1992), pp. 137-40; Calomiris, and White, "Origins of Federal Deposit Insurance," in Goldin and Libecap, *Regulated Economy*, pp. 150 and 152（"这150项法案中，有147项法案从未获得参众两院负责审议它们的委员会的通过"), and also in Calomiris, U.S. *Bank Deregulation*, pp. 171-2.

③ Golembe, "Deposit Insurance Legislation," pp. 188 and 195.

在各州，1907年大恐慌所造成的损失和混乱对存款保险立法起到了推动作用。在恐慌后的10年里，有8个州政府实施了存款保险计划，这些计划一般强制州注册银行参加。州计划通过对银行存款收取保费筹集资金，而且对每位存款人的保障不设最高限额。[①] 这些存款保险计划以19世纪稳定基金法律遗产为基础，通常也是提供无限保险。1911年，美国联邦最高法院驳回了对俄克拉荷马州存款保险计划的违宪审查，该州存款保险计划是上述8个存款保险计划中最早的一个——于1907年12月17日颁布，当时俄克拉荷马州刚刚加入联邦一个月。奥利弗·温德尔·霍姆斯（Oliver Wendell Holmes）法官在写给联邦最高法院的信中表示，"（存款保险）是人们熟悉的制度安排。大半个世纪以前，就有一些州实施了这项制度，目前为止似乎从来没有人提出过质疑。"[②] 20世纪早期州立的存款保险计划在20世纪20年代遭受了巨大损失。在1933年之前，所有这些存款保险计划都已经由于资不抵债或无法运转而终止，它们的失败归因于多种因素，包括农业金融的周期性风险、银行放贷人员的过度冒险，以及银行

---

① Golembe, "Deposit Insurance Legislation, pp. 187-8; A History of the FDIC 1933—1983, pp. 25-7; Kroszner and Melick, "Lessons from the U.S. Experience," p. 194; Moss, *When All Else Fails*, p. 117; Moss and Brennan, "Managing Money Risk," p. 161. In *Noble State Bank v. Haskell*, 219 U.S. 104, 109 (1911)，最高法院对俄克拉荷马州存款保险法作了如下描述："该法案创设了委员会并指令它对每一家依照州法律成立的银行按照其日均存款（有一定扣除）的1%征收保费，用于建立存款人担保基金。法案中有关于维持基金的规定，根据1909年3月11日通过的一项法案，自诉讼以来，保费费率被提高到5%。基金的名称体现了它的目的，它是为了确保存款的全额偿还。当一家银行资不抵债并且被银行监管官接手时，如果它可以立即动用的现金不足以全额支付储户，银行委员会将使用存款人担保基金（以及额外征收的保费，如有需要）用于弥补缺口。倒闭银行的资产将被扣押，用于偿付从存款人担保基金中提取的款项。"参见Kroszner and Melick, "Lessons from the U.S. Experience," pp. 193-7 (analysis of the Oklahoma deposit insurance program in operation).

② *Noble State Bank v. Haskell*, 219 U.S. 104, 112 (1911) (O.W. Holmes, J.); Golembe, "Deposit Insurance Legislation," pp. 191-2; Kroszner and Melick, "Lessons from the U.S. Experience," p. 193. "1910年，仅一家银行的倒闭就让俄克拉荷马州新设的存款担保基金几乎耗尽，《纽约时报》关于霍尔姆斯案判决（the Holmes decision）以及州存款保险制度的社论使用了《符合宪法，但没有价值》的标题。" Grant, *Money of the Mind*, p. 137.

监管官员的失职。[①]

6. 美国全国存款保险制度的实施

　　1933年，美国正处于大萧条时期，银行业恐慌不断并在3月初达到顶峰。就在四个月前的1932年11月8日，富兰克林·德拉诺·罗斯福（Franklin Delano Roosevelt）以压倒性优势当选美国总统，他赢得了42个州，而支持赫伯特·胡佛（Herbert Hoover）的州只有6个。1929年10月股市崩盘后，民众的痛苦和改革要求促使罗斯福当选。对银行业改革的要求尤为迫切。截至1933年3月，约有4 000家银行已停止经营。截至1933年底，银行关闭数量激增至9 000家，存款者由此遭受损失约13亿美元。当从外地前来华盛顿出席总统就职典礼的客人们抵达酒店时，发现从首都之外的银行开出的支票都不被接受。1933年3月4日也就是总统就职日时，美国每个州都已宣布为银行假日（a bank holiday）。[②]

　　在富兰克林·罗斯福执政的最初日子里，银行问题和银行业改革是需要迫切考虑的问题。就职两天后，总统就宣布了"全国银行假日"（national bank holiday），下令要求全国所有银行关门停业，以此作为打破银行业恐慌的第一步。随后，国会通过了一系列改革和措施，以恢复金融秩序，一些（但不是全部）关闭停业的银行逐渐获准重新开业。在改革提案中曾被考虑但在最早的时候被否决的，就是银行存款保险。这个主意受到很多人的强烈反对，包括总统本人。然而，在1933年6月16日，罗斯福

---

① Golembe, "Deposit Insurance Legislation," pp. 187-8; Calomiris, U.S. Bank Deregulation, pp. 72-5; Calomiris, and White, "Origins of Federal Deposit Insurance," in Goldin and Libecap, *Regulated Economy*, pp. 149-50, and also in Calomiris, U.S. *Bank Deregulation*, pp. 168-9; Kroszner and Melick, "Lessons from the U.S. Experience," pp. 197-8; Grant, *Money of the Mind*, pp. 135-7.

② *A History of the FDIC 1933—1983*, pp. iii, 3 and 38; Helen M. Burns, *The American Banking Community and the New Deal Banking Reforms 1933—1935* (Westport, Conn.: Greenwood Press, 1974), pp. 31 and 39-41; Grant, *Money of the Mind*, pp. 222 and 225-7.

签署了《1933年银行法》，其中规定在全国范围内实施存款保险制度。罗斯福称该法案为"这个国家历史上第二个重要的银行业立法"。在1960年的一篇文章中，卡特·戈伦比（Carter Golembe）正确地将此银行法称为"罗斯福著名的百日新政期间出台的唯一重要的立法，然而它既不是政府提出的，也没有得到政府的支持。"2009年，查尔斯·凯罗米里斯（Charles Calomiris）将存款保险制度描述为"罗斯福新政在银行业立法方面幸存下来的主要遗产——它再次证明了危机具有改变银行业监管进程的力量。"[1]正如1829年纽约州的情况一样，公众对银行业状况的愤怒已经达到这个地步，对银行体系进行彻底改革在政治上已经具有可能性。[2]

虽然存款保险得到了广泛支持，但促使它成为法律的是一些国会议员。到20世纪30年代，提出存款保险立法已成为首都华盛顿一年一度的传统，就像看樱花盛开一样。银行业危机为存款保险的建立提供了契机。据说1932年4月在大选前，阿拉巴马州众议员亨利·斯蒂格尔（Henry Steagall）——存款保险的主要支持者——告诉众议院议长约翰·南斯·加纳（John Nance Garner）："你知道，胡佛这个家伙很快就会醒悟过来，肯定会带着实施存款担保的建议过来，同样可以肯定的是，他会再次当选。"据说加纳回答道："你说得太对了，亨利，赶快去办。提出一份存款保险法案，我们推动把它通过。"1932年5月25日，众议院第11362号决议通过了《斯蒂格尔法案》，但没有进展。亨利·斯蒂格尔发现自己无法说服参议员卡特·格拉斯（Carter Glass）将存款保险纳入当时正待参议院审

---

[1] Golembe, "Deposit Insurance Legislation," pp. 181-2; Susan Estabrook Kennedy, *The Banking Crisis of 1933* (Lexington: The Univ. Press of Kentucky, 1973), p. 222; Charles Calomiris, "Banking Crises and the Rules of the Game" (Cambridge, Ma.: National Bureau of Economic Research, Working Paper No. 15403, 2009), p. 15, available at: http://www.nber.org/papers/w15403.

[2] Golembe, "Deposit Insurance Legislation," p. 199.

议的银行改革法案中。[①] 1932年总统大选期间，富兰克林·罗斯福对存款保险未曾表现出热情。在通信中，他称担保计划是"相当危险的"。"这将导致银行管理的松散，而且银行家和存款者两方都会粗心大意。我认为要履行好任何这样的担保对联邦财政部来说都是个无底洞。"[②]

图8-4　富兰克林·罗斯福（Franklin Roosevelt）与沃伦·德拉诺二世（Warren Delano II，对华贸易商人，与浩官二代伍秉鉴有商业往来，鸦片战争期间他在广州），还有德拉诺家族的12位表兄妹，摄于1897年9月，纽约州纽堡的阿尔戈纳克市（Algonac, Newburgh, New York）。这位未来的总统当时15岁，他轻松地靠在他外祖父的轮椅上。本书作者的祖母凯瑟琳·德拉诺（Catherine Delano）站在左边后排。（经富兰克林·罗斯福总统图书馆和博物馆许可拍摄。）

① Kennedy, *Banking Crisis of 1933*, p. 214; Mark D. Flood, "The Great Deposit Insurance Debate," The Federal Reserve Bank of St. Louis Review, Vol. 74, pp. 51-77 (July/August 1992), p. 63 and n.79, available at: http://research.stlouisfed.org/publications/review/92/07/Deposit_Jul_Aug19 92.pdf. 据说在胡佛(Herbert Hoover)担任总统的最后几天里，他曾敦促美联储同意实施一项存款保险计划。R. Gordon Hoxie, "Hoover and the Banking Crisis," Presidential Studies Quarterly, Vol. 4/5, Vol. 4, no. 3/4 - Vol. 5, no. 1, pp. 25-28 (Summer/Fall, 1974-Winter, 1975), p. 28.

② Anonymous, "Roosevelt 'Won' to Bank Insurance," The New York Times, 27 October 1936.

借助民主党在选举中获胜，约翰·南斯·加纳从众议院议长一职转任美国副总统。在就职典礼前，加纳在与罗斯福的谈话中力推存款保险，但一无所获。"行不通，杰克，"当选总统回答他说。"经营困难的银行将拖垮那些实力强的银行。"[①] 在任期间，加纳与富兰克林·罗斯福的第一个分歧就是在存款保险这个问题上。"你会不得不需要它，首长，"加纳说，"不然你得在邮政储蓄银行安排更多职员。那些把钱从银行取出来的人，不会在没有担保的情况下把钱再存回去。"[②] 但罗斯福仍然坚决反对。

　　总统对存款保险的反感既不是意识形态上的，也不是利益集团压力的结果。他熟悉政策辩论和利弊分析，之所以对提议的存款保险改革持怀疑态度，是因为失败的历史记录表明，进行这项改革有很高的失败风险。[③] 罗斯福在这个问题上有切身经历。1921年至1928年，他在马里兰富达存款公司（Fidelity and Deposit Company of Maryland）担任副总裁，该公司是美国第四大担保公司（surety bonding company）。[④] 他在富达公司（罗斯福称其为F&D公司）的多年工作经历，为他积累了关于担保风险的实务知识。1933年3月8日，也就是他宣誓就职四天后，总统在他的第一次新闻发布会上对一个问题的回答凸显了这一点。

---

① Adam Cohen, *Nothing to Fear: FDR's Inner Circle and the Hundred Days that Created Modern America* (New York: The Penguin Press, 2009), p. 278.

② Kennedy, *Banking Crisis of 1933*, p. 214.

③ Golembe, "Deposit Insurance Legislation," p. 198 n.23; Kennedy, *Banking Crisis of 1933*, p. 214.

④ Geoffrey C. Ward, *A First-Class Temperament: The Emergence of Franklin Roosevelt* (New York: Harper & Row, 1989), pp. 560-3, 623 n.19, 650-5, 732-3 (the company had become third largest by 1923); Kenneth S. Davis, *FDR: The Beckoning of Destiny, 1882—1928* (New York: Random House, 1971), pp. 627, 629, 673, 697-8 and 708; Flood, "Great Deposit Insurance Debate," p. 61 n.58. 此外，富兰克林·罗斯福（Franklin Roosevelt）与他的舅舅弗雷德里克·A. 德拉诺（Frederic A. Delano）关系密切，德拉诺在银行业有关系并长期在美联储任职。参见上述文献第201页注58。对于他从各方面的银行业支持者那里得到的所有建议，罗斯福曾打趣道："他们会让我成为银行家的。"参见 Kennedy, *The Banking Crisis of 1933*, p. 168.

　　问：关于银行存款担保，您可以谈点什么吗？

　　总统：关于银行存款担保，我可以告诉你我自己的看法，而且我认为这也是上届政府的看法。对银行存款使用"担保"一词的基本思想是，你既为好银行担保，同时也为坏银行提供担保。政府从开始这样做的那一刻起，就面临可能的损失。我来给你举个例子。假设镇上有三家银行：一家100%有能力完全偿付债务，另一家只能偿付50%，还有一家是10%。现在，如果政府承担100%的保证，它将在其中一家损失50%，在另一家损失90%。如果它承担了50%的担保，它在第一家和第二家银行不会有任何损失，但在只能偿付10%的这家银行将损失惨重。任何形式的普遍担保对政府来说都明确意味着损失。我们正在制订的计划，其目标可以这样得到最好表述:毫无疑问有一些银行将足额偿付。我们都知道，与危害美国政府的信用或者使美国政府进一步负债相比，由市场主体承担那些损失更好。因此，我们唯一的目标就是最大程度上降低每家银行发生的损失，努力争取100%偿付。我们不希望让美国政府为个别银行的过错负责，或者鼓励银行不稳健经营。

　　问：这些是不宜公开报道的吗？

　　总统：是的。[1]

　　1933年前几个月，存款保险的支持者和反对者之间展开了激烈的辩论。反对者包括总统、财政部部长、美联储以及大型银行和银行业组织。[2] 美国银行家协会（American Bankers Association）主席罗默·C. 斯蒂芬森（Rome C. Stephenson）说，一提到存款保险这个话题，银行家就会表

---

[1] Franklin D. Roosevelt, *The Public Papers and Addresses of Franklin D. Roosevelt, Vol. 2* (New York: Random House, 1938), p. 37 (first press conference, 8 March 1933).

[2] Moss, *When All Else Fails*, p. 118; Kennedy, *Banking Crisis of 1933*, pp. 214-8; Calomiris, "Banking Crises and the Rules of the Game," pp. 12-14; Flood, "Great Deposit Insurance Debate,", p. 59.

现出"脑中风前兆的所有迹象"。银行家们坚决反对这项提案。[①] 自1829年以来所有存款保险主题的相关论点和历史证据都被提了出来。主要的支持者包括来自阿拉巴马州与单元银行家（unit banker）来往的民主党众议员亨利·斯蒂格尔（Henry Steagall），以及密歇根州共和党参议员阿瑟·H.范登伯格（Arthur H. Vandenberg），小银行的捍卫者。银行业危机和美国参议院银行和货币委员会（Senate Committee on banking and Currency）听证会上披露的银行滥用权力的头条新闻激怒了民众，民众对存款保险制度的支持不断上升，支持者一方受到鼓舞并最终取得了胜利。[②] 正如马克·弗洛德（Mark Flood）在考察1933年有关存款保险的争论时总结的那样，"当时社会上盛行的反银行家情绪所导致的结果之一，就是银行家们反抗存款保险制度的落败。"[③]

存款保险立法的支持者强调，法案中规定了存款保险的最高保险限额，这有别于以前导致州政府担保制度失败的无限担保安排。[④] 存款保险支持者们认为，历史上担保基金的失败案例与目前的情况并不相同[⑤]，他们认为这些失败案例的原因是风险过度集中问题，比如农业贷款风险敞口过高。他们坚持认为，拟议的改革与保险的基本原则是一致的，即广泛参与、普遍分散和多元化。而反对者则完全否认，认为"存款保险"提案根本不是"保险"。

---

① Howard H. Preston, "The Banking Act of 1933," The American Economic Review, Vol. 23, pp. 585-607 (1933), pp. 599-600; Flood, "Great Deposit Insurance Debate," pp. 59 and n.48 [citing Rome C. Stephenson, "Providing Safety for Future Banking," Bankers Magazine (May 1931), pp. 591-94] (the footnote shows the hint of truth in Stephenson's hyperbole).

② Golembe, "Deposit Insurance Legislation," pp. 197-8; Kennedy, Banking Crisis of 1933, pp. 203-4 and 212; Calomiris, and White, "Origins of Federal Deposit Insurance," in Goldin and Libecap, Regulated Economy, p. 176, and also in Calomiris, U.S. Bank Deregulation, pp. 199-200; Flood, "Great Deposit Insurance Debate," p. 66.

③ Flood, "Great Deposit Insurance Debate," p. 60.

④ Flood, "Great Deposit Insurance Debate," p. 62.

⑤ Preston, "Banking Act of 1933," pp. 597-8.

保险有一项古老而久经考验的原则。保险的本质特征是被保险人要按清算关系支付与风险匹配的保费。然而，根据这项永久计划的条款，费用或保费并不是根据风险收取的。[①]

立法提案中缺少"风险选择"原则，即被保险者按风险进行区分，并根据风险不同进行差别化收取保费。一位反对者对此警告称，这里存在"不可宽恕的"术语混淆。"担保是让好银行为坏银行买单。而保险应当是让受益者付费。"[②] 法案生效成为法律后，普林斯顿大学教授埃德温·W. 凯默勒（Edwin W. Kemmerer）于1933年9月在马萨诸塞州储蓄银行协会（Savings Bank Association of Massachusetts）发表演讲时，总结这个论点将其归结为道德风险。

对此应当注意的是，经营状况弱的银行与经营状况好的银行所受到的保险是相同的，而且与其他类型的保险不同，高风险银行支付的保费并不比低风险银行的保费多。这就意味着银行之间在发放贷款方面会竞相宽松。实行宽松信贷的银行获得了业务，而信贷谨慎的银行则流失了业务。就像经营冒进的银行家在享受跳舞，而经营稳健保守的银行家却要替他向小提琴手付费。如果稳健保守的银行家反抗，那些冒进的银行家就把他们带到了"更加宜人的气候环境"。很快，所有的银行家都在跳舞，小提琴手如果还想获得报酬的话，就只能从储户或纳税人那里收取。[③]

1933年5月1日，参议员格拉斯提出了一项新法案，提议创立联邦存款保险公司（Federal Deposit Insurance Corporation），该法案在两周后提交参

① Flood, "Great Deposit Insurance Debate," p. 58 (quoting from "Guaranty of Bank Deposits," Association of Reserve City Bankers, Commission on Banking Law and Practice, Bulletin No. 3 (Chicago, November 1933), p. 27 [emphasis in the original]).
② Flood, "Great Deposit Insurance Debate," p. 57 n.29.
③ Flood, "Great Deposit Insurance Debate," pp. 57-60.

议院进行辩论。参议员范登伯格提出一项修正案，即为2 500美元以下的存款提供保险。经过修正的法案于1933年5月25日以只有6票反对的结果顺利获得通过。此前5月23日，众议院已经以262票对19票通过了众议员斯蒂格尔提出的立法，现在两项法案被提交到两院协商委员会。在那里，他们遇到了总统的反对，特别是关于100%担保的前景陷入了僵局。1933年5月23日，富兰克林·罗斯福在一次内阁会议上表示，如果存款保险条款不予删除，他将否决整个银行法案。这样的否决将导致沉重的政治代价，因为法案得到了国会的大力支持。修伊·朗（Huey Long）声称，如果法案被否决，将有足够的票数使法案强行通过。参议员格拉斯告诉罗斯福，即使政府（行政当局）的法案没有存款保险条款，国会也把它写进去。格拉斯现在也已经屈服于公众舆论，因为"华盛顿想不起以前曾有任何一个议题能像存款保险这样在全国范围内引起公众如此强烈的共识"。在1933年6月初的一封信件中，罗斯福表示他正在努力使法案草案"尽可能合理化"，他正在"尽一切努力对法案进行修正"。他决定应当达成协议了。6月12日，他同意接受一项有最高限额的并推迟的存款保险计划，根据该计划，存款保险制度将于1934年才生效施行。两院协商委员会通过了这个法案，6月13日经过简短讨论，众议院和参议院都投票通过两院协商委员会的报告并批准了该法案。三天后的1933年6月16日，富兰克林·罗斯福（Franklin Roosevelt）签署了《1933年银行法》，使之成为法律。[①]

---

① Kennedy, *Banking Crisis of 1933,* pp. 219-222; Burns, *American Banking Community*, pp. 90-2; Calomiris, and White, "Origins of Federal Deposit Insurance," in Goldin and Libecap, *Regulated Economy*, p. 174, and also in Calomiris, *U.S. Bank Deregulation*, p. 197; Cohen, *Nothing to Fear*, p. 278; Preston, "Banking Act of 1933," pp. 585, 589 and 597; Grant, *Money of the Mind*, p. 113; Flood, "Great Deposit Insurance Debate," pp. 52 and 67.

图8-5　1933年6月16日富兰克林·德拉诺·罗斯福总统（President Franklin Delano Roosevelt）签署《1933年银行法》。站在总统后面的，从左到右依次是：参议员艾伦·巴克利（Allen Barkley）、参议员托马斯·戈尔（Thomas Gore）、参议员卡特·格拉斯（Carter Glass）、货币监理署署长J. F. T. 康纳斯（J. F. T. Connors）、参议员威廉·G. 麦卡杜（William G. McAdoo）、众议员亨利·S. 斯蒂格尔（Henry S. Steagall）、参议员邓肯·U. 罗伯特·卢斯（Duncan U. Robert Luce）。（照片版权属于Bettmann/CORBIS。）

　　新法律规定，存款保险制度分两个阶段实施。第一阶段是一个为期6个月的临时方案，自1934年1月1日起生效，根据该方案，每个存款人在2 500美元以内的存款可以获得保险。第二阶段是一项明确的永久性计划，拟于1934年7月1日生效。1934年6月16日的《银行业法》延长了临时计划，并推迟施行永久性计划。后来1935年的《银行法》修订了永久性计划，使其与临时计划相似，并于1935年8月23日生效。[①] 马克·弗勒德（Mark Flood）指出，

① Golembe, "Deposit Insurance Legislation," pp. 193-4; Preston, "Banking Act of 1933," pp. 591-2; Flood, "Great Deposit Insurance Debate," pp. 52 n.3; Calomiris, "Banking Crises and the Rules of the Game," p. 14.

在临时计划下，存款保险的最高保险限额是保守的，存款保险公司与联邦纳税人作了明确隔离，设立国民银行的准入标准提高，监管权限也得到了广泛提高。这些特点在1935年《银行法》的永久性存款保险计划中得到了坚持。这样，根据1933年和1935年《银行业法案》的规定，存款保险制度在有效保护小额存款人的同时，又成功迫使银行家就其经营管理的质量向监管者和大额存款人负责。[①]

在延期的临时计划中，存款保险限额被提高到每个存款人5 000美元，这一限额可以为98%的存款人提供全额保险。1935年的《银行法》维持了这一保险限额。投保银行将被收取相当于其存款的$1/12 \times 1\%$的保费，每年支付两次，这与临时计划中收取0.5%的费用相比大幅下降。1935年银行法扩大了联邦存款保险公司（FDIC）的监管权力，并要求联邦储备系统的所有成员银行都在FDIC投保。非联邦储备系统成员的银行中，存款低于100万美元的可以申请参加存款保险，并需要获得FDIC批准，但必须同意接受检查。[②] 尽管美国所有联邦注册的银行和储蓄机构都被强制要求参加存款保险，正如美国的银行普遍使用联邦存款保险公司（FDIC）标识所显示的那样，但是保险覆盖范围并不是普遍的，就像在某些州注册银行中那样。

富兰克林·罗斯福做出让步后决定支持修正后的存款保险计划，这使他成为骄傲的存款保险之父。他就这项立法成功向卡特·格拉斯（Carter Glass）表示祝贺，但也为此称道自己（这令许多观察人士感到可笑或者愤怒）。罗斯福的一名关键顾问雷蒙德·莫利（Raymond Moley）写道："罗斯福首先是容忍然后拥抱了存款保险……我确信最后他使自己相信，他从

---

① Flood, "Great Deposit Insurance Debate," p. 73.

② Golembe, "Deposit Insurance Legislation," pp. 193-4; Calomiris, and White, "Origins of Federal Deposit Insurance," in Goldin and Libecap, *Regulated Economy*, p. 176, and also in Calomiris, *U.S. Bank Deregulation*, pp. 199-200; A History of the FDIC 1933—1983, p. 5.

一开始就喜欢存款保险。"① 在一个这样的场合，副总统加纳（Garner）使
了个眼色说道："我发现罗斯福在以存款保险的保证人为自己争取赞誉。"②
共和党在这件事上提出政治观点，坚持认为是共和党人应该为这场广受
欢迎的改革赢得赞誉，而不是罗斯福。1936年，共和党全国委员会发布了
一份新闻稿，公布了1932年10月的一封信，信中富兰克林·罗斯福严厉批
评了存款保险，称"出于政府财政稳健的诸多原因，这样的计划将相当危
险"。根据《纽约时报》的一篇文章，共和党全国委员会"宣布联邦存款
保险立法是由共和党参议员阿瑟·H. 范登伯格在'面对富兰克林·德拉
诺·罗斯福和银行业几乎是作为联盟的强烈反对下'推动通过的"。③存
款保险的主意引起总统共鸣是有可能的，尽管总统对于为银行提供无限
担保持强烈的保留态度。这个主意来自纽约，是在另一位荷兰裔的纽约
人马丁·范布伦（Martin Van Buren）担任州长期间产生的。范布伦在担
任州长之后还担任过美国副总统，他的灵感来自他的祖父曾经做过生意
的广州行商。④

　　20世纪30年代美国执行的银行存款保险制度与1780年至1842年广州行
商中实施的集体担保计划有很大的不同。这个概念在移植过程中发生了演
变。美国和中国的制度涉及的都是政府许可才能经营的业务，都以某种类
似税收形式的收入形成基金，用于偿付债权人对特许权集团成员的索赔。
二者中一个是地方性的制度安排，另一个则是国家层面的制度安排。中国
的那个制度缺乏独立的管理，也没有独立机构或者账户。美国的现代制度

① Burns, *American Banking Community*, p. 92; Cohen, *Nothing to Fear*, p. 279.
② Kennedy, *Banking Crisis of 1933*, p. 222 and n.57.
③ Anonymous, "Roosevelt 'Won' to Bank Insurance," The New York Times, 27 October 1936.
④ Downs, *The Golden Ghetto*, p. 179. 不难想象，富兰克林·罗斯福（Franklin Roosevelt）会对
存款保险的起源产生兴趣。这个问题有很多地方可以引起他的兴趣。1931年《美国人物传
记词典》（Dictionary of American）第六卷出版后，有关存款保险思想起源于广州行商开始
为公众所知。其中关于约书亚·福尔曼（Joshua Forman）的那篇文章提到了广州行商，不
难想象这篇文章在1932年至1933年有关存款保险争论期间会引起罗斯福或他周边人物的注
意。但作者并不掌握这一设想情况曾经发生的任何证据。

中有独立的管理、特别账户和核算，以及政府对存款保险本身的监督。在广州，公所基金被政府大量用于其他目的，结果在发生损失时，从来没有足够的流动资金用于支付索赔。在美国，联邦存款保险公司和其他存款保险机构一直都使他们的存款保险基金免受政府的提取，尽管基金的资金头寸并不总是足以支付出现的损失。按照中国的安排，公会成员所承担的风险并不取决于监管审查。因此，一些行商的倒闭以及相关损失的规模，让人措手不及。美国的制度中，对受保银行所承担的风险要进行持续的检查员审查，其目的是不让损失和银行倒闭意外出现。在1933年的美国，存款保险基金的责任是有限的。这是罗斯福总统的一个关键目标。在广州，公所基金的责任则是无限的。因此，美国存款保险制度在一些关键设计上与广州计划不同，然而1933年以后的经历（下一章主题）在其他方面与它的中国前史仍遥相呼应。

第九章　银行存款保险制度 80 年

本书旨在回答一个特定问题，即中国思想移植到纽约州，以及通过美国全国银行存款保险的采用，这个思想的进一步发展。前面各章已经通过广州的满族官员、纽约州议会，进而处于1933年美国银行业危机中的华盛顿特区，考察了这个思想发展的情况。在篇幅较短的本章，将论述在美国实行全国存款保险制度之后的发展情况。以下只是一个梗概。存款保险制度在全球的发展历程非常复杂，也是近期的热点。在本项研究启动时，2007—2008年国际金融危机爆发，这场危机最初似乎只涉及美国按揭贷款证券化的局部风险。但在撰写本章时，危机已经发展到一个新的阶段，并给欧洲的财政、银行体系和欧元都蒙上了一层阴影。因此，对银行存款保险国际历史的研究，不仅超出了本书的研究范围，而且目前来说也可能条件尚未成熟。存款保险的80年历史，早期是简单而且乏味的，但在晚近阶段则有很多变化，本书接下来将会给出一个历史梗概。这个梗概为下一章亦即最后一章讨论本书最初提出的主要问题做一铺垫。

2013年，美国银行存款保险制度举行了80周年庆祝活动。美国联邦存款保险制度的运行时间，已经超过了持续37年的纽约稳定基金（1829—1866），也超过了持续62年的广州担保制度（1780—1842）。以任何一个标准来说，80年都已经是较长的时期，而且在80年的大部分时间里，美国参加存款保险的银行都保持了非常平稳的运行。20世纪60年代开始，20世纪90年代加速，并在此后许多国家引进存款保险制度。那些最早引入存款保险的国家都受到美国存款保险制度成功经验的启发。最近这些年存款保险制度在全球的加快实施，很大程度上倾向于应对制度创新和市场环境，例如认为需要实施存款保险制度，避免本地存款向其他已经实施存款保险制度的地区外流。

有关存款保险的学术文献、期刊、报纸以及网络评论汗牛充栋。这些资料大多是技术性的，涉及存款保险计划的实施和运营，或者是在经济理论背景下讨论存款保险。有些也具有争论性，例如，20世纪80年代美国储贷危机，或者2007年开始的国际金融危机。有些存款保险的历史出现在这些文献中，但通常只是为了解决或说明当下的运行问题。目前，还没有美国存款保险制度的通史。卡特·戈伦比（Carter Golembe，1960）和布雷·哈蒙德（Bray Hammond，1957）等学者在早期作出了重要贡献[1]，但美国联邦存款保险的历史大部分是发生在他们的文献发表之后。查尔斯·凯罗米里斯（Charles W. Calomiris）和戴维·莫斯（David A. Moss）等学者完成了通史所需的许多工作。他们的研究主要发表在学术期刊，或者如《历史视角下的美国银行业放松管制》（U.S. Bank deregulation in Historical Perspective, 2000）等文集上。[2] 美国联邦存款保险公司在1984年撰写了公司历史，作为其五十周年纪念，但这份官方历史距离现在也差不多30年了。[3] 此外，存款保险制度在世界上其他很多国家的实施也是一个重要进展，这也是通史的重要内容，还有待书写。现在这个时候如果要写存款保险通史，所有这些的经历就可能太短暂了，而且还有太多变数。

[1] Carter Golembe, "The Deposit Insurance Legislation of 1933," Political Science Quarterly, Vol. 75, pp. 181-200 (1960); Bray Hammond, *Banks and Politics in America from the Revolution to the Civil War* (Princeton: Princeton Univ. Press, 1957).

[2] Charles W. Calomiris, *U.S. Bank Deregulation in Historical Perspective* (Cambridge: Cambridge Univ. Press, 2000).

[3] Federal Deposit Insurance Corporation, *Federal Deposit Insurance Corporation: The First Fifty Years: A History of the FDIC 1933—1983* (Washington, D.C.: Federal Deposit Insurance Corporation, 1984).

所幸的是，还是有以不同语言和形式聚焦理解存款保险国际历程的宝贵著作，其中一些下面会引用。也许，迄今为止最有价值的文献是2008年出版的《世界各国的存款保险：设计与实施的问题》（Deposit Insurance Around The World: Issues of design and implementation, 2008 ）。[1]

1. 美国联邦存款保险制度

美国联邦存款保险法律实施后很受公众欢迎，而且很长时间里都受到舆论界的积极评价。这个平稳静好的时期运行良好，迈进20世纪60年代，与之伴随，人们总体上对1933年法规的效果持积极阳光的看法。1963年，主流经济学家认为存款保险是"1933年恐慌引发的银行业体系最重要的结构调整"，也是"在紧接美国南北战争之后州银行所发行银行券被征税并最终退出市场流通后，最有助于美国货币体系稳定的一项结构调整"。[2]

大萧条和第二次世界大战之后，美国持续稳定发展，存款保险制度运行良好，与此同时，美国存款保险的保障限额也逐步提高。如上文所述，最初1933年临时存款保险计划的保障限额是2 500美元，1934年6月30日就被提高到5 000美元。1950年提高到10 000美元，1966年提高到15 000美元，1969年提高到20 000美元，1974年提高到40 000美元。1980年，又提高到100 000美元，直到2008年10月再次提高到250 000美元。[3] 要完全理解这些增速快于通货膨胀速度的偿付限额的真正含义，并不容易。第一，存款人通过简单的安排，可以获得美国联邦存款保险公司的多倍保障，

① Ash Demirgüç-Kunt, Edward J. Kane and Luc Laeven, eds., *Deposit Insurance Around The World: Issues of Design and Implementation* (Cambridge: MIT Press, 2008).
② Kennedy, *Banking Crisis of 1933*, p. 214 [quoting Milton Friedman and Anna Jacobson Schwartz, *A Monetary History of the United States, 1867—1960* (Princeton: Princeton Univ. Press, 1963), p. 434].
③ *History of the FDIC 1933—1983*, p. 69; Grant, *Money of the Mind*, pp. 238-9, 255-7 and 364; Robert Pozen, *Too Big to Save? How to Fix the U.S. Financial System* (Hoboken, N.J.: John Wiley & Sons, Inc., 2010), p. 179; Demirgüç-Kunt, Kane and Laeven, "Deposit Insurance Design and Implementation," pp. 18-9.

即使在同一家银行也是如此。[①] 第二，即使在早期存款保险平稳运行的时候，美国联邦存款保险公司也总是准备为所有存款人提供百分之百的全额保护（亦即保险超过了法规所述赔付限额）。所谓"存款人无损失"的目标，常常是通过各种兼并或收购与承接交易，让倒闭银行由一家健全银行合并。存款人完全满意，但最终会计报告必定有点不透明。参议员富布赖特（Fulbright）在1951年国会听证会上对这项政策提出质疑，声称国会从未有意让联邦存款保险公司提供超过限额的偿付，其中明显存在成本核算的不足。[②]

从寻求对所有存款人提供100%存款保险的未申报政策，到"大而不倒"的隐性政策，那是一个小的跳跃。根据大而不倒政策，因被认为对经济或社会至关重要选定的那些大型金融机构，其所有债权人由存款保险机构（或者政府，也就是纳税人作为最终负担者）全额偿付。[③]在美国，这一信条源自1984年大陆伊利诺伊国民银行（Continental Illinois National Bank）的倒闭。大陆伊利诺伊国民银行作为当时美国的第七大银行，被认为是不可或缺的，它的"倒闭"方式就是经过所有权和管理层变更，成为美国联邦存款保险公司持股80%的银行。这种慷慨的处置被认为是开启了一个新例。愤怒的国会议员麦金尼（McKinney）在听证会上质询货币监理署署长时说，通过这笔交易，

---

① Pozen, *Too Big to Save*?, p. 180.

② Gary H. Stern and Ron J. Feldman, *Too Big to Fail: The Hazards of Bank Bailouts* (Washington, D.C.: Brookings Institution Press, 2004), p. 152; *Grant, Money of the Mind*, pp. 256-7 and 367.

③ "大而不能倒"政策的一个后果是，有关机构的规模往往会变得更大。这种规模的扩大，再加上种种迹象表明管理层没有能够有效控制大规模复杂交易中所承担的风险，令人担心有些机构已经变得过于复杂以至于根本无法实现有效稳健管理。参见Gillian Tett, "How 'too big to fail' banks have become 'too complex to exist,'" Financial Times, 8 June 2012, p. 20.

　　"我们有了一种新的银行。而今天创造了一个新的银行类型。我们在储贷机构中创建了它，现在我们批准了一笔10亿美元的经纪交易给美国金融公司。主席先生，我们不用争辩了，我们有了一种新的银行，它被称为"大而不倒"，TBTF，而它真是一家奇妙的银行。"[①]

　　如今，在全球范围内，特别是在开始于2007年的国际金融危机过程中，"大而不倒"原则的含义是指政府向原本不自动受政府法定援助的一家银行的未保险债权人提供便宜行事的支持。[②]因此，詹姆斯·格兰特（James Grant）认为，"在普通公众存款者眼里，政府的信用已经取代了持有他货币的银行的信用。到20世纪80年代，随着一些银行"大而不倒"教条的演化，政府由此已经成为甚至是那些非投保存款者的隐名合伙人。"[③]

　　正如美国国会议员麦金尼（McKinney）在他对货币监理署署长的质询中所指出的那样，美国银行体系的长期稳定运行在20世纪80年代储贷（savings and loan，thrift）危机中遭到了严重的破坏。放松管制并放任储贷银行大量地从传统住房抵押贷款业务转向投机性房地产和其他贷款业务，在房地产价格下跌时，储贷银行最终成为大输家。大量的储贷银行倒闭，储贷银行的存款保险基金完全不足。监管宽容政策允许资不抵债机构作为"僵尸"银行（它们已以此为名）继续经营，促使这些银行采用冒险经营策略，企图据此盈利并恢复资本水平，只能使事情变得更糟。储贷机构灾难最终让美国政府为1 530亿美元的损失埋单，这相当于当时美国国内生

---

① Grant, *Money of the Mind*, p. 367; Stern and Feldman, *Too Big to Fail*, p. 13.

② Stern and Feldman, *Too Big to Fail*, p. 1; Demirgüç-Kunt, Kane and Laeven, "Deposit Insurance Design and Implementation," p. 3 （"Every country offers implicit insurance because, during banking crises, the pressure on government officials to rescue at least some bank stakeholders becomes difficult to resist."）.

③ Grant, *Money of the Mind*, pp. 238-9, 255-6 and 364.

产总值的2%，并最终由纳税人和银行业承担。①

联邦国民抵押贷款协会"房利美"（Federal National Mortgage Association，Fannie Mae）和联邦住房贷款抵押公司"房地美"（Federal Home Loan Mortgage Corporation，Freddie Mac）见证了储贷行业的衰退。这些准政府机构在支持美国家庭购买房屋方面活跃多年，在20世纪80年代后，它们在购买住房抵押贷款方面变得越来越积极。这些机构享有许多只有联邦机构才有的特权，但实际上由私人股东持有。它们可以发行债券，并能够以比私人部门竞争者更低的利率筹集资金。房利美（Fannie Mae）和房地美（Freddie Mac）将其购买的数千亿美元抵押贷款打包成抵押贷款支持证券后出售，并为这些抵押贷款提供担保。与另一项名为政府国民抵押贷款协会"吉利美"（Government National Mortgage Association，Ginnie Mac）的联邦抵押贷款担保计划一起，这些机构在2003年之前持有或担保了全美国近一半的抵押贷款。银行业机构深度参与了房利美（Fannie Mae）、房地美（Freddie Mac）和吉利美（Ginnie Mac）的抵押贷款相关业务，一起为美国大量抵押贷款债务提供支持。这些准政府机构与美国政府的紧密联系，以及所享有的与政府地位相关的许多特权，使投资者们相信它们的担保受到美国财政部的隐性支持。②

这一假设在2007年至2008年的金融危机中得到验证。当时，房利美和房地美报告称，在次级抵押贷款担保上损失惨重。2008年9月6日，它们被联邦政府接管，原有普通股和优先股基本都被核销了。接管后，债券持有

---

① 联邦储贷保险公司的基金规模不足，在危机中耗尽了全部资金，该公司于1989年被撤销。Kroszner and Melick, "Lessons from the U.S. Experience," pp. 199 and 204-8; Stern and Feldman, *Too Big to Fail*, pp. 23-4; Pozen, *Too Big to Save?*, pp. 184 and 198; Flood, "Great Deposit Insurance Debate," p. 51.

② Pozen, *Too Big to Save?*, pp. 27 and 30; *Grant, Money of the Mind*, p. 352; Gretchen Morgenson and Joshua Rosner, *Reckless Endangerment: How Outsized Ambition, Greed, and Corruption Led to Economic Armageddon* (New York: Times Books, 2011), pp. 13, 18-9, 21 and 239.

人（其中包括全球范围内的金融机构）得到全额偿付，因为美国政府担心违约可能给全球金融体系带来风险。在罗伯特·普森（Robert Pozen）和其他许多经验丰富的观察家看来，"救助证明了人们普遍持有的看法，即联邦政府对房利美和房地美的债券承担着道义责任"。[1] 救助不是由存款保险基金来执行，它有利于政府维护存款保险的偿付能力，因为这些机构一旦倒闭或者丧失市场信心，可能严重影响被抵押给参保银行的按揭贷款的价值。美国财政部后来向房利美和房地美提供了大量资金支持。由于其最终损失程度取决于待偿还抵押贷款的违约率，这些抵押贷款的价值仍不确定，因此纳税人最终需要承担的损失金额尚不清楚。据2010年估计，房利美和房地美倒闭给美国政府造成的损失至少为1 600亿美元，甚至可能高达10 000亿美元。[2] 同时，在2007—2008年金融危机中，联邦存款保险公司还为银行、储蓄机构及其控股公司超过3 000亿美元的债务提供了期限达3年100%的担保。这些措施和政府在当时及此后为全球金融机构提供的数量巨大的其他支持的最终成本，都是未知的。[3]

2. 银行存款保险制度的国际进展

自从1933年作为一个国家制度安排引入美国以来，存款保险制度已经推广到全世界。继美国之后，最早的全国存款保险制度于1961年在印度和挪威引入。在20世纪30年代到20世纪60年代存款保险制度在美国平

---

[1] Pozen, *Too Big to Save?*, p. 38.

[2] Pozen, *Too Big to Save?*, pp. 27-8; Lorraine Woellert and John Gittelsohn, "Fannie-Freddie Fix at $160 Billion With $1 Trillion Worst Case," Bloomberg News, 13 June 2010 7:00PM ET, see: "http://www.bloomberg.com/news/2010-06-13/fannie-freddie-fix-expands-to160-billion-with-worst-case-at-1-trillion.html".

[3] Pozen, *Too Big to Save?*, pp. xvii, 155 and 169.

稳运行的很长时期，在世界上其他国家的发展缓慢。[①]直到1980年，也只有20个国家拥有显性的银行存款担保计划。1995年1月，这个数字是49个，2003年底继续增加到87个，现在已经有超过了100个国家。20世纪70年代和20世纪80年代，存款保险制度首先在欧洲国家实施，如今在欧盟内要求必须实施。[②] 1991年国际商业信贷银行（Bank of Credit and Commerce International）倒闭之后，批准《欧盟存款保险计划指令》（The EU Directive on deposit-guarantee schemes），2009年又对此进行了修订。该指令要求欧盟地区各国存款保险的保险限额达到10万欧元。[③]具有讽刺意味的是，正是在美国存款保险计划遭受储贷危机和次级抵押贷款危机接连重创的情况下，近年来存款保险在全球加速发展。

① Demirgüç-Kunt, Kane and Laeven, "Deposit Insurance Design and Implementation," pp. 4 (Figure 1.1, bar graph showing slow progress toward adoption of deposit insurance programs), 6-7 (Figure 1.2, world map showing countries that have adopted deposit insurance) and 18; Ash Demirgüç-Kunt, Edward J. Kane and Luc Laeven, "Adoption and Design of Deposit Insurance," in Demirgüç-Kunt, Kane and Laeven, *Deposit Insurance Around The World*, pp. 34-9 (Table 2.2, "Explicit deposit insurance system at year-end 2003"); Calomiris, and White, "Origins of Federal Deposit Insurance," in Goldin and Libecap, *The Regulated Economy*, p. 145, and also in Calomiris, *U.S. Bank Deregulation in Historical Perspective*, p. 164 ("… until recently it [bank deposit insurance] was strictly an American phenomenon. Many countries adopted deposit insurance in imitation of the United States …").

② Demirgüç-Kunt, Kane and Laeven, "Adoption and Design of Deposit Insurance," p. 29; Jessica Cariboni, Karlien Vanden Branden, Francesca Campolongo and Manuela De Cesare, "Deposit Protection in the EU: State of Play and Future Prospects," Journal of Banking Regulation, Vol. 9, pp. 82-101 (2008), p. 84; Gillian Garcia and Henriëtte Prast, "Depositor and Investor Protection in the Netherlands: Past, Present and Future," De Nederlandsche Bank, Occasional Studies, Vol. 2, No. 2 (2004), pp. 8 (The Netherlands was among the first European countries to introduce deposit insurance) and 18-26; Andrew G. Haldane and Piergiorgio Alessandri, "Banking on the State," BIS [Bank for International Settlements] Review 139/2009, pp. 4 and 16 (Chart 6), see : https://www.bis.org/review/r091111e.pdf.

③ Cariboni, Vanden Branden, Campolongo and De Cesare, "Deposit Protection in the EU," pp. 83 and 86; Harry Huizinga, "The EU Deposit Insurance Directive: Does One Size Fit All?," in Demirgüç-Kunt, Kane and Laeven, *Deposit Insurance Around The World*, pp. 253-79; Directive 94/19/EC of the European Parliament and of the Council of 30 May 1994 on deposit-guarantee schemes, see: http://eurlex.europa.eu/LexUriServ/LexUriServ.do?uri=CELEX:31994L0019:EN:HTML Directive 2009/14/EC, amending Directive 94/19/EC, see: http://ec.europa.eu/internal_market/bank/docs/guarantee/200914_en.pdf.

　　存款保险拥有强大的、善意的支持者。20世纪90年代以来，国际货币基金组织一直将存款保险作为其危机管理建议的一部分。在特定国家，通过提供建议、为基金的创办资本提供调节贷款，世界银行对全国性存款保险制度的引入给予支持。①

　　世界各国存款保险制度的设计细节有很大差异。一般来说，存款保险对持牌银行是强制性的。② 保险限额不同，2003年各国存款保险的平均保险限额为20 660美元，而单个国家的保险限额，则从低至乌克兰的120美元，到高达挪威的243 520美元。越是发达的国家，保险限额往往更高。③ 2007年国际金融危机以后，全球范围内的存款保险的保险限额迅速上升。例如，2007年荷兰在Van der Hoop bankiers N.V.倒闭后，将存款保险保险限额从2万欧元提高到4万欧元，后来又根据前述《欧盟存款保险计划指令》提高到10万欧元④，这一指令同时也缩短了存款保险向存款人偿付的最长时限。在资本流动时代，国家边界的作用下降了：一家经营不善的银行，如果本国存款保险保险限额较高，就可以通过较高的存款利率，将存款从存款保险保险限额较低国家的银行那里吸收过来。建立存款保险制度，以及提高存款保险赔付限额，已经成为防止资本外逃的手段。

　　显性存款保险制度并不是每个国家都有。中国、以色列以及许多非洲国家都没有建立。亚洲国家建立存款保险制度的进度一直较慢。印度、日本、中国台湾地区分别于1961年、1996年、1985年建立了存款保险制度。

---

① Demirgüç-Kunt, Kane and Laeven, "Deposit Insurance Design and Implementation," pp. 3 and 21; Garcia and Prast, "Depositor and Investor Protection," pp. 21-4.

② Demirgüç-Kunt, Kane and Laeven, "Deposit Insurance Design and Implementation," p. 11.

③ The cited averages are in United States dollars. Luc Laeven, "Pricing of Deposit Insurance," in Demirgüç-Kunt, Kane and Laeven, *Deposit Insurance Around The World*, p. 111; Cariboni, Vanden Branden, Campolongo and De Cesare, "Deposit Protection in the EU," pp. 85-9.

④ Cariboni, Vanden Branden, Campolongo and De Cesare, "Deposit Protection in the EU," pp. 86-7; Garcia and Prast, "Depositor and Investor Protection," pp. 42-7 (detailed description of depositor protections in The Netherlands as of 2003); De Nederlandsche Bank, Factsheet, "Obligations Investor-Compensation Scheme and Deposit-Guarantee Scheme," see: http://www.toezicht.dnb.nl/en/2/51-224859.jsp.

在中国，存款保险事实上也存在，但它只是隐性的。中国政府已经以一事一议的方式对个人储户提供保护。澳大利亚、新西兰和中国香港在经历了2007—2008年金融危机之后，都建立了存款保障计划。中国香港在危机期间为所有银行存款提供了全面担保，目的是防止资金外流到其他可能更安全的地方。许多之前已经建立存款保险制度的国家（超过40个），在2007—2008年期间，要么大幅提高存款保险的保障限额，要么提供临时全额保护以应对国际金融危机。[①] 这些危机应对做法很具有传染性。在欧洲，正如罗伯特·普森（Robert Pozen）所述，"爱尔兰在欧盟国家中率先宣布对银行存款提供全面保障后，很快英国、德国等许多欧洲较大国家也提高了存款保险偿付限额或者为银行存款提供一揽子保障，防止本地存款外流到爱尔兰。"[②]

这些扩大的保险计划的成本还没有计算出来。2012年初，亚洲地区银行保险安排的损失很小。欧洲地区保险安排的损失可能是巨大的，因为2007年发生次贷危机，随后又发生欧元债务危机，以及实行了"大而不倒"政策。爱尔兰将因为向银行债务提供全面担保而遭受重大损失。爱尔兰银行业机构与房地产相关的损失是个未知数，可能在1 060亿欧元左右。对此，迈克尔·刘易斯（Michael Lewis）最近写道："爱尔兰作了承诺，这一承诺使爱尔兰沉没。"[③] 在冰岛，这个小国的三家大银行的倒闭造

① Demirgüç-Kunt, Kane and Laeven, "Deposit Insurance Design and Implementation," p. 5; Pozen, *Too Big to Save?*, p. 185; Stern and Feldman, Too Big to Fail, p. 100; Jang-Bong Choi, " Structuring a Deposit Insurance System from the Asian Perspective," in Rising to the Challenge in Asia: A Study of Financial Markets, Vol. 2 (Special Issues) (Manila: Asian Development Bank, 1999), p. 73, available at: http://www.adb.org/Documents/Books/Rising_to_the_Challenge/Special_Iss ues/3-di.pdf Haldane and Alessandri, "Banking on the State," p. 4（"包括英国、美国和德国在内的40多个国家已经提高了其现有存款保险保险计划的保障限额。在一些国家，例如德国和爱尔兰，已经临时取消了存款保险保障上限。在其他许多国家，也隐性地取消了存款保险保障上限"）。

② Pozen, *Too Big to Save?*, p. 185.

③ Michael Lewis, Boomerang: *Travels in the New Third World* (New York: W. W. Norton & Co., 2011), pp. 84-5 and 114.

成了超过1 000亿美元的巨额损失。[①] 希腊、西班牙、意大利、葡萄牙和法国的财政问题将会给银行业和公共担保基金造成的损失金额还不可知。这些估算是令人沮丧的，而且往往还不得不增加。

　　中国有自己的银行业问题，而且不仅是近年来影子银行业务的快速增长。中国居民具有非常节俭、喜欢储蓄的美德[②]，然而他们的银行在房地产不良贷款和政策性贷款领域产生了损失。2008年以前，中国实际上已经累计为前四大银行进行了约3 500亿美元的资本重组。用帕特里克·霍诺翰（Patrick Honohan）的话来说，"中国几家大型银行的资本重组，已成为历史上最大的针对银行体系的财政支出或者准财政支出之一。"[③] 然而，这并不是中国银行业问题的终结。中国在2007—2008年国际金融危机期间采取的经济刺激措施，使各省市背负了10.7万亿元人民币（合1.7万亿美元）的银行债务，这些债务在未来几年内无法按照原计划偿还。2012年2月，中国的银行业机构被要求对大量贷款进行期限重组，将到期日延长四年，以避免出现集中违约。[④]

　　长期以来，中国一直实行隐性存款保险保护。[⑤] 大型银行受到政府强有力的保护，这可以被看作是隐性存款保险政策的延伸。在个人层面，迄今为止所有住户存款者都受到了保护，然而这种保护也不是无限的。对中央政府所属机构资不抵债的债务，中央政府利用国家资金给予支持，同时

---

① Michael Lewis, *Boomerang*, pp. 3 and 23.

② Juann H. Hung and Rong Qian, "Why Is China's Savings Rate So High?: A Comparative Study of Cross-Country Panel Data" (Washington, D.C.: Congressional Budget Office, Working Paper No. 2010-07) (November 2010), see: http://www.cbo.gov/sites/default/files/cbofiles/ftpdocs/119xx/doc11958/20 10-07-chinasavingrate.pdf.

③ Patrick Honohan, "Protecting Depositors in China: Experience and Evolving Policy," in Demirgüç-Kunt, Kane and Laeven, *Deposit Insurance Around The World*, pp. 335, 337, 342 and 346.

④ Simon Rabinovitch, "Beijing to roll over provinces' loan terms," Financial Times, 13 February 2012, p. 1.

⑤ Lou Jianbo, "Introducing a Deposit Insurance System Into China," Peking Univ. Journal of Legal Studies, Vol. 1, pp. 233-54 (2008), p. 239.

也显示，地方政府所属机构的倒闭是地方政府的责任。[①]

　　有关建立存款保险制度的争论在中国已经持续多年。尽管据称中国人民银行已经拟定了存款保险条例，但存款保险这个思想仍然存在争议。[②]提供监管范例，为19世纪的美国建立存款保险制度给予启发的中国，并不情愿明确地引入这项制度。这在某种程度上是合适的。标榜为"现代"和"美国"的存款保险制度，事实上具有中国清朝的集体担保责任和帝国垄断监管的基因。今日的中国正在认真审视，这个制度创新究竟是应当被丢进历史的垃圾堆里，还是可以在中国有序延续其现代经济奇迹过程中发挥作用。

[①] Honohan, "Protecting Depositors in China," pp. 337 and 348.

[②] Honohan, "Protecting Depositors in China," pp. 348-9 (proposed coverage limits); Chen Jia, "Time to Launch Deposit Insurance, Economists Say," China Daily, 12 January 2012, p. 13; Wang Xiaotian, "Freeing Up of Rates Not on Agenda for this Year," China Daily, 7 February 2012, see: http://www.chinadaily.com.cn/bizchina/2012-02/07/content_14550628.htm.

第十章　结　语

　　长期以来，行商享有被当成富裕人群的荣耀。在1600年，诗人屈大均写到银钱"堆积"在十三行。从他们的贸易中征收的关税是北京的帝国宫廷收入的关键部分，在1796—1821年直接上缴给内务府的所谓"盈余"税收中，平均占38%。内务府将广州视为"肥"缺，并将欠债官员派到那里，作为他们积累财富和偿还债务给国家的一个机会。行商生活很好。一些行商供养着一个庞大的家族，有富丽堂皇的楼宇和花园，藏书和艺术品，① 他们的做派引起外国债权人啧啧称羡。在概括广州的景象时，一位法国商人称，"中国的高级官员渴望他们国家安宁，而在家中拥有行商的富裕。" ②

　　中国广州港的行商是最早的伟大国际品牌之一。作为品牌向市场推广的，既是它的印象，也是它在价值和信用度上的声誉。这种印象今天也常见，中国商人令人敬畏风格的画像，被带回家或送给全世界的贸易伙伴，而且伴随着行商慷慨大方的轶闻记述。在1780年到1842年这些年里，行商绘画中的风尚是富丽堂皇。早期绘画的简洁风格让位给一个更加奢华、宏伟和鲜艳的展示。这个时期行商财富的实际趋势，除了发展得更加富裕的著名的侯官之外，却是为衰落所取代。绘画风格的风尚朝着经

---

① Ch'en, *Insolvency*, pp. 107-111.

② "Les Mandarins veulent la tranquilité dans leur pays, et les marchands l'opulence dans leurs maisons." Letter from Michel à Rothe dated 31 December 1760, quoted in Dermigny, La Chine et L'Occident, Vol. 2, p. 835 n.2.

济现实的反方向走。绘画有点误导——或者也许更合适的一个词是志存高远。它们展示出行商们在希望获得的成功中的宏大形象，但大多不是这样。

图10-1 早期行商油画的一个范本。约在1787—1824年，与费城商人斯蒂芬·吉拉德（Stephen Girard）开展贸易的一位行商的油画，一位佚名中国画家的布面油画。研究吉拉德与中国贸易的学者乔纳森·戈德斯坦（Jonathan Goldstein），确信这是侯官二世早期的一张油画，吉拉德与他开展了可观的生意。见戈德斯坦所著*Stephen Girard's Trade*，第62页。（宾夕法尼亚，费城，吉拉德学院[Girard College]收藏，照片得到吉拉德学院历史收藏部准许。）

对于18世纪和19世纪的西方商人而言，这些绘画中的形象几乎无足轻重。通过与贸易对手商业上的可信赖和保证价值如数转送给海关官员的日常做法，行商建立了他们很高的地位。总体上，广州贸易有效地发挥功能，而在茶叶转送到西方变坏的那些为数不多的场合，行商销售者对外国买家给予完全信用，即使在最初卖出之后许多年。尤其是由整个行商组织对其成员的外国债务的集体担保，对于西方贸易团体十分重要。它意味着，在许多年里任何行商的偿还承诺都坚如磐石。一个行商的承诺在任何地方都会是可信赖的。如同约书亚·福尔曼1829年所称，"一家行商的互信关系（亦即承诺赔付）获得了整个世界的信用，超越了其他任何一个保障措施。"对于外国商人基于集体担保的所有价值来说，它不是行商团体寻求或者渴求的一个可推广特色。作为从已经成为中国依赖的巨大对外贸易中寻求维持安全和获得税收收入的监管制度的一个部分，它是由中国政府强制的，而且得到严格执行。广州担保制度保证广州的特许行商们全数赔付他们的外债，而且处理好贸易中的任何问题。

广州担保制度对参与方产生了重大的利益。集体担保在行商履行他们承诺的能力上提高了外方信任。在稳定广州外贸方面，这同时服务于中国人和外方的利益。在当代，类似地，公共产品被视为由鼓励在银行存款和资金有效流通的银行存款保险所推动，而且也由降低无保险驾驶的汽车保险担保基金所推进。

在日常做法中，广州计划被理解为行业协会会员的财务承诺在未来得以履行。这便成就了在所有行商中的一个相同实力——荣誉的国际品牌形象。对中国政府和外国债权人而言，它使得债务催缴争端上耗费的精力最小化，而且因此使得贸易更加富有效率。如同设计之初衷，它推进了在贸易中保持和谐的儒家理想。在短期内的一些场合它应可实现这个目标，但是经年累月不断增长的未清偿债务摧毁了许多存活的企业，而且产生了最后一笔不和谐的赏金。这个制度有一个筹资机制——行用税，用于清偿债权人的索赔，让中国政府不得从公所基金中拿走这些税收收入。要是没有独立存在，或者感兴趣的本地当事方能够去保护它，公所基金无力保护它的资产免受政府和运营基金的行会成员的需索。帮助最脆弱的行商履行他们不审慎的契约，以及孵化一个具有同等信用水平的全球形象（"超越了其他任何一个保障措施"），这种集体担保形成了误导性的行商财富的表象。行商有很好的商业理由参加到构建这一形象，因为强势的外观在市场上给予他们地位，而且吸引外国顾客。送给西方的绘画中富丽堂皇的生活方式，加之宏大的形象，支撑了一个行业团体形象。不幸的是，在许多情况下，财富的印象不过是建立在这样的等式上：（a）平常就能支付大额花费账单；（b）富裕。

行商各实体的经济现状况全然不同。陈国栋在他的行商资不抵债研究中总结称，大多数行商"在持续不断的财务困境中挣扎。"[1]他们的处境在1760年和1843年之间"尤其糟糕"。他称，

> 在那个时期，37家行商关闭了业务……在那37家之中，只有2家在退出时仍拥有大量财富。4家从所有记录中消失，没有注明原因。8家由于他们不合格或者违背法律被当地政府关闭。3家在他们倒闭时停止了业务。其余的20家行商公开宣布破产。这些破产者总是对外国商人、政府，还有既提供商品又借钱给他们的同胞欠下沉重的负债。[2]

行商资不抵债"不仅平常而且多年发生"。[3] 陈开始着手揭开它的原因，此外，检验了行商企业的盈利能力、资本化、借贷和开支。据陈基于英国东印度公司档案的估计，在19世纪，全部行商团体进出口业务总额年平均为1 000多万两（13 888 889元），或者每家行商大致100万两（1 388 889元）。[4] 他考察了行商业务的每一个主要条线——他们在茶叶、羊绒和棉花上的贸易——显示出这些领域基本的盈利能力，[5] 但是也有一

---

① Ch'en, *Insolvency*, p. 251.

② Ch'en, *Insolvency*, pp. 36-8 and Table 1.4.

③ Ch'en, *Insolvency*, p. 41.

④ Ch'en, *Insolvency*, p. 152.

⑤ Ch'en, *Insolvency*, pp. 43-88, 102-3 and 251.

个难以摆脱的资本化问题。[①]

很少有行商商号拥有他们所开展业务规模所必需的钱。他们向外国人借入很高利率的贷款，或者出于必要寻找其他不安全的途径来筹集资金，因为就国内资源方面，没有信用可利用。[②] 陈发现，平均来看，行商承受了沉重的开支来运营他们的业务，支付国内供应商要求的茶叶购买定金，养育一个庞大的家族承担畸高的生活费，偿还倒闭行商的债务，以及支付广州官员经常需索的钱。[③] 这些平均花费大量地消耗行商的平均利润，而陈发现广州官员的榨取勒索为害尤烈。[④]

中国政府机构和官员以支付便宜行事费用而进行的持续特别需索，称为苛捐杂税，在整个中国历史上为人所熟知。作为柯伟林（William C. Kirby）1995年所提问题的部分答案，这些盘剥最近已得到重视——为什么中国商人不愿意以具有法人有限责任的公司形式开展业务？[⑤] 在他们对"柯比谜团（Kirby Puzzle）"的解决中，雷伯恩（J. Ray Bowen）和大卫·罗斯（David C. Rose）指出政府的榨取是主要原因。他们解释称：

> 苛捐杂税的做法让政府而不是企业所有者，对任何私人企业的收入具有成为剩余索赔人的效果。这使得私人所有股份的公开交易太具风险，有效地剥夺私有上市公司（PPCs, Privately owned, publicly trade corporations）相对于其他企业治理结构的主要优势。结果，所有重大的经济活动，要么被逼进入国有企业，要么进入高度保密的家族企业。[⑥]

---

① Ch'en, *Insolvency*, p. 152.

② Ch'en, *Insolvency*, pp. 162-177.

③ Ch'en, *Insolvency*, pp. 103-150.

④ Ch'en, *Insolvency*, pp. 136, 138（"在行商利润的流失中，官员贪婪的勒索实际上扮演了更重要的角色"），139 and 251-2.

⑤ Kirby, "China Unincorporated," pp. 57-9.

⑥ Ray J. Bowen II and David C. Rose, "On the Absence of Privately Owned, Publicly Traded Corporations in China: The Kirby Puzzle," *Journal of Asian Studies*, Vol. 57, pp. 442-52 (1998), p. 450.

当企业看上去运行很好，政府盘剥的不确定，或者增加的氛围，将一代一代中国企业所有者在与政府打交道时训练得小心翼翼。学术界已经将这些需索与中国家族企业里"对保密的痴迷"、业务活动倾向于通过关系而不是通过政府参与的契约来协调，而且偏好以家族形式开展业务联系在一起。[①] 档案表明，行商经常被要求支付临时性的费用，以苛捐杂税的性质，而且也表明他们很少有可以向政府保密的贸易信息。他们从事合法贸易的规模，比如英国东印度公司茶叶契约中分摊的份额，广州官员可以轻易地追踪他们的业务，而且官员们能够根据当时的情况调整他们的"期望值"。[②]

据陈国栋分析，在广州这种花费超过了大多数行商的营业利润和资本。档案显示行商的原始资本很少，而我们已从这种档案得知这种资本趋于贫乏。[③] 一旦行商发现他们需要钱时，如同陈国栋解释的：

> （他）事实上便陷入恶性循环，他被迫不断利用所有对他自身利益带来伤害的方法筹集资金。当他的负债增加和眼前的资金需要提高时，他不得不较此前更大程度去从事这种不利做法。然后行商资不抵债就成为习惯性的。[④]

按照陈国栋的说法，许多行商资不抵债的终极原因，是缺乏充足的资本、不良的财务管理以及官方的盘剥。这个有毒的混合物摧毁了许多行商，并让新的商人不愿加入行商行列。行商成了"一群不情愿的人，他们的资本和能力总是不足以运营他们庞大的业务。他们的资不抵债及最终倒

---

① Bowen and Rose, "The Kirby Puzzle," pp. 445-6.

② Cheong, *Hong Merchants*, p. 228（讨论18世纪80年代十年利润的增加如何导致官方需索的"急剧增加"）。

③ Ch'en, *Insolvency*, pp. 153 and 157; Van Dyke, *Merchants of Canton and Macao*, p. 177（而"中国商人和外国人一样，对所有交易都有详细记录…没有一项中国记录留存下来"）。

④ Ch'en, *Insolvency*, p. 177.

闭，无疑，不过是个理所当然的问题。"①

如同陈国栋所承认的，这个资不抵债的分析是不完全的。它主要是基于英国东印度公司的档案。这些只是商业整体的部分记录，其余的已经大多不见踪影。陈细致地探查行商收入和支出的各个项目，而他的研究必须依靠选择的数据。从商人到商人，而且从一年到另一年，业务技术、经验以及运气有相当的不同。甚且，1780年到1842年时期的贸易结果，因战争和国际经济下行情况而定，而行商对此无法控制，并且他们通常少有或者没有得到警告。在这种情况下，平均化的数据将是误导性的。正如英国东印度公司两个世纪前所做的那样，陈国栋指责行商管理不善，但他没有发现采取过任何矫正措施，要是采用的话，本来可以将任意一家行商从资不抵债中拯救过来。行商在1760年到1842年期间，面临的"不间断的财务困难"，表明是系统性的问题。解决这些问题——在广州体制的规则内——完全超越了所有行商的本领。他们是有经验的商人，而且一些人有相当的经营智慧。要使一家陷入财务困境的行商再生，在这个体制（包括信贷的稀缺和高成本资金）内，即使对一位现代商学院的研究者或者扭亏管理顾问，也是一个挑战。

陈国栋分析了行商常年面临的资本短缺问题，而且有丰富的证据表明他是正确的。从商行制度的早期年代到它的最后年间，经营资本不足一直是一个问题，几家行商发现即使在他们经营的第一天也没有留下运行资本。在分析行商的财务困境时，陈国栋没有考虑影响国内资本来源及还款预期的因素。这可能是源于行商经营中初始或者后来投资的档案缺乏，但是投资证据的缺乏不是放弃考虑还款的一个很好的原因。如同陈国栋所讨论的，② 而且也如同范岱克在他关于18世纪行商新的研究中所详细分析的，家族联合、合资和合伙通常用于行商之间，以发展他们与西方日益增

① Ch'en, *Insolvency*, p. 258.

② Ch'en, *Insolvency*, pp. 160-2.

长的贸易。19世纪早期这种安排的细节尚不清晰，无疑它们是存在的，而应当是通常的做法。无论将它定性为股权或者债务，或者看成两者某种程度的混合，还是像参与的联合体共同持有家族财产，提供资本给行商的人期望获得财务回报。这种资本来自家族或者亲属资源的情况下，这些回报需求就沉重地压在受影响的商人身上。如果在花费之后真的没有纯利留下，这些行商就会陷入严重的麻烦。因为在谋求资本来源的投资上将永远不会有一个基金提供回报，更不用说留出现金来拯救企业以应一时之需。

陈的分析回避了挑出行商资不抵债的特别肇事者。他计算了平均利润，计算了行商平均的各种花费，并总结称就平均情况来看，在花费之后如果有什么剩余下来的话也很少。这个分析已经尽可能地精确。当然它是与有限的可利用证据相吻合的。兴泰行商人颜其祥在1836年他的商号倒闭后这样解释道，"在1830年，我以有限的资本开业；在减去挂广告牌、开业、购买包装厂房和家具的费用之后，没有剩下一文现金。在那一年，由于英国妇女来到广州，我被判入狱1个多月，而且发现我自己亏缺了大量的钱［100 000元］。"① 行商没有资本开始营业，而后，在弹指之间，它的净值转变成负值100 000元。随后的年份，弱小行商都是这样。对于这些微小商号来说，任何物资开销都会成为压垮骆驼的最后一根稻草。所以，问题在于收支总账的费用方面。

只有一个例外，陈考察和平均化的行商商号花费项目是当期费用。业务开办成本、家属花费，甚至是铺张的生活，是在当年发生的要支付的所有费用。由政府测算的税收，由广州官员向单个行商提出的需索，为未来购买茶叶提供担保的预付款，绝大部分都是当年支付缴纳。② 只有行商因他们对倒闭行商债务的集体担保责任所进行的赔付，成为过去已经发生债

---

① Greenberg, *British Trade*, pp. 66-7; Ch'en, *Insolvency*, p. 159.
② 由于行商无力支付，1819年经帝国批准，中国政府推迟大量款项征收。截至1839年4月29日，行商集团欠国家的租金总额为1 464 282.732两白银（合计2 033 726元）。Tsiang, "Government and the Co-Hong of Canton, 1839."

务的当期支付。通过公所基金渠道，他们在当期赔付给外国债权人，这并没有改变这些赔付作为过去沉重负担的情况。陈国栋计算行商团体对外国债务集体担保责任的总成本，平均到每一年约为150 000两（208 333元）。[1]这个数字低估了真实担保负担，因为行商同业也被迫替倒闭行商赔付拖欠国家的税收债务，其中大部分是未知的。[2]参考第七章表4（包括未缴纳税收也必须负担的数额的债务承担栏目，这是已知的）。在这个例子中，使用年平均确实造成误导，因为，如同前述第四章到第七章详细论述的，在1780年到1842年期间，对外国债务的集体担保责任的年均负担在稳定增加。1780年到1799年最初平均外国债务承担负担是每年81 050两（112 569元）。在1800年到1814年上升到年均113 733两（157 963元）（增加40%），在1815—1828年，达到每年123 214两（171 130元）（增加8%），而后在1829—1842年的最后时段猛增到每年186 266两（258 703元）（又增加一个40%）。这个增加的趋势在第七章的图7-3以一个条线图显示出来。

　　随着行商团体总体财务健康的逐渐变坏，倒闭行商旧的外债和税收欠款累积的沉重负担显著稳定地增加。薄弱的资本和不充分的信用获得，很可能是许多行商资不抵债的终极原因，但将这些行商推向悬崖的，是集体担保责任不断累积的负担。陈国栋认为官员的勒索是一个加速器，[3]这是正确的。但是，正是担保负担的稳步增加，败坏了行商团体几乎不赚钱的经济状况。旧的债务变成易燃物。必须用来喂进这不断猛烈的大火的现金支付，剥夺了行商现在营业和为未来提供基金的货币。集体担保将债务火灾带给幸存的行商，而他们许多也被他们自己身上的债务吞噬。

　　第一章介绍了1829年这一年并行发生的金融危机背景中的广州担保制度。在那一年，应用于广州地方行商团体之间的集体担保责任监管，成为

---

① Ch'en, *Insolvency*, p. 147.

② Ch'en, *Insolvency*, p. 95（"精确数字很少有"）。

③ Ch'en, *Insolvency*, p. 138.

纽约州颁布银行担保基金立法的灵感。在中国国内，这个思想以前曾经
被移植到监管盐业和人参贸易，而且甚至在13世纪从中国移植到俄国。然
后，它又再一次被移植，从纽约州移植到华盛顿特区，在那里它激发了美
国的全国存款保险，而又回过来从美国跨越世界，大量的国家跟随并将这
个"美国人"的创新与本地的条件结合起来。

这个法律思想的著名旅行，与阿兰·沃森（Alan Watson）于1974年在
《法律移植》一书中介绍的模式吻合。沃森称，"外国法律即使当它被完全
误读的时候也是能够发挥影响的。"[1] 在这种案例中，基本的中国规条得到
了理解，但是它在中国的经历完全被误解。纽约州议会对广州担保制度的
困难历史一无所知。正如福尔曼所称，中国制度的结构"被修正和调适"
以用于纽约州。换句话说，他发现部分中国制度是不能令人满意的。这也
与沃森的模式吻合。"移植的时间通常是一个改革被引入的时刻，"正如纽
约州所发生的一样。沃森引用杰里米·边沁（Jeremy Bentham）的话：

> 我将不揣冒昧地提出下列主张：第一，英国法在很大程度上是这样
> 一种性质，到处都是坏的；第二，但是它不仅是那样，而且在孟加拉国
> 比英格兰表现得更坏；第三，可能设计对孟加拉国会更好的一种制度，
> 即使对英格兰它也会更好。[2]

接受这一珍贵的思想的每一个层面，已经被证明，而且已经被视为服
务于新的目标而进行改革和调整的契机。沃森指出，"当接受的社会在物
质上和文化上不太发达的时候，接受是可能的而且还容易。"[3] 1829年纽约
州还是一个处于成长初期的商业力量。福尔曼本人是一个开发商，而他的

---

[1] Watson, *Legal Transplants (2d ed.)*, p. 99.
[2] Watson, *Legal Transplants (2d ed.)*, p. 35.
[3] Watson, *Legal Transplants (2d ed.)*, pp. 51（"缺乏强有力的本土法律和制度"的重要性）and 99.

银行业改革很大程度上是受发展的关切推动。可以认为广州在1780年欠发达。然而，可能是，1739年中国人参行业存在的状况（满族占领后的不到一个世纪）仍然是原始落后的。在每一个场景下，如同沃森教导的，法律移植的采用是让人安心的，因为它被证明出自一个权威来源。[①] 1829年，银行业改革是基于一个实践，据称它在中国及世界范围内已经取得70年的成功。创新是重大的，关乎接受这样一个思想，在一个被认为已经高度个人化的社会，寻求按集体承担责任。及至1933年，它已经在美国许多州得到检验，所以有人说，它只需要全国实施和更多一点调整来完全成功运作。从1933年起，存款保险的思想已经被大量国家采用，对绝大部分而言，是因为在其他国家这个制度获得了多年的成功。从采纳该项制度的社会受到尊重的语境中所感受到的成功（或者接近成功），每一个场景都验证了这个制度的可靠性。在它的源头，广州行商对债务的集体担保责任在1842年终止，而对于它的消亡，没有中国人也很少有外国人哀痛。一个半世纪以后，由这种思想产生的一个远为发达的风险分担制度——银行存款保险制度——在世界许多国家以移植和调适的形式蓬勃发展。

　　关于首先在美国激发出银行存款保险的思想，在第一章提出了三个问题。第一，1829年债务的集体法律责任的中国思想准确传达给纽约州议会了吗？第二，1829年广州担保制度的真实经历准确传达给纽约州议会了吗？第三，对债务的集体法律责任的中国思想或者广州担保制度的经历，对当时的银行存款保险提供了什么教训吗？要问的也就是，遵循广州担保制度，谁受益，谁受损，而且为什么？

　　如同上面所述，问题一得到了肯定的回答。对债务的集体法律责任的中国思想被准确地传达给了纽约州议会。福尔曼对广州集体财务责任的基本做法提供了正确的描述。他的三句话是不完整的，但是丢掉的细节对于

[①]　Watson, *Legal Transplants (2d ed.)*, pp. 88 and 99.

福尔曼模式所采用的思想没有影响。行商治安和税收征缴的责任被省略了，但是在福尔曼提出的稳定基金中这些要素不起任何作用。也有可能，如同福尔曼所认为的，在他有教养的听众中的一些人员已经知道广州体制的基本结构。

问题二得到的回答是否定的。服务于行商债权人的广州担保制度的真实经历，1829年没有准确地传送到纽约州议会。当然这是一些外国债权人的看法，1829年，广州担保制度那时是一个成功——它经受了许多年的检验，而且在这个制度下，"一家行商的互信关系［亦即承诺赔付］获得了整个世界的信用，超越了其他任何一个保障措施。"福尔曼对广州担保制度的乐观看法包含两个错误，第一个是技术性的，第二个是知识的全面性。首先，中国制度推行了甚至不到50年的时间，而不是福尔曼给予它的70年。[①] 其次而且是更为根本的，在1829年福尔曼没有向纽约州议会报告行商可怕的债务状况。可能是他不知道那一年的危机，而且报纸的证据显示，这个消息没有进入美国普通公众的视野。有一些报纸报道行商的倒闭，以及在集体担保下行商债务的赔付，但是只能从这些消息中吸取个别债权人的教训。其他行商根据担保原则赔付旧的债务，而且，根据推论，广州海滨一切都好。约书亚·福尔曼没有意识到广州担保制度引发行商商号倒闭的程度。这是一个可以原谅的疏忽。在他那个时候行商融资的信息受到严格保密。今天我们对债务集体担保负面效应的了解，是利用这些事件发生时大部分保密的原始材料进行现代学术研究的结果。

第三个问题得到的回答是肯定的。广州担保制度下经历的许多痛苦今天很快就为人们所熟悉了。与今天监管经验的相似之处是不完美，而他们可以说：

---

① 广东贸易的全面规定是在1760年出台的，但行商之间的债务集体责任是在1780年才开始的。

　　（1）在广州，对结清本来应该结清的外国债务的违约风险，国家强制的集体担保制度没能参与提供财力，或者充分征税。就其本身而言，现代银行存款保险受到批评，自它建立以来一点也不代表"真实"的保险。征收基于这样的事实，保险费不按与风险相关的精算来确定，同时，因为收缴的保费已经证明不足以清偿发生的损失。

　　（2）在广州，一个储备基金——公所基金——得以创立，但它不久就被耗尽，而且那时常常被政府为了其他目的抽取基金，结果当行商倒闭时基金不能用以填补损失。直到今天，现代银行存款保险没有积累足够大数量的储备余额以吸引政府的注意，如同在美国的储贷危机中，这些基金通常被损失所吞噬，结果政府不得不垫付追加资金以防止存款保险基金自身酿成资不抵债。

　　（3）如同在第三章讨论的，在中国颁布了严格保护法律以防止贷款损失，这些损失必须按照集体担保由公所基金进行赔偿。外国人促成以及支持行商接受外国贷款是非法的。这些保护法律没有得到执行。许多投保银行的损失是非法行为导致的，今天，尽管对此有争议，但仍是一种流行看法。比如说，很少有起诉2007—2008年国际金融危机中引发损失的违法行为。

　　（4）如同前面第三章分析的，在广州存在着系统性的抑制因素，它没有鼓励官方执行现行保护法。在当代，对保护法执行的抑制更加微妙，如"旋转门"现象中存在的，关键人士受金融机构、咨询企业，或者甚至是政府未来雇佣前景的影响。

　　（5）如同在前述第四章到第七章考察的，两个世纪以前，外国放贷者给中国行商造成有风险的和不谨慎的贷款，行商相信集体担保将保护他们免受不利后果。从他们自身而言，行商一再承担令其绝望的风险，毫无获得利润回报的希望。今天，这种行为会被看成"道德风险"的一个例子，也就是，在保险基金屏蔽了他们行为的经济恶果时，便敢于冒过高风险。① 道德风险的当代例子，包括一些不健全银行的不谨慎行为，为了吸引存款提供不正常的超高利率，或者给可疑的借款人提供高利率贷款，而且还有存款得到完全保险时银行客户的松懈。

（6）在广州，当损失迫在眉睫时，试图努力规避担保制度。这种逃避，如同1810年接管中的会隆行（Gnewqua Ⅱ）和达成行（Pongqua）一样，总是糟糕地结束。广州担保制度在风险暴露的时候承担更重的累积损失。一些批评家认为，在用于国际银行业的某种日益复杂的结构中，有逃避银行资本要求及国家担保计划的图谋。如果这是真的，这种逃避在2007—2008年国际金融危机中便糟糕地结束了。

（7）还有，"大而不倒"性质的某种萌芽在1780—1842年的广州可以看到。它的目标，如同在现在的原则下，是保护关键商号，人们相信它们继续营业对于经济和社会是生死攸关的。然而，清朝政府没有注资给它认为对经济至关重要的商号。与此相反，"大而不倒"的地位（现代词汇没有被使用）保护幸运的关键行商免受政府超高的盘剥（苛捐杂税）。政府和它的官员可以从行商身上攫取到多少钱，存在这样一个得到充分认可的限度，并已经得到证明，比如，就帝国核准的行商应当交给北京的大量税收，从1819年推迟到1839年。政府本来应能容易地要求高等次行商商号全数缴付这些税收，但是它没有这样做，考虑到他们将倒闭，而且整个广州体制将随着他们失败。

总之，在广州担保制度的经历和现代银行存款保险计划的经历之间，存在大量相似之处。18世纪和19世纪广州进行的贸易和在今天投保银行开办的业务之间，背景当然很不相同。然而，广州担保制度下

---

① "在保险学文献中能寻到术语'道德风险'的根源，其被定义为投保人因参与保险，采取预防行为的动机减弱，增加了投保事件发生的可能性。" Jun Il Kim, "Unconditional IMF Financial Support and Investor Moral Hazard," IMF [International Monetary Fund] Working Paper No. WP/07/104 (May 2007), p. 3.

经历的问题，在很大的程度上，预示了今天银行存款保险制度存在的问题。广州体制经历了沉重的损失，而那些损失是富有教益的，在18世纪初和19世纪初，至少约束了冒险的两个因素是今天仍极为缺乏的。第一，广州担保制度下的债务发生后，大多数是以银币的形式赔付的。通货是有价值的金属，不是建立在公共信用基础上并取决于与国家需求一致的可追加产出的印刷纸张。硬通货不可能轻易就增加。第二，除了英国东印度公司以外，卷入广州担保制度下交易的各方没有哪方是有限责任实体。几乎所有的参与方，都是受制于无限个人风险的个体或者合伙制。无限风险暴露是对冒险的一个约束。在当今时代，银行存款保险覆盖的交易通常在以任何类型的一个有限责任实体组织起来的公司，通常根据远程外国司法管辖区法律来组织。进一步使从事经济风险的各方与这种风险的恶果隔离开来的这些屏障，被视为助长了金融机构的冒险行为。广州担保制度在一个根本不同的环境中运行。①

　　尽管存在这些差异，广州经历的历史记录为今天的世界提供了有价值的教训。这些教训包括：（1）支持存款保险基金的税收必须基于基金已经承担赔付的损失风险进行测算；（2）基金及其投保机构必须受制于很强的独立监管机构；（3）颁布来避免风险传染的法律必须得到执行，审慎对待以避免对这些法律执行的任何抑制；（4）用于基金的保费收入的腐败和转移必须严厉禁止。在1780年和1842年之间的广州，没有看到任何这种控制。也许，最为重要的是，（5）银行存款保险基金必须避免广州体制下赔偿损失的无限承诺。无限担保承诺削弱了投保者自我保护的经济激励。对损失无限赔偿责任的不断累积的负担，将广州担保制度以及在它下面出现

---

① 参照James Grant, "Requiem for the Dollar," Wall Street Journal, 5 December 2009（探讨了本段末尾讨论的两个因素），see: "http://online.wsj .com/article/SB10001424052748704342404574575761660481996.html"（2014年3月26日开始可访问）。

风险的行商带入毁灭之境。

　　关于这项研究开始时提出的最后一个问题，识别输家是最容易的。行商输了，从最弱小的到最强势的，从底层到顶层。旧的债务、未清偿并需要全额赔付的重担，由担保制度裹挟向前，进而导致了许多幸存行商倒闭。不会有什么怀疑，各种不同的因素，诸如官员的榨取促成了大量行商资不抵债，但是对债务集体担保责任不断增加的负担凸显出来，成为失败的主要原因。即使是"大而不倒"的行商，也很难将它理解为赢家，因为最终在鸦片战争后，他们掉进赔付行商债务和其他债务的陷阱。这些资金是如何筹集的细节尚不明了，但是令人怀疑的是，比如1843年7月23日赔付给英国的300万元，是行商在那时以现款持有的。即使对于"成功"的商号，在那个困难时刻被强迫筹集现金，为筹集这笔资金所必须的资产变卖一定是很痛苦的。

　　可以说外国债权人商号，即担保受益人，在广州担保制度下是明显的赢家。论及谨慎的债权人，当然这就是它合适的案例。一些外国债权人招致了大量损失，而依靠集体担保幸免于毁灭。似乎足够引人瞩目了，威廉·渣甸（Wiliam Jardine，怡和洋行）就将他自己商号超过200万元资产及其信用展期上的后续金，作为风险抛给脆弱的年轻的兴泰行。还有更为引人瞩目的是那个索赔说明书，在那上面渣甸向他的伦敦合伙人保证，这个巨大的数目在集体担保制度下将得到赔偿。^① 渣甸是绝对正确的，而且他的索赔得到了全额赔偿。就广州的其他外国商号而言，包括更加谨慎扩展信用的外国商号，他们是否是"赢家"的答案，就不那么明确了。英国东印度公司懂得，从广州担保制度建立开始，担保从来不是免费的。就债权人索赔得到赔偿的限度而言，赔偿必然来自贸易，推升成本，收窄利润，并且增加对西方消费者的最终成本。更有甚者，本来可以用在其他地

---

① Greenberg, *British Trade*, p. 70.

方盈利的资本在行商债务得到偿还的时限内被锁定，没有利息。没有理由不去利用这个现存的制度、去起诉和要求对索赔进行全额赔付，但是它们在最后时日收窄了债权人的利益。

在20世纪30年代，银行家反对者担心，在美国采纳存款保险将因为粗心的做法导致整个银行业被拖下水。《1933年银行法》成为法律不久，普林斯顿大学的埃德温·W. 凯默勒（Edwin W. Kemmerer）教授对它的后果提出警告。在新的时期：

> 放松信贷政策的银行获得业务，而秉持细心、谨慎信贷政策的银行失去业务。松懈的银行家跳舞，而保守的银行家为小提琴手付费。如果保守的银行家抗议，松懈的银行家邀请他去热身。不久所有的银行家都在跳舞，而小提琴手得不到支付的话，必须从存款者或者纳税人那里收钱。①

凯默勒的话，在内容和暗喻上先知先觉。教授预见了一位美国银行家今天一个臭名昭著的声明，那是在2007—2008年危机开始之时做的。花旗集团将留在美国次级贷款市场。它打算继续跳舞。花旗集团的首席执行官查克·普林斯（Chuck Prince），在2007年7月称，"当音乐停止时，就流动性而言，情况将复杂化。但是，只要音乐正在演奏，你就得起身去跳舞。我们还在跳舞。"②

来自凯默勒的引文也给广州担保制度下的行商提供了一个合适的墓志铭。他们成群地倒闭。集体责任将倒闭行商的债务抛给幸存者，到头来他们中的许多行商也倒闭了。英国东印度公司对中国独占贸易的结束，点燃

---

① Flood, "Great Deposit Insurance Debate," p. 60.
② Michiyo Nakamoto and David Wighton, "Citigroup chief stays bullish on buy-outs," Financial Times, 9 July 2007, see: "http://www.ft.com/intl/cms/s/0/80e2987a-2e5011dc-821c-0000779fd2ac.html#axzz278Oae11X"（2014年3月26日开始可访问）（需要登记）。

了1834年的信任危机，国外和国内的债权人同样想知道小提琴手怎样得到偿付。外国的目光转向中国政府，它自1780年起实施集体担保的制度，作为隐性国家担保者赔付公所基金和行商似乎不能赔付的这个巨大数额。鸦片战争之后不久，紧随而至的是一个英国炮舰外交的可怕回应，导致1780年采用的广州担保制度，以1843年7月全部赔付所有行商未清偿债务而告终。直到这个时点，作为隐喻的小提琴手由中国政府赔付，它从被当成是"大而不倒"的一个企业身上大量抽取。

损失是惨痛的，如同承认损失会痛苦一样。无限担保也是痛苦的，而它的派生物可能是毁灭性的。无限担保延缓或者阻止了损失的承认。更为根本的，它延缓和阻止了应当紧随每一个损失案例的教育——市场纪律。未偿付的地方，债务滋生利息并使债务增加。存在无限担保的地方，不断增加的负担就转嫁给担保者。在银行存款保险诞生前夕，1932年富兰克林·罗斯福表达过顾虑，银行存款的无限担保对国家财政将是"一个不可能的耗费"。在大而不倒的时代，债务的无限担保威胁将银行、担保基金，甚至是国家财政，谨慎者连同不谨慎者一起拉下水。凯默勒教授看到了小提琴手得到偿付，"要是一点也得不到支付"，最终就只能由存款者和纳税人赔付。这已经开始发生了。如果不让私人部门承担他们自身被保险交易产生的损失负担的一些决定性部分，那么这个过程还将继续。在未来的某个时点，根据无限担保的国家承诺，未认定的损失继续转移给政府和纳税人，这个负担在数学上将验证其可能性，这得到关注是正确的。

附　录 [①]

Appendix 1　The Original Five Regulations (1760)

附录 1　《防范外夷规条》（1760）

Modern Translation, Full text of the New Regulations Made to Control Foreign Merchants, dated 29 January 1760, as translated by Lo- shu Fu, *A Documentary Chronicle of Sino-Western Relations (1644–1820)* (Tucson: Univ. of Arizona Press, 1966), pp. 224–6, quoted with permission of the Association for Asian Studies, Inc., see: www.asian-studies.org:

［英文附录说明］现代英文版本，由华裔美国历史学家傅乐淑翻译的1760年1月29日《管制外国商人的新规定》全文，见傅乐淑《中西关系纪事（1644-1820）》（图森：美国亚利桑那州立大学出版社，1966），第224-226页，经亚洲研究协会许可引用，见：www.asian-studies.org。

The ministers of the grand council deliberated and reported: "The Viceroy of Liang-Kwang, Li Shih-yao, in a memorial suggested regulations to control and restrain the foreign barbarians as follows:

"(1) The barbarian merchants should be prohibited from passing the winter in the provincial capital: On investigation, the viceroy found that originally foreign trade had been limited to a fixed period, namely, from the time that the

---

① 译者注：英文附录说明是对英文版图书附录正文前的英文说明的中文转述，可说明规条英文的来源。原英文版附录1-4有中文的原始档案，共3个文档，其中英文附录1、2的中文规条是同一个。原英文版附录5为英文简化版的规条，由译者译为中文。

foreign ships put into port until their subsequent departure. Foreigners were no allowed to remain secretly in the Interior. Recently, the fact that in some cases hong merchants owed them money which they did not pay gave the barbarians a pretext for remaining in the provincial capital. Inevitably there would arise intrigues between the foreign and the Chinese merchants which might lead to trouble. Consequently the viceroy now petitioned that in the future after the for eign merchants sell out their goods and collect their money, they should return to their own country according to our time limit. Even if they have not liquidated their debts with our hong merchants, they ought to live in Macao temporarily They should hand their goods over to the hong merchants as their agents to sel the goods. The following year they can collect their money and return to thei own country.

"This legislation is intended to prevent the barbarians from living in the Interior. We should approve what the viceroy has petitioned, but we are afraid that when the corrupt hong merchants hear that the foreign merchants cannot stay long in the Interior they will purposely delay the sale of their goods. If such a thing hap pens and an accusation is made, the local magistrates must punish the treacher ous hong merchants according to law. They should not be spared!

"(2) When the foreigners arrive in Kwangtung they must reside in the factories of the hong merchants and be under their control and supervision: On investiga tion the viceroy found that when the barbarian merchants came to Kwangtung and lived in the factories of the hong merchants, they were not allowed to come and go as freely as they pleased. If they are not ordered to live in the factories of the hong merchants who had been officially registered, we shall have difficulty in knowing whether they engage in intrigue and when they come and go. Again, if their business is not managed by the hong merchants, there will be more abuses.

"This regulation should also be approved as the viceroy has petitioned. Hereafter we order foreign merchants to reside at the factories of the hong merchants who are under our strict jurisdiction. If their rooms and houses are not large enough to house the foreigners, then we should order that the hong merchants rent houses and send men to take care of them. We do not allow traitors to enter and depart at will, to trade privately with them. However, the hong merchants should not exploit them by raising their rent as they see fit, now that we have the situation really under control. We order the local magistrates to watch carefully and sternly prohibit such abuse.

"(3) We should forbid Chinese merchants from borrowing capital from the for-eign barbarians and we should forbid the foreigners from hiring Chinese as thei servants: On investigation, the viceroy found that the barbarian merchants who always came to Kwangtung are allowed to sell out the goods they bring and pur chase other goods to take back to their own countries. No contraband should be secretly exported. Recently, the hong merchants and people of the Interio borrowed money mostly from the barbarians in order to do their business and to share their profits.

"We should approve what the viceroy has petitioned and order the hong merchants who had borrowed foreign money to report the truth. We should set a time limit within which they should be required to pay off their debts. Then they will be no longer subject to further investigation. Hereafter, if anyone violates the prohibition and borrows money from the foreigners and engages in intrigue with them, he should be punished according to the law by which we punish criminals who communicate with a foreign country, borrow money or hold their goods or money without payment. The money which they borrow should be confiscated by the government.

"Originally the foreigners brought their own boys to serve them because they were not allowed to hire people of the Interior. Hereafter, if any shameless Chinese (with the exception of interpreters and agents) are so greedy for money that they are willing to be hired, they should strictly be prohibited from this practice by the local magistrates. If the local magistrates let them enjoy indulgences, then they, too, should be punished.

"(4) We should strictly prohibit the old abuse, namely, the hiring of our people by foreign merchants to transmit their news and letters: On investigation, the viceroy found that the barbarians coming from afar and going to the hongs to trade, should not be allowed, under the pretext of gather-ing news, to hire coolies for the transmission of news, and thus communicate with the treacherous merchants of the Interior.

"We should approve what the said viceroy has petitioned and order the hong merchants and coolies to show everything they carry for the foreigners to the local magistrates for their scrutiny and investigation. If any disobey this order we should forthwith punish the men who, acting on behalf of the foreigners look for and hire the coolies. We should also punish the men who transmit letters for the foreigners.

"When the Westerners living in Macao have official business and desire to send a letter to the Imperial Board of Astronomy, the foreign chief should petition our maritime sub-prefect to forward it to the viceroy and respectively communi cate with the Board of Astronomy and the throne. This regulation should also be approved as the viceroy has petitioned.

"(5) We should consider detaching officers from other garrisons to send them to the places where foreign ships anchor in order to examine and control thei ships: On investigation the viceroy found that whenever the foreign ships anchor unfortunate incidents occur because they bring in their crews, men of cruel and violent character. Moreover, traitors and the tankas may secretly win over these men to their plots.

"The said viceroy reported that at Kwangtung we used to have one garrison regiment of one officer and twelve soldiers to maintain order, but that was no enough. We should allow the said viceroy to select a candidate of the rank of major under command of the viceroy's brigade to be specially stationed there to supervise the officers of the guard houses both for defense and for patrol."

The Emperor approved this memorial.

Appendix 2　The Original Five Regulations (1760)

附录 2　《防范外夷规条》（1760）

Contemporary Translation, Full text of the "Regulations for the Control of Trade at Canton, 1760," as set out in Hosea Ballou Morse, The Chronicles of the East India Company Trading to China 1635—1834 (Oxford: Clarendon Press, 1929), Vol. V, pp. 94-98 (Appendix AK):

［英文附录说明］当时的英文译文，"1760年广州贸易管制规条"全文，载于马士（Hosea Ballou Morse）著《东印度公司对华贸易编年史，1635—1834》（牛津：克拉伦登出版社，1929年），第一卷，第五章，第94-98页（附录AK）。

The merchants seperately received a Chop from the Tsongtou which is said to be published by the Emperors Order in Consequence of the Representation under Him by the above mentioned Magistrate.

The following is a Translation of the Chop wch. came from Court.

FOU Minister of State and Accounts presents this Memorial in obedience to your Majestys Orders given to the Council called Kiunki, to deliberate on the Memorial of Ly Tsongtou of the Provinces of Canton and Quangsi who proposes some regulations regarding Foreigners.

1st. He represents the Residence of Foreigners at Canton in the Absence of the Ships, and demands that it may be forbid. He says the Foreigners commonly arrive in the Fifth and Sixth Month, and return about the Ninth or Tenth Month If any of them are under the necessity of staying on their affairs, the Custom for merly was that they should go to Macao, Now many of them under the pretence of their Affairs not being finished live secretly at the Capital, and it is difficul to avoid bad consequences happening from it, which may be the occasion of much trouble. He demands that after they have loaded their Ships, they may be ordered to return home at the usual time, and if there be any who have no settled their Affairs with the Hongists, that they are obliged to go [to] Macao, and that their unsold goods be left with the Hongist to sell for them in their Absence that in the following Monsoon they may return to their respective Kingdoms &c.

There is then a fixed certain time for the European Vessells to come and return. The Custom is that none should remain secretly in the Interior parts of this Kingdom. At present because the Merchants have not paid their Debts, and that they have not finished their affairs with them, the Foreign Merchants make this pretence to live at the [provincial] Capital, endeavor to know the prices of Goods, and to buy them at Cheap rates to make a Profit on them. The People of the Country intrigue with them and are guilty of base Tricks. At present the Tsontou demands, that after the Foreign Merchants have finished their affairs, they return to their respective Ships. That they should have no pretence to remain in the Interior parts of the Country.

To have comers & goers occasions irregularities and disorders, wch are against the good Rules and Orders of the Country. The Merchants or Hongists must settle all their accounts justly by the time of the departure of the Ships, and punctually pay what they are indebted, If any Merchandize or Goods are unsold, the Merchants must among them bring affairs to a Conclusion, and must not prolong their Debts from Year to Year. Both parties must act with Sincerity and fidelity, and not occasion losses, and oblige the Mandarines to assert their Authority The Foreign Merchants should return at their usual time, They deliver thei Goods to the Hongists to sell for them, If there be any who abuse the Credit given them, and are Guilty of Rogueries, and it should come to the Knowledge of the Mandarines, they shall be severely Judged according to the laws of the Country and punished without any Grace.

If the Foreigners should not have finished their Affairs, and they will in the mean time live at Macao, They will in this case do as they Judge convenient to them selves, it is not necessary to oblige them to return to Europe, by which they mus suffer great difficulties & Losses.

2nd. He represents the necessity of Ordering the Hongists to watch the Foreigners who live in their Hongs with the Strictest Attention. The Custom is for Foreigners on their arrival to take apartments in the Hongs. At present there are Vagabonds who build Handsome houses to allure Strangers for which they receive great Rents, who let them do many bad things, who come and go, occasion trouble, carry on illicit trade, defraud the Customs, and commit severa such like disorders. Hereafter none but the approved Hongists must be permitted to lodge, and trade with the Europeans. If the Foreign Merchants commit disorders, and Violate the Laws, and the lower Mandarines do not prevent it they shall be broke, and rendered incapable of Serving &c. The Hongist must carefully watch, and keep in order, the Foreign Merchants who live in their Hongs. If the appointed Hongists, and the Linguists are in Collusion with them to commit Villanies, The Tsontou demands that hereafter the Guilty should be punished, That they will not be allowed to dispose of the houses at their pleasure, that all abuses be suppressed, and that the Foreign Merchants should no suffer Losses.

3rd. He represents, concerning the money lent by Foreigners, and the Chinese who are in their Service, And he demands that these abuses be forbid. At presen numbers of Foreigners lend their Money that remains unemployed in trade, to the Merchants of this Country, who go into other Provinces to trade, they make Contracts with them, and make use of them for sundry purposes. If the people of this Country do hereafter on any pretence whatsoever take up money of Foreigners, he requires that they should be severely punished. Foreign Merchants are allowed only to sell their Merchandizes they bring with them. And to purchase what they have occasion to carry away, any other Trade has been long since prohibited, they are no permitted to send their Goods into other Provinces for their Accounts, At presen there are many Peoples of the Country who trade with the Europeans Capital. It is by such like Intrigues that Lieou- Ya-Pien has occasioned so much trouble. And this prohibition is of great Consequence to the Country. He demands that the Hongists be obliged to finish all their Accounts, and affairs, before the return o the Ships; If they act contrary to such Orders, if they don't settle their Accounts and if they are guilty of any

Rogueries, that they be severely punished, and that all the Goods also of those who borrow money be Confiscated.

Foreigners also bring with them Servants sufficient for their use, formerly they could only take few of the people of this Country into their Service. Hereafte none but the established Linguists and Compradores are allowed of, and if any others presume to enter into the Service of the Europeans, the Inferio Mandarines must be acquainted with it, That it be ordered the Linguists take care this Prohibition be strictly observed, and if there be any who Act contrary to it they shall be strictly punished.

4th. He represents that the Foreigners hire people to carry Lettrs into the Country, and demands that this Abuse be totally forbid. There are many Foreigners who to carry on their trade send Peoples into the Province of Nankin Chet-kiang and others, and even hire Post Horses to inform themselves of the price of Goods, as Hong- shing-y did when the Mandarines sent expresses to Seize the Criminals, the said Criminals received Intelligence before the arrival o the Orders by which means they Evaded them and fled from Justice, Lieou-Song Ling of the Tribunal of Mathamaticks has twice given Intelligence that Que-Gan Kouening, Fang-Cheou-Y and others desired to be called to Court to be employed in the service of the Emperor, and that it was by Lettrs he received from Macao, which gave him information thereof. These Lettrs were brought by Chinese and this is what must for ever be forbid &c. Foreigners take Hongs to trade in bu under pretence of informing themselves of the price of Goods, they must no hire people to carry Lettrs or otherwise have such Connections with the Country People; this is an Abuse that must be entirely Abolished. The Tsongtou requires that the said Lettr carriers be severely punished, that if it is necessary to communicate any affairs, the Report be made to the Mandarines, in Order for them to judge what is requisite to be done. If after these Orders there be any who undertake to carry Letters, tha those who are employed in these affairs and the Letter Carriers be severely punished. As to the Foreigners of Macao, if they have any affairs, for the Service of the Emperor, to communicate to the Tribunal of Mathematicks, the Procurator must give information to the Mandarine called Hany-Fang-Tong-Tchy [the Kunming Fu] who will make his report to the Tsongtou, and he will accordingly as he may think proper send the necessary advices to Court, He demands that it should be the Tsongtou to treat on these affairs.

5th. He represents that some Mandarines of War should be stationed to watch and keep the Foreign Ships in Order. The Foreign Ships enter into the River and anchor at the place called Whampo, each Ship Crew consists of 100 to 200 Men The Custom has hitherto been for a Mandarine of the Corps called Hie-Piao to be there with Soldiers to keep a good watch and prevent Disorders. But this force is not sufficient, He therefore demands that a Reinforcement of a Mandarine called Cheou-Pei [Shou-pei] be added, that every thing be well looked after, and for the support of the said Augmentation, that Eight Tales per Month be taken out of the Receipt of the Customs. That the Body of Guards in the Neighbourhood to appoint a Vessell with Soldiers to pass backwards and forwards, and that they keep a strict look out, which is to be continued until the departure of the Ships The Foreign Ships have a great number of People, many of them are of a wild brutish Nature, and may easily occasion trouble, The Villainous Boat Men connect themselves with them, wch occasions continual disturbances. The Tsontou desires besides the Mandarines who according to the antient Custom are on Duty, another be appointed with the Command of 100 or 200 Men, which will with difficulty be sufficient to keep the Foreigners in Order. There must then be another Mandarine called Cheou-Pei of the Corps call Tou-Piao who must always be on Guard, prevent Disorders, and from time to time give all neces sary Intelligence for the Expence and Charges of those on Duty according to the Ancient Custom Eight Tales per Month is allowed. To defray the Expense of this Reinforcement Eight Tales must also be allowed, and the whole force must be on Duty until the Departure of the Ships, and if they do not diligently do their Duty, the Superior Mandarines must break the Inferior Ones.

We have examined and deliberated on all of Above mentioned Articles, and judge it necessary they be complied with, for which purpose we present this Memoria to your Majesty, Humbly imploring your most gracious Light, and through you profound Penetration to receive your Instructions, that your Orders may be com municated to the Tribunal, to be by them transmitted to the Tsongtou, that he may conform thereto, and Effectually see them observed.

The Emperors answer was, that it be done according to their Request.

附录1和附录2的中文原文相同，见下。

《防范外夷规条》（1760）

［文献出处：《清实录》（第16册）《高宗实录》（八）卷602，中华书局1986年版，第760-761页。］

［原文］

乾隆二十四年十二月

军机大臣等议覆两广总督李侍尧奏，《防范外夷规条》。

一、禁止夷商在省住冬

查粤东贸易夷船，自进口以至归棹，原有定期，本不许潜留内地。近因行商等或有挂欠未清，以致该夷商等藉词留寓省会，难免勾结生事。今该督请于销货归本后依期回国，即有行欠未清，亦令在澳门居住，将货物交行代售，下年顺搭归国等语，系为立法制防起见，应如所请办理。但恐不肖行商，知夷商势难久待，有意捎留压滞。嗣后遇有此等情弊，一经告发，地方官将奸商按律处治毋贷。

二、夷人到粤，宜令寓居行商管束稽查

查夷商到粤，寓歇行商馆内，原不许任意出入。若非官充行商，招诱投寓，不独勾引出入无从觉察，而交易货物，多不经行商通事之手，更滋弊窦。应如该督所请，嗣后令夷商歇寓，责成现充行商，加谨管约。房屋或有不敷，并令行商自行租赁，拨人照看。毋许出入汉奸，私相交易。但行商等不得以掺纵在己，有意把持，短价勒揩，并令地方官留心访察，严加查禁。

三、借领外夷资本及雇倩汉人役使，并应查禁

查向来夷商到粤，祗许将带来货物售卖，置买别货回国。其一应禁止出洋之资，不得私贩。近来内地行店民人多有向夷商借本贸贩，冀沾余润。应如该督所请，令借领资本之行商人等，据实首明，勒限清还，免其提究。嗣后倘有违禁借贷勾结者，照交结外国、借货诓骗财物例问拟，借银查追入官。至夷商所带番厮人等，足供役使，原不得多雇内地民人。此后除设立通事买办外，如有无赖民人贪财受雇者，交地方官严禁。倘有徇纵，一并惩治。

四、严禁外夷雇人传递信息积弊

查外来夷商，投行交易，自不得任其藉词探听，雇倩脚夫，传递消耗，以致与内地奸商往来交结。应如该督所请，严谕行商脚夫人等，嗣后一切事务，俱呈明地方官，听其酌量查办。倘有不遵禁约，即将代为觅雇及递送之人一并严治。至西洋人寄住澳门，遇有公务，转达钦天监饬令夷目呈明海防同知，转详督臣，分别咨奏之处，亦应如该督所请办理。

五、夷船泊处，请酌拨营员，弹压稽查

查夷船收泊，所带夷梢众多，种类各别，性多暴悍。既易滋事行凶，而内地奸民蜑户复潜为勾引。今该督奏称，向派广协外委一员，带兵十二名，不足弹压，应准于督标内，拣派候补守备一员，专驻该处，督同守寮弁官，防范稽查。从之。

Appendix 3　The Eight Regulations (1831)

附录 3　八项章程（1831）

Contemporary Translation, Full text of the "Eight Restrictions on Foreigners," as set out in Hosea Ballou Morse, The Chronicles of the East India Company Trading to China 1635—1834 (Oxford: Clarendon Press, 1929), Vol. IV, pp. 293-301 (Appendix AB (footnotes in the original, have been renumbered):

［英文附录说明］当时的英文译文，《防范夷人章程》八条（1831年"八项章程"）全文，载于马士（Hosea Ballou Morse）:《东印度公司对华贸易编年史，1635—1834》），（牛津：克拉伦登出版社，1929年），卷四，第293-301页（附录AB）。

Order from the Governor [Viceroy], communicated by the Namhaeheen on the subject of Eight Restrictions on Foreigners. Dated 12th, received 20th May, 1831.

Puan, the Namhaeheen, etc. hereby issues an order to the Hong Merchants with which they are required to make themselves fully acquainted. A Communication has now been received from the Kwangchowfoo, which being opened is as follows:

'On the 19th day of the 2d Moon of the 11th Year of Taoukwang (March 9, 1831) a communication was received from Kwae the Poochingsze, stating that on the 9th day of the 2d moon of the 11th year of Taoukwang (February 27) he had received the following communication from Le the Cabinet Minister and Governor.

'It appears that on the 6th day of the 2d moon of the 11th year of Taoukwang (Feby 24th) I, the Governor, united with Choo, the Fooyuen and Chung the Hoppo, in sending a respectful Memorial to the Emperor, explaining old regulations, intended to guard against outside barbarians, and deciding on the circumstances that required modification by addition or diminution. Besides waiting till the Vermillion Pencil's reply be received, when it shall respectfully be recorded and communicated, I also take the original of the memorial to his Majesty and communicate it forthwith. When sent to the Sze, let him pass it to the Foo, to deliver to the Hien, that he may make it known to the local civil and military officers, and may also order the Hong Merchants to act in obedience to it. Oppose not.' Accompanying is a Copy of the original Memorial.

I, the Namhaeheen, having received this forthwith issue a copy of it, for obedience thereto. When it reaches the said Merchants, let them immediately obey, and act according to the tenor thereof. Oppose not. A special order—

Annexed is a copy of the original Memorial.

Dated Taoukwang 11th Year 4th moon 1st day. May 12th 1831.

Regulations to guard against foreigners proposed to the Emperor by Governor Le, Deputy Governor Choo and Hoppo Chung, in Council. February 24th 1831, Communicated to foreigners by an order of Government dated May 12th. Received at Macao May 20th.

A memorial to explain old regulations intended to guard against outside barbarians, and also certain deliberations to modify them by additions and diminutions, that the same may be obeyed and kept. Looking up we pray for the sacred glance at the business.

Canton Provincial City being near the Coast and the place where foreign ships go and come, it is extremely fitting that the guard against them and watch over them should be perfectly complete and close.

During the reign of Kienlung the English foreign merchants having violated the prohibitions of the Celestial Empire, the then Governor Le-she-yaou[1] proposed to the Emperor and had enacted five regulations to guard against outside barbarians which were available to keep them under control: but through length of days they have gradually been neglected and the execution of them relaxed.

In the 9th year of Taoukwang the English foreign merchants having long

---

① Tradition says that this Governor had a share in Puankhequa's house.

deferred entering the Port because they solicited a diminution of the Port charges and again last year having secretly taken foreign women to live in the Factories, and by stealth conveyed them to Canton, which things were reported to the emperor at the time, although the said foreigners repented and did not end as they had begun with perverted opposition; still the disposition of Barbarians being deceitful and crafty, it is absolutely necessary to carry into effect with severity the inhibitory orders and to strengthen the guards against them.

But as to the old regulations that were enacted, present and former circumstances are different; and there are some points which require consideration and modification to suit the times, and then the whole may be obeyed and kept.

We, calling to our aid the Treasurer and Judge with the old regulations [and] deliberated on the modifications which the times require—and have charged the civil and Military Officers; the soldiers and police to exert themselves in keeping up a constant patrol and guard. And have required the Hong Merchants and Linguists to be faithful in examining and searching into what is going on Thus when strictness inside has become a habit—or established customs inside are enforced with strictness—disturbances fro outside barbarians will be eradi cated: and, seemingly the principles of a good Charioteer in restraining and soothing his horse will be more thoroughly carried into effect.

Having reverently associated with us the Hoppo Chung, we unitedly present with profound respect this Memorial, and send a fair Copy of the Eight regulations which have been deliberated on for the Emperor's inspection— prostrate praying for His Majesty's Sacred perusal and instructions.

A Copy of the original regulations to guard against foreigners, together with the alterations which have now been made and arranged under eight topics is hereby reverently presented for His Majesty's perusal.

1st. Foreign Merchants must not remain over the Winter at Canton. This is an old regulation that should be modified to keeping up at all times a guard against them.

When this regulation was originally framed the foreign Ships came to

Canton and anchored during the 5th and 6th moons; during the 9th or 10th they returned to their respective Countries, they were not allowed to remain in Canton City to find out the price of goods; to make purchases and acquire profit; and to go backwards and forwards having intercourse with Native Chinese, which originated traitorous connexions. If the goods in their Hongs were not all sold, and they wished for the time being to live at Macao they were permitted to suit their convenience.

On searching it is found that in the time of Kienlung the foreign vessels which came to Canton did not exceed 30 or 40, but now they amount to 70 or 80, or even 100.

Of late years the English Company's Barbarian Ships have arrived in succession during the 7th or 8th moons, and having exchanged their Cargoes, have left the Port in the 12th moon, or onward to the 1st and 2nd moons of the ensuing Year.

The said Nation's Company's Chief and foreign merchants, after the Company's ships were gone and affairs completed requested permits to go to Macao and reside there, till the 7th or 8th moons when the said Nation's merchant ships came to Canton Province and then they requested permits to go up to Canton City to superintend the Commerce.

Exclusive of these, there are the several Nations of India and America whose foreign ships come to Canton. Their trade is coming and going at uncertain intervals, by no means like the English Company's. Of these under one Man's name there may be one or two ships in a Year that come to Canton; or three or four ships, or an individual may have no ship at all, but only goods consigned to him to sell in some other ship. These foreign Merchants all remain at Canton to manage their affairs. As the foreign ships are now double what they were formerly and the time of their anchoring is uncertain—beside, as they have remained a Canton, transacting their Commercial Affairs, for many years with mutual tranquility, it is doubtless unnecessary to restrict them positively to the 9th or 10th moon to return to their own country. Hereafter if foreign Merchants do indeed arrive early at Canton City and all their goods be sold, then according to the old regulations, let them reverse their oar at the appointed time, but if they arrive late on the 8th or 9th moons, and require time to sell their goods, let the Hong Merchants be charged to keep a strict over sight and control over the Foreign Merchants residing in Canton. At the same time dealing justly to make haste to pay the price of things; not being allowed to contract debts and persist in delaying.

Let the foreign Merchants of all Nations when their goods are sold and business finished—whatever the time may be go home with their Ships or go down to Macao and reside there; they must not intentionally delay their departure. By this modification, foreigners will all be prevented from lingering long in Canton, and traitorous Natives will rarely have a pretext for forming illegal connexions.

2nd. Borrowing foreign Merchants money—it is right to eradicate the evil of contracting debts.

When the regulations were originally established native merchants violated prohibitions by borrowing money of foreign Merchants, and strung on, being led by hooked connexions. At that time their offences were punished according to the law for 'Forming connexions with foreign nations and borrowing money to defraud.' The money borrowed was prosecuted for and confiscated.

This old law against Hong Merchants' borrowing money of foreign Merchants was long strictly acted on. But the Hong Merchants when foreign Merchants left the port, eventually made a vague statement (whether they were indebted for balances or not) that affairs were concluded. These are unworthy of credit and the gloss should be done away with.

Hereafter beside prosecuting and punishing according to law the Hong Merchants who borrow money of foreigners and string on and are led by hooked connexions with them—the foreign Merchants who trade with Hong Merchants must be made every year, when their affairs are concluded, to give in to the Hoppo, a voluntary written declaration, for his examination, whether there be any outstanding claims or not. Then should the Hong Merchant fail, the foreign claims which have been previously reported will be paid by instalments, those that have not been reported, even if prosecuted for, will not receive any attention from Government.

And it must be ordered that all balances due by Hong Merchants must be paid within three months. Procrastination will not be permitted and when they are paid the foreign Merchant's receipt must be presented to Government and preserved on record. If payment be not made within the limited period, it is allowed to the foreign merchant to prosecute. If he does not choose to prosecute he may do as he pleases; but if he prosecute after the period has expired, Government will pay no attention to his claims. This is to eradicate the trick of old and new claims being made to radiate upon each other.

3rd. The original interdict was to prevent foreign Merchants having Natives to serve them. This requires a little modification. The original regulations ran thus. That foreign Merchants living in the factories were strictly interdicted from employing any other Natives than Linguists and Compradores.

It is found by research that of the Natives who have been given to foreigners to serve, there had heretofore been a class denominated Shawan[1] (quasi dicat Sand Literate) these have long been interdicted and it is right, still to act according to the old prohibitions, and severely interdict them. But recently the foreign Merchants of various Nations who have come hither have much increased They continually require people to look after their goods; to watch their gates to carry water and to carry goods, and the black demon Slaves which the foreign Merchants bring are by nature very stupid and fierce; if they (the foreign Merchants) be compelled to use entirely black demon slaves, it is really appre hended that there will be such a large collection of them, that in going out and in they will wrangle with the natives, and the arrangement turn out to be the creation of disturbance.

It is right to request that hereafter the people necessary in the foreign

---

[1]　Shawan is the Chinese mode of pronouncing the English word "servant."

factories, for taking care of Cargo, keeping the gate, carrying water, and carrying goods be hired by the Compradore from among Natives, and he shall report their names and surnames to the Hong Merchants, who, with the said Factory's Compradore shall be made responsible for searching into what they do and controlling them.

Should any of these people instruct and seduce the foreign Merchants to act traitorously, let the Hong Merchants and Compradore report them to Government and request that they might be prosecuted.

4th. After the foreign Merchants enter the port and anchor, let there be at that place as heretofore Military Officers and soldiers appointed to search and examine. In the Hong Merchants factories where foreigners live—let them be under the restraint and control of the Hong Merchant, to prevent disturbances.

The regulations originally enacted were, that when the foreign ship had entered the Port and anchored at Whampoa, Military Officer and twelve soldiers should be sent from the Kwangheep; these were to construct a mat shed and keep guard. A Military Officer was also to be selected sent from the Suhpeaou, to search and examine—And from the adjacent Military Station a row boat was to be sent, to unite with another boat sent from the left wing of the middle division in searching and examining. After the Ship left the Por they were to be recalled. In these arrangements there is no occasion to make any change. But from length of days these orders are considered mere form. It is righ to make continually a secret search, and if the Military become remiss and stea repose, to punish them severely forthwith.

As to foreign Merchants lodging in Hong Merchants factories, it has heretofore been the duty of Hong Merchants to govern and control them. The purchases of goods made by them must pass through the hands of a Hong Merchant. This was originally designed to guard against the traitorous Natives misleading them teaching them and egging them on. Hereafter the foreign Merchants dwelling in the Hong Merchants Factories, must not be allowed to presume of their own accord to go out and in, lest they should Trade and carry on clandestine transac tions with traitorous Natives.

The boats on Canton river in which they go must not be allowed to set sail and go fast; lest they rush against Native boats on the River and wrangle and quarrel. They must not be allowed to wander about the Villages and Market places near Canton in order that bloody affrays may be prevented.

5th. Foreigners clandestinely taking foreign females to dwell in the factories, at Canton, their ascending to sit in shoulder chariots (sedan chairs) must both be interdicted.

It is found on enquiry that the foreigners of every Nation bringing wives and women servants to Canton City to dwell has long been strictly interdicted but last year the English Chief violated the laws and brought them. They have already been expelled and driven back to Macao. It is found out that the woman he brought to Canton, was brought by the said foreign Merchant from his own Country. The women servants who followed them were Portuguese of Macao hired to serve.

Hereafter it is right to issue strict orders to the Chief foreign Merchants of every Nation disallowing them bringing foreign women to Canton to reside. If they are wilfully to disobey then trade will be forthwith stopped, and they immediately sent under escort to Macao. At the same time let it be made the duty of Custom house Cruizers, officers and soldiers in the event of meeting foreigners carrying females to Canton to intercept them and send them back. Further let orders be given to the Tungche of Macao to transmit orders to the Portuguese foreign Headman Weileto, and the Fanchae (or foreign 'Envoy that hereafter other foreigners hiring women to serve are allowed to reside a Macao only—it is not allowed to the Macao Authorities to permit them being taken to Canton. If there be disobedience to this Order—Weileto alone will be responsible.

As to foreigners using chairs in Canton, it all arose from traitorous vagabonds giving them, and chair-bearers coveting gain. Besides ordering foreigners of every Nation to Yield obedience and that hereafter they must not at Canton City ascend the shore in Sedan Chairs; let it be strictly interdicted for traitorous Merchants to give chairs to, or hire chair bearers for foreigners. And if chairmen scheming to obtain gain dare to disobey this order as soon as it is discovered let them be seized and severely prosecuted.

6th. It is right to make it a duty of Custom House Cruizers officers and soldiers, with more strictness and care to interdict and prevent foreigners from conveying musketts and guns to Canton.

The interdict against foreigners bringing muskets or guns with them to Canton was originally very strict; but last year there was a foreigner who suddenly and by stealth conveyed muskets and guns to a foreign factory in Canton, violating in an extreme degree old regulations. Hereafter let it be the duty of Custom house Cruizers Officers and soldiers, to be faithful in endeavoring to find out such attempts; or if; still worse, should they know of them and connive at them let the said Officers and men be immediately brought up, tried and sentenced.

7th. In case of English Company's Captains[1] going backwards and forwards in boats; and foreign Merchants cargo vessels receiving clearances to quit the Port, it is right to obey the standing regulations.

Of the foreign ships that trade the Company's Captains, when it occurs they have public business to attend to, go backward and forward in San pan boats to interdict and stop which is difficult. It is right to allow them as heretofore to go in boats. If they carry contraband goods, let the Custom house officers and soldiers examine strictly and report for the management of the Affair. But here tofore, there must be a foreign headman or Captain in her before a Sanpan boat is allowed to go with a flag set. If there be no headman or ship Captain in her it must not be allowed, irregularly to sail a boat with flag— Still let the old regulation be adhered to [to] prevent confusion.

In going from Macao to Whampoa and Canton and from Canton to

---

① Skippers.

Whampoa and Macao, let a permit[①] be requested. They must not go and come when and as they please. Doing so will be an offence that will be enquired into.

As to foreign Merchants Cargo Vessels receiving a Red Chop (or Clearance) to quit the Port, heretofore application has been made to the Custom House. Let it still be the duty of the Custom House to inform the forts on every such occasion, that they may examine and let go, and so stoppages and disturbances be prevented.

8th. It is necessary to make arrangements concerning foreigners presenting Petitions: whether a distinction would not be made in Affairs of importance, and it be settled when they must be presented for them and when they themselves may present them.

There must be explicit and fixed regulations determining whether the Hong Merchants are to present Petitions for foreign Merchants or they are to pres ent them themselves; then a confused way of acting, and one exceeding what is proper may be prevented. Let an order be issued to the English and other foreign Merchants requiring their obedience thereto,—that hereafter, if any very important affair occur, which it is absolutely necessary to convey to the Governor' Office, let the Petition be delivered to the Senior Hong Merchant or Security Merchant to present it for them. It is not allowed that foreigners should presume to go the City Gate and deliver it to the Military Officer on Guard. When they present a Petition one or two foreigners only are allowed to proceed with it. They are not allowed to take a number of men with them to blazon abroad the Affair.

If the business be of a common place nature, and the Hong Merchants have not refused to present it for them; or the topic be one which it was improper to present; then the foreigner who shall perversely offend and take a number of people to the City Gate to present a Petition, that foreign Merchants trade shall forthwith be stopped one Month, and he be disallowed to buy or sell any goods thereby to chastise his disrespect.

---

① A Red Chop.

Petitions concerning ordinary topics of Trade, must be presented at the Hoppo's Office; and ordinary Petitions concerning local occurrences must be presented to the Macao Tungche, or the Heangshan Hien; or the Macao Tsotang—in all which cases it is allowed to appeal as usual.

[原文]

《两广总督李鸿宾、监督中祥疏》（道光十一年二月）

[文献出处：梁廷枏等纂：《粤海关志》卷29，（台湾）文海出版社1968年版，第2070—2085页，见沈云龙主编《近代中国史料丛刊续辑第十九辑》（第184册）。]

粤东省会，滨临洋海，番舶往来，防察最宜周密。乾隆年间因英吉利国夷商违犯天朝禁令，经前督臣李侍尧奏定防范外夷章程五条，用资约束，迨日久玩生，渐形疏略。道光九年，英吉利夷商因求减输规银，延不进口。上年又有私带番妇住馆，偷运枪炮至省等事。虽一经具奏，该夷即知悔悟不致始终抗违，但夷情诡谲必须严申禁令，以重防闲。且旧定各条，今昔情形不同，亦有因时异宜之处，应酌量变通，俾可共相遵守。臣等率同藩臬两司，将原定章程，参酌时势，量为增减。责令员弁兵役实力巡防，行商通事认真稽查。严内地之成规，即以杜外夷之滋事，似于控驭绥来之道，益加周密，谨会同核议章程八条，敬呈御览。

一、夷商进口后，泊船处所应照旧派拨弁兵稽查。其住居行商馆内，即令行商约束，以免滋事也

查原定章程，夷船进口收泊黄埔地方，酌拨广协外委一员，带兵十二名搭寮防守。并于督标内拣派候补守备一员，督同稽查。复于附近之新塘营，酌拨桨船一只，与该处原设左翼中营桨船会同稽查，俟夷船出口即行撤回，等因。现在毋庸另议更改，唯是日久视为具文，应随时密加访查。

如巡兵怠惰偷安，即行分别严惩。

至夷商寓歇洋商馆内，向系责成行商管束。其置买货物，必令行商经手。原以防范奸民引诱教唆。嗣后夷商居住行商馆内，不许夷商擅自出入，致与奸民交易营私。其在省河坐驾三板船只，不准扬帆飞驶，与省河民船碰撞争闹。凡附近省城村落墟市，不准听其游荡，以杜端。

二、夷人私带番妇住馆及在省乘坐肩舆，均应禁止也

查各国夷人带妇婢至省居住，久经严禁。乃上年英吉利国大班，违例带携，已驱逐回澳。访察来省之妇，系属该夷商由本国带来，其随从夷婢则系澳门居住之西洋妇女受雇服役。嗣后应严谕各国大班夷商，不许携带夷妇至省居住。倘敢故违，即停其买卖，并即押令回澳。一面责成关口巡查弁兵，如遇夷人携带妇婢赴省，即行拦阻截回。又饬澳门同知，转谕澳门西洋夷目委离多及番差等，此后西洋妇女受雇，与各国夷妇服役，只准在澳门居住，不准违禁听其随带赴省。如违惟委离多是问。

至夷人在省坐轿，皆因奸徒送给及肩夫贪利所致。除谕饬各国夷人遵照，嗣事后不得在省乘轿上岸外，并严禁奸商不得给送肩舆，代雇舆夫及受雇肩抬，希图获利。一经访闻，即严拘究治。

三、夷人偷运枪炮至省，应责成关口巡查，弁兵严加禁遏也

查夷商在省不准带携枪炮，禁令本属森严。乃上年忽有夷人偷运枪炮，载至省城夷馆，殊违旧制。嗣后应责成关口巡查，弁兵认真访察，遇有夷人偷运枪炮赴省垣夷馆，即行拦截，不准前进。若弁兵失于觉察，甚或知情放纵，致夷人复有偷运枪炮至省之事，即提该弁兵人等分别究拟。

四、夷商雇倩民人服役，应稍变通也。

查原定章程，夷商住居馆内，除设立买办通事外，如民人受雇服役者，严查禁止等因。查内地民人雇给夷商服役，向有沙文名目，久已禁革。自应仍照旧章，严行禁止。惟近日各国夷商来者益众，其看货守门及挑水挑货等项，在在需人，而夷商所带黑鬼奴，性多蠢暴。若令其全用黑

鬼奴，诚恐聚集人多，出外与民人争扰，转至滋生事端。应请嗣后夷馆，应需看货守门及挑水挑货人等，均由买办代为雇倩，民人仍将姓名告知洋商，责成该管买办及洋商稽查管束。如此等民人内，有教诱夷商作奸，洋商买办即随时禀请拘究。

五、夷商具禀事务，应酌量是否紧要，分别代递自递也

查夷商禀词应否交行商代递，抑应自行投呈，必须明定章程，方免混行越诉。应谕饬英吉利与各国夷商遵照，嗣后遇有事关紧要必须赴总督衙门禀控者，应将禀词交总商或保商代递，不准夷人擅至城门口自投。倘总商保商执意拦阻不为代递，致夷情不能申诉，方准夷人携禀前赴城门口营员接交。其投禀时只准一二夷人前往，不准带领多人张皇其事。若事属寻常，行商并未拦阻不为代投，及不应具禀之事，该夷人辄行逞刁违抗，带领多人至城门递禀者，即将该夷商贸易暂停一月，不准买卖货物，以示惩儆。其馀寻常贸易事务，应赴粤海关衙门具禀。及寻常交涉地方事务应赴澳门同知、香山县及香山县丞等衙门禀陈者，均仍准照常控理。

六、借贷夷商银两，应杜拖欠弊端也

查原定章程，商民违禁借贷夷商银两串引勾结者，照交结外国借贷诓骗例问拟。所借之银，查追入官等因。是行商借贷夷商银两，旧章久为严密。惟行商与夷商交易有无拖欠尾项，向于夷商出口时虚报了事，不足以昭核实而杜朦隐。应请嗣后除商民借贷夷商银两串引勾结者仍照例究治外，其行商与夷商交易，每年买卖事毕，令夷商将行商有无尾欠报明粤海关存案，各行商亦将有无尾欠，据实具结报明粤海关查考。如有行商亏本歇业，拖欠夷商银两，查明曾经具报者，照例分赔，未经报明者，即不赔缴，控告亦不申理。所有应偿尾欠银两，应饬令行商具限三个月内归还，不准延宕。如已归给，即取具夷商收字报明存案。若逾期不偿，许该夷商控追。倘逾期，该夷商不愿控追，应听其便。其当时不控过后始行控追者，不为申理，以杜新旧影射之弊。

七、夷商不得在粤住冬，应变通旧章随时防范也

查原定章程，夷船五六月间在粤收泊，九十月间回国，不得留寓省城探听物价置买获利，及与内地民人往来交接寅缘为奸。如有行货未清，情愿暂留澳门居住者，听其自便等因。

乾隆年间，各国夷船至粤不过三四十号，今则多至七八十号至百号不等。近年英吉利国公司夷船，每于七八月间陆续来粤，换兑货物，至十二月及次年正二月内出口回国。该国公司大班夷商人等，于公司夷船出口完竣之后，请牌前往澳门居住，俟七八月间该国货船至粤，该大班人等复请牌赴省料理贸易。此外港脚美利坚各国夷船至粤生理，来去并无定期，非英吉利之有公司者可比。其一人名下，每年至粤船只或一二号或三四号，或本人无船，将货物附载别船售销，该夷商均在省经理。是现在夷船既倍多于前，而收泊之期复无定，且其在粤经理商务，年久相安，自不必拘定以九十月间回国。嗣后夷商如果早抵省城，货物全销，仍令照旧按期返棹。倘迟至八九月间始行到粤，售货需时，应责成各行商将住省夷商，认真稽查约束。一面公平售货，迅速兑价，不得拖欠掯延。各国夷商一俟货销事竣，不论何时即行随船回国，或前往澳门居住，不得无故潜留。如此量为变通，则远夷均无久滞省城之事，而奸民亦鲜藉端勾引之弊矣。

八、英吉利国公司船户驾艇往来，及夷商货船领牌出口，均应遵定制也

查夷船贸易，其公司船户遇有公事往来，坐驾三板艇只，自难禁止，应照旧准其驾驶。倘有携带违禁货物，即著落各关口弁兵严查禀办。惟向来夷目船户始准坐驾插旗三板船只。若非夷目船户，不得妄驾插旗之船，仍应循照旧章，俾无朦混。其由澳门、黄埔至省，及由省至黄埔、澳门，均照旧章请给红牌，毋得来去自由，致干查究。至夷商货船领取红牌出口，向赴税馆报明，仍应由税口随时知会炮台验放，免致拦阻滋闹。

Appendix 4　The Eight Regulations (1835)

附录 4　八项章程（1835）

"The new regulations for foreigners, which were prepared by their excellencies the governor, fooyuen, and hoppo, on the 28th of the 1st moon of the 15th year of Taoukwang, (Feb. 25th, 1835) have received the approbation of his majesty with solemn injunctions that thenceforth they be strictly obeyed. Copies of these regulations, with the hoppo's seal stamped upon them, have recently been circulated among the residents in Canton. The regulations are eight in number; for a translation of them the reader is referred to the third volume of the Repository, pages 580-584." Chinese Repository, Vol. 4, page 199 (August 1835).

Contemporary Translation. Full text of the "Eight Regulations," promulgated 8 March 1835, with their official transmittal, as published in the Chinese Repository, Vol. 3, pages 579-584 (April 1835):

［英文附录说明］当时的英文译文，见英文月刊《中国丛报》（Chinese Repository）第三卷，第579-584页（1835年4月），《防范夷人章程》8条（1835年"八项章程"）。

Document from the hoppo, containing a memorial from the Canton government to the emperor, with eight regulations restrictive of foreign trade.

Pang, by imperial appointment, superintendent of the maritime customs of Canton, &c. &c., issues this order to the hong-merchants, requiring their full acquaintance with the contents thereof. I have received the following communication from the governor:—

"Whereas I the governor united, on the 28th day of the first moon, in the 15th year of Taoukwang, with your excellency the hoppo, and Ke, the lieutenant governor of Kwangtung, in framing a respectful memorial concerning restrictive regulations decided on for the direction of the trade and of barbarians: We must now await the receipt of a reply in vermilion [i.e., in the imperial handwriting] when the same shall be reverently recorded and communicated to you.

"A communication is at the same time addressed to the governors of the met-ropolitan provinces [Chihle and Keangnan], and of Minche [Chekeang and Fuhkeen], and to the lieut-governors of the provinces of Keangsoo, Chekeang and Fuhkeen, requesting that they will issue general orders to all civil and mili tary officers along the coast within their jurisdiction, strictly to command tha the merchant ships, hereafter, when resorting to Canton to purchase foreign goods, shall one and all repair to the chief custom-house of Canton, and request a stamped manifest, enumerating the goods and their quantities; likewise to dis-allow private purchases; and also to maintain strict investigation, that if any ves sels from the sea, bringing home transmarine goods, be found on examination to be without the stamped manifest of the custom-house, such goods may be immediately regarded as contraband, and examination made and punishmen inflicted, according to the regulations.

"Instructions also are given to the tungche of Macao, for him immediately to give strict orders to the pilots, the compradors, and so forth, that they may obey and act accordingly. Hereafter, they are imperatively required to adhere to the regulations established by memorial to the emperor; they are to be careful in piloting vessels; and they must not unlawfully combine (with foreigners) to smuggle; if the barbarian ships go out or come in contrary to the regulations, o if the barbarians clandestinely go about in small boats to places along the coast rambling about the villages and farms, the said pilots are to be assuredly brough with strictness to an investigation: if there be any sale or purchase of contraband goods, or stealthy smuggling of goods liable to duty, and the compradors do no report according to the truth, they also are to be immediately punished with rigor; and are decidedly to have no indulgence shown to them.

"Instructions are likewise given to the poochingsze and anchasze to examine and act in accordance with the tenor of the copy of this memorial; and immediately to transmit directions to the civil and military officers along the coast (of the province) to act in obedience thereto; also to command the hong-merchants and linguists to enjoin orders on the barbarian merchants of every nation, for them to obey and act accordingly."

This coming before me the hoppo, I unite the circumstances, and issue this order. When the order reaches the said merchants, let them act in obedience to the tenor of the copy of the memorial, and enjoin orders on the barbarian merchants of every nation, that they may pay obedience thereto. Oppose. An to special order. Annexed is a paper containing a fair copy of the memorial, as follows:—

"A reverent memorial concerning restrictive regulations determined on for the direction of the trade and of barbarians, is hereby presented, imploring the Sacred Glance to be cast thereon. With reference to barbarians from beyond the outer seas coming to Canton to trade, since the time when, the in 25th yea of Keenlung [1760], restrictive enactments were fixed by a representation (to the throne), there have also been further regulations from time to time determined on; viz., in the 14th year of Keaking [1810], and in the 11th year of Taoukwang [1831], by several former governors and lieut.-governors; and on representation (to the throne) the same have been sanctioned, obedience has been paid to them, and they have become established laws. These have been complete and effectual. But during the length of days they have been in operation, either they have in the end become a dead letter, or there have gradually sprung up unrestrained offenses. Last year, the English Company was ended and dissolved. The said nation's merchants come at their own option to trade. There is none having a general control. Although commands have been issued to the said nation' barbarian merchants to send a letter home to their country, to continue the appointment of a taepan, who shall come to Canton for the direction and control (of affairs); yet as the merchants are now many, and individuals are mingled together, while affairs are under no united jurisdiction, it is necessarily required that regulations should be enacted and published, that they may be obeyed and adhered to. But the affairs of time have variations of present and past; and since the English barbarians' Company is dissolved, the attendant circumstances of commerce are also slightly different from what they were formerly.

"Besides those old regulations, respecting which it is unnecessary further to deliberate, but which may all, as formerly, continue to be distinctly enumerated in plain commands; and besides the regulations regarding the managemen of barbarian debts, and regarding the strict seizure of smugglers, which have already been specially represented; there are still regulations which require to be reconsidered, for the purpose of adding or altering. These we, your majesty' ministers, calling into council with us the poochingsze and the anchasze, have fully deliberated upon. The rules of dignified decorum should be rendered awe striking in order to repress overstepping presumption; the bounds of intercourse should be closely drawn, in order to eradicate Chinese traitors; the restraints on egress and ingress should be diligently enforced; the responsible task of investi gation and supervision should be carefully attended to: then surely in the restric tive enactment, there will be unceasingly displayed minute care and diligence At the same time the hong-merchants should be strictly commanded to dea fairly and equitably; each regarding highly his respectability in order that all the foreigners, thoroughly imbewed with the sacred dew of favor, may universally quake with awe, and be filled with tender regard. Looking upwards, to aid our sovereign's extreme desire to soothe into subjection the far-coming barbarians, and to give weight and attention to the maritime guard: we respectfully join these expressions in a reverent and duly prepared memorial; and also take the eight regulations which we have determined on, and making separately a fai copy thereof, respectfully offer them for the imperial eye: prostrate, supplicating our sovereign to cast the sacred glance thereon, and to impart instruction A respectful memorial. Taoukwang, 15th year, 1st moon, 28th day. (Feb. 25th, 1833.)

"We respectfully take eight additional and altered regulations, restrictive of the barbarians, whereon we have deliberated and decided, and have attentively made a fair copy thereof, we with reverence offer them for the imperial perusal:"

1. The outside barbarians' ships of war convoying goods are not permitted to sail into the inner seas. It is requisite to enforce with strictness the prohibitory commands, and to hold the naval force responsible for keeping them off.

On examination it appears, that the trading barbarians may bring ships of war to protect their goods themselves. This has been the case for a long time past. But the regulation hitherto existing, only permits them to anchor in the outer seas there waiting until the cargo vessels leave the port, and then sailing back with them. They are not allowed to presume to enter the maritime port. From the period of the reign of Keaking onwards, they have gradually failed to pay implicit obedience to the old rule; and last year there was again an affair of irregularly pushing in through the maritime entrance. Although the said barbarians, sailing into the shallow waters of the inner river, can effect nothing in the least; yet restrictive measures always should be perfect and complete. With regard to the line of forts at the Bocca Tigris, there are now some additional erections and some removals in progress: and at the same time more cannon are being cast and measures of preparation and defense are being determined on. It is, besides this, requisite to enforce with strictness the regulations and prohibitions.

Hereafter, if a ship of war of any nation convoying goods presumes to enter either of the maritime ports of Cross Harbor or the Bocca Tigris, the barbarians merchants' cargo vessels shall have their holds altogether closed, and their trade stopped, and at the same time the (ship of war) shall be immediately driven out. The naval commander-in-chief also shall be held responsible, whenever he meets with a ship of war of the outside barbarians anchored in the outer seas to give commands immediately to all officers and men of the forts, that they apply themselves to the object of keeping up preventive measures against the same; also to lead forth in person the naval squadron, to cruize about with them in guard of all the maritime entrances, and to unite their strength to that of the forts, for the purpose of guarding against (any such ship of war). Should the officers or soldiers be guilty of negligence and indolence, they shall be reported against with severity. It is imperatively necessary that the power of the naval and land forces should be exerted in unbroken concert, that the barbarian ships may have no way of irregularly pushing through.

2. When barbarians stealthily transport muskets and cannon, or clandestinely bring up foreign females or foreign sailors, to the provincial city, the hong- merchants shall be held responsible in all points for investigating the matter.

It appears on examination, that barbarians may carry with them one sword, one rapier, and one gun each; this the regulations do not prohibit. But if they pre sume, besides this, to bring cannon and muskets or other military weapons, or foreign females, up to the provincial city, the fixed regulations hold the officers and men of the guard-houses responsible for finding out and stopping them The guard-stations have indeed the responsible task of searching and discov ering; but the barbarian merchants at Canton, dwelling in the outside barbar ians' factories, the apartments which they occupy are all rented by them from the hong-merchants. The said merchants' ears and eyes are close to them: they certainly cannot be ignorant (of anything they do); it is evidently befitting tha they should, on all points, be held responsible for investigating and finding out (whatever is done).

Hereafter, the barbarians of every nation shall be altogether disallowed bringing up muskets, cannon or other military weapons, or foreign females or sailors, to the provincial city. If any should clandestinely bring them up, the hong-merchant from whom their factory is rented, shall be held responsible for discovering and preventing it, and for disallowing them to be brought into the factory; and for a the same time repairing to the local magistrate to present a report (of any such attempt). Should he suffer, connive at, and conceal such attempt the said hong merchant shall be punished according to the law against clandestine intercourse with outside nations. The officers and men of the guard-stations who fail to discover such misdemeanors shall also be severally tried and rigorously punished as guilty of "failing to investigate and willfully conniving."

3. Pilots and compradors of barbarian ships must have licenses from the tungche of Macao; it must not be allowed that they should be privately hired.

It is found on examination that in the office of the tungche of Macao, there have hitherto been appointed 14 pilots: and whenever a barbarian ship arrives in the sea outside the Bocca Tigris, a report should be made to the said tungche, that he may command a pilot to take the ship into port. For the provisions and necessaries required by the barbarian merchants on board the ship, a comprador should be employed; who is also selected from among men conspicuous in their native place for substance and property, and is appointed by the said tungche to fill the station. Of late, there has constantly been a set of vagabonds in the outer seas falsely acting in the capacity of pilots; who artfully make away with the goods of barbarians, and then run off. There has also been a class of vagabonds who craftily assume the name of compradors, and unlawfully combine for the purpose of smuggling and other illegalities. When the thing is discovered, and search is made for them, their names and surnames having been falsely assumed, there are no means of finding and bringing them to trial.

Hereafter, the tungche of Macao, when appointing pilots, shall ascertain fully their age and outward appearance, their native place and habits of life, and shall give them a place on the list (of pilots), and a sealed and signed waist-war-rant.* A list also shall be kept of them, and a full report respecting them sent to the office of the governor and to the custom-house, to be there preserved When a barbarian ship is to be piloted in, a sealed license shall be given to them stating explicitly the names and surnames of the pilot and master of the ship which when the guard-stations have verified, they shall let the ship pass on. Any men without the sealed and signed waist-warrant, the barbarian ships must no hire or employ. With regard to the compradors required by the barbarian ships when anchored at Macao or Whampoa, they must all have waist-warrants given to them by the said tungche; and must be subject at Macao to examination by the said tungche, and at Whampoa, to examination by the Pwanyu heen magis trate. If the barbarian ships come in or go out contrary to the regulations, or if the barbarians go about clandestinely in small boats, to places along the coast rambling among the villages and farms, the pilots shall be brought to a strict investigation. And if there be any trading in contraband goods, or any stealthy smuggling of goods subject to duty, and the compradors do not report the same according to the truth, the offense shall be rigorously punished.

4. With regard to hiring and employing natives in the barbarian factories, there must be limits and rules clearly settled.

On examination it appears, that it was formerly the regulation, that the trading barbarians should not be permitted to hire and employ any natives except linguists and compradors. In the 11th year of Taoukwang, it was, on representation (to the throne), permitted, that in the barbarian factories, for gatekeepers, and for carriers of water and carriers of goods, natives might be hired for (foreigners by the compradors. But the silly populace earnestly gallop after gain, and possess but little shame. And adjoining the provincial city, are many persons who under stand the barbarian speech. If the barbarians are allowed to hire them at their own pleasure, it will be difficult to prevent unlawful combinations and traitorous procedure. It is evidently befitting that a limit and rule should be fixed, and that a special responsibility should be created.

Hereafter, in each barbarian factory, whatever be the number of barbarians inhabiting it, whether few or many, it shall be permitted only to employ two gatekeepers and four water-carriers; and each barbarian merchant may hire one man to keep his goods. It shall not be permitted to employ any more than this limited number. The comprador of the barbarian factory shall be held responsi ble for hiring these men; the linguists shall be held responsible for securing, and filling up the places of the compradors; and the hong-merchants shall be held responsible for securing and filling up the places of the linguists. (This will be a shutting up rule, extending through progressive grades. If there be any illicit combination or breach of law, only the one who hired and stood security shall be answerable. At the same time commands shall be given to the superintending hong-merchant, to make out monthly a fair list of the names and birthplaces of the compradors and coolies under each barbarian's name, and hand it in to the district magistrate, to be kept in the archives, ready at any time to be exam ined. As to the carriers of goods, the linguists shall be commanded to hire them miscellaneously, when the time comes (that they are required); and when the business is finished to send them back. With regard to natives being hired to become the menial attendants of barbarian merchants, under the name of shawan [servants], it shall still be for ever prohibited. Should merchants hire coolies beyond the limited number, or clandestinely hire shawan as menial attendants the linguists and hong-merchants shall both receive punishment.

5. With regard to barbarians sailing vessels about in the inner rivers, there should be reductions and limitations severally made, and the constant practice of idly rambling about should be prohibited.

It appears on examination, that the barbarian trading vessels, when they enter the port, anchor at Whampoa. In going to and fro between Canton and Macao, the English Company's skippers only have hitherto been permitted to travel in flag-bearing sampan boats. This kind of sampan is a boat with a rather large hull, and a deck over it; rendering it easy to carry in it military weapons and contraband goods. Now that the Company has been dissolved, all the flag- bearing sampan vessels should be done away with. As to the barbarians residing in the foreign factories, they are not permitted to presume to go in and go out a their own pleasure. In the 21st year of Keaking [1816], when governor Tseang was in office, it was arranged, that on three days, viz., the 8th, 18th, and 28th of every month, they should be permitted to ramble about once, in the neighborhood of late years, the barbarians have continually disobeyed the old regulations; it is imperatively necessary to enforce powerfully the prohibitory commands.

Hereafter, all the barbarians, when their ships reach Whampoa, if they have any business requiring them to go to and fro between Canton and Macao, or to inter change letters, are only permitted to use uncovered small sampans;

they may not again use flag-bearing sampan vessels. When the small sampans pass the custom-houses, they must wait until they are searched; and should they have in them contraband goods, or cannon or other military weapons, they must be immediately driven out. The barbarians residing in the factories shall only be allowed to ramble out on the 8th, the 18th, and the 28th, three days of each month, in the neighboring flower gardens, and the Haechwang sze temple [on Honan]. Each time there must not be more than ten individuals; and they must be limited to the hour of five in the evening to return to their factories. They must not be allowed to remain out to sleep, or drink liquor. If, when it is not the day that they may receive permission, they should go out to ramble, and they exceed the number of ten individuals, or if they go to other villages, hamlets or market-places, to ramble about, the hong-merchants and linguists shall both receive punishment.

6. When barbarians petition on any subject, they should in all cases petition through the medium of the hong-merchants, in order that the dignity of government may be rendered impressive.

On examination it appears, that the written characters of outside barbarians and the central flowery people are not of the same nature. Among them [the former], there are some who have a rough idea of Chinese characters; but they are unacquainted with style and god diction, and are ignorant of the rules required for maintenance of dignity. When they petition on affairs, their expressions are devoid of intelligent signification, and there is always much that is difficult to explain. They also, in an irregular manner, adopt epistolary forms, and confusedly proceed to present papers themselves; greatly infringing the dignity of government. Moreover, that for one and the same barbarian affairs, petitions should be presented, either through the medium of the hong-merchants, or by barbarians themselves, is an inconsistent mode of acting.

Hereafter, on every occasion of barbarians making petitions on any affair, they must always have the hong-merchants to petition, and state the circumstances for them. It is unnecessary that they should themselves frame the expressions of the petitions. If there be accusations to be brought against a hong-merchant on any affair, and the hong-merchants may, perhaps, carry it oppressively, and refuse to petition for them, then the barbarians may be allowed to go themselves to the offices of the local magistrates and bring forward their charges; and the hong-merchants shall be immediately brought to examination and trial.

7. In securing barbarian ships by hong-merchants, there should be employed both securities by engagement and securities by rotation, in order to eradicate clandestine illegalities.

It is found on examination, that when barbarian ships come to Canton the old rule is, that they should be secured by all the hong-merchants in successive rotation; and that if they transgress the laws, the security-merchant shall alone be responsible. Afterwards, it was apprehended, that securing by rotation was attended with offenses of grasping and oppressive dealing; and all the keang keo barbarian [i.e., country] ships were permitted themselves to invite hongs to secure them. Now, the Company has been dissolved; and the barbarian ships that come are scattered, and without order; if the responsibility of being secured by the hong-merchants in rotation be again enforced, as formerly, it is apprehended that offenses of extortionate oppression will arise. And yet if suffered themselves to choose their securities, it is difficult to insure that there will not be acts of unlawful combination.

Hereafter, when the barbarian ships arrive at Canton, they shall still as formerly, be permitted to invite hongs in which they have confidence, to become their engaged securities; and all the trade in goods, the requesting of permits, the payment of duties, and the transaction of public affairs, shall be attended to by the engaged security-merchant. In the payment of duties, the tariff regulations shall be conformed to; it shall not be allowed to make the smallest fractional addition At the same time, to each vessel shall be appointed a security by rotation, the duty of which, each hong-merchant shall fulfill in his successive routine. It shal be his special duty to examine and investigate affairs.

If the engaged security merchant join with the barbarian to make sport of legal practices and traitorous machinations, or secretly add to the amount of duties, or incur debts to the bar barians, the security-merchant by rotation shall be held responsible for giving information thereof, according to the facts, that the other may be brought to an investigation, and that the debts may be reclaimed. If the security by rotation connive, he shall also, on discovery, be brought to an investigation.

8. If barbarian ships on the seas, clandestinely sell goods chargeable with duty, the naval forces should be held responsible for finding out, and seizing the same Also communications should be sent to all the seaboard provinces, to examine and investigate.

It appears on examination, that when the barbarian ships of every nation bring goods to Canton, it is reasonably required that they should enter the port, pay measurement charges and duties, and sell off through the medium of the hong merchants. But the said barbarian vessels continually cast anchor in the outer seas, and delay entering the port; and some even do not at all enter the port but return and sail away; not only storing up and selling opium, but also, it is feared, clandestinely disposing of foreign goods. We, your majesty's ministers on every occasion of such being reported to us, have immediately replied, by strict directions to the naval forces to urge and compel them to enter the port or if they will not enter the port, to drive them instantly away, and not permit them to loiter about. We have also appointed officers at the various maritime entrances, to seize with strictness smuggling vagabonds. In repeated instances men and vessels going out to sea to sell opium have been seized, and on investigation, punishment has been inflicted. But the province of Canton has a line of coast continuous along the provinces of Fuhkeen, Chekeang, Keangsoo, and Teentsin [Chihle]. Traitorous vagabonds of the several provinces sail in vessels of the sea on the outer ocean, and clandestinely buy and sell goods, dealing with the barbarians, and then carry back (their purchases) by sea. This class of traitor ous dealers, neither entering nor leaving any of the seaports of Canton, there are no means of guarding against or seizing them. And the foreign goods having a divided consumption, the amount that enters the port is gradually lessened; the consequences of which on the duties are great.

Hereafter, the naval commanders-in-chief should be held responsible for giving commands to the naval vessels to cruize about in the outer seas in a constant course; and if there be any dealers approaching the barbarian ships, clandestinely to purchase foreign goods, immediately to seize them and give them over for trial and punishment. Also, regulations should be established that vessels of the sea, of whatever province, when wanting to purchase foreign goods, shall all repair to the chief custom-house of Canton, and request a sealed manifest enumerating the goods and their quantities; and that none should be permitted to make private purchases. Communications should be sent to the provinces of Fuhkeen, Chekeang, &c., that general orders may be issued requiring obedience to be paid to this, and that strict search may be maintained in all the seaports that if any sea-going vessel bring back foreign goods, and it appears that she has not the sealed manifest of the custom-house, they shall be immediately regarded as contraband, and, on legal investigation, the vessel and cargo confiscated.

Taoukwang, 15th year, 2d moon, 10th day. [March 8th, 1835.]

· This is a piece of wood with characters cut thereon, to be carried about the person; hence called a waist-warrant.

［原文］

《两广总督卢坤、监督中祥疏》（道光十五年正月）

［文献出处：梁廷枏等纂：《粤海关志》卷29，（台湾）文海出版社1968年版，第2087-2103页，见沈云龙主编《近代中国史料丛刊续辑第十九辑》（第184册）。］

窃外洋夷人来粤贸易，自乾隆二十五年奏定防范规条以后，嗣于嘉庆十四年、道光十一年，经各前督抚臣先后酌议章程，奏准遵行。立法已属周密，第奉行日久，或竟成具文，或渐生流弊。上年英吉利公司局散，该国商人自来贸易，司总无人。虽经谕饬该夷商等寄信回国，仍派大班来粤管理。而现在商多人杂，事无统属，必应颁发章程，俾资遵守。唯时事有今昔之殊，且英夷公司既散，贸易情形与前亦稍有不同。除旧章无须更议各条，照旧申明晓谕，并将查办夷欠、严拿走私各章程，先经专案具奏外，尚有应行酌量增易规条，经臣等率同藩臬两司，详加筹议。肃体制以防逾越，严交结以杜汉奸。谨出入之防，专稽察之责，庶防范益昭详慎，仍严饬洋商公平交易，各顾大体，俾诸番共沾圣泽，咸凛畏怀。

一、外夷护货兵船，不准驶入内洋，应严申禁令并责成舟师防堵也

查贸易夷人，酌带兵船自护其货，由来已久。向例止准在外洋停泊，俟货船出口一同回帆，不许擅入海口。自嘉庆年岁间以来，渐不恪守旧章。上年又有阑入海口之事，虽该夷船驶入内河浅水之处，毫无能为，而防范总应周密。除虎门一带炮台现在分别增建移设添铸大炮筹备堵御外，应严申例禁。嗣后各国护货兵船，如有擅入十字门及虎门各海口者，即将夷商货船全行封舱，停止贸易。一面立时驱逐，并责成水师提督，凡遇有外夷兵船在外洋停泊，即督饬各炮台弁兵加意防范，并亲督舟师在各海口巡守，与炮台合力防堵。弁兵倘有疏懈，严行参处。务使水陆声势联络，夷船无从闯越。

二、夷人偷运枪炮及私带番妇番哨人等至省，应责成行商一体稽查也

查夷人除随身携带刀剑枪各一件，例所不禁外，其擅将炮位及鸟枪军械并番妇人等运带赴省，定例责成关汛弁兵稽查拦截。唯关汛固有盘查之责，而夷商在省外夷馆居住，其房屋皆系向行商租赁。该商等耳目切近，断无不知，自应一体责令稽查。嗣后各国夷人，概不准将枪炮军械及番妇番哨人等运带至省。如有私行运带者，责成租馆行商查阻，不许令其入

馆。一面赴地方官呈报，如有容留隐匿，即将该行商照私通外国例治罪。关汛弁兵不行查出，仍分别失察故纵，从重究处。

三、夷船引水买办，应由澳门同知给发牌照，不准私雇也

查澳门同知衙门，向设引水十四名，遇夷船行抵虎门外洋，应报明该同知。

令引水带引进口。其夷商在船所需食用等物应用买办，亦由该同知选择土著殷实之人承充。近来每有匪徒在外洋假充引水，将夷人货物诓骗逃走，并有匪类诡托买办之名勾串走私等弊。迨事发查拿，因该匪徒诡托姓名，无从缉究。嗣后澳门同知设立引水，查明年貌籍贯，发给编号印花腰牌，造册报明总督衙门与粤海关存案。遇引带夷船，给与印照，注明引水船户姓名，关汛验照放行。其无印花腰牌之人，夷船不得雇用。至夷船停泊澳门、黄埔时，所需买办一体由该同知给发腰牌，在澳门由该同知稽查，在黄埔由番禺县稽查。如夷船违例进出，或夷人私驾小艇在沿海村庄游行，将引水严行究处。如有买卖违禁货物及偷漏税货，买办不据实禀报，从重治罪。

四、夷馆雇用民人，应明定限制也

查旧制，贸易夷人除通事买办外，不准雇用民人。道光十一年奏准，夷馆看守门户及挑水挑货人等，均由买办代雇民人。惟愚民骛利鲜耻，且附近省城多谙晓夷语之人，若听夷人任意雇用，难免勾串作奸。自应定以限制，并宜专以责成。

嗣后每夷馆一间，无论住居夷人多寡，只准用看门人二名，挑水夫四名。夷商一人，雇看货夫一名，不许额外多用。其人夫责成夷馆买办代雇，买办责成通事保充，通事责成洋商保充，层递箝制。如有勾串不法，唯代雇保充之人是问。仍令该管行商，按月造具各夷商名下买办人夫名籍清册，送县存案，随时稽查。其挑货人夫，令通事临时散雇，事毕遣回。至民人受雇为夷商服役之沙文名目，仍永远禁止。倘夷人额外多雇人夫及

私雇沙文服役，将通事、行商一并治罪。

五、夷人在内河驶用船只，应分别裁节，并禁止不时闲游也

查夷人入口贸易货船停泊黄埔，其在省城澳门往来，向惟英吉利公司船户，准坐驾插旗三板船只。此项三板，船身较大，上有舱板，易于夹带器械及违禁货物。现在公司已散，所有插旗三板船，应行裁革。至夷人在夷馆居住，不准擅自出入。嘉庆二十一年，前督臣蒋攸铦任内，酌定每月初八、十八、二十八三日准其附近游散一次。近年该夷人往往不尊旧章，必须重申禁令。嗣后各夷人船到黄埔，或在省城澳门往来，通信只准用无篷小三板船，不得再用插旗三板船只。其小三板，经过关口，听候查验。如有夹带违禁货物及炮位器械，即行驱逐。在馆居住夷人，只准于初八、十八、二十八三日，在附近之花地海幢寺散游一次。每次不得过十人，限申刻回馆，不准在外住歇饮酒。如非应准出游日期及同游至十人以外，并赴别处村落墟市游荡，将行商、通事一并治罪。

六、夷人具禀事件，应一律由洋商转禀以肃政体也

查外夷与中华书不同文，其中间粗识汉字者，亦不通文义，不谙体制。具禀事件，词不达意，每多难解，并妄用书信混行投递，殊乖政体。且同一夷务，或由洋商转禀，或由夷人自禀，办理亦不画一。嗣后凡夷人具禀事件，应一概由洋商代为据情转禀，不必自具禀词。如系控告洋商事件，或洋商有抑搁不为转禀之事，仍许夷人自赴地方官衙门禀讦，立提洋商讯究。

七、洋商承保夷船，应认派兼用以杜私弊也

查夷船来粤旧例，系由各洋商循环轮流具保，如有违法，唯保商是问。嗣恐轮保有把持之弊，凡港脚夷船均听其自行具保。惟现在公司已散，所来夷船散漫无稽，若责令仍照旧例由洋商轮保，恐有抑勒之弊。而竟任其自行择保，亦难保无勾串情事。嗣后夷船到粤，照旧听其自投相信之行为认保，一切交易货物，请牌完税公事，均由认保承办，收纳饷税查

照则例，毋许丝毫加增。仍每船设立派保一人，各行挨次轮派，专司查察。如认保行商与夷人通同舞弊作奸，或私增税银拖欠夷帐，责成派保之商，据实呈首，分别究追。派保徇隐，察出并究。

八、夷船在洋私卖税货，应责成水师查拿，并咨沿海各省稽查也

查各国夷船贩运货物来粤，理应入口完纳税钞，由洋商发卖。乃该夷船等往往寄泊外洋，进口延缓，亦有竟不进口旋却驶去者。不特趸卖鸦片，并恐私销洋货。臣等每据禀报，即严切批行舟师，催令进口。如不进口，立时驱逐，不准逗留。并在各海口分派员弁，严拿走私匪徒，历经拿获出洋贩卖鸦片人船究办。惟粤省与福建、浙江、天津等省，洋面毗连，各省奸徒坐驾海船，在外洋与夷人私相买卖货物，即从海道运回。此等奸贩，既不由粤省海口出入，无从堵拿，而洋货分销入口渐少，于税饷甚有关系，嗣后应责成水师提督，督饬舟师，在于外洋常川巡逻。如有向夷船私买洋货商贩，即行拿解究办，并立定章程，无论何省海船置买洋货，一律赴粤海关请用盖印执照，详注货物数目，不准私买。咨明闽浙各省通行遵照，并于各海口严行稽查。如有海船运回外洋货物，查无海关印照，即属私货，照例究办，船货入官。

Appendix 5　The Eight Regulations (Per W.C. Hunter)

附录 5　八项章程（Per W.C. Hunter）

Contemporary Translation. Full text of the "Eight Regulations," in an undated version, from William C. Hunter, The "Fan Kwae" at Canton Before Treaty Days 1825—1844 (London: Kegan Paul, Trench & Co., 1882), pp. 28-30 (italics and footnotes in the original) (footnotes renumbered):

　　［英文附录5说明］可能系行政过程中的实务变通文书，《八项规条》删节版。没有注明日期，英文来自威廉·C. 亨特《广州番鬼录》英文版（The "Fan Kwae" at Canton Before Treaty Days 1825—1844, London: Kegan Paul, Trench & Co., 1882），第28-30页。中文版参见：［美］亨特著，冯树铁、沈正邦译：《广州番鬼录　旧中国杂记》，广东人民出版社2009年版。没有官方中文原文，本书译者翻译附后。

　　The authorities framed eight regulations for the especial government and control of these divers people from afar. They date from the year 1760, and are curious enough to recall. Never having been abrogated, they were assumed to be in force always. They were confirmed by an edict of the Emperor Kea-King [the Jiaqing Emperor] in 1819, after a revision in 1810. Some of them came to be disregarded by the foreign community, particularly those referring to the Gardens the Honam Temple, and pulling in their own boats on the river; but so far as regards women entering the Factories, an infringement of them in this essential particular took place in 1830, as will be seen hereafter. The chief sufferers in the event of a disregard of any important item of the regulations would of course be the Hong merchants. The "Eight Regulations" were now and then brought to the Factories by a Linguist, as an intimation that they were not to be considered a "dead letter." Translated into English they read thus—

　　Regulation 1.—All vessels of war are prohibited from entering the Bogue. Vessels of war acting as convoy to merchantmen must anchor outside at Sea till their merchant-ships are ready to depart, and then sail away with them.

Regulation 2.—Neither women, guns, spears, nor arms of any kind can be brought to the Factories.

Regulation 3.—All river-pilots and ships' Compradores must be registered at the office of the 'Tung- Che'[①] at Macao. That officer will also furnish each one of them with a licence, or badge, which must be worn around the waist. He must produce it whenever called for. All other boatmen and people must not have communication with foreigners, unless under the immediate control of the ships Compradores; and should smuggling take place, the Compradore[②] of the ship engaged in it will be punished.

Regulation 4.—Each Factory is restricted for its service to 8 Chinese (irrespective of the number of its occupants), say 2 porters, 4 water-carriers, 1 person to take care of goods ('godown coolie'), and 1 ma-chen (intended for the foreign word 'merchant'), who originally performed all the duties of the 'House Compradore,' as he is styled today.

Regulation 5—prohibits foreigners from rowing about the river in their own boats for 'pleasure.' On the 8th, 18th, and 28th days of the moon 'they may take the air,' as fixed by the Government in the 21st year of Kea-King [Jiaqing] (1819) All ships' boats passing the Custom-houses on the river must be detained and examined, to guard against guns, swords, or firearms being furtively carried in them. On the 8th, 18th, and 28th days of the moon these foreign barbarians may visit the Flower Gardens and the Honam Joss-house,[③] but not in droves of over ten at one time. When they have 'refreshed' they must return to the Factories, no be allowed to pass the night 'out,' or collect together to carouse. Should they do so, then, when the next 'holiday' comes, they shall not be permitted to go. If the ten should presume to enter villages, public places, or

① An assistant-magistrate. Up to 1848 Macao was under the joint government of the Portuguese and Chinese.
② At this time the ships' Compradores were engaged at Macao, and not at Whampoa.
③ Buddhist Temple.

bazaars, punishment will be inflicted upon the Linguist who accompanies them.

Regulation 6.—Foreigners are not allowed to present petitions. If they have anything to represent, it must be done through the Hong merchants.

Regulation 7.—Hong merchants are not to owe debts to foreigners. Smuggling goods to and from the city is prohibited.

Regulation 8.—Foreign ships arriving with merchandise must not loiter about outside the river; they must come direct

to Whampoa. They must not rove about the bays at pleasure and sell to rascally natives goods subject to duty, that these may smuggle them, and thereby defraud His Celestial Majesty's revenue.

　　当局制定八项章程，针对那些特别政府以及潜入的夷人。令人惊奇的是，这些章程可以追溯到1760年，从未被废除，一直发挥效力。在经历1810年的修改后，1819年嘉庆皇帝颁布诏书予以通过。其中一些条款未能引起外国群体的重视，尤其是涉及到花园、佛庙以及在河面上自由行船；但就进入商馆的妇女而言，1830年发生了侵犯她们这一基本权利的事件，下文将予以说明。当然，如果对法令中任何重要条款都采取漠视的态度，主要的受害者将是行商。"八项章程"不时由翻译引入商馆，暗示章程并未被束之高阁。翻译成英语如下——

　　章程一 —— 禁止所有战舰进入虎门。充当商船护航的战船必须在海上停泊，等待随商船一同离开。

　　章程二 —— 不能把妇女、枪、矛或任何武器带到商馆。

　　章程三 —— 所有的船舶驾驶员以及买办必须在澳门"同知"[①]（"Tung-Che"）的办公地进行登记。这位官员还会给他们每个人一个许可证，或徽章，必须戴在腰部。他必须按要求制作这些许可证。所有其他船员和人员不得接触夷人，除非在船上买办的监控下。如果有走私事件发生，该船上

[①]　一个助理治安官员，在葡萄牙和中国的联合政府统治下的澳门，一直存续到1848年。

的买办^①将受到惩罚。

　　章程四 —— 为每个商馆提供服务的中国人仅限8人（无论其居住人数有多少），也就是说，2名负责搬运，4名负责水上运输，1人负责装卸货物（"下货的苦力"）还有1名商人，他最初履行了"房舍买办"的所有职能，正如他今天所承担的。

　　章程五 —— 禁止夷人乘坐自己的船观光享乐。嘉庆二十年朝廷规定，他们可以在每月第8日、18日和28日出来"放风"。所有经过海关的船只都必须被扣留和检查，以防止秘密携带枪、剑或火器。在每月的第8日、18日和28日，这些外夷可以参观花园以及佛堂（Honam Joss-house）^②，但一次不得超过10人。他们"放风"回来，必须回到商馆，不允许外出过夜，或聚众狂欢。如果他们这样做，下个月的"假期"到来时，他们将不被允许出门。如果那10人试图进入村庄、公共场所或集市，将对随同的通事实施惩罚。

　　章程六 —— 夷人不得提出请愿，如果他们有什么需要奏请，必须通过行商完成。

　　章程七 —— 行商不得欠夷人债，禁止走私货物进出市区。

　　章程八 —— 外国运来的货物不得在江外停留，必须直接运到黄埔。他们不得在海湾里到处闲逛，把要交税的货物卖给当地游民，这些人可能去走私，骗取天国的税收收入。

---

① 当时这些船上的买办在澳门，而不是黄埔。
② 佛庙。

参 考 文 献

1 Primary Sources

1.1 Unpublished Primary Sources

American Philosophical Society, Philadelphia, Pennsylvania.

Stephen Girard Papers, Estate of Stephen Girard, deceased, microfilm copies on deposit with the American Philosophical Society.

Deposition of Benjamin C. Wilcocks, undated, in Stephen Girard's records of the lawsuit Girard v. Biddle (commenced in the Sept. 1806 term of the Court of Common Pleas of Philadelphia County).

Stephen Girard, "Observations on Mr. Benjamin C. Wilcocks's Deposition," in Stephen Girard's records of the lawsuit Girard v. Biddle (commenced in the Sept. 1806 term of the Court of Common Pleas of Philadelphia County).

Letter, Stephen Girard (Philadelphia) to Edward George and Samuel Nichols, 3 January 1810, Letterbook 11.

Franklin Roosevelt Library, Hyde Park, New York.

Delano Family Papers, Edward Delano Correspondence.

Letter from Edward Delano to Franklin Hughes Delano, dated Canton 24 September 1841.

Historical Society of Pennsylvania, Philadelphia, Pennsylvania.

Breck Family Papers, Library Company of Philadelphia, Collection No. LCP185, on deposit.

Letter from Conseequa (Canton) to Peter Dobell, 3 April 1813.

Gratz Collection, Collection No. 0250B, Box 44, Case 14.

Conseequa's Account Current with George Emlen.

Willings & Francis Papers, Collection No. 1874, 1805 folder.

Letters from William Read (Canton) to Willings & Francis, 9 Nov. 1805 and 10 Dec. 1805.

Letter from William Read (Canton) to Willings & Francis, dated 27 November 1805.

Statement of Gregory Baboom, dated 28 December 1805.

Library of Congress, Washington, D.C.

Russell & Co. Papers (Samuel Russell Papers).

Letter from Samuel Russell (Canton) to Edward Carrington, 13 November 1821, Letterbook I, Container 15.

Rhode Island Historical Society, Providence, Rhode Island.

Edward Carrington Papers, MSS 333, SG I.

Letter from Peter W. Snow (Canton) to Edward Carrington, 11 August 1811, Series 1, Box 13.

Letter, Edward Carrington (Canton) to Samuel Snow, 19 January 1808, Series 2, RB.1 F6 Letter Book, China Letterbook F.

United States National Archives, Washington, D.C.

Despatches of United States Consuls at Canton, Volume I.

Petition of Conseequa, a Hong Merchant of the City of Canton in China, 10 February 1814, published in File Microcopies of Records in the National Archives, No. 101, Roll 1.

1.2　Published Primary Sources

Dzengseo (Nicola di Cosmo, tr.). *The Diary of a Manchu Soldier in Seventeenth-Century.*

China. Abington: Routledge Books, 2006.

Fu, Lo-shu. *A Documentary Chronicle of Sino-Western Relations (1644—1820).* Tucson: Univ. of Arizona Press, 1966, quoted with permission of the Association for Asian Studies, Inc., see: www.asian-studies.org.

Van Buren, Martin. *The Message of His Excellency Gov. Van Buren on the Subject of Banks; with the Plan Suggested to Place them Under Proper Regulations, Secure the Public from Loss by Failure, and Furnish a Sound, Well Regulated Currency; Made to the Assembly, January 26, 1829.* Albany, N.Y.: Croswell & Van Benthuysen, 1829.

1.3　Published Constitutions, Laws, Regulations and Legislative Materials

Directive 94/19/EC of the European Parliament and of the Council of 30 May 1994 on deposit-guarantee schemes, see: "http://eur-lex.europa. eu/LexUriServ/LexUriServ .do?uri=CELEX:31994L0019:EN:HTML" (accessed 2 September 2012).

Directive 2009/14/EC of the European Parliament and of the Council, amending Directive.

94/19/EC, see: "http://ec.europa.eu/internal_market/bank/docs/guarantee/200914_en.pdf" (accessed 2 September 2012).

Journal of the Assembly of the State of New-York at their Fifty-Second Session (Albany: E. Croswell, 1829).

Journal of the Senate of the State of New-York at their Fifty-Second Session (Albany: E. Croswell, 1829).

United States Constitution, Art. I, § 10.

1.4　Published Court Decisions

Bainbridge v. Wilcocks, 2 F. Cas. 407, 408 (C.C.E.D. Pa. 1832) (No. 755).

Cheongwo v. Jones, 5 F. Cas. 544 (C.C.E.D. Pa. 1818) (No. 2 638).

Chomqua v. Mason, 5 F. Cas. 649 (C.C.D.R.I. 1812) (No. 2 693).

Consequa v. Fanning, 3 Johns. Ch. 587, 603, 605 (N.Y. 1818).

Gilpins v. Consequa, 10 F. Cas. 420, 422 (C.C.E.D. Pa. 1813) (No. 5 452).

Lanfear v. Sumner, 17 Mass. 110 (1819).

Noble State Bank v. Haskell, 219 U.S. 104 (1911).

United States v. Three Hundred Fifty Chests of Tea, 25 U.S. 486 (1827).
Willings v. Consequa, 30 F. Cas. 55 (C.C.D. Pa. 1816) (No. 17 767).
Youqua v. Nixon, 30 F. Cas. 887 (C.C.E.D. Pa. 1816) (No. 18 189).

1.5　Unpublished Court Records

Federal Archives and Records Center, Waltham, Massachusetts, U.S.A.
Records of the Circuit Court of the United States for the District of Rhode Island.

　　File of Exsching Looqua v. Dexter, June term 1815.

Federal Archives and Records Center, Philadelphia, Pennsylvania, U.S.A.
Records of the Circuit Court of the United States for the District of Pennsylvania.

　　File of Consequa v. Joshua and Thomas Gilpin, October term 1809, No. 9, Deposition of Benjamin C. Wilcocks, taken on 5 December 1810.

　　File of Consequa v. Edward Dunant (filed 3 March 1810), October term 1809, No. 33.

　　File of Consequa v. Willings & Francis, October term 1809, No. 49, Deposition of Benjamin C. Wilcocks, Philadelphia, taken on 31 May 1811.

　　File of Keetshing v. Wells, Apr. term 1822, No. 36.

　　File of Kingling v. Read, Apr. term 1805, No. 68.

File of Namshing v. Coe, Apr. term 1826, No. 25.

File of Pacqua v. Pleasants, Apr. term 1822, No. 4.

File of Thonching v. Coe, Apr. term 1826, No. 28.

2　Secondary Sources

2.1　Books and Articles

Albion, Robert G. *The Rise of New York Port [1815—1860]*. New York: Charles Scribner's Sons, 1939.

Aldridge, A. Owen. *The Dragon and the Eagle: The Presence of China in the American.*

Enlightenment. Detroit: Wayne State University Press, 1993.

Anonymous. *An Examination of Some of the Provisions of the "Act to Create a Fund for the Benefit of the Creditors of Certain Monied Corporations, and for Other Purposes," Passed April, 1829; Particularly as to its Effects on the City of New-York. By a Stockholder.* New York: Ludwig & Tolefree, 1829.

Anonymous. "Bank of the United States." *North American Review*, Vol. 32 (April 1831), p. 56.

Anonymous. "Chinese Pirates." *Chinese Repository*, Vol. 3, pp. 62-83 (June 1834).

Anonymous [Inglis, Robert Harry]. *The Chinese Security Merchants in Canton and their Debts*. London: J. M. Richardson, 1838.

Anonymous. "Journal of Occurrences··· liberation of Sunshing." *Chinese Repository*, Vol. 3, p. 440 (Jan. 1835).

Anonymous. News article. *Albany Argus*, 7 January 1829, p. 2.

Anonymous. News article. *The Asiatic Journal and Monthly Register for British and Foreign India, China, and Australasia*, Vol. 6 (New Series), p. 71 (Sept.–Dec. 1831). London: Parbury, Allen and Co., 1831.

Anonymous. "Roosevelt 'Won' to Bank Insurance." The New York Times, 27 October 1936.

Ashton, Richard James. *The Merchant Shipping Activity of South China 1644—1860*. M.A.

Thesis. Honolulu: Univ. of Hawaii, 1967.

Balleisen, Edward J. *Navigating Failure: Bankruptcy and Commercial Society in Antebellum America*. Chapel Hill: Univ. of North Carolina Press, 2001.

Basu, Dilip K. *Asian Merchants and Western Trade: A Comparative Study of Calcutta and Canton 1800—1840*. Ph.D. dissertation. Berkeley: Univ. of Calif., Berkeley, 1975.

Blussé, Leonard. *Strange Company: Chinese Settlers, Mestizo Women and the Dutch in VOC Batavia*. Dordrecht, Foris Publications, 1986.

———. *Visible Cities: Canton, Nagasaki, and Batavia and the Coming of the Americans*.

Cambridge, Mass.: Harvard Univ. Press, 2008.

Bodenhorn, Howard. *A History of Banking in Antebellum America: Financial Markets and Economic Development in an Era of Nation-Building*. Cambridge: Cambridge Univ. Press, 2000.

———. *State Banking in Early America: A New Economic History*. Oxford: Oxford Univ. Press, 2003.

———. "Zombie Banks and the Demise of New York's Safety Fund." *Eastern Economic Journal*, Vol. 22, pp. 21-33 (1996).

Bodde, Derk. "Henry A. Wallace and the Ever-Normal Granary." *Far Eastern Quarterly*, Vol. 5, pp. 411-426 (1946).

———. "The State and Empire of Ch'in," in Twitchett, Denis and Loewe, Michael, eds., *The Cambridge History of China*, Vol. 1, The Ch'in and Han Empires, 221 B.C.–A.D.

220. Cambridge: Cambridge Univ. Press, 1986, pp. 20-102.

Bowen, Ray J., II and Rose, David C. "On the Absence of Privately Owned, Publicly Traded Corporations in China: The Kirby Puzzle." *Journal of Asian Studies*, Vol. 57, pp. 442-52 (1998).

Bowers, Q. David. *Obsolete Paper Money Issued by Banks in the United States 1782—1866*.

Atlanta: Whitman Publishing LLC, 2006.

Bowra, E. C. "The Manchu Conquest of Canton" (Part One). *China Review*, Vol. 1, pp. 86-96 (1872).

Burns, Helen M. *The American Banking Community and the New Deal Banking Reforms 1933—1935*. Westport, Conn.: Greenwood Press, 1974.

Burts, Robert. *Around the World: A Narrative of a Voyage in the East India Squadron*.

New York: Charles S. Francis, 1840, Vol. II.

Butterfield, Lyman H. "Bostonians and their Neighbors as Pack Rats." *The American Archivist*, Vol. 24, pp. 141-159 (1961).

Calomiris, Charles W. "Banking Crises and the Rules of the Game." *National Bureau of Economic Research, Working Paper No. 15403*. Cambridge,

Mass., 2009), see: "http:// www.nber.org/papers/w15403" (accessed 29 January 2012).

————. "Is Deposit Insurance Necessary? A Historical Perspective." *The Journal of Economic History*, Vol. 50, pp. 283-295 (1990).

————. *U.S. Bank Deregulation in Historical Perspective*. Cambridge: Cambridge Univ. Press, 2000.

Calomiris, Charles W. and White, Eugene N. "The Origins of Federal Deposit Insurance," in Goldin, Claudia and Libecap, Gary D., eds., *The Regulated Economy: A Historical Approach to Political Economy*. Chicago: Univ. of Chicago Press, 1994. Also in: Calomiris, Charles W., *U.S. Bank Deregulation in Historical Perspective*. Cambridge: Cambridge Univ. Press, 2000.

Cariboni, Jessica, Vanden Branden, Karlien, Campolongo, Francesca and De Cesare, Manuela. "Deposit Protection in the EU: State of Play and Future Prospects." *Journal of Banking Regulation*, Vol. 9, pp. 82-101 (2008).

Chaddock, Robert E. *The Safety Fund Banking System in New York, 1829—1866*. National Monetary Commission, 61st Cong., 2nd sess., Senate Document No. 581. Washington, D.C., U.S. Government Printing Office, 1910.

Chang, Chung-li. *The Income of the Chinese Gentry*. Seattle: Univ. of Wash. Press, 1962. Chang Te-ch'ang. "The Economic Role of the Imperial Household in the Ch'ing Dynasty." *Journal of Asian Studies*, Vol. 31, pp. 243-74 (1972).

Chen, Chin-chih. "The Japanese Adaptation of the *Pao-Chia* System in Taiwan, 1895—1945." *Journal of Asian Studies*, Vol. 34, pp. 391–416 (1975).

Chen Jia. "Time to Launch Deposit Insurance, Economists Say." *China Daily*, 12 January 2012, p. 13.

Ch'en, Kuo-tung Anthony. *The Insolvency of the Chinese Hong Merchants 1760—1843*.

Nankang: Institute of Economics, Academia Sinica, 1990.

Cheong, Weng Eang. "The Beginnings of Credit Finance on the China Coast: The Canton Financial Crisis of 1812—1815." *Business History (Liverpool)*, Vol. 13, pp. 70-92 (1971).

————. "China Houses and the Bank of England Crisis of 1825." *Business History (Liverpool)*, Vol. 15, pp. 56-73 (1973).

————. *The Hong Merchants of Canton: Chinese Merchants in Sino-Western Trade*.

Richmond, Surrey: Curzon Press, 1997, © Nordic Institute of Asian Studies.

————. *Mandarins and Merchants: Jardine Matheson & Co., a China Agency of the Early Nineteenth Century*. London: Curzon Press Ltd., 1979.

————. "Trade and Finance in China: 1784—1834, A Reappraisal." *Business History (Liverpool)*, Vol. 7, pp. 34-56 (1965).

Chirot, Daniel. "The Rise of the West." *American Sociological Review*, Vol. 50, pp. 181—195 (1985).

Chiu, Pengsheng. "The Discourse on Insolvency and Negligence in Eighteenth-Century China," in Hegel, Robert E. and Carlitz, Katherine, eds., *Writing and Law in Late Imperial China: Crime, Conflict, and Judgment*. Seattle: Univ. of Washington Press, 2007, pp. 125-42.

————. "Refining Legal Reasoning from Precedents: Economic Crimes and Rhetoric in Ming-Qing Casebooks." Unpublished paper prepared for Annual Meeting of the Association for Asian Studies, New York City, 2003, see: "http://idv.sinica.edu.tw/ pengshan/ OnEcoLegalReasoningdraft.pdf " (accessed 3 June 2012).

Choi, Jang-Bong. "Structuring a Deposit Insurance System from the Asian Perspective," in *Rising to the Challenge in Asia: A Study of Financial Markets*, Vol. 2 (Special Issues) (Manila: Asian Development Bank, 1999), p. 73, see: "http://www.aric.adb.org/pdf/ aem/external/financial_ market/Special_Issues/Volume2b.pdf " (accessed 26 March 2014).

Clark, Joshua Victor Hopkins. *Onondaga; or Reminiscences of Earlier and Later Times*.

Syracuse: Stoddard and Babcock, 1849, Vol. 2.

Coates, Austin M. *Macao and the British, 1637—1842: Prelude to Hong Kong*. Hong Kong: Hong Kong University Press, 2009.

Cohen, Adam. *Nothing to Fear:* FDR's *Inner Circle and the Hundred Days that Created*

Modern America. New York: The Penguin Press, 2009.

Cohen, Jerome Alan. "Chinese Mediation on the Eve of Modernization." *California Law*

Review, Vol. 54, pp. 1201-26 (1966).

Collingwood, Cuthbert. *Rambles of a Naturalist on the Shores and Waters of the China Sea*. London: John Murray, 1868.

Conner, Patrick. *The Hongs of Canton: Western Merchants in South China, 1700—1900, as Seen in Chinese Export Paintings*. London: English Art Books, 2009.

Cordier, Henri. "Les Marchands Hanistes de Canton" *T'oung pao* (2d ser.), Vol. 3, pp. 282—315 (1902).

Cranmer-Byng, J. L. *An Embassy to China: Lord Macartney's Journal, 1793—1794 (1962);*

rpt., Patrick J. N. Tuck, Britain and the China Trade 1635—1842. London: Routledge, 2000.

Crosby, Alfred. *The Columbian Exchange: Biological and Cultural Consequences of 1492.*

Westport, Conn.: Praeger, 2003.

Cushman, Jennifer. "Duke Ch'ing-fu Deliberates: A Mid-Eighteenth Century Reassessment of Sino-Nanyang Commercial Relations." *Papers on Far Eastern History*, Vol. 17, pp. 137—56 (1978).

————. *Fields from the Sea: Chinese Junk Trade with Siam during the Late Eighteenth and Early Nineteenth Centuries*. Ithaca: Cornell Southeast Asian Program, 1993.

Dai, Yingcong. "Yingyun Shengxi: Military Entrepreneurship in the High Qing Period 1700–1800." *Late Imperial China*, Vol. 26, No. 2 (2005).

Davis, Kenneth S. *FDR: The Beckoning of Destiny, 1882—1928*. New York: Random House, 1971.

Davis, Nancy Ellen. *The American China Trade, 1784—1844: Products for the Middle Class.*

Ph.D. dissertation. Washington, D.C.: The George Washington University, 1987. Demirgüç-Kunt, Ash, Kane, Edward J. and Laeven, Luc, eds. *Deposit Insurance Around The World: Issues of Design and Implementation*. (Cambridge, Mass.: MIT Press, 2008.)

Deng, Kent G. "Development and Its Deadlock in Imperial China, 221 b.c.–1840 a.d."

Economic Development and Cultural Change, Vol. 51, pp. 479-522 (2003).

Dennerline, Jerry. "The Shun-chih Reign," in Peterson, Willard J., ed., *The Cambridge History of China*, Vol. 9, The Ch'ing Dynasty to 1800, Part I. Cambridge: Cambridge Univ. Press, 2002, pp. 73-119.

Dennett, Tyler. *Americans in Eastern Asia*. New York: The MacMillan Co., 1922. Dermigny, Louis. *La Chine et L'Occident: Le Commerce A Canton Au XVIIIe Siècle 1719—1833*. Paris: Service de Vente des Publications Officielles de l'Education Nationale, 1964 (4 Vols.).

De Tocqueville, Alexis (George Lawrence, tr., J. P. Mayer, ed.). *Democracy in America.*

Garden City, N.Y.: Anchor Books, 1969.

De Vargas, Philip. "William C. Hunter's Books on the Old Canton Factories." *Yenching Journal of Social Studies*, Vol. 2 (July 1939).

Dewey, Davis R. State Banking Before the Civil War. National Monetary Commission, 61st Cong., 2nd sess., Senate Document No. 581. Washington, D.C., U.S. Government Printing Office, 1910.

Dewey, Horace W. "Russia's Debt to the Mongols in Suretyship and Collective Responsi- bility." *Comparative Studies in Society and History*, Vol. 30, pp. 249-270 (1988).

Dickinson, Ellen E. "Joshua Forman, the founder of Syracuse." *Magazine of American History*, Vol. 8 (1882).

Downs, Jacques M. "American Merchants and the China Opium Trade, 1800–1840."

Business History Review, Vol. 42, pp. 418-442 (1968).

———. "A Study in Failure—Hon. Samuel Snow." *Rhode Island History*, Vol. 25 (1966).

———. *The Golden Ghetto: The American Commercial Community at Canton and the*

Shaping of American China Policy, 1784—1844. Bethlehem: Lehigh Univ. Press, 1997. Eberhard, Wolfram. *A History of China*. Berkeley: Univ. of Calif. Press, 4th ed., 1977.

———. *Social Mobility in Traditional China*. Leiden: E.J. Brill, 1962.

Edwards, R. Randle. "Ch'ing Legal Jurisdiction Over Foreigners," in Cohen, Jerome A., Edwards, R. Randle, and Chang Chen, Fu-mei, eds., *Essays on China's Legal Tradition*. Princeton: Princeton Univ. Press, 1980, pp. 222—269.

———. "The Old Canton System of Foreign Trade," in Li, Victor H., ed., *Law and Politics*

in China's Foreign Trade. Seattle: Univ. of Washington Press, 1977, pp. 360-378. Elliott, Mark C. *The Manchu Way: The Eight Banners and Ethnic Identity in Late Imperial*

China. Stanford: Stanford Univ. Press, 2001.

Fairbank, John K. *Trade and Diplomacy on the China Coast: The Opening of the Treaty*

Ports 1842—1854. Cambridge, Mass.: Harvard Univ. Press, 1953, Vol. 1.

Farmer, Edward L. "James Flint Versus the Canton Interest," *Papers on China*, Vol. 17, pp. 38-66. East Asian Research Center, Harvard University, 1963.

Faure, David. *Emperor and Ancestor: State and Lineage in South China.*

Stanford: Stanford Univ. Press, 2007.

Fay, Peter Ward. *The Opium War 1840—1842*. Chapel Hill: Univ. of North Carolina Press, 1975.

Federal Deposit Insurance Corporation. *Federal Deposit Insurance Corporation: The First Fifty Years: A History of the* FDIC *1933—1983*. Washington, D.C.: Federal Deposit Insurance Corporation, 1984.

Fichter, James R. *So Great a Proffit: How the East Indies Trade Transformed Anglo- American Capitalism*. Cambridge, Mass.: Harvard Univ. Press, 2010.

Flood, Mark D. "The Great Deposit Insurance Debate." *The Federal Reserve Bank of St. Louis Review*, Vol. 74, pp. 51-77 (July/August 1992), see: "http://research.stlouisfed
.org/publications/review/92/07/Deposit_Jul_Aug1992.pdf " (accessed 26 January 2012).

Forbes, John D. "European Wars and Boston Trade, 1783—1815." *New England Quarterly*, Vol. 11, pp. 709-730 (1938).

Forbes, Robert Bennet. *Remarks on China and the China Trade*. Boston: Samuel M.

Dickinson, 1844.

Gaastra, Femme S. *The Dutch East India Company: Expansion and Decline*. Zutphen: Walburg Pers, 2003.

Gallatin, Albert. *Considerations on the Currency and Banking System of the United States*. Philadelphia: Carey & Lea, 1831.

Garcia, Gillian and Prast, Henriëtte. "Depositor and Investor Protection in the Netherlands: Past, Present and Future." *De Nederlandsche Bank, Occasional Studies*, Vol. 2, No. 2 (2004).

Gardella, Robert. *Harvesting Mountains: Fujian and the China Tea Trade, 1757—1937*.

Berkeley: Univ. of California Press, 1994.

Gatell, Frank Otto. "Sober Second Thoughts on Van Buren, the Albany Regency, and the Wall Street Conspiracy." *The Journal of American History*, Vol. 53, pp. 19-40 (1966). Gibson, James R. *Otter Skins, Boston Ships, and China Goods: The Maritime Fur Trade of the Northwest Coast, 1785—1841*. Seattle: Univ. of Washington Press, 1992.

Goldstein, Jonathan. *"Resources on Early Sino-American Relations in Philadelphia's Stephen Girard Collection and the Historical Society of Pennsylvania."* Ch'ing-shih wen-t'i, Vol. 4 (1980).

———. *Stephen Girard's Trade with China 1787—1824: The Norms Versus the Profits of Trade.* Portland, Maine: Merwin Asia, 2011.

Golembe, Carter. "The Deposit Insurance Legislation of 1933." *Political Science Quarterly*, Vol. 75, pp. 181-200 (1960).

Gordon, Stewart. *When Asia was the World.* Philadelphia: Da Capo Press, 2008.

Gorton, Gary B. *Slapped by the Invisible Hand: The Panic of 2007.* Oxford: Oxford Univ. Press, 2010.

Graeber, David. *Debt: The First 5,000 Years.* Brooklyn, N.Y.: Melville House Publishing, 2011.

Grant, Frederic D., Jr. "The April 1820 Debt Settlement between Conseequa and Benjamin Chew Wilcocks," in Paul A. Van Dyke, ed., *Americans and Macao: Trade, Smuggling and Diplomacy on the South China Coast.* Hong Kong: Hong Kong Univ. Press, 2012, pp. 73-94.

————. "The Failure of the Li-ch'uan Hong: Litigation as a Hazard of Nineteenth Century Foreign Trade." *American Neptune*, Vol. 48, pp. 243-60 (1988).

————. "Hong Merchant Litigation in the American Courts." *Proceedings of the Massachusetts Historical Society*, Vol. 99, pp. 44-62 (1987).

Grant, James. *Money of the Mind: Borrowing and Lending in America from the Civil War to Michael Milken.* New York: Farrar Straus Giroux, 1992.

————. "Requiem for the Dollar." *Wall Street Journal*, 5 December 2009, see: "http://online.wsj.com/article/SB10001424052748704342404574575 761660481996.html" (accessed 26 March 2014).

Greenberg, Michael. *British Trade and the Opening of China 1800—1942.* Cambridge: Cambridge Univ. Press, 1951.

Haldane, Andrew G. and Alessandri, Piergiorgio. "Banking on the State." *BIS [Bank for International Settlements] Review*, 139/2009, see: "http://www. bis.org/review/ r091111e.pdf " (accessed 19 January 2012).

Hammond, Bray. *Banks and Politics in America from the Revolution to the Civil War.*
Princeton: Princeton Univ. Press, 1957.

Hanser, Jessica. *Mr. Smith Goes to China: British Private Traders and the Interlinking of the British Empire with China, 1757—1793.* Ph.D. dissertation. New Haven: Yale University, 2012.

Ho Ping-ti. "The Salt Merchants of Yang-Chou: A Study of Commercial Capitalism in Eighteenth-Century China." *Harvard Journal of Asiatic Studies*, Vol. 17, pp. 130-69 (1954).

Hoxie, R. Gordon. "Hoover and the Banking Crisis." *Presidential Studies*

Quarterly, Vol. 4/5, Vol. 4, no. 3/4—Vol. 5, no. 1, pp. 25–28 (Summer/ Fall, 1974–Winter, 1975). Hsiao, Kung-chuan. *Rural China: Imperial Control in the Nineteenth Century*. Seattle:

Univ. of Washington Press, 1960.

Huc, Evariste Régis. *A Journey Through the Chinese Empire*. New York: Harper & Brothers, 1856, Vol. 1.

Hummel, Arthur, ed. *Eminent Chinese of the Ch'ing Period*. Washington, D.C.: U.S. Govt.

Printing Office, 1943.

Hung, Juann H. and Qian, Rong. "Why Is China's Savings Rate So High?: A Comparative Study of Cross-Country Panel Data." *Congressional Budget Office, Working Paper No. 2010-07* (Washington, D.C., November 2010), see: "http://www.cbo.gov/sites/ default/files/cbofiles/ftpdocs/119xx/ doc11958/2010-07-chinasavingrate.pdf " (accessed 30 April 2012).

Hunter, William C. *Bits of Old China*. Shanghai: Kelly and Walsh Ltd., 1911.

———. *The 'Fan Kwae' at Canton Before Treaty Days 1825—1844*. London: Kegan Paul, Trench & Co., 1882.

Jacobs, Els M. *Merchant in Asia: The Trade of the Dutch East India Company During the Eighteenth Century*. Leiden: CNWS Publications, 2006.

Jing Junjian. "Legislation Related to the Civil Economy in the Qing Dynasty," in Bernhardt, Kathryn and Huang, Philip C.C., eds., *Civil Law in Qing and Republican China*. Stanford: Stanford University Press, 1994, pp. 42-84.

Jones, Susan Mann and Kuhn, Philip A. "Dynastic Decline and the Roots of Rebellion,"

in John K. Fairbank, ed., *The Cambridge History of China*, Vol. 10, Late Ch'ing, 1800—1911, Part I. Cambridge: Cambridge Univ. Press, 1978, pp. 107-62.

Jones, William C., tr., *The Great Qing Code*. Oxford: Clarendon Press, 1994. By permis- sion of Oxford University Press.

Jörg, C. J. A. *Porcelain and the Dutch China Trade*. The Hague: Martinus Nijhoff, 1982. Joyce, Joseph A. *A Treatise on the Law of Insurance of Every Kind*. Rochester: Lawyers Co-operative Publishing Co., 1917, 2d ed.

Kamensky, Jane. *The Exchange Artist: A Tale of High-Flying Speculation and America's First Banking Collapse*. New York: Viking, 2008.

Kane, Edward J, *The S & L Insurance Mess: How Did It Happen?*

Washington, D.C.: The Urban Institute Press, 1989.

Kaske, Elisabeth. "Fund Raising Wars: Office Selling and Interprovincial Finance in Nineteenth-Century China." *Harvard Journal of Asiatic Studies*, Vol. 71, pp. 69-141 (2011).

————. "The Great 1830 Forgery Case: Metropolitan Clerks and Venality in Qing China." Unpublished paper presented at The Fairbank Center for Chinese Studies, Harvard University, October 24, 2008.

Kato Shigeshi. "On the Hang or the Associations of Merchants in China." *Memoirs of the Research Dept. of the Toyo Bunko*, pp. 45-83 (1936).

Keay, John. *The Spice Route: A History*. Berkeley: Univ. of California Press, 2006. Kennedy, Susan Estabrook. *The Banking Crisis of 1933*. Lexington: The Univ. Press of Kentucky, 1973.

Kessler, Lawrence D. *K'ang-hsi and the Consolidation of Ch'ing Rule 1661—1684*. Chicago: Univ. of Chicago Press, 1976.

Kim, Jun Il. "Unconditional IMF Financial Support and Investor Moral Hazard." IMF [International Monetary Fund] Working Paper No. WP/07/104 (May 2007).

King, Frank H. H. *Money and Monetary Policy in China 1845—1895*. Cambridge, Mass.: Harvard Univ. Press, 1965.

Kirby, William C. "China Unincorporated: Company Law and Business Enterprise in Twentieth- Century China." *Journal of Asian Studies*, Vol. 54, pp. 43-63 (1995). Kishimoto-Nakayama, Mio. "The Kangxi Depression and Early Qing Local Markets."

Modern China, Vol. 10, pp. 227-56 (1984).

Kolko, Gabriel. *The Triumph of Conservatism: A Re-interpretation of American History,*

1900—1916. New York: The Free Press, 1977.

Koninckx, Christian. *The First and Second Charters of the Swedish East India Company (1731—1766)*. Kortrijk, Belgium: Van Ghemmert Pub. Co., 1980.

Kroszner, Randall S. and Melick, William R. "Lessons from the U.S. Experience with Deposit Insurance," in Ash Demirgüç-Kunt, Edward J. Kane and Luc Laeven, eds., *Deposit Insurance Around The World: Issues of Design and Implementation*. Cambridge, Mass.: MIT Press, 2008.

Lach, Donald F. and Van Kley, Edwin J. *Asia in the Making of Europe*. Chicago: Univ. of Chicago Press, 1965—1993 (three volumes and nine books).

Landes, David S. "Why Europe and the West? Why Not China?" *The Journal of Economic Perspectives*, Vol. 20, pp. 3-22 (2006).

Latourette, Kenneth S. "The History of Early Relations Between the United States and China." *Transactions of the Connecticut Academy of Arts and Sciences*, Vol. 22, pp. 1-209 (1917).

Leder, Lawrence H. "American Trade to China, 1800–1802: Some Statistical Notes."

American Neptune, Vol. 23 (1963).

Lee, Jean Gordon. *Philadelphians and the China Trade 1784—1844*. Philadelphia: Philadelphia Museum of Art, 1984.

Leonard, Jane Kate. *Wei Yuan and China's Rediscovery of the Maritime World*. Cambridge, Mass.: Harvard Univ. Press, 1984.

Lewis, Michael. *Boomerang: Travels in the New Third World*. New York: W. W. Norton & Co., 2011.

Li, Gertrude Roth. "State Building Before 1644," in Willard J. Peterson, ed., *The Cambridge History of China*, Vol. 9, The Ch'ing Dynasty to 1800, Part I (Cambridge: Cambridge Univ. Press, 2002, pp. 9-72.

Li Tana Van Dyke, Paul A. "Canton, Cancao, and Cochinchina: New Data and New Light on Eighteenth-Century Canton and the Nanyang." *Chinese Southern Diaspora Studies*, Vol. 1, pp. 1-28 (2007).

Liang Jiabin. *Guangdong Shisan Hang Kao*. Shanghai: Commercial Press for the State Institute of Compilations and Translations, 1937; revised edition, Taipei, 1960.

Lin, Justin Yifu. "The Needham Puzzle: Why the Industrial Revolution Did Not Originate in China." *Economic Development and Cultural Change*, Vol. 43, pp. 269-292 (1995).

Lind, Abram Jr. *A Chapter of the Chinese Penal Code*. Leiden: E.J. Brill, 1887.

Little, Reg. "Confucian Reconstruction of Global Economics and Finance." *Culture Mandala: Bulletin of the Centre for East-West Cultural & Economic Studies*, Vol. 8, pp. 62-73 (2009).

Liu Yong. *The Dutch India Company's Tea Trade with China, 1757—1781*. Ph.D. dissertation.

Leiden: Leiden University, 2006.

———. "The VOC Business Culture in China: How the VOC Did Business in Canton in the Eighteenth Century," in Groenendijk, Evert, Vialle, Cynthia and Blussé, Leonard, eds., *Canton and Nagasaki Compared 1730—1830: Dutch, Chinese, Japanese Relations*. Leiden: Institute for the History of European Expansion, 2009, pp. 235-248.

Lou Jianbo. "Introducing a Deposit Insurance System Into China." *Peking Univ. Journal of Legal Studies*, Vol. 1, pp. 233-54 (2008).

MacSherry, Charles W. *Impairment of the Ming Tributary System as Exhibited in Trade*

Involving Fukien. Ph.D. dissertation. Berkeley: Univ. of California, 1952.

Mann, Bruce. *Republic of Debtors: Bankruptcy in the Age of American Independence*.

Cambridge, Mass.: Harvard Univ. Press, 2002.

Marks, Robert B. "Rice Prices, Food Supply, and Market Structure in Eighteenth- Century South China." *Late Imperial China*, Vol. 12, pp. 64-116 (1991).

―――. *Tigers, Rice, Silk, and Silt: Environment and Economy in Late Imperial South*

China. Cambridge: Cambridge Univ. Press, 1998.

Mazumdar, Sucheta. *Sugar and Society in China: Peasants, Technology and the World Market*. Cambridge, Mass.: Harvard Univ. Press, 1998.

McElderry, Andrea. "Guarantors and Guarantees in Qing Government- Business Relations," in Leonard, Jane Kate and Watt, John R., eds., *To Achieve Security and Wealth: The Qing Imperial State and the Economy*. Ithaca: Cornell Univ. Press, 1991, pp. 119-37.

Meigs, William M. *The Life of Charles Jared Ingersoll*. Philadelphia: J.B. Lippincott Co., 1897.

Meltzer, Allan H. *A History of the Federal Reserve*. Chicago: Univ. of Chicago Press, 2003, Vol. 1 (1913―1951).

Metzger, Thomas A. "Ch'ing Commercial Policy." *Ch'ing-shih Wen-t'i*, Vol. 1, pp. 4-10 (1966).

―――. "The Organizational Capabilities of the Ch'ing State in the Field of Commerce: The Liang-huai Salt Monopoly, 1740―1840," in Willmott, W. E., ed., *Economic Organization in Chinese Society*. Stanford University Press, 1972, pp. 9-45.

Miller, Harry E. *Banking Theories in the United States Before 1860*. Cambridge, Mass.: Harvard Univ. Press, 1927.

Morgenson, Gretchen and Rosner, Joshua. *Reckless Endangerment: How Outsized Ambition, Greed, and Corruption Led to Economic Armageddon*. New York: Times Books, 2011.

Morse, Hosea Ballou. *The Chronicles of the East India Company Trading to China, 1635―1834*. Oxford: Oxford Univ. Press, 1926―1929 (5 Vols.).

―――. *The International Relations of the Chinese Empire*, Vol. 1, The

Period of Conflict,

1834—1860. London: Longmans, Green, 1910.

Moss, David A. *When All Else Fails: Government as the Ultimate Risk Manager.*

Cambridge, Mass.: Harvard Univ. Press, 2002.

Moss, David A. and Brennan, Sarah. "Managing Money Risk in Antebellum New York: From Chartered Banking to Free Banking and Beyond." *Studies in American Political Development*, Vol. 15, pp. 138-62 (Fall 2001).

Murray, Dian H. *Pirates of the South China Coast 1790—1810.* Stanford: Stanford Univ.

Press, 1987.

Myers, Ramon H. and Wang, Yeh-chien. "Economic Developments, 1644—1800," in Peterson, Willard J., ed., *The Cambridge History of China*, Vol. 9, The Ch'ing Dynasty to 1800, Part I (Cambridge: Cambridge Univ. Press, 2002), pp. 563-645.

Nakamoto, Michiyo and Wighton, David. "Citigroup chief stays bullish on buy-outs."

Financial Times, 9 July 2007, see: "http://www.ft.com/intl/cms/s/0/80e2987a-2e50-

11dc-821c-0000779fd2ac.html#axzz278Oae11X" (accessed 26 March 2014) (registra- tion required).

Ng Chin-keong. "Gentry-Merchants and Peasant-Peddlers—The Response of the South Fukienese to the Offshore Trading Opportunities 1522—1566." *Nanyang Univ. Journal*, Vol. 7, pp. 161-174 (1973).

———. *Trade and Society: The Amoy Network on the China Coast 1683—1735.* Singapore: Singapore Univ. Press, 1983.

Ng, On-cho. Ch'ing Management of the West: A Study of the Regulations, Homicide Cases and Debt Cases, 1644—1820. M.A. Thesis, Univ. of Hong Kong, 1979, see: "http:// hub.hku.hk/bitstream/10722/32944/1/ FullText.pdf " (accessed 10 May 2012).

Phipps, John. *A Practical Treatise on the China and Eastern Trade.* London: William H. Allen, 1836.

Pollan, Michael. *The Botany of Desire: A Plant's Eye View of the World.* New York: Random House, 2001.

Pozen, Robert. *Too Big to Save? How to Fix the U.S. Financial System.* Hoboken, N.J.: John Wiley & Sons, Inc., 2010.

Preston, Howard H. "The Banking Act of 1933." *The American Economic*

Review, Vol. 23, pp. 585-607 (1933).

Pritchard, Earl H. "Anglo-Chinese Relations During the Seventeenth and Eighteenth Centuries." *Univ. of Ill. Studies in the Social Sciences*, Vol. 17, Nos. 1–2 (March–June 1929).

———. "The Crucial Years of Early Anglo-Chinese Relations, 1750—1800." *Research Studies of the State College of Washington*, Vol. 4, Nos. 3-4 (Washington: Pullman, 1936), © Washington State University Press.

Quincy, Josiah. *The Journal of Major Samuel Shaw, The First American Consul at Canton.*

Boston: William Crosby & H. P. Nichols, 1847.

Rabinovitch, Simon. "Beijing to roll over provinces' loan terms." *Financial Times*, 13 February 2012, p. 1.

Robb, Thomas Bruce. *The Guaranty of Bank Deposits*. Boston: Houghton Mifflin, 1921. Roosevelt, Franklin D. *The Public Papers and Addresses of Franklin D. Roosevelt*. New York: Random House, 1938, Vol. 2.

Rowe, William T. *China's Last Empire: The Great Qing*. Cambridge, Mass.: Belknap Press of Harvard University Press, 2009.

———. "Domestic Interregional Trade in Eighteenth-Century China," in Blussé, Leonard and Gaastra, Femme, eds., *On the Eighteenth Century as a Category of Asian History: Van Leur in Retrospect*. Aldershot, England: Ashgate Publishing Ltd., 1998, pp. 173-192.

Sarkissian, Margaret. "Armenians in South-East Asia." *Crossroads: An Interdisciplinary Journal of Southeast Asian Studies*, Vol. 3 (1987).

Schottenhammer, Angela. "The East Asian Maritime World, 1400—1800: Its fabrics of power and dynamics of exchanges—China and her neighbors," in Schottenhammer, Angela, ed., *The East Asian Maritime World, 1400—1800: Its Fabrics of Power and Dynamics of Exchanges*. Wiesbaden: Harrassowitz Verlag, 2007, pp. 1-83.

Seaburg, Carl and Paterson, Stanley. *Merchant Prince of Boston: Colonel T.H. Perkins, 1764—1854*. Cambridge, Mass.: Harvard Univ. Press, 1971.

Smith, Bruce D. and Webber, Warren E. "Private Money Creation and the Suffolk Banking System," *Journal of Money, Credit and Banking*, Vol. 31, No. 3, Part 2 (1999). Sorkin, Andrew Ross. "Why the Bailout in Spain Won't Work." *The New York Times*, 12 June 2012, pp. B1 and B5.

Smith, Carl T. and Van Dyke, Paul A. "Four Armenian Families." *Review of Culture, International Edition*, No. 8, pp. 40-50 (October 2003).

Spence, Jonathan D. "The K'ang-hsi Reign," in Peterson, Willard J., ed., *The Cambridge History of China*, Vol. 9, The Ch'ing Dynasty to 1800, Part I.

Cambridge: Cambridge Univ. Press, 2002, pp. 120-229.

————. *Ts'ao Yin and the K'ang-hsi Emperor, Bondservant and Master*. New Haven, Conn.: Yale University Press, 1966.

Spuler, Bertold. *The Mongols in History*. New York: Praeger Publishers, 1971.

Staunton, George Thomas. *Ta Tsing Leu Lee; Being the Fundamental Laws, and a Selection from the Supplementary Statutes of the Penal Code of China*. London: T. Cadell and W. Davies, 1810.

Stelle, Charles C. "American Trade in Opium to China, Prior to 1820." *Pacific Historical Review*, Vol. 9, pp. 425-444 (1940).

————. American Trade in Opium to China, 1821—39." *Pacific Historical Review*, Vol. 10, pp. 57-74 (1941).

Stern, Gary H. and Feldman, Ron J. *Too Big to Fail: The Hazards of Bank Bailouts*. Washington, D.C.: Brookings Institution Press, 2004.

Stewart, Bruce E. *Distillers and Prohibitionists: Social Conflict and the Rise of Anti- Alcohol Reform in Appalachian North Carolina, 1790—1908*. Ph.D. dissertation. Athens, Georgia: Univ. of Georgia, 2007.

Sung, An-un. *A study of the Thirteen Hongs of Kuangtung; A Translation of Parts of the Kuangtung Shih-San-Hang Kao of Liang Chia-Pin*. M.A. thesis. Chicago: Univ. of Chicago, 1958.

Symons, Van Jay. *Ch'ing Ginseng Management: Ch'ing Monopolies in Microcosm*. Tempe, Arizona: Arizona State Univ. Press, 1981.

Tett, Gillian. "How 'too big to fail' banks have become 'too complex to exist.'" *Financial Times*, 8 June 2012, p. 20.

Thill, Joan Kerr Facey. *A Delawarean in the Celestial Empire: John Richardson Latimer and the China Trade*. Master's Thesis. University of Delaware, 1973.

Torbert, Preston M. *The Ch'ing Imperial Household Department: A Study of its Organization and Principal Functions, 1662—1796*. Cambridge, Mass.: Harvard Univ. Press, 1977.

Tsai, Simon Yang-chien. *Trading for Tea: A Study of the English East India Company's Tea Trade with China and the Related Financial Issues, 1760—1833*. Ph.D. dissertation. Leicester: University of Leicester, 2003.

Tsiang, T. F. (Chiang Ting-fu). "The Government and the Co-Hong of Canton, 1839."

Chinese Social and Political Science Review, Vol. 15, pp. 602-607 (1932).

Van der Sprenkel, Sybille. *Legal Institutions in Manchu China: A Sociological Analysis*. London: The Athlone Press, Univ. of London,

1962, © Berg, by permission of Bloomsbury Publishing Plc.

Van Dyke, Paul A. *The Canton Trade: Life and Enterprise on the China Coast, 1700—1845.*

Hong Kong: Hong Kong Univ. Press, 2005.

———. "Description of Price and Wage Data from Canton and Macao 1704—1833" (unpublished paper dated 4 March 2008), p. 5, see: "http://www.iisg.nl/hpw/canton.pdf" (accessed 9 September 2012).

———. *Merchants of Canton and Macao: Politics and Strategies in Eighteenth-Century Chinese Trade.* Hong Kong: Hong Kong Univ. Press, 2011.

———. "Tan Suqua and Family: Merchants of Canton 1716—1778," *ARI [Asia Research Institute, National University of Singapore] Working Paper*, No. 50, Sept. 2005, see: "http://www.ari.nus.edu.sg/docs/wps/wps05_050.pdf" (accessed 17 November 2008).

Wakeman, Frederic, Jr. "The Canton Trade and the Opium War," in Fairbank, John K.,

ed., *The Cambridge History of China*, Vol. 10, Late Ch'ing, 1800—1911, Part I. Cambridge: Cambridge Univ. Press, 1978, pp. 163-212.

———. *The Fall of Imperial China.* New York: The Free Press, 1975.

———. *The Great Enterprise: The Manchu Reconstruction of Imperial Order in Seventeenth-Century China.* Berkeley: Univ. of Calif. Press, 1985.

———. *Strangers at the Gate: Social Disorder in South China, 1839—1861.* Berkeley: Univ. of California Press, 1966.

Waley-Cohen, Joanna. "Collective Responsibility in Qing Criminal Law," in Turner, Karen G., Feinerman, James V. and Guy, R. Kent, eds., *The Limits of the Rule of Law in China.* Seattle: Univ. of Washington Press, 2000, pp. 112-131.

———. *Exile in Mid-Qing China: Banishment to Xinjiang, 1758—1820.* New Haven: Yale Univ. Press, 1991.

———. *The Sextants of Beijing: Global Currents in Chinese History.* New York: W. W. Norton & Co., 1999.

Wang, Fei-ling. *Organizing Through Division and Exclusion: China's Hukou System.* Stanford: Stanford Univ. Press, 2005.

Wang Xiaotian. "Freeing Up of Rates Not on Agenda for this Year." *China Daily*, 7 February 2012, see: "http://news.xinhuanet.com/english/business/2012-02/07/c_131395812.htm" (accessed 26 March 2014).

Ward, Geoffrey C. *A First-Class Temperament: The Emergence of Franklin Roosevelt.* New York: Harper & Row, 1989.

Ward, Thomas W. "Remarks on the Canton Trade and the Manner of Transacting Business." *Essex Institute Historical Collections*, Vol. 73 (1937).

Watson, Alan. *Legal Transplants: An Approach to Comparative Law*. Athens, Ga.: Univ. of Georgia Press, 2d ed., 1993.

Weatherford, Jack. *Genghis Khan and the Making of the Modern World*. New York: Three Rivers Press, 2004.

Whelan, T. S. *The Pawnshop in China*. Ann Arbor, Mich.: Center for Chinese Studies, Univ. of Michigan, 1979.

White, Ann Bolbach. *The Hong Merchants of Canton*. Ph.D. dissertation. Philadelphia: Univ. of Pennsylvania, 1967.

Wills, John E., Jr. *Embassies and Illusions: Dutch and Portuguese Envoys to K'ang-hsi, 1666—1687*. Cambridge, Mass.: Harvard Univ. Press, 1984.

———. "Maritime Europe and the Ming," in Wills, John E., Jr., ed., *China and Maritime Europe, 1500—1800: Trade, Settlement, Diplomacy, and Missions*. Cambridge: Cambridge Univ. Press, 2011.

———. *Pepper, Guns and Parleys: The Dutch East India Company and China 1622—1681*. Cambridge, Mass.: Harvard Univ. Press, 1974.

Woellert, Lorraine and Gittelsohn, John. "Fannie-Freddie Fix at $160 Billion With $1 Trillion Worst Case." *Bloomberg News*, 13 June 2010 7:00PM ET, see: "http://www.bloomberg.com/news/2010-06-13/fannie-freddie-fix-expands-to-160-billion-with- worst-case-at-1-trillion.html" (accessed 26 March 2014).

Wong, J. Y. *Yeh Ming-ch'en, Viceroy of Liang Kuang*. Cambridge: Cambridge Univ. Press, 1976.

Wood, Herbert J. "England, China, and the Napoleonic Wars." *Pacific Historical Review*, Vol. 9, pp. 139–56 (1940).

Wright, Conrad E. "Merchants and Mandarins: New York and the Early China Trade," in David S. Howard, *New York and the China Trade* (New York: The New-York Historical Society, 1984), pp. 17-54.

Wright, Robert E. "The First Phase of the Empire State's 'Triple Transition': Banks' Influence on the Market, Democracy, and Federalism in New York, 1776—1838." *Social Science History*, Vol. 21, pp. 521-58 (1997).

Yang, Lien-sheng. "Government Control of Urban Merchants in Traditional China."

Tsing Hua Journal of Chinese Studies, Vol. 8, new series, pp. 186-206 (1970).

———. *Money and Credit in China: A Short History*. Cambridge, Mass.: Harvard Univ. Press, 1952.

Zelin, Madeleine. "A Critique of Rights of Property in Prewar China," in Zelin, Madeleine, Ocko, Jonathan K. and Gardella, Robert, eds., *Contract and Property in Early Modern China*. Stanford: Stanford Univ. Press, 2004, pp. 17-36.

————. *The Magistrate's Tael: Rationalizing Fiscal Reform in Eighteenth-Century Qing China*. Berkeley: Univ. of California Press, 1984.

Zhao, Gang. *The Qing Opening to the Ocean: Chinese Maritime Policies, 1684—1757*. Honolulu: University of Hawai'I Press, 2013.

Zhao, Gang. *Shaping the Asian Trade Network: The Conception and Implementation of the Chinese Open Trade Policy, 1684—1840*. Ph.D. dissertation. Baltimore: The Johns Hopkins University, 2007.

Zhuang Guotu. "The Impact of the International Tea Trade on the Social Economy of Northwest Fujian in the Eighteenth Century," in Blussé, Leonard and Gaastra, Femme, eds., *On the Eighteenth Century as a Category of Asian History: Van Leur in Retrospect*. Aldershot, England: Ashgate Publishing Ltd., 1998, pp. 193-216.

2.2 Dictionary and Encyclopedia

Craigie, William A. and Hulbert, James R., eds. *A Dictionary of American English*. Chicago: Univ. of Chicago Press, 1944, Vol 4.

Davids, Lewis E. *Dictionary of Insurance*. Totowa, N.J.: Rowman & Allanheld, 1983, 6th rev. ed.

Funk, Isaac K., ed. *A Standard Dictionary of the English Language*. New York: Funk & Wagnalls Co., 1935, Vol. 2.

Hafer, Rik W. *The Federal Reserve System: An Encyclopedia*. Westport, Conn.: Greenwood Press, 2005.

Hayden, H. R., ed. *The Annual Cyclopedia of Insurance of the United States 1894—1895*.

Hartford: H. R. Hayden, 1895.

Johnson, Allen and Malone, Dumas, eds., *Dictionary of American Biography*. New York: Charles Scribner's Sons, 1931, Vol. 6, pp. 525-526 (biography of Joshua Forman by H. T.).

Mathews, Mitford M. ed. *A Dictionary of Americanisms*. Chicago: Univ. of Chicago Press, 1951, Vol. 2.

Powell, William S., ed. *Dictionary of North Carolina Biography*. Chapel Hill: Univ. of North Carolina Press, 1986, Vol. 2, pp. 220-1 (biography of Joshua Forman by C. Sylvester Green).

Webster's New International Dictionary (1925).